# SCHAM UND SCHULD IN DER FILMISCHEN DRAMATURGIE

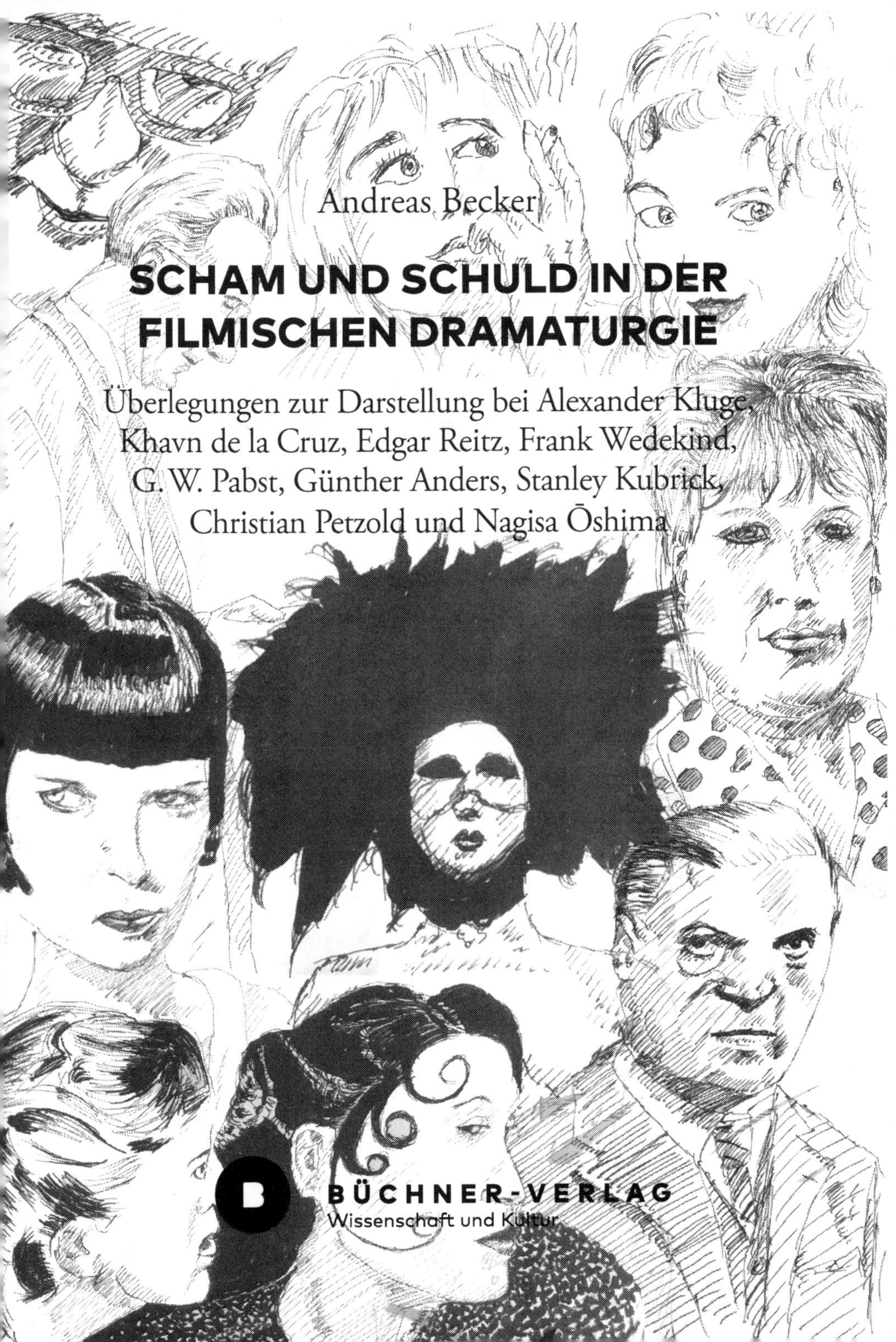

Andreas Becker

# SCHAM UND SCHULD IN DER FILMISCHEN DRAMATURGIE

Überlegungen zur Darstellung bei Alexander Kluge, Khavn de la Cruz, Edgar Reitz, Frank Wedekind, G. W. Pabst, Günther Anders, Stanley Kubrick, Christian Petzold und Nagisa Ōshima

BÜCHNER-VERLAG
Wissenschaft und Kultur

Andreas Becker
Scham und Schuld in der filmischen Dramaturgie
Überlegungen zur Darstellung bei Alexander Kluge, Khavn de la Cruz,
Edgar Reitz, Frank Wedekind, G. W. Pabst, Günther Anders,
Stanley Kubrick, Christian Petzold und Nagisa Ōshima

ISBN (Print) 978-3-96317-372-1
ISBN (ePDF) 978-3-96317-937-2

Satz und Umschlaggestaltung: DeinSatz Marburg
Bildnachweis Umschlag/ Zeichnungen: © Andreas Becker
Druck und Bindung: Totem.com.pl, Inowrocław, Polen
Die verwendeten Druckmaterialien sind zertifiziert als FSC-Mix.



Bibliografische Informationen der Deutschen Nationalbibliothek
Die Deutsche Nationalbibliothek verzeichnet diese Publikation in der Deutschen Nationalbibliografie, detaillierte bibliografische Angaben sind im Internet über http://dnb.de abrufbar.

www.buechner-verlag.de

# Inhalt

# Vorbemerkung
# Das empathische Medium Film

Der Film kann uns wie kein anderes Medium in die Gefühle eines Milieus, einer Epoche oder Kultur hineinversetzen. Wir imaginieren die Welten empathisch, wohnen sie visuell-akustisch ein und bekommen ein Sensorium für das, was Menschen empfinden und wie sie denken. Hans Jürgen Wulff spricht von einem *empathischen Feld*. Demnach umfasse »die empathische Bewegung nicht allein das Sich-Versetzen in die intentionale Lage und die damit verbundene Gefühlswelt einer ›empathisierten Figur‹, sondern meint ein Nachbilden der intentionalen Orientierung aller beteiligten Figuren.«[1] Es entsteht ein regelrechtes Empathie-Sympathie-Gefüge des Zuschauers mit und zu den Figuren, das sich synchron ergibt.

Die vorliegenden Analysen vollziehen diese intersubjektiven und reziproken Auffassungen am Beispiel des Gefühls der Scham und des Regulativs der Schuld nach. Wir haben es mit Darstellungen, Bildern und Texten von Scham und Schuld zu tun, also selbstreflexiven Bezugnahmen. Es explizieren sich hier Umgangsformen und Deutungsweisen, die im Alltagsleben gewöhnlich unthematisch blieben, ästhetisch. Privates, Familiäres, gar Intimes projiziert sich medial und wird visuell-akustisch repräsentiert bzw. inszeniert.

Dabei entstehen emotionale Kreisläufe und Rückwirkungen auf die Alltagswelt, da die medialen Produkte in der Rezeption Diskurse anstoßen, Auffassungen und Dispositionen thematisieren, einüben, verändern und mitunter auch kritisch in Frage stellen. Medien sind daher *Agentien* und *Reagentien*. Sie dienen der kulturellen Selbstverständigung und verstärken gar Wahrneh-

1 Hans Jürgen Wulff: Empathie als Dimension des Filmverstehens. Ein Thesenpapier. in: *montage AV. Zeitschrift für Theorie und Geschichte audiovisueller Kommunikation*, Jg. 12 (2003), Nr. 1, online-Dokument, https://doi.org/10.25969/mediarep/155, abger. am 1. Oktober 2023, S. 136–161, zit. S. 151.

mungsordnungen. Sicherlich sind sie Katalysatoren von bereits bestehenden Einstellungen. Sie lassen alternative Welten aber auch imaginativ durchspielen. Manchmal erschließen sie neue Auffassungsweisen.

Durch die filmische Imagination können Gefühlsmuster, selbst solche aus anderen Epochen und anderen Kulturwelten, wie mit einem Teleskop fokussiert, dargeboten und in Frage gestellt werden. Mitunter entstehen daraus auch exotische Sichtweisen, klischeehafte und stereotype Bilder und Erzählungen, deren Gehalt aber niemals einfach und immer Ausdruck eines komplizierten Wechselspiels ist. Man könnte diese als miteinander korrespondierende und interferierende mediale Wirbel unterschiedlicher Reichweite beschreiben.

Im Zentrum dieser Studie stehen Filme von Alexander Kluge, Edgar Reitz, G. W. Pabst, Christian Petzold und anderen, meist deutschen Regisseuren. Es sind zeitgenössische Ordnungen und solche des 20. Jahrhunderts, die sich hier in ihrer Vielschichtigkeit zeigen. Im Schwerpunkt sind dies Dramaturgien der Scham, in weniger Beispielen Ordnungen der Schuld. Was interessiert die Regisseure am Thema Scham und Schuld? Und wie werden diese dramaturgisch behandelt? Präfigurieren Scham und Schuld gar eine eigene Ästhetik? Gibt es also *Dramaturgien* der Scham und solche der Schuld? Lässt sich Scham nur auf eine bestimmte Weise erzählen, ebenso wie Schuld? Tendieren Schuld-Dramaturgien zur Spannung und zur abstrakten Erzählung, während Scham-Dramaturgien eher linear sind und sich den Gefühlen in ihrem Progress widmen? Worin liegen die (Darstellungs-)Möglichkeiten und Probleme von Scham und Schuld? Können diese ineinander transformiert werden? Sind sie gesellschaftliche *Bändigungsformen*? Ist die Scham, so friedlich sie von außen wirken mag, ein *in sich gekehrter Zorn*, wie Karl Marx sie beschrieb?[2] Und wäre dann auch die Schuldordnung eine typisierende Reaktion, ein Kontrollanspruch eines *nach außen* gekehrten Zorns? Was bedeutet dies für die filmische Dramaturgie?

Innerhalb der Erzählung lässt uns der Film ganz konkret bestimmte Momente verfolgen: Wie gehen die Menschen mit ihrer Leibesscham um? Welche Auswirkungen hat der Zweite Weltkrieg auf das Erleben von Scham und Schuld? Was ist ein emanzipatorischer Umgang mit Scham und Schuld? Inwiefern duldet die Gesellschaft Entwürfe von alternativen Selbstbildern?

---

2 Siehe dazu das Kapitel *Über die Gefühlsökonomien von Scham und Schuld. Christian Petzolds* Wolfsburg *(2003) und Nagisa Ōshimas* Shōnen *(*Der Junge*, 1969).*

Wir folgen diesen Fragen exemplarisch, nachdem wir uns der Begriffe vergewissert haben.

Die vorliegenden Analysen sind parallel zu Veranstaltungen zu Alexander Kluge, Edgar Reitz, Frank Wedekind, dem zeitgenössischen deutschen Film und der Berliner Schule sowie zur Scham und Schuld entstanden, die ich in den letzten Jahren am Institut für Germanistik der Keiō-Universität in Tōkyō leitete. Der Exkurs zu Günther Anders steht ebenso im Kontext eines Seminars, das ich im Frühlings- und Herbstsemester 2021/2022 gab. Ich habe ihn in das Buch aufgenommen, weil Anders die Frage der Scham medientheoretisch wendet, wenn er von der *prometheischen Scham* spricht.

Manche Themenfelder möchte ich in Zukunft noch gerne intensiver behandeln und den Gegenstandsbereich wie die Fragestellung erweitern, etwa auf die Frage der ›Geschlechtswelt‹ hin, also ob und, wenn ja, inwiefern sich ›weibliche‹ und ›männliche‹ Welten (reale wie inszenierte) voneinander unterscheiden. Es wäre ausgesprochen interessant, auch die Filme von Valeska Grisebach, Angela Schanelec, Chantal Akerman, Peter Schamoni, Otto Preminger und Rosa von Praunheim auf diese Aspekte hin zu untersuchen.

Ich bedanke mich bei meiner Familie, meinen Freunden und meinen Kolleginnen und Kollegen für die Unterstützung und die Diskussion, Ulrich Johannes Beil für die Gespräche und Kommentare. Die Analysen zu Alexander Kluges und Christian Petzolds Filmen stehen im Zusammenhang mit der Zoom-Vorlesungsreihe *Im Apparat* (www.im-apparat.de). Beiden Regisseuren danke ich für die Gespräche vielmals.

Andreas Becker, Tōkyō, d. 5. Oktober 2023

# Was ist Scham? Was ist Schuld?

Scham und Schuld sind Ansprüche der Anderen an uns. Wenngleich sie höchst unterschiedlich sind, so erfüllen sie doch ähnliche Funktionen, eine *Ordnung zu generieren*. Durch Scham und Schuld werden responsive Felder zwischen dem Ich und den Anderen erzeugt. Implizit wie bei der Scham oder explizit wie bei der Schuld entstehen intersubjektive Relationen und Bezüge. Die Erwartung und der gesellschaftliche Anspruch an mich wird so *verinnerlicht*, in einer mehr oder weniger bestimmten und veränderbaren Weise. Was das meint, wird deutlicher, wenn man Beispiele hinzuzieht. Schäme ich mich, so bezieht sich mein Gefühl auf mehr als nur auf mich selbst. Ich fühle mich in eine bestimmte Erwartungshaltung mir gegenüber hineingestellt. Scham ist eine »soziale oder interpersonale Emotion«[3], wie es bei Ute Frevert heißt. Da sind diffuse Ansprüche, von denen ich dennoch die Gewissheit habe, sie erfüllen zu müssen. Diese Angst, den befürchteten Verlust der Achtung vor den Augen der Anderen, empfinde ich als *Scham*. Scham tendiert dazu, selbst ihre eigenen Anzeichen zu verbergen. Auch das Zeigen von Scham ist daher schambesetzt, sowieso das öffentliche Sprechen über sie.

Schuld hingegen beruht auf der Annahme eines allgemeinen, sprachlich explizierbaren Gesetzes, Codexes.[4] Wenngleich ich mich schuldig fühlen *kann*, so ist doch dieses Schuld*gefühl* selbst für die Schuld sekundär. Während

---

3 Ute Frevert: *Die Politik der Demütigung. Schauplätze von Macht und Ohnmacht*, Frankfurt am Main 2017.

4 Wir folgen bei unserer Diskussion des Schuldbegriffs Mirko Christian Schiefelbein: *Schuld. Kategorie, Kompetenz und Prinzip*, Diss., Univ. Jena 2009, Online-Dokument, https://nbn-resolving.org/urn:nbn:de:gbv:27-20100506-093615-5, abger. am 5. Mai 2023. Zur Geschichte des Schuldbegriffs siehe Maria-Sibylla Lotter: Verantwortung und Schuld, in: *Handbuch Verantwortung*, hrsg. von Ludger Heidbrink, Claus Langbehn und Janina Loh, Wiesbaden 2017, S. 251–264.

Scham zuerst und in ganz bestimmender Weise als ein *Selbstgefühl des Subjekts* erlebt wird, tendiert Schuld dazu, einen *Anderen* für schuldig zu *erklären*.[5] Mir wurde selbst ein Leid angetan, deshalb rufe ich eine konkrete (oder auch eine von mir imaginierte) Gemeinschaft, ein staatliches Rechtssystem, eine Instanz an, die auf eine nachvollziehbare Weise (in der Regel sprachlich) die Schuld des Anderen feststellt, begründet und diesen mitunter bestraft und damit öffentlich die Verantwortung für eine bestimmte Tat klärt. Das Bezugsfeld weist also bei Scham und Schuld je in eine andere Richtung: Bei der *Scham* verweist das Gefühl *auf mich selbst*, bei der *Schuld* weise ich einem *Anderen* die Schuld zu, verallgemeinere eine bestimmte Auffassung von Regeln.[6] Wir können daher

5 Wie Dieter Lohmar gezeigt hat, beruht Scham auf nicht sprachlichen *Beschämungsakten*: »Weiterhin möchte ich zeigen, dass Scham und Stolz, wie viele andere soziale Gefühle, direkt oder indirekt auf Akte der Kommunikation zurückgehen, im Fall der Scham auf Beschämungsakte, die ebenfalls überwiegend nicht-sprachlich vor sich gehen.« (Dieter Lohmar: Zur Intentionalität sozialer Gefühle. Beiträge zur Phänomenologie der Scham unter dem Gesichtspunkt des menschlichen und tierischen Denkens und Kommunizierens ohne Sprache, in: *Phänomenologische Forschungen*, 2013, S. 129–144, zit. S. 130). Weiter heißt es: »Wenn es solche öffentlichen Akte der Beschämung gibt und sie konstitutiv für Schamgefühle hinsichtlich bestimmter Inhalte sind, dann können solche Akte auch von Einzelnen oder von kleinen Gruppen der Gemeinschaft als soziales Werkzeug genutzt werden. Das bedeutet, sie nutzen die Beschämung – zu der jeder fähig ist – zur Ausgrenzung Einzelner oder ganzer Gruppen.« (Ebenda, S. 136). Allgemein zur Beschämung siehe Frevert: *Die Politik der Demütigung*, a.a.O. Siehe auch Inga Römer: Scham. Phänomenologische Überlegungen zu einem sozialtheoretischen Begriff, in: *Gestalt Theory*, Vol. 39, No. 2/3 (2017), S. 313–330 sowie Sonja Rinofner-Kreidl: Scham und Schuld. Zur Phänomenologie selbstbezüglicher Gefühle, in: *Phänomenologische Forschungen*, 2009, S. 137–173. Aus psychoanalytischer Sicht siehe Günter H. Seidler: Scham und Schuld. Zum alteritätstheoretischen Verständnis selbstreflexiver Affekte, in: *Zeitschrift für psychosomatische Medizin*, Nr. 43 (1997), S. 119–137. Jürgen Riethmüller hat in seiner monumentalen Studie die soziopolitischen Aspekte der Scham untersucht (Jürgen Riethmüller: *Kalkül der Scham. Der soziale Affekt und das Politische*, Berlin 2020). Siehe hierzu insbesondere seine interessanten Ausführungen über den Aspekt der Entschämung (etwa in der populistischen Politik) und der Beschämung (etwa als politische Strategie) ebenda, S. 395–403 sowie 549ff.

6 Dies gilt gerade dann, wenn ich selbst Schuld an etwas bin und dies weiß. Dass dann das Schuldgefühl noch hinzukommt, trägt zum Wesen der Schuld nichts bei. Riethmüller denkt die Scham wie viele andere Autorinnen und Autoren von der Psychoanalyse aus und betrachtet diese als »negativen Affekt« (Riethmüller: *Kalkül der Scham*, a.a.O., S. 308) im Sinne einer Differenz zwischen Ich und Ich-Ideal (ebenda,

von einer selbst- bzw. fremdbezüglichen Orientierung sprechen. Weil wir uns sicher sind, dass sich andere schämen wie wir bzw. dass andere uns anklagen würden wie wir, entstehen sehr vielschichtige Allianzen, Gruppenbildungen und Ausdrucksformen. Neben diesen direkten Beschämungsakten bzw. Schuldzuweisungen entstehen regelrechte gesellschaftliche Kalibrierungen, die das Empfinden und das Sag- und Ausdrückbare, dessen Stil konturieren.[7] Die Schuld verlangt von den Anderen, die Gesetze nicht zu verletzen. Die Scham stellt den Anspruch an den Anderen, dieser möge einen nicht beschämen.

## Schamgefühl vs. schlechtes Gewissen

Ein gewisses Pendant zum Scham*gefühl* ist bei der Schuld das *schlechte Gewissen*. Dies ist das Wissen um die von Anderen *unbemerkt gebliebene* eigene Schuld. Ein schlechtes Gewissen hat der Autofahrer, der ein anderes Auto beschädigt, es bemerkt und dann einfach davonfährt. Aber auch hier würde man die Begriffsbedeutungen durcheinanderbringen, würde man Schuld aus dem schlechtem Gewissen herleiten wollen. Das schlechte Gewissen ist lediglich eine weitere Erlebnisform der Schuld, wenn man so will eine reflexiv gewordene, repräsentierte und internalisierte Schuld. Das schlechte Gewissen zeigt nur an, dass man über eine Kenntnis der Schuldregularien verfügt und sich selbst durch Nichtanzeige, Passivität aus dem Schuldgefüge und den Exerzitien der Schuld heraushält. Und diese ›Imaginationshandlung‹ des Bewusst-Unterdrückens bzw. Unterlassens der Selbstanklage empfindet man schließlich. Dies ist das *schlechte Gewissen*.

## Positive Seiten von Scham und Schuld

In der allgemeinen Betrachtung wie auch in der wissenschaftlichen und sogar in der belletristischen Literatur werden Scham und Schuld gemeinhin von ihren negativen Auswirkungen her dargestellt. Es ist auch offensichtlich, dass Scham und Schuld Probleme erzeugen, Krankheiten auslösen, ganze Lebens-

---

S. 322). Damit wird die Scham als eine ich-zentrierte Emotion begriffen, wo diese doch vom Beginn an bereits intersubjektiv angelegt und auf die Lebenswelt hin orientiert ist.

7 Siehe hierzu Frevert: *Die Politik der Demütigung*, a.a.O.

läufe zerstören oder gar Kriege verursachen können. Eine Darstellung wird sich in der Regel auf ebenjene Momente zuvörderst konzentrieren, da sie die Erzählung mit tragischen und abgründigen Elementen anreichert. Und auch in der Wissenschaft thematisiert man gewöhnlich das Nichtfunktionieren, da man hier tiefere Probleme vermutet und sich dadurch neuere Einsichten erhofft, als wenn man die harmonische und glückliche Seite analysiert.[8] Schuld und Scham sind aber je in unterschiedlicher Weise *Regularien*, die höchst präzise funktionieren und die in der Regel ein viel größeres Leid oder gar einen Zusammenbruch von Ordnungen *verhindern* bzw. diese erst stiften. Sie erschließen auch einen je eigenen Horizont von Denk-, Inszenierungs- und Empfindbarkeiten, die zu besonderen ästhetischen Potentialen in der Kunst führen. In dieser Studie möchten wir daher, Max Scheler folgend,[9] den positiven Aspekten einen ebenso gebührenden Platz einräumen wie den konfliktbeladenen und tragischen, weil diese für die ästhetischen Ausdrucksformen und Potentiale von Scham und Schuld eine große Bedeutung haben. Es sind dies Haltungen, kulturelle Prämissen und Orientierungsordnungen, die in alle Bereiche der Ästhetik, des gesellschaftlichen Lebens und auch der Politik zurückwirken. Alle in einer Kultur getroffenen Aussagen, Handlungen und Äußerungen stehen im Bezugsfeld dieser Ordnungen.

## Ästhetische Stile

Mit Scham und Schuld gehen daher gleichzeitig bestimmte Stile des Sprechens-Über, des Darstellens und Dramatisierens, des Ästhetisierens und Visualisierens wie auch Verortungen der Fühlenden einher. Es sind dies aber Verfahrensweisen, die sich *strukturell* voneinander unterscheiden.

Scham und Schuld als Bedingungen gemeinschaftlichen bzw. gesellschaftlichen Lebens sind sicherlich in den allermeisten, wenn nicht in allen, Kul-

8 Dies ist etwa besonders in der psychoanalytischen Literatur zu beobachten. Zur Einordnung des psychoanalytischen Diskurses siehe Jens León Tiedemann: *Die intersubjektive Natur der Scham*, Diss. Berlin 2007, online-Dok., https://refubium.fu-berlin.de/handle/fub188/4758, abger. am 12. Juni 2023, insbes. S. 125ff.

9 Siehe hierzu insbesondere Max Scheler: Über Scham und Schamgefühl, in: ders.: *Schriften aus dem Nachlass. Zur Ethik und Erkenntnislehre*, Bd. I, hrsg. von Maria Scheler, Bern 1957, S. 77–90.

turen präsent. Aber sie bahnen als Basisaffekte bzw. als Basisordnungen auch die Darstellbarkeit überhaupt. Geschichten, Filme, die die geltenden Normen von Scham und Schuld thematisieren und fiktionalisieren, werden in der jeweiligen Ordnung auf Resonanz stoßen. Umgekehrt wird das, was gegen die als geltend empfundene Ordnung verstößt, verschwiegen, mit Scham belegt, unterdrückt, bekämpft, zensiert oder verboten werden. Uns, die wir auch heute noch üblicherweise in *einer* Kulturwelt leben (auch wenn wir mehrere Sprachen sprechen, uns temporär in anderen Kulturen bewegen oder in verschiedenen Ländern Urlaub machen, also Umwelten wechseln), fallen diese impliziten Ordnungen nicht auf.[10] Sie erscheinen uns als selbstverständlich gegeben, weil wir aus ihnen heraus leben. Und alternative Erzählungen aus anderen Kulturen werden durch die *eigene kulturweltliche Sicht* gefärbt oder als bloßer Gegenpol des Fremden verstanden. In dieser Hinsicht tendiert jede Kultur dazu, sich ideologisch zu universalisieren, wozu auch staatliche Organisationen einen erheblichen Anteil haben. Das Fremde wird exotisiert und damit auch seine Scham- und Schuldordnung vergegenständlicht bzw. auf die kulturweltliche Ordnung gepfropft.

Die Entscheidung, wann immer und wie sie historisch und gesellschaftlich getroffen sein mag, für oder gegen Schuld- oder Schamordnungen, legt uns auf Deutungsmuster fest. Bis zu einem gewissen Grad bahnen diese Ordnungen auch die Struktur der Kulturwelt, vorbestimmen die Sicht auf das Eigene und Fremde, das Leibempfinden und markieren die Grenzen der Vorstellbarkeit. Damit ist ein ganzes Spektrum von Verhaltensweisen, des Ausdrück- und Vorstellbaren präfiguriert. Es entstehen narrative Erlebnis- und Gefühlsordnungen, aus denen heraus wir die Mitmenschen einordnen und die wir nur sehr schwer selbst bestimmen oder gar verändern können, weil wir die Welt aus ihnen heraus erfahren. Wir können, in Anlehnung an Edmund Husserls Phänomenologie, von einer *Einstellung* sprechen, die uns jeweils in eine Ordnung versetzt.[11] In dieser Hinsicht würde dann der Kern von Ruth Benedicts Unter-

---

10 Zum Begriff der Kulturwelt, den wir Edmund Husserls Phänomenologie entnehmen, siehe meine Ausführungen in Andreas Becker: *Yasujirō Ozu, die japanische Kulturwelt und der westliche Film*, Bielefeld 2020, S. 18f.

11 Siehe dazu Edmund Husserl: *Ideen zu einer reinen Phänomenologie und phänomenologischen Philosophie*, Erstes Buch, *Husserliana*, Bd. III, hg. von Walter Biemel,

scheidung von Scham- und Schuldkulturen[12] diese ›pudorische‹ bzw. ›juridische‹ Einstellung bezeichnen, die wir als Kinder schon einüben und die sich im Leben des Menschen nur verfeinert, gesellschaftlich auf eine mysteriöse Weise orchestriert und synchronisiert, veränderbar im Laufe der Jahrzehnte und Jahrhunderte.

Hier sollen diese *Präfigurationen von Scham und Schuld* auch als spezifische *ästhetische Stile* konturiert werden, als narrative Prämissen, die in ihren künstlerischen Produkten widerscheinen. Es entstehen so Verstärkungseffekte, Dynamiken, Sensibilisierungen und Desensibilisierungen eigener Art, die indirekt auch helfen, die Kulturen, ihre Interrelationen, Möglichkeiten wie Vorurteile und vor allem ihre wechselseitigen Missverständnisse und Verfehlungen zu verstehen, weil sich über Erzählmuster auch Scham- und Schuldordnungen replizieren. Kunstwerke entstehen aus kulturweltlichen Ordnungen heraus, verstärken und verändern diese, indem sie wiederum auf sie rückwirken. Es bilden sich so indirekt blinde Flecken der Kulturen, Unverstehbarkeiten und, für bestimmte Felder, unsensible Zonen, Unausdrückbarkeiten, Schattenbereiche innerhalb und zwischen den Kulturen, die jedoch durch wechselseitige Rezeption und Austausch, durch sprachliche und künstlerische Reflexion sichtbar gemacht werden können. Man könnte hier, im Anschluss an Walter Benjamins Begriff des *Optisch-Unbewussten*, von einem *lingualen* oder gar von einem *ästhetischen* Unbewussten sprechen.[13] Eine ästhetische Praxis, die die

---

Den Haag: Nijhoff 1950, § 27f., S. 57f. sowie ders.: *Cartesianische Meditationen und Pariser Vorträge, Husserliana*, Bd. I, hg. von S. Strasser, Den Haag: Nijhoff 1950, S. 8f.

12 Ruth Benedict: *The Chrysanthemum and the Sword. Patterns of Japanese Culture*, London 1947. Siehe dazu meine Ausführungen in: Becker: *Yasujirō Ozu, die japanische Kulturwelt und der westliche Film*, a.a.O., Kap. 9, S. 233–266, dort auch mit Verweisen auf weitere Literatur. Zur Einordnung des Konzepts der Scham- und Schuldkultur siehe Rita Werden: *Schamkultur und Schuldkultur. Revision einer Theorie*, Diss. Freiburg im Breisgau 2013, online-Dok., http://www.freidok.uni-freiburg.de/volltexte/9175, abger. am 12. Juni 2023. Zur Kritik siehe Keiichi Sakuta: A Reconsideration of the Culture of Shame, in: *Review of Japanese Culture and Society*, Vol.1, No.1, *Japan and the Japanese*, Oktober 1986, S. 32–39.

13 Siehe hierzu Andreas Becker: Walter Benjamins Begriff des ›Optisch-Unbewussten‹ und die Experimente mit der filmischen Zeitdehnung, in: *Experimente in den Künsten*, hrsg. von Stefanie Kreuzer, Bielefeld 2012, S. 187–214. Jacques Rancière hat dies in ganz anderer Form einmal skizziert, siehe dazu: Jacques Rancière: *Das ästhetische Unbewußte*, übers. von Ronald Voullié, Zürich 2006.

Welt aus der Scham heraus inszeniert, wird dazu ganz andere Felder thematisch halten als eine, die aus der Schuld heraus erzählt. Es sind dies Sensibilisierungen und Desensibilisierungen für bestimmte Bereiche. Diese werden aus der schöpfenden Kulturwelt heraus ganz selbstverständlich mit aufgefasst, während sie dem Blick außerhalb dieser oft entgleiten. Andererseits entstehen bei der interkulturellen Rezeption auch ganz neue Fokussierungen, Wahrnehmbarkeiten und Interferenzen. Darüber wechselseitige Diskurse zu führen, ist von größter Bedeutung.

In irgendeiner Form werden wir es manchmal bei Scham und Schuld mit *Überlagerungen* zu tun haben, weil diese ähnlichen Gegenstandsfeldern gelten. Ob das Schuldhafte oder Schamhafte dominiert und wann diese Präferierung statthat, ist durchaus variabel. Aber nicht erst durch die bereits erwähnte Ruth Benedict[14] und E. R. Dodds[15] wissen wir, dass Kulturen dazu tendieren, *eine* der Formen für ein bestimmtes Feld zu verabsolutieren. Es würde auch dramaturgisch zu einer Gemengelage führen, würde man sich beliebig für eine Darstellung der Scham *und* der Schuld entscheiden können. Die so erzählten Figuren wären unglaubwürdige, irritierende, inkonsistente und beliebig auswechselbare Hüllen. Würde sich ein Autofahrer für den Schaden, den er verursachte, mal schämen und mal schuldig sein, je nach Belieben, es wäre eine uninteressante Geschichte. Dessen ungeachtet kann eine Erzählung die Konfliktebenen zwischen Schamerleben und Schuld hochgradig spannend darstellen, mitunter können Protagonisten innerhalb von Schuldkulturen schamhaft sein. Aber dann sind diese in der Darstellung als Bezugsordnungen zugewiesen. So ist es in der Kulturwelt stets, Schuld und Scham sind bestimmten ästhetischen Feldern, Motiven und Stilen zuordenbar. Sie können sich dessen ungeachtet auch verändern und transformieren. Aber willentlich steuerbar oder frei entscheidbar sind solche Prozesse kaum. Eine gesellschaftliche Vorgängigkeit ist ihnen eigen.

Historische Epochen und Kulturen weisen offenbar je eine eigene gefühlsmäßige Kalibrierung der Scham- und Schuldsphären auf. Es ist dies eine bestimmte Gefühlslage, eine Stimmung, dass das *so* aufgefasst oder gefühlt werden muss. Wann etwas in den Bereich der Schamordnung tritt und diese

---

14 Benedict: *The Chrysanthemum and the Sword*, a.a.O.

15 Eric R. Dodds: *The Greeks and the Irrational*, Berkeley u.a. 1971.

verletzt und wann sich jemand schuldig macht, wird meistens vorgeahnt, ohne dass man eine Verhandlung darüber führen müsste oder sich dessen bewusst ist, *warum* einmal das Schamkonzept und ein andermal das Schuldkonzept angerufen wird. Aber auch hier verschieben sich die Ordnungen historisch und kulturell, allerdings langsam und meistens nichtdiskursiv. Es gehört offenbar zu den kulturweltlichen Prämissen, wie diese Zuordnung vorgenommen wird. Es handelt sich hier um sehr vielschichtige alteropolare Felder des Fühlens und Auffassens.

Wir sprachen zu Beginn davon, dass Scham und Schuld Bezugsformen des Bewusstseins seien. Nun müssen wir diese Annahme begründen. Wir beginnen mit der Scham.

# Aristoteles' Definition der Scham. Über das Fühlen und die Funktion von Scham

Aristoteles entwirft in der *Nikomachischen Ethik* ein Konzept der Scham (Altgr. Αἰδώς, Anstand, sittliche Scheu, Schamgefühl, αἰσχύνη, Scham, Schande, Schmach), das in der *Rhetorik* weiter ausgeführt wird. Es heißt: »Man bestimmt sie als eine Furcht vor der Schande, und sie betätigt sich ähnlich wie die Furcht vor dem Schrecklichen: wer sich schämt, errötet; wer den Tod fürchtet, erblaßt. So scheinen beide in gewissem Sinne etwas Körperliches zu sein, was wohl mehr einen Affekt als einen Habitus verrät.«[16] Diese Defini-

16 Aristoteles: *Nikomachische Ethik*, übers. von Eugen Rolfes, Hamburg 1995, 15. Kap., 1128bf., S. 98. Zur Scham in der Antike siehe Eva-Maria Engelens interessante Studie zur Geschichte von Scham und Zorn in der griechischen Tragödie, bei Aristoteles und anderen. Sie schreibt: »Weil die Scham uns, wenn wir sie empfinden, zwingt, die Sicht des Anderen einzunehmen und nicht nur unsere Schuld anzunehmen, ermöglicht sie es, auf einen selbst und den Anderen bezogen zu sein. Unsere Schuld anzunehmen, setzt uns hingegen in ein sehr viel intellektuelleres Verhältnis zu den Anderen als es die Scham tut, die wir anderen gegenüber empfinden.« (Eva-Maria Engelen: Eine kurze Geschichte von ›Zorn‹ und ›Scham‹, in: *Archiv für Begriffsgeschichte*, Vol. 50 (2008), S. 41–73, online-Dok. https://www.jstor.org/stable/24360931, abger. am 12. Juni 2023, zit. S. 54). Aristoteles klassische Definition von Scham findet ihren Widerhall in zahlreichen jüngeren Texten. Der Einfachheit halber begnügen wir uns hier mit der Aristotelischen Sicht, werden aber im Laufe der Untersuchung das Spektrum der Ansichten erweitern und vor allem die Scham in bestimmte Konstellationen und Dramaturgien verorten. Hier seien daher nur einige exemplarische Begriffsfassungen erwähnt. In *Ritters Historisches Wörterbuch der Philosophie* heißt es, Scham bezeichne »ein Gefühl, das die Tendenz hat, einen Handlungs- oder Redeimpuls zu hemmen, um möglichen Tadel und damit Minderung des Selbstwertgefühls zu vermeiden, oder Insuffizienz schmerzlich spüren zu lassen, weil diese Rücksicht verletzt wurde« (Joachim Ritter; Karlfried Gründer und Gottfried Gabriel: *Historisches Wörterbuch der Philosophie*, Darmstadt 1971–2007/Directmedia Berlin 2006, digitale Ausgabe DBSO33, Bd. 8, »Scham«, digitale Ausgabe S. 33786–33809, Printausgabe Bd. 8, S. 1208–1215, zit. digitale Ausgabe S. 33786, Printausgabe Bd. 8, S. 1208.) Agnes Heller schreibt: »Die Scham als Affekt ist unabhängig davon, ob man

tion als somatisch erlebter Furcht vor der Schande ist, anders formuliert, eine *gefühlte Responsivität.* Scham ist eine Art von Erwartungsfurcht vor der Schande der Gemeinschaft. Man würde sie erfahren, wenn man sich so verhielte oder dies oder jenes sagte. Die Scham ist also eine Art von Vermeidungstendenz gegenüber den selbst erlebten bzw. geahnten negativen Gefühlen. Wer dem Schamgefühl entflieht, bewertet Handlungen und Äußerungen vom ›Potential der Schande‹ her, das daraus folgen mag. Jedes Tun wird dadurch zögernd, stockend, zurückgenommen, jede Äußerung träge, vorsichtig, andeutend und passiv. Der Alltag wird explorierend und tastend erfahren, weil eine Revision zu einem Zeitpunkt erfolgen muss, wo das Kundgetane noch nicht aufgefallen ist.

Das Erröten als Anzeichen der Scham weist diese als einen basalen und somatischen Affekt aus, der sich in der physiognomischen Färbung anzeigt.

---

mit Recht beschämt worden ist oder nicht, und auch davon, ob der Grund bedeutend oder unbedeutend war. Wir sind von der Vorschrift abgewichen, die Augen der Gemeinschaft sind ›auf uns‹ gerichtet, sie verurteilt uns, lacht uns aus oder sie ›sieht‹ uns einfach, und deswegen schämen wir uns.« (Agnes Heller: *Theorie der Gefühle*, Hamburg 1981, S. 111). Jean-Paul Sartre fasst die Scham als ein existenzielles Gefühl, das in bestimmten Relationen von Ich und Anderem aufscheint: »Doch der Andere ist der unentbehrliche Vermittler zwischen mir und mir selbst: ich schäme mich meiner, wie ich Anderen erscheine. […] Ich erkenne an, daß ich bin, wie Andere mich sehen.« (Jean-Paul Sartre: *Das Sein und das Nichts*, übers. von Hans Schönberg und Traugott König, Reinbek bei Hamburg 2017, S. 406). Weiter heißt es: »So ist die Scham ein vereinigendes Erfassen dreier Dimensionen: ›Ich schäme mich über mich vor Anderen.‹ Wenn eine dieser Dimensionen verschwindet, verschwindet auch die Scham.« (Ebenda, S. 518). Zum Schamgefühl allgemein siehe: Hartmut Böhme: Gefühle, in: *Vom Menschen. Handbuch der Historischen Anthropologie*, hrsg. von Christoph Wulf, München 1996, S. 525–548; Jennifer Jacquet: *Scham: Die politische Kraft eines unterschätzten Gefühls*, übers. von Jürgen Neubauer, Frankfurt am Main 2015 sowie Daniel Hell: *Lob der Scham*, Freiburg u.a. 2018. Allgemein zu einer Geschichte der Scham am Beispiel der Literatur siehe: Ulrich Greiner: *Schamverlust. Vom Wandel der Gefühlskultur*, Reinbek bei Hamburg 2014, Achim Geisenhanslüke: *Die Sprache der Infamie III. Literatur und Scham*, Paderborn und München 2019 sowie *Schuld und Scham*, hrsg. von Alexandra Pontzen und Heinz-Peter Preusser, Heidelberg 2008. Zur Frage der Schuld in der antiken Tragödie siehe Ingo Werner Gerhartz: *Tragische Schuld. Philosophische Perspektiven zur Schuldfrage in der griechischen Tragödie*, Freiburg und München 2016. In der Filmwissenschaft wurde die Darstellung der Scham vergleichsweise wenig untersucht. Für einen Überblick siehe *Scham und Berührung im Film*, hrsg. von Jann E. Schlimme; Berte Wildt und Hinderk M. Emrich, Göttingen 2008.

Ab diesem Zeitpunkt ist das Schamgefühl nicht mehr zu verbergen, weil es an die Körperoberfläche driftet. Wie die Furcht zum Selbstschutz dient, so ist die Scham ein im individuellen Gefühlsleben eingepflanzter Anspruch der Gemeinschaft an mich. Aristoteles weist sie ausdrücklich nicht der Tugend zu. Dass er diese Frage aber kurz vor der zitierten Stelle aufwirft, zeigt, dass zumindest eine indirekte Verbindung von Scham und Tugend bestehen kann. Man kann sagen, dass Scham weder Tugend noch Habitus ist, aber die Bescheidenheit, die aus ihr folgt, ist eine Tugend, die Rücksichtnahme ebenso. Wenn man so will ist Scham ein ›Primärerleben‹, das andere Tugenden reguliert und bahnt.

Was die Scham zu einem so mächtigen Gefühl macht, ist ihr kollektiv stratifiziertes Auftreten. Man kann sie selbst bis zu einem gewissen Grad nur erahnen, erlebt sie aber, lag man denn falsch, extrem spezifisch und in der Situation verankert, da man sich selbst zum Gegenstand der Anderen gemacht fühlt. Man ahnt, dass sich auch der Andere für ebenjenes schämt. Aristoteles′ Vergleich der Scham mit dem Schrecken ist stark: »Wer den Tod fürchtet, erblaßt«. Das zeigt aber nochmals, mit welch starkem Gefühl wir es hier zu tun haben, das wir natürlich unbedingt vermeiden wollen. Interessant ist hierbei, dass wir keine individuellen Strategien erfinden, das Schamgefühl als solches auszulöschen, sondern wir erfinden nur Wege, dessen *Auftreten* zu vermeiden. Das zeigt, dass das Gefühl selbst ein Regulativ gemeinschaftlicher Ordnung ist und kein wie auch immer im Auftreten erlebtes ›Defizit‹ oder ein ›Makel‹.

## Scham und gemeinschaftliches Leben

Wer glaubt, das Gefühl der Scham einfach übergehen zu können, handelt, von der Wahrnehmung der Anderen heraus gesehen, *vulgär* und erlebt nicht nur Schande, sondern wird zudem von den Mitmenschen geächtet, weil die erwartbare Scham der Anderen missachtet wurde. Somit ist Scham eine Art Vorbedingung gemeinschaftlichen Lebens. Sie schützt dessen gemeinschaftliche Ordnung, wie das Gefühl der Furcht das Leben des Individuums schützt. Die Mitmenschen mit ihrem Fühlen doppeln sich in der Scham innerlich und ihre Ansprüche an uns werden emotional erlebt. Die Angst vor der Schmach ist kollektiv und kann von jedem vorausgesetzt werden. Sie ist durch die Erziehung internalisiert und stellt eine vorbewusste Prämisse unseren Denkens und Verhaltens dar.

Im sechsten Kapitel der *Rhetorik*[17] differenziert Aristoteles das Gesagte noch aus: »Man schämt sich aber nicht nur über die bereits erwähnten Schande bringenden Dinge, sondern auch über deren Zeichen: z.B. nicht nur wenn man sich dem Geschlechtsakt hingibt, sondern auch über die Zeichen davon. Und nicht nur, wenn man Schändliches tut, sondern auch, wenn man es ausspricht.«[18] Die *Scham universalisiert sich semiotisch.* Sie scheint an dem intentional vermeinten Gegenstand zu *haften* bzw. sich auf Phantasien, bezeichnete und abgebildete Gegenstände zu erweitern. Strategien zur Vermeidung der Scham diffundieren daher vom Alltagsleben in die Vorstellung, Kunst, in imaginative Welten hinein, insoweit diese öffentlich gemacht werden. Aristoteles trifft hier bereits eine wichtige Entscheidung, die Max Scheler dann in seiner Differenzierung als *Leibesscham*[19] beschreiben wird.

## Potentiale der Scham

Das alles ist wieder negativ gesprochen, hat aber auch positive Seiten. Gerät man nicht in die Schande, so kann man den Anderen vertrauen und ist Teil der Gemeinschaft der Sich-Schämenden. Auf dieser *vorgängigen Aufgehobenheit* basiert die Scham, sonst könnte sie es nicht durchstreichen. Würde ich zumindest einigen Menschen nicht zutiefst vertrauen, empfände ich auch keine Scham. Diese sind die *Hüter meiner Scham.* Dazu gibt es *Valenzen der Scham*, Gruppen, vor denen man sich *anders* schämt, etwa in der Familie, Orte, an denen die Scham wie aufgehoben scheint, etwa in japanischen *Onsen*-Bädern oder in europäischen Saunen etc.[20]

Von außen gesehen wird auch die Scham selbst, wie wir sahen, zumeist nicht angezeigt. Die sich schämenden Menschen wirken daher in sich gekehrt,

---

17 Aristoteles: *Rhetorik*, übers. von Franz G. Sieveke, München 1995, Kap. 6, S. 102–107.

18 Ebenda, 1384b, S. 106.

19 Scheler: *Über Scham und Schamgefühl*, a.a.O., S. 69f.

20 Siehe zum arkanöffentlichen Umgang mit der Scham etwa im Manga Anne Allison: *Permitted and Prohibited Desires. Mothers, Comics, and Censorship in Japan*, Berkeley u.a. 2000.

konzentriert, achtsam, vorsichtig und leise. Sie vereinnahmen den Anderen nicht, sowieso nicht als Individuen. Scham ist ein Gefühl des bedingten Rückzugs vor den Anderen aufgrund eines erlebten oder erahnten Missverhältnisses bzw. eines als ungenügend erlebten Selbstanspruchs. Daher werden die Anderen zuallererst sehr höflich behandelt, weil eben auch dies eine Strategie sein kann, die Beschämung des Anderen bzw. deren Folgen für mich zu mildern. Der (oder die) Sich-Schämende wirkt daher in der Gesellschaft sehr angenehm und seine Umgangsformen gepflegt.

## Phantasie und autonome Innenwelt. Mimetischer Zirkel und pudorischer Imperativ

Durch diesen permanenten Anspruch entwickeln die sich Schämenden eine Art *autonome Innenwelt*, die die Außenwelt vorwegzunehmen sucht. Die *Phantasie* ist in dieser Hinsicht die Helferin der Schamvermeidung, die Alternative wäre, die eigenen Wünsche zurückzustellen. Während die Scham die Schämenden auf eine Weise blockiert, weil sie sich nicht äußern, bilden sie zum Ausgleich Phantasiewelten, die die Vorwegnahme des Anderen durchspielen. Es ist dies eine kulturelle Durchgeistigung, die man in Japan allenthalben erlebt, selbst in alltäglichen Situationen wie dem Einkaufen, wo man als Kunde begrüßt und verabschiedet wird, obwohl man die Verkäuferinnen und Verkäufer gar nicht wahrgenommen hat. Dieser Umgang mit Phantasien kann durchaus auch kollektiv geschehen, man denke an die *Manga*-Kultur. Es bilden sich auch Arkanbereiche, in denen sich Schämende auf ein Feld hin solidarisieren und das heißt, von der großen Öffentlichkeit zurückziehen und in Nischen Teilöffentlichkeiten bilden. Die stabile Gruppe ist ein Schutz vor möglichen Verstößen gegenüber der Schamordnung.

So ist der Habitus der Sich-Schämenden von außen betrachtet intellektuell-spielerisch, voller Respekt vor den Anderen und ihren Regeln und zurückgenommen. Scham ist durch Verständnis wenig zu mildern, auch eine Versprachlichung bzw. Reflexion auf die Scham (so sie denn überhaupt erfolgt), wirkt sich auf das Schamerleben nur bedingt aus, denn es geht nicht um das intellektuelle Nachvollziehen von Regeln, sondern um das *Empfinden*, einer Regel nicht genügt zu haben, wie immer diese auch sein mag. *Wer sich schämt, wird nicht die Regel in Frage stellen, sondern viel eher sich selbst hinterfragen, warum er oder sie diese Regel nicht erfüllen konnte*, die Anderen aber schon. Wer also Scham vermeiden will, bewegt sich mehr in einem *mimetischen* denn in einem hermeneutischen Zirkel der Verinnerlichung. Gilt es bei diesem, den Sinn zu verstehen, wäre das Ziel des *mimetischen Zirkels*, die allgemeinen Verhaltensmuster, Absichten und Wünsche der Anderen durch Probehandlungen und Wiederholung, durch Beobachtung und Wiederaufführung etc. *vorwegzunehmen*, indem man sie imitiert und aufführen kann. Geht der *hermeneutische Zirkel* auf (versprachlichendes) Verstehen des Ganzen, so der *mimetische Zirkel* auf Erfassen der in der Situation notwendigen Partialäußerungen. Ein tieferes *Verständnis* wäre demnach überhaupt nicht notwendig, um Scham zu vermeiden, ein *empathisches Vermögen* allerdings schon. Wichtig ist die Sicherstellung einer *Wiederholbarkeit* ohne Scham, also eine Ritualisierung des Lebens. Sobald eine Unauffälligkeit erlangt ist, man den Erwartungen insoweit entsprochen hat, dass das eigene Tun, die eigene Person unthematisch blieb, ist man vollends zufrieden. Und umgekehrt werden die anderen Schämenden sich zustimmend verhalten, d.h. mitunter einfach nicht reagieren, wenn genau dies der Fall war. Dieses Ausbleiben an Reaktion, das Pflegen der Stille und des Schweigens ist selbst ein Merkmal des Respekts und Signatur von Schamkulturen allgemein sowieso der japanischen Kultur. So setzt sich eine subtile Verstärkung in Gang, die bis zum Wunsch zu verschwinden gehen kann. Im Falle eines Regelbruchs wird vielleicht nur die Art der Anrede sich ändern, man wird eine andeutende Bemerkung machen, die nicht in das erwartete Muster passt, so dass höchst indirekt deutlich wird, dass man abwich und unsichtbare Grenzen überschritt. Aber ein Eklat würde ausbleiben. Man dürfte nur in Zukunft nicht auf Zuspruch zählen. Man wäre auf eine Art im gemeinschaftlichen Gedächtnis *markiert*. Und so wäre auch die Erinnerung an die Vergangenheit bei der Scham sehr wichtig, weil nur sie die Erwartung vorherbestimmen hilft. In der Erwartung werden die Muster der Erinnerung wiederholt. Je mehr und genauer man diese kennt, desto sicherer weicht man ›Fettnäppfchen‹ aus. Der ›pudorische Imperativ‹ lautet daher: *Entspreche den Erwartungen der Anderen, sehe dich so, wie die Anderen dich sehen*. Das Glücksversprechen des Ichs ist daher in der Scham alteroplar gewendet: *Die Erfüllung der Erwartung der (imaginierten) Anderen ist die Bedingung für mein eigenes*

*Glück*. Das bedeutet aber auch, dass es eine egopolare Freude, ein individuelles Glücklichsein nicht geben kann, da alle Gefühle sich in sozialer Resonanz zur Scham ausrichten.

Die Scham befördert also nicht nur die Phantasie – und damit die Kunst und ihre Tendenz, Innenwelten zu generieren (wenn auch weniger, diese zu entäußern), sie ist auch ein Gefühl der höchsten (nonverbalen) Sensibilität und Responsivität gegenüber Anderen und dem sozialen Feld. Wer Scham vermeiden kann, vermag es, in verschiedensten Situationen zu navigieren und kann beständig abrufen, was als typisch gilt, d.h. was erwartungsgemäß erwartet werden kann. Zur Scham tendierende Menschen verfügen über die Fähigkeit, Anzeichen und Andeutungen zu verstehen und Konflikte zu vermeiden. Sie können leiseste Ahnungen erspüren und daher auch künstlerisch auf eine hoch elaborierte Weise darstellen. Sie dominieren zwar die Situation kurzfristig nicht, aber langfristig verfügen sie mit ihrem eigens gehüteten Schamgefühl über eine Form des persönlichen Eigenwerts. Sich-Schämende tendieren dazu, sehr zuverlässig zu sein.

## Konflikte vs. verinnerlichte Brüche. Kränkungen

Offene Konflikte und Diskurse sind in schamorientierten Kulturen (wie auch bei sich schämenden Menschen) kaum vorhanden, alles scheint oberflächlich gesehen ruhig, zivilisiert und harmonisch, alles Negative wird, weil in Verdacht stehend, Scham zu erzeugen, vermieden.[21] Dies sollte natürlich niemals darüber hinwegtäuschen, dass die Brüche *verinnerlicht* sind. Mitunter werden sie von den Menschen sogar schlimmer erlebt, weil diese keine Möglichkeit sehen, ihre Scham diskursiv zu thematisieren. Aus kleinsten und banalsten Situationen können so stille Katastrophen entstehen, die aber selbst dann nicht veräußerlicht werden, wenn sie massiven persönlichen Schaden verursachen. Man tendiert dann dazu, so zu tun, als sei nichts geschehen. Man muss die Situationen und ihre Diskrepanzen aushalten, rettet sich in die Typisierung. Dies kann bis hin zum Masochismus gehen, dass also dieses Moment als lustvoll erlebt

21 Dadurch entstehen interessante Dynamiken, weil ganze Gesellschaften sich nur auf das Positive konzentrieren, etwa Hochhäuser in größtem Stil bauen, weil es kein Korrektiv im Konflikt gibt, wie das in Europa der Fall ist.

wird. Formen der Gewalt suchen dabei stets eine neue Verinnerlichung, treten selten nach außen. Oft äußert sich diese Aggression dann nur innerfamiliär.

Auch können Kränkungen aus Unterlassung (aus ›Nichthandlungen‹) heraus entstehen, weil diese vom Anderen erwartet wurden. Da nun keine Thematisierung erfolgt, man sich das nicht anmerken lässt, erleben Menschen in Schamkulturen mitunter größte Diskrepanzen, ohne auch nur die Chance zu haben, daraus einen offenen Konflikt zu machen. Es entstehen vielleicht Gerüchte, die die Anderen schädigen können, aber niemals direkter Neid.

Ein japanisches Sprichwort lautet: »Deru kui wa utareru«, ein herausstehender Nagel wird eingeschlagen. Dies ist auch eine Seite der Scham. Man soll sich anpassen, weil ein ›Herausstehen‹ die Anderen beschämen kann. Selbsterfüllung ist daher nur im Verborgenen möglich.

Das Idealbild der Sich-Schämenden ist die Makellosigkeit. Erfüllen sie in den Augen der Anderen ihre Rolle ohne Wenn und Aber, so geht dies mit dem Gefühl einer innerlichen Erhabenheit einher. Robert Pfaller spricht von einem ›maskierten Stolz‹[22]. Es ist dies kein gewöhnlicher, offen getragener Stolz, sondern ein verinnerlichtes, adeliges Gefühl, dem hohen Anspruch der Anderen genügt zu haben, ohne dass er eingefordert wurde. Der gesamte Alltag ist dann von den Gesten dieses Gefühls des Besonderen geprägt. Perfektion, Sauberkeit, höchste Aufmerksamkeit gegenüber auch dem Unscheinbarsten sind deren Insignien. Kleidung wie der Kimono etwa sind Signaturen dieser Haltung, die sich nur zu besonderen Anlässen zeigt und auch nur im engsten Kreis. Die Unwahrnehmbarkeit dieser Pracht und dieses Edelmuts gehört dazu wie das bescheidene Tragen der kostbaren Stoffe.

22 Robert Pfaller: *Zwei Enthüllungen über die Scham*, Frankfurt am Main 2022, S. 13.

# Definitionen von Schuld

Schuld ist wie die Scham ein Regulativ. Während die Scham *verinnerlichte Angst vor…* ist, beruht die Schuld in erster Hinsicht auf einer *Veräußerlichung*, in der Regel einer Versprachlichung der ›Schuldregularien‹, letztlich einer Form der Anklage. Im Gegensatz zur Scham gilt die Allgemeinheit bzw. der Andere in seinem Habitus nicht als Vorbild bzw. Norm, sondern der besondere Andere wird geradezu zum Gegenstand meiner Schuldattribuierung.[23] Ich und Anderer entzweihen sich im Hinblick auf die Frage der Schuld, wo sie bei der Scham eine herbeigesehnte Einheit bilden. Der Eine hat dem Anderen etwas angetan, wird im eigentlichen Sinne aber erst durch den Akt der Beschuldigung schuldig. Die Ausprägungsform, ob es ein Gericht im institutionellen Sinn, einen Gesetzestext oder eine gemeinschaftlich unterstellte Norm gibt, ist für die Schuld unerheblich, aber eine *ideelle Instanz, von der aus gedacht wird*, ist stets notwendig. Eine angerufene Instanz, die als dritte in Art eines neutralen, transzendenten Beobachters beurteilt, auf die man sich beruft, ist Bedingung für die Schuld, wie auch immer sie konzipiert sein mag, als rechtliche, moralische, historische, religiöse oder wirtschaftliche Schuld.[24]

---

23 Die Frage des Normenübertritts wird heute durch das Recht (sowie durch das erwartete Recht der gesellschaftlichen Subjekte) geregelt. So heißt es bei Rüthers, Fischer und Birk: »Die Gerichte setzen die Rechtsnormen nicht nur durch, sie entscheiden letztlich auch darüber, ob eine Norm als Recht zu qualifizieren ist oder nicht« (Bernd Rüthers; Christian Fischer; Axel Birk: *Rechtstheorie und Juristische Methodenlehre*, München 2000, S. 38) Dabei werden die Rechtsnormen »mittels staatlich organisierten Zwangs gegen den Willen des Betroffenen durchgesetzt« (ebenda, S. 39).

24 Zu den Schuldformen siehe Schiefelbein: *Schuld*, a.a.O., S. 15f. sowie Ritter et.al.: *Historisches Wörterbuch der Philosophie*, a.a.O., »Schuld«, digitale Ausgabe S. 34.502–34.591, Printausgabe Bd. 8, S. 1442–1472.

## Kausallinien der Schuld

Man weist die Schuld zu, d.h. bezieht sich auf ein kausales Begründungssystem.[25] Die Antwort, ob Schuldigkeit vorliegt, hängt ganz wesentlich von dem ab, was als kausal gilt und wie diese Kausalität dann ausgelegt wird. Hierbei hat man sich in der Regel auf eine Auslegung geeinigt, wohlwissend, dass diese Bevorzugung *einer* Kausalitätslinie bis zu einem gewissen Grad willkürlich ist und daher auch als letztes Mittel staatliche Gewalt braucht, um *diese* Deutung durchzusetzen. Man kann sich das an einem Beispiel verdeutlichen: Ein Mensch, der über eine für ihn grüne Ampel geht, wird von einem Auto angefahren. Schuld ist dann nach geltendem Recht der individuelle Fahrer. Dieser hat das für ihn rote Haltesignal nicht beachtet. Man könnte die Kausalinterpretation, die dieser Schuldauffassung zugrunde liegt, jedoch erweitern, indem man fragt, ob nicht auch diejenigen, die die Autos bauten, Mitschuld trügen.[26] Denn ohne ein Auto wäre der Mensch nicht angefahren worden. Man mag diese Sichtweise belächeln, muss aber das Beispiel nur auf Waffen anwenden und dann wird man doch mehr zu dieser Sichtweise tendieren, dass auch der Waffenhersteller Mitschuld trägt, wenn die Waffe eingesetzt wird. Hier kommen also vorgeprägte Einstellungen und alltägliche Gewohnheiten ins Spiel, die sich historisch und kulturell ändern können. Kausalität lässt sich niemals

---

25 Siehe dazu Carl Schmitt: *Über Schuld und Schuldarten*, Breslau 1910, S. 33f.

26 Wir gehen hier, weil wir im Kern phänomenologisch verfahren, nicht auf das Konzept der *juristischen Person* ein, das im 19. Jahrhundert entsteht und eine neue Schuldauffassung beinhaltet. So entstehen eigentümliche Lücken in der Beschreibung von Schuldigkeit zwischen dem ursprünglichen Rechtskonzept, das sich auf eine ›physische‹ Person bezieht und dem ›modernen‹, das auch Institutionen, eben als *juristische Personen*, begreift. Diese Lücken entstehen notwendigerweise, weil eine juristische Person sich nur durch deren Mitglieder konstituiert: »Durch die Gründung einer GmbH hat diese Gruppe die rechtliche Möglichkeit, sich in bestimmter Weise zu organisieren. Daß diese Gruppe als GmbH organisiert ist, kann man ihren einzelnen Mitgliedern als Person nicht ansehen. Die Organisation begründet in diesem Fall sogar ein eigenes Rechtssubjekt: die juristische Person. Die Idee, daß eine Organisation losgelöst von ihren Mitgliedern Träger eigener Rechte und Pflichten sein kann, wurde erst im 19. Jahrhundert entwickelt. Der Antike und dem Mittelalter war diese Vorstellung noch fremd.« (Rüthers; Fischer; Birk: *Rechtstheorie*, a.a.O., S. 41–42). Siehe hierzu auch die dortigen Ausführungen zum Recht im objektiven und im subjektiven Sinn (ebenda, S. 40ff.). U.a. zur Ordnungs-, Stabilisierungs- Legitimationsfunktion des Rechts siehe ebenda, S. 53ff.

an sich bestimmen, sondern bedarf immer eines gewissen thematischen Horizonts und einer theoretischen Einhegung.

Der Schuldbegriff ist dabei niemals rein auf die Handlung orientiert. Zum einen ist überhaupt die Frage, warum Schuldigkeit geahndet wird oder warum die Gesellschaft nach der Schuld, und gerade nach der des Einzelnen fragt. Es muss also, anders gesagt, bestimmte, kulturelle *Werteordnungen* geben,[27] wie auch Interessen, die als alltägliche Prämisse die Frage nach der Schuld erst aufkommen lassen. Dazu gehört auch eine gewisse zeitliche Summierung, dass nämlich die in der Vergangenheit angehäufte Schuld eine zukünftige (von einer

27 Siehe dazu Zippelius, mit Max Scheler argumentierend: »Wenn wir Handlungen in gerechte und ungerechte einteilen, dann gehen wir schon mit einem Wertmaßstab an diese Realitäten heran.« (Reinhold Zippelius: *Das Wesen des Rechts*, München 1965, S. 92). Überhaupt wäre die Frage zu stellen, warum das Recht Schuld nur individuell auffasst. Diktaturen führen oft die ›Sippenhaft‹ ein, was äußerst brutal sein kann, wie man im nationalsozialistischen System sehen konnte. Andererseits wäre eine soziale Ausbalancierung der Schuld möglich, jedoch verlöre das Recht dann seine Eindeutigkeit und Objektivität. Je mehr Akteure ins Spiel kommen, desto schwieriger wird es, die Ursache und Richtung von Handlungen überhaupt zu bestimmen. Auch komplexe Auswirkungen, die jenseits von singulären Handlungen stehen, etwa die Erderwärmung, lassen sich im juristischen Schuldbegriff schwer fassen. Da der Rechtsstaat als Manifestation der Schuldkultur notwendig auf einer homogenen und einheitlichen Systematisierung des Alltags beruht, fällt es schwer bzw. ist es für die Handelnden mit großem Risiko verbunden, andere, von den Prämissen abweichende Systeme zu integrieren. Da aber auch wirtschaftliche und soziale Umgangsformen rechtlich kodiert sind, ist eine Starrheit und Integrationsunfähigkeit die Folge. Wer einfache alltägliche Lösungen anbieten will, um Probleme zu beheben, sieht sich der Gefahr des Rechtsbruchs und der Bestechlichkeit ausgesetzt. Große Unternehmen können sich diesen Rechtsbruch mit den verbundenen Strafen ›leisten‹ und diese umgehen. Kleine Unternehmen jedoch agieren mit einem unkalkulierbaren Risiko. Die vermeintliche Idee der Gerechtigkeit, dass eine Regel für alle gilt, wird dadurch in sich verkehrt. Man beobachtet dies etwa auch bei modernen Technologien (Chipbau, künstliche Intelligenz, Programmierung), wo es asiatischen Gesellschaften (die in der Regel schon durch mehrere, höchst komplizierte Schriftsysteme auf den Umgang mit multiplen Ordnungen geschult sind) viel leichter fällt, inhomogene Ordnungen zu integrieren. Sie sind daher viel erfolgreicher als Europa, wo das Primat nicht auf der alltäglichen Lösung von Problemen liegt, sondern auf der Einhaltung des abstrakten Rechts. Zum Verhältnis von Scham und Schuld aus anthropologischer Sicht siehe auch Anja Lietzmann: *Theorie der Scham. Eine anthropologische Perspektive auf ein menschliches Charakteristikum*, Diss. Tübingen 2003, online-Dok., http://nbn-resolving.de/urn:nbn:de:bsz:21-opus-9350, abger. am 1. Oktober 2023, zur Historizität von Scham insbes. S. 41ff.

staatlichen Instanz ausgeführte) Bestrafung zur Folge hat. Dabei sind auch verschiedene Formen der ›Schuldtilgung‹ realisiert worden, etwa die *Talion*-Schuld im Islam[28] oder auch die Sippenhaft.

## Die Tat als Schuld des Willens (Hegel)

Aber Schuld ist auch nie bloße *Schuldhandlung*, sondern immer in Bezug zum *Willen* zu betrachten. So heißt es bei Hegel zur schuldhaften Tat: »Die Tat kann nur als Schuld des Willens zugerechnet werden;- das Recht des Wissens.«[29] Würde man nicht ein *Subjekt* unterstellen, das einen *Willen* hat, von dem ausgehend eine schuldhafte Handlung sich ergibt, dann könnte man jede beliebige Handlung mit einer beliebigen Folge verknüpfen und überall Schuldigkeit behaupten. Man hätte dann eine Art von Rechensystem der Schuld, das einem bloßen Strafenkatalog, einer ›Strafliste‹ ähneln würde, ungeachtet der Intention und des Motivs. Letztlich hängt also jede juridische Schuldauffassung an der Subjektkonzeption. Fraglich ist dann, welche Spielräume das Subjekt hat. Es wird daher eine Willensfreiheit[30] unterstellt und dann, etwa wenn die Lebensgeschichte eine freie Handlung nicht erwarten lässt, gegebenenfalls das *Strafmaß* angepasst. Das Strafmaß also ist auch so etwas wie ein Ausgleich für eine auf den Fall partiell *unpassende* Schuldkonzeption.

In dieser Hinsicht setzt das Recht zugleich eine *Disziplin des Willens* voraus, sich dieser imaginierten Norm gemäß zu verhalten. Das wird Kindern schon von klein auf gelehrt. Umgekehrt aber gewährt diese schuldkulturelle Ordnung dem, der sie verinnerlicht hat, die Freiheit, »alles zu tun, was die Ge-

28 Zippelius: *Das Wesen des Rechts*, a.a.O., S. 86f.

29 Georg Wilhelm Friedrich Hegel: *Grundlinien der Philosophie des Rechts*, Leipzig 1911, § 117, S. 101. Zur Frage der Schuld und Reinhard Franks Konzept im Sinne von ›Schuld ist Vorwerfbarkeit‹ im Strafrecht siehe: Boris Duru: Gießener Erneuerung des Strafrechts – Reinhard Frank und der Schuldbegriff, in: *Zeitschrift für das Juristische Studium* (ZJS), Ausgabe 5/2012, S. 734–738, online-Dok., https://www.zjs-online.com/dat/artikel/2012_5_638.pdf, abger. am 12. Juni 2023. Zur Frage der Schuldigkeit am Beispiel von Georg Büchners *Woyzeck* siehe Boris Duru: Büchners *Woyzeck*. Eine Beschreibung des Täters und der tatbegleitenden Umstände, in: *ZJS*, Ausgabe 5/2012, S. 739–741, online-Dok., https://www.zjs-online.com/dat/artikel/2012_5_639.pdf, abger. am 12. Juni 2023.

30 Siehe hierzu wiederum Zippelius: *Das Wesen des Rechts*, a.a.O., S. 130ff.

setze erlauben«[31]. Wer sich daher innerhalb des Rechtsstaates orientieren kann, wer ›weiß‹, was er darf und was nicht, derjenige kann diese Freiheit ungeachtet der Anderen ganz selbstbewusst nutzen. Er muss keinen Einspruch fürchten, sieht sich ›im Recht‹, auch wenn er die Gefühle der Anderen missachtet.[32] Dies ist freilich in schamkulturellen Ordnungen völlig anders, wo niemals sicher ist, was erlaubt ist, weil es zu vermeiden gilt, den konkreten Anderen in eine Rolle der Scham zu bringen. In diesem Sinne sind schuldkulturelle Konzepte fixiert, zumindest dem Prinzip nach öffentlich und argumentativ transparent, während schamkulturelle Ordnungen fluide sind und sich in ihrem Sinn nur schwer erschließen lassen, auch ungern kommentiert oder gedeutet werden. Pfaller beschreibt den gravierendsten Unterschied »der Scham gegenüber der Schuld« darin, »dass man sich für Dinge schämt, *für die man nichts kann.* Schuldig mag man sich fühlen für Handlungen, die man begangen hat«[33]. An derer Stelle heißt es: »Man kann nicht wie beim Schuldgefühl ›einsehen‹, dass die Verurteilung des Ich durch das Schamgefühl vernünftigen Prinzipien entspricht und gerechtfertigt ist.«[34] Die gesamte Metaphysik der Scham und Schuld ist daher eine andere, so könnte man schlussfolgern.

## Zeitorientierungen

In Scham- und Schuldordnungen stehen sich zwei diametrale Zeitorientierungen gegenüber. Mit Schuld wird »eine Störung als auch eine Rückgewinnung eines Bezugs auf das Gute und Richtige indiziert«, in »der Beschuldigung wird

31 Zippelius: *Das Wesen des Rechts*, a.a.O., S. 121, dort zitiert nach: Montesquieu: *De l'Esprit des Lois*, XI 3.

32 In der marxistischen Rechtstheorie wird die Dominanz des Rechts in der Regel von den Produktionsmitteln her begründet. Das Recht ist ein ›Überbau‹ derselben. Oskar Negt leitet seinen Aufsatz zur marxistischen Rechtstheorie daher konsequent ein: »Was den Spätkapitalismus betrifft, so bringt die Tendenz der ›Verrechtlichung‹ einen gesellschaftlichen Zustand zum Ausdruck, der, gemessen am Stand der gesellschaftlichen Produktivkräfte, auf einer chronischen Legitimationsschwäche des ganzen politischen Herrschaftssystems beruht: Das bürgerliche Rechtssystem wird immer mehr zu einem gigantischen Flickwerk, das den Zweck der Verrechtlichung: die Erhöhung der Rechtssicherheit, ins Gegenteil verkehrt.« (Oskar Negt: Thesen zur marxistischen Rechtstheorie, in: *Kritische Justiz*, Vol. 6, No. 1 (1973), S. 1–19).

33 Beide Zitate Pfaller: *Zwei Enthüllungen*, a.a.O., S. 23, im Original kursiv.

34 Ebenda, S. 85.

diese Störung mitsamt der Tendenz einer Rückgewinnung artikuliert, adressiert, prozessiert und solviert«[35], wie es bei Schiefelbein heißt. Die Schuld kommt also erst ins Spiel, wenn etwas bereits passiert ist, ein Konflikt etc. vorliegt, der dann retrograd gelöst wird. Die Frage der Schuld und Schuldigkeit erweist sich als eine allgemeine, d.h. es kann schuldkulturell nur *eine* Wahrheit geben. Alternative Formen der Erinnerung, Unsicherheiten, Vagheiten etc. müssen beim Prozessieren der Schuld unbedingt ausgeschlossen werden. Mit anderen Worten: Das *explizite Gedächtnis* im Sinne einer allgemeinen, wahren Erinnerung dessen, was passiert ist, ist neben dem freien Willen und dem Kausalitätskonzept eine weitere Bedingung von Schuld. Die Vergangenheit als ein absoluter Raum von Geschehnissen stellt den Ort dar, von dem aus Schuld gesprochen wird. Diese Verobjektivierung der Vergangenheit erfolgt dabei nie als Selbstzweck, sondern ist wiederum Ausgangspunkt dessen, was Schiefelbein als ein *Prozessieren der Schuld* beschreibt. Ist der Vergangenheitsraum erst einmal als allgemeiner festgestellt, so wird in der Regel nach *individueller* Schuld gefragt. So kann es sein, dass man nun sieht, wie eine bestimmte, eben individuelle Handlung, zu einer negativen Folge für einen Anderen führte. Und diese Handlung wird im Sinne einer Kausalität nun *verantwortlich* dafür gemacht, dass diese spezifische negative Folge eintrat und auf den Willen des Subjekts zurückgeführt. Es kann aber auch sein, dass die Handlung eine bestimmte Norm missachtete oder gar verachtete, dann wird ebenjene Handlung qua Konvention als ursächlich für den Schaden angesehen. Die Schuld also abstrahiert zunächst vom Schuldigen, um dann in einem prozessierenden Schritt über den Gedächtnisraum Kausalitäten und damit Verantwortlichkeiten zu erschließen, die dann jedoch individuell attribuiert werden.

## Schuldigkeit und Strafe. Schuldspruch und staatliche Gewalt

Die Strafe dient dazu, in Zukunft diese Handlungen zu ächten bzw. zu vermeiden. Letztlich ist es die Angst vor der Strafe, die eine Handlung unterbinden soll. Das Alltagsleben wird daher in Schuldkulturen von Abstraktionen durchsetzt und von judikativen Repräsentationen durchdrungen, was man tun dürfe

35 Beide Zitate aus Schiefelbein: *Schuld*, a.a.O., S. 20.

und was nicht. Das Damoklesschwert der Strafe hängt über jeder Handlung und bei jedem Willensimpuls und jeder Spontanität wird diese gedankliche Repräsentation des Gesetzes auf eine mögliche Übertretung hin geprüft. Der Alltag wird ideell durchdrungen. Die juridische Einstellung ist die Bedingung für das gesellschaftliche Leben, *Unwissenheit schützt vor Strafe nicht*, wie es heißt. Das denkerische Erkunden eines juridischen Möglichkeitsraums und eines imaginativen Gesetzesübertritts geht vielen Handlungen voraus, weil man individuelle Bestrafung verhindern will.

Wir sahen schon, dass Schuld auch auf einer sprachlichen Explikation beruht. Irgendwann muss begrifflich fixiert werden, warum jemand als schuldig gilt. Eine bestimmte intentionale Verwendungsweise von Sprache stiftet Schuld. Es wird ein abstrakter Gegenstand, ein Sollensgesetz, eine Norm, ein Zusammenhang angenommen, für dessen Überschreitung man den Schuldigen verantwortlich macht. Dieses Verfahren setzt eine semantische Homogenität voraus, d.h. alle müssen die Begriffe in gleicher Weise verstehen. Da dies nicht der Fall sein wird, entstehen gerichtliche Instanzen, die letztlich staatliche Gewalt im *Schuldspruch* vollziehen. Artikulation dessen, was man wollte, fühlte, sprachliche Reflexion über das eigene Ich, Rhetorik der Beschuldigung, Verteidigung wie die Urteilsverkündung, aber auch eine Haltung der richterlichen Neutralität gehören damit zu den Bedingungen von Schuld. Sie sind Formen der Justierung des Schuldspruchs.[36]

Unterstellt wird in Schuldkulturen, dass alle Mitglieder der Gesellschaft die Gesetze und Strafen kennen und gleich auslegen. Dass dies keineswegs der Fall ist, merkt man, wenn gerichtliche Entscheidungen angefochten werden und über die gerichtlichen Auseinandersetzungen in Deutschland bis hin vor das Bundesverfassungsgericht gehen. Selbst die Politik weiß oft nicht, was erlaubt ist, man denke an das Beispiel der gescheiterten PKW-Maut-Einführung in Deutschland.[37] Das Gerechtigkeitsversprechen also beruht gleichzeitig auf

36 Es sind dies Inszenierungsformen von Schuld, die ihren theatralen und ritualisierten Charakter notwendig ausblenden müssen. In dieser Hinsicht ließen sie sich als ›existenzielles Theater‹ beschreiben.

37 In der *Die Zeit* heißt es dazu: »Minister Scheuer hatte die Einführung der PKW-Maut während seiner Amtszeit vorangetrieben und Verträge mit den Betreiberfirmen geschlossen, obwohl ein anhängiges Verfahren am Europäischen Gerichtshof (EuGH) nicht beendet war. Nachdem die Richter des EuGH die vorgeschlagene

einer Paradoxie und letztlich einer Unsicherheit bzw. einer Verunsicherung der Beteiligten. Angst vor Strafe, Angst vor Unkenntnis der Gesetze gehört zum Leben dazu und wird zum ständigen Begleiter. Zippelius schreibt ganz zutreffend: »[...] man kann zugespitzt sagen, eine richterliche Entscheidung tue gerade in den Fällen besonders not, in denen man sie nicht vorausberechnen kann; denn wo man sich ausrechnen kann, daß man den Prozeß verliert, könnte man ihn eigentlich sparen.«[38]

Zudem kennt das Recht »fast ausschließlich negative Sanktionen«[39]. Niemand würde seine Kinder so erziehen wollen, weil zwar Schuld durch ein juristisches Deutungsverfahren wiederholbar und insofern objektiv festgestellt werden kann, aber gleichzeitig in systematischer Form negative Gefühle durch die Bestrafung produziert werden. Diese Gefühle werden im Sinne einer höheren (Sinn-)Instanz ganz bewusst ausgeblendet und deren individueller Gefühlsausgleich bildet dann die eigentliche Strafe.

Man vergleiche die Scham nochmal hiermit. Wo die Schuld den Gedächtnisraum fixiert und von diesem aus Schuldigkeit her sprachlich konstruiert und expliziert, geht es der Scham um Vermeidung eines gegenwärtigen Gefühls durch Aufmerksamkeit, durch Erinnerung, durch Einstellen auf den Anderen. Wo die Schuld die gegenwärtige Situation von ihrem Modellcharakter aus betrachtet und von ihrer Konkretheit und Spezifik abstrahiert, bildet eben diese gerade das Zentrum des Schamerlebens. Die Schuld driftet stets zum Begrifflichen, Abstrakten und deduziert, während die Scham eher induktiv alle konkreten Beispiele nimmt und diese abwägend in die Situation hineinzieht. Wo die Schuld veräußerlicht, verinnerlicht die Scham. Die Schuld geht auf Gedächtnis, Erkenntnis und auf das Denken, die Scham auf das Merken, die Gefühle und die Phantasie. Dem Richter muss es egal sein, ob er den

---

Maut-Regelung in ihrem Urteil für rechtswidrig erklärt hatten, kündigte das Ministerium die Verträge mit den Betreibern.« (Fritz Zimmermann: Bundesregierung muss 21,5 Millionen Euro für Prozesskosten zahlen, in: *Die Zeit Online*, 16.6.2022, https://www.zeit.de/politik/deutschland/2022-06/pkw-maut-gerichtsverfahren-kosten, abger. am 5. Mai 2023).

38 Reinholt Zippelius: *Das Wesen des Rechts*, a.a.O., S. 112–113.

39 Rüthers; Fischer; Birk: *Rechtstheorie*, a.a.O., S. 65. Dort sprechen die Autoren von verschiedenen Funktionen der Sanktion: Repression, Restitution, Spezial- und Generalprävention.

Angeklagten durch seinen Schuldspruch kränkt, er versteht sich selbst nur als Mittler des Gesetzes und muss es tun. Demgegenüber ist es aus dem schamkulturellen Erleben heraus niemals egal, ob man einem Menschen weh tut. Diese Abstraktion verbietet sich, denn sonst würde man die Scham des Anderen nicht respektieren.[40] In dieser Hinsicht erfolgen auch Kompromisse anders. In Schuldkulturen werden Kompromisse aufgrund von Regeln, Verträgen, Nutzen-Risiko-Abwägungen getroffen und in ihren Möglichkeiten durchdacht, in Schamkulturen aufgrund von Vertrauen, Kenntnis des Anderen. Ausnahmen sind in Schuldkulturen sehr schnell illegal und werden als Verstöße geahndet, selbst wenn sie offenbaren Schaden aufgrund eines unpassenden Gesetzes vermeiden würden. In Schamkulturen gehören Ausnahmen dazu, weil man nur durch kontrollierte Beugung der Regeln die Scham des Anderen differenziert vermeiden kann. Schuldkulturen tendieren zur Meinungsäußerung, zum Diskurs, Schamkulturen zur Verinnerlichung, Pflege des Schweigens als Respektbekundung.[41] Sichtlich ist daraus auch, warum in Schamkulturen die Selbstdisziplin zu wichtig ist und warum diese, etwa in der buddhistischen Zen-Meditation, ein alltägliches Übungsfeld ist. Das bloße Sitzen, das Nicht-Denken, erweist sich als eine praktische Übung, in diesen notwendigen Beugungen der Regeln bestehen zu können, sie nicht eigennützig zu wenden.

Der Vorteil der Schuldkulturen liegt allerdings darin, Normen und Vereinheitlichungen (also Konkretisierungen von Abstraktionen) schnell einführen zu können, weil diese bereits durch das Rechtssystem ideell gebahnt ist. Demgegenüber muss die Schamkultur eine überaus kompliziertes Geflecht von Ordnungen ausbalancieren.[42]

---

40 Im Falle schlimmer Verbrechen wie eines Mordes ist die japanische Schamkultur allerdings ohne jegliche Differenzierung und verhängt mitunter die Todesstrafe. Offenbar fallen diese Mörderinnen und Mörder aus dem schamkulturellen Gefüge vollkommen heraus.

41 Mitunter wird die juridische Schuldfindung in sich verkehrt, wenn etwa die Anwaltskosten und die des Gerichtsverfahrens den Streitwert *übersteigen*. Dann ist die eigentliche Strafe das Gericht selbst und dessen Kosten sowie die dem Prozess gewidmete Lebenszeit.

42 Im Alltag besteht für uns kein Zweifel, welchem Ordnungsgefüge wir zuneigen, ob wir Scham fühlen oder Schuld zuordnen, schuldig sind. Historisch gesehen und kulturell gibt es aber oftmals Grenzbereiche. Auch in der ästhetischen Umsetzung sind diese mitunter thematisch. Wir kommen darauf zurück. Till Bastian schreibt,

Eva-Maria Engelen hat die Zeitorientierung von Scham- und Schuldordnungen wie folgt beschrieben:

> Denn es stimmt nicht, daß der Unterschied in erster Linie darin besteht, daß die Schuld in unserer Vorstellung eher als die Scham mit uns gemeinsam verschwindet. Vielmehr verweist die Scham weitaus stärker als die Schuld über das Schuldbekenntnis hinaus auf den Wunsch, anders gehandelt zu haben, anders gewesen zu sein, anderes erlebt zu haben. Sie enthält damit das Moment des Utopischen in Bezug auf die Vergangenheit. Zudem fehlt ihr das christliche Moment der Vergebung der Schuld. Die Scham bleibt, sie kann nicht vergeben und nicht genommen werden.[43]

dass Scham »individualgenetisch älter als Schuld« sei und analysiert die Geschichte von Kain und Abel aus der Bibel daraufhin (Till Bastian: *Der Blick, die Scham, das Gefühl. Eine Anthropologie des Verkannten*, Göttingen 1998, zit. S. 39). Siehe dazu auch: *Zur Kulturgeschichte der Scham*, hrsg. von Michaela Bauks und Martin F. Meyer, Hamburg 2011. Zur Scham im Islam am Beispiel des Kopftuchs siehe Rita Breuer: *Liebe, Schuld und Scham. Sexualität im Islam*, Freiburg u.a. 2016, S. 24ff. Wir konzentrieren uns in dieser Studie auf deutsche, britisch-amerikanische und japanische Filme.

43 Engelen: *Eine kurze Geschichte von ›Zorn‹ und ›Scham‹*, a.a.O., S. 72.

# Blicke, Scham und die Erotik des Verbergens

Auf Scham basierende Kulturen sind stets konkret und situativ, weil eine Diskursivierung eine Abstrahierung von derselben voraussetzen würde. Daher gehört, wie wir an anderer Stelle mit Jean-Paul Sartre ausführten,[44] der Blick, das Erblicktwerden und das Erahnen des Angeblicktwerdens zur Scham dazu. Der Blick ist weniger ein physisches *auf den Anderen blicken* denn ein Erzeugen eines geistig-responsiven Präsenzraumes. Mit anderen Worten: Er ist ein *intersubjektives* Bewusstseinsgeschehen: »Der Andere ist ja nicht nur der, den ich sehe, sondern auch der, *der mich sieht.*«[45] An anderer Stelle heißt es: »Der Blick des Andern verleiht mir Räumlichkeit. Sich als erblickt erfassen heißt sich als verräumlicht-verräumlichend erfassen«[46]. Der Blick fundiert in der Scham die eigene Leiblichkeit und Selbstpräsenz zugleich. Das vermeintlich sichere Selbstgefühl ist in dieser Hinsicht eine Spur intersubjektiver Blickordnungen und kann durch diese zurückgenommen werden, wiederum durch Formen des Blickens. Diese Furcht markiert einen Aspekt der Scham.

Es gibt unzählig viele Weisen des Blickens auf und in die Augen des Anderen. Indem ich den Anderen anschaue, rücke ich ihn auf eine Bühne der Zweisamkeit, deren Zweck es ist, Blicke aufzuführen. Diese Blickgesten sind Formen des Einstimmens bzw. Abwehrens der Persönlichkeitssphäre des Anderen. In ultrakurzen Momenten nur können so Sympathie und Antipathie entstehen, die imaginäre Blickbühne kann blitzschnell verlassen oder weiter ›genutzt‹ werden. Wie Blicke wann erwidert werden, ist eine Form *stiller Konversation.* Es sind Zwiegespräche der Iche, in denen geistig oftmals ganze

44 Becker: *Yasujirō Ozu, die japanische Kulturwelt und der westliche Film*, a.a.O., Kap. 9, S. 233–266.

45 Sartre: *Das Sein und das Nichts*, a.a.O., S. 417.

46 Ebenda, S. 480.

zukünftige Szenerien vorgeahnt werden und Vertrauen fundiert wird, Liebe entsteht. Manchmal blicken Menschen einander auch mit *Seitenblicken* an. Dann wollen sie den Anderen beobachten, *ohne* gesehen zu werden. Aber da eine geistige Zuwendung mit der körperlichen Blickbewegung des Auges stets einhergeht, wird dies in der Regel ganz schnell bemerkt, egal wie ›unauffällig‹ man sich hierbei stellen mag.

Techniken wie die der Hypnose, in denen die alteropolare Blickkontrolle im Zentrum steht, zeigen, dass das Lenken des Blickens mit einer bewusstseinsmäßigen Eingestimmtheit einhergeht. Durch die Überwindung des an sich tabuisierten Anblickens bzw. der Zusammenstimmung von Sprache und Blick lösen sich die ›Ich-Schranken‹ auf. Dadurch werden auch Bereiche im Bewusstsein zugänglich, die an sich schambesetzt sind. Dies kann mitunter auch lustbesetzt sein, wenn ein tiefes Vertrauen von Hypnotiseur und Hypnotisant vorliegt. Gedanken, Erinnerungen tauschen sich telepathisch aus und ein Einverständnis tiefer Art entsteht.

Das In-die-Augen-Blicken ist von solcher Intensität, dass man diese Situationen gewöhnlich meidet und nur flüchtig *auf* die Augen des Anderen blickt. Es müssen besondere Ahnungen sein, Einladungen, spontan sich ergebende Näherungen, die dann zur Überschreitung des Tabus einladen, weil man eine Nähe zum Anderen fühlt. Dazu gehört neben einer Atmosphäre des gemeinsamen Verweilens ein gewisses Mikrotiming. In kürzesten ›Augenblicken‹ muss man sich entscheiden, inwieweit man auf das Angeblickt-Werden des Anderen reagieren möchte. Gerade auch das Hin- und Herblicken eröffnet Bereiche des Kokettierens. In jedem Fall aber entstehen Zonen der Aufmerksamkeit für den Anderen, Sondierungen, in denen – durch den erwiderten Blick – Ich und Anderer für Momente verschmelzen. In Schuldkulturen gehen diese Feinheiten oft verloren. Das Anblicken hat nicht diese Bedeutung und ein offensiver ›Orientierungsblick‹ steht oft am Beginn des Eintretens in einen Raum bei Schuldkulturen.

Der Blick als stilles Sich-Ereignen von Intersubjektivität aber ist ein Insignium jeder Schamkultur. Ganze Blickordnungen bilden den subtilen Hintergrund des Alltags, wobei man davon ausgeht, dass es eine stille, harmonische Gemeinschaft gibt, in und aus der heraus man sich versteht. Daraus bilden sich Blick- und Inszenierungsspiele, die »erblickte Scham erst gibt dem

Erblickenden das Gefühl gleichsam einer Werttiefe, einer unmittelbar niemals zu gebenden, von der Dimension der erblickten Werte verschiedenen Wertdimension, in der unendliche Schätze noch schlummern und aus der sie magisch herausschimmern«[47], wie es bei Max Scheler blumig heißt. Scham sei, wie Scheler schreibt, das unmittelbare »Versprechen der Schönheit«[48], wie ein Kokettieren mit dieser. Dieses erotische Element der Scham besteht eben nicht darin, Körpermerkmale zu zeigen, sondern in der Weise des Verdeckens wird im Bewusstsein des Anderen ein Imaginationsspiel in Gang gesetzt. Ganz folgerichtig spricht Scheler bei der Koketterie von einer »*Nachahmung* der Scham«[49]. Aber auch ohne dieses Spiel reizt die Scham die Imagination durch die Notwendigkeit der Verhüllung und des Verbergens. Scheler bringt hier auch das *Frivole* ins Spiel, »das offensichtliche Betonenwollen des Verhüllten durch die Hülle«[50]. Die Scham intellektualisiert, spiritualisiert und phantasiert die Lust des Anderen und verbirgt zugleich, dass dies geschehe: »So reagiert die Scham nicht nur auf vorhandene Gedanken, Vorstellungsbilder und Phantasieinhalte, ja selbst Trauminhalte genau in derselben Weise, wie sie auf das faktische, die sinnliche Empfindung reizende wirkliche Objekte oder die künstlerische Darstellung solcher reagiert, sondern sie leistet noch viel mehr: Sie macht, daß die erlebten sinnlichen Regungen als gesonderte Tatsachen unseres Bewußtseinslebens *unterschwellig* bleiben und daß sie zu solchen ›Gedanken‹ *überhaupt nicht führen*, resp. daß die Objekte jenen Reiz auch nur in vermindertem Maße auszuüben vermögen.«[51] Dieses unterschwellige Moment besteht in einer eigenartigen konstellativen, intersubjektiv gefühlten Einheit, wie wir meinen, die in keiner Weise explizit zu werden braucht. Es ist ein stillschweigendes Einverständnis um die Verbergung der Verbergung der Scham. Ganz konsequent sieht Scheler, dass hierin eine derartige Zurückstellung der Leidenschaft liegt.[52]

47 Scheler: *Über Scham und Schamgefühl*, a.a.O., S. 101.
48 Ebenda, S. 101.
49 Ebenda, S. 105.
50 Ebenda, S. 106.
51 Ebenda, S. 113.
52 Siehe dazu ebenda, S. 132f.

Dem zugeordnet ist bei Scheler der Begriff der *Leibesscham*, die sich dann durch die geschlechtliche Scham und die Sympathie für das andere Geschlecht auf eine libidinöse Weise bemerkbar macht: »Der Geschlechtstrieb ist also selbst schon ein Bauwerk der *drei* voneinander unabhängig bestehenden Kräfte: Libido, Scham, Sympathiegefühl.«[53] Wir kommen an anderer Stelle darauf zu sprechen.

Man hat oft die Bildmedien, etwa die Photographie und den Film, als Techniken verstanden, die äußere Wirklichkeit und ihre visuell-akustische Phänomenstruktur aufzuzeichnen, man denke etwa an Siegfried Kracauers Filmtheorie.[54] Aber es haben sich auch stilistisch besondere Formen ausgebildet, den menschlichen Blick zu affizieren, zu imitieren und zu manipulieren. Die Montage ist nichts weniger als die Entäußerung der Sakkadenbewegungen.[55] Viele Momente, Unschärfen, Kameraschwenks, die subjektive Kamera sind Blick-Mimesis. Dass schamkulturelle Aspekte daher in die Weise einfließen, wie mit diesen ästhetischen Aspekten umgegangen und wie Geschichten ausgewählt und erzählt werden, liegt auf der Hand. Wir arbeiten diese filmischen Dramaturgien von Scham und Schuld an Beispielen heraus.

53 Ebenda, S. 111. Georges Bataille hat demgegenüber den ›Umsturz der Scham‹ und der Erotik als eigentliche Bewegung ausgemacht: »Wo die Scham nicht offen begehrt wird, verhüllt sie sich in der Angst des Begehrens. Wenn wir die Scham nicht in einer Art Umsturz hinter uns ließen, würden wir nicht zur Ekstase gelangen, die die Urteile des gewohnten Lebens außer Kraft setzt. Die Ekstase ist sogar die Wirkung dieser Außerkraftsetzung.« (Georges Bataille: Das Paradox der Erotik [1955], in: ders.: *Die Erotik*, übers. von Gerd Bergfleth, Berlin 2020, S. 393–399, zit. S. 394).

54 Siegfried Kracauer: *Theorie des Films. Die Errettung der äußeren Wirklichkeit*, hrsg. von Karsten Witte, Frankfurt am Main 2022 [1985]. Siehe dazu Andreas Becker: *Perspektiven einer anderen Natur. Zur Geschichte und Theorie der filmischen Zeitraffung und Zeitdehnung*, Bielefeld 2004, S. 190–195.

55 Siehe dazu Walter Murch: *In The Blink of an Eye. A Perspective on Film Editing*, 2. Aufl., Los Angeles 2001 [1992], insbes. S. 6 und S. 60.

# Analysen

# Diskurse über Scham und Schuld. *Abschied von gestern (Anita G.)* (1966) von Alexander Kluge

Alexander Kluges erster Langfilm ist in Zusammenhang mit seiner Geschichte *Anita G.* zu stellen, die zuerst 1962 im Erzählband *Lebensläufe* erschien.[56] In beiden Arbeiten steht eine, ähnlich wie in Franz Kafkas Roman *Der Process*,[57] durch Abkürzung des Nachnamens anonymisierte flüchtende Hauptfigur im Zentrum. Damit ist von Beginn an die Assoziation an Protokolle und behördliche Akten gegeben, die etwa dem Gericht dazu dienen, die Beteiligten im Falle einer Veröffentlichung der Dokumente zu schützen. Sie könnten sonst Opfer einer öffentlichen Vorverurteilung werden, die mitunter härter wäre als die gerichtlich verhängte Strafe, weil sie den Ruf zerstören kann. Scham und Schuld liegen hier nah beieinander. Die Anonymisierung markiert daher den allgemeinen Anspruch des Gerichts, *nur für die Schuld zuständig zu sein.* Die Abbreviation erzwingt Neutralität.

Der so präparierte Leser erwartet daher bereits durch den Titel keine spannungsgeladene Geschichte, sondern erahnt eine dokumentarische Sachlichkeit, deren Form – natürlich auf je unterschiedliche Weise – von Kluge in Film und Kurzgeschichte stilbildend ist. Wir möchten beide Arbeiten als *Diskurse über Scham und Schuld* verstehen. Dass dieses Thema und die Auseinandersetzung damit den Kern bilden, wird ganz schnell deutlich. Wir folgen zunächst der literarischen Erzählung und kommen dann zum Film.

56 Alexander Kluge: *Lebensläufe*, in: *Chronik der Gefühle*, Bd. II. Lebensläufe, Frankfurt am Main 2004, S. 673–826, darin die Erzählung *Anita G.*, ebenda, S. 734–748.

57 Franz Kafka: *Der Process*, Faksimile-Edition, Historisch-Kritische Ausgabe, hrsg. von Roland Reuß, Basel, Frankfurt am Main 1997 sowie ebenda: *Der Process*, hrsg. von Michael Müller, Stuttgart 2014.

## Kluges Erzählung *Anita G.*

Die Erzählung beginnt so:

> Das Mädchen Anita G. sah, unter dem Treppenaufbau hockend, die Stiefel, als ihre Großeltern abgeholt wurden. Nach der Kapitulation kamen die Eltern aus Theresienstadt zurück, was keiner geglaubt hätte, und gründeten Fabriken in der Nähe von Leipzig. Das Mädchen besuchte die Schule, glaubte an eine ruhige Weiterentwicklung. Plötzlich bekam sie Angst und floh in die Westzonen. Natürlich beging sie Diebstähle auf ihrer langen Reise.[58]

In wenigen Sätzen ist damit, unter Einsatz zahlreicher Ellipsen und Unschärfen, eine – vermutlich jüdische – Familiengeschichte erzählt. Aus den Lücken lässt sich nur ahnend rekonstruieren, was hier passiert sein mag. Wohl wurden ihre Großeltern in das *KZ Theresienstadt*, »abgeholt« und ihre Eltern kamen aus demselben lebend zurück, »was keiner geglaubt hätte«. Das erinnert euphemistisch und in seiner Verharmlosung an behördliche Dokumente, die vermeintliche Sachverhalte beschreiben, wie auch an die Wiedergabe von Gerüchten und Erinnerungslücken, die für Traumata typisch sind. Die Großeltern versteckten das Mädchen Anita unter der Treppe – und bewahrten es so vielleicht sogar vor dem Tod. Eventuell, auch das gäben diese Sätze her, hat sich das Kind auch selbst dorthin geflüchtet, was aber an der Situation nur wenig ändern würde.[59]

Die Gefühle der Protagonistin werden, wie in der ganzen Geschichte, nur auf diese spröde Art umschrieben, selbst wenn es so existenziell zugeht wie gleich zu Beginn. Dass Anita *plötzlich* Angst bekam, nach Kriegsende, inmitten des Ost-West-Konflikts, der neuerliche Brüche in der Vita verursacht, braucht

58 Kluge: *Anita G.*, a.a.O., S. 734.

59 Uns geht es hier um eine Deutung der Geschichte und nicht um eine Poetik Kluges, wenngleich dieser natürlich in zahlreichen Hinweisen und Selbstinterpretationen entsprechende Fährten legte. Zusammenfassend hierzu siehe die detaillierte Studie von Andreas Sombroek, wo es heißt, dass »die Lücken zwischen Text und Bild, die in Kluges literarischen, filmischen und theoretischen Arbeiten immer ›mitgelesen‹ werden wollen« (Andreas Sombroek: *Eine Poetik des Dazwischen. Zur Intermedialität und Intertextualität bei Alexander Kluge*, Bielefeld 2015, S. 9).

kaum zu verwundern. Die nun beginnende Flucht, ein modernes Thema par excellence, ist eine durch Besatzungszonen und damit zwischen politischen Systemen. Die Hoffnung, die Anita hat, als sie in die Westzonen geht, werden nicht auf einmal zerschlagen, sondern an ihren Nahtstellen jeweils rechtsstaatlich so lange gebeugt, bis Anita »natürlich« kein Ausweg mehr bleibt, sie über Diebstähle und diverse Delikte sich, schwanger, der Polizei stellt, in einem Frauengefängnis landet und ihr neu geborenes Kind abgeben muss: »Nach zwei Tagen wurde das Kind fortgenommen und in eine Pflegeanstalt in der Nähe von KASSEL gebracht.«[60]

Kluge schildert nicht vom erlebenden Subjekt aus, sondern nimmt eben jene Perspektive von außerhalb ein, die dem Rechtssystem eigen ist, welches Kluge aber ebenso mit in den Blick nimmt. Er schildert Sachverhalte und bleibt in Art des *Nouveau Roman* bei oberflächlichen Äußerlichkeiten und Fragmenten stehen, die gerade das Tragödienhafte dramaturgisch ausblenden. Die Erzählung verweigert also mehr zu sein als Sprache. Sie irritiert den Leser, indem sie stets diesen behördlichen Duktus beibehält, der die Gefühle der Protagonisten nur anhand von Indizien erahnen lässt. Die Odyssee Anitas durch die Systeme hinterlässt nur diese protokollartigen Spuren, die ganz unterschiedlich auslegbar sind. Jeglicher Versuch, ein unabhängiges Leben in den ›Westzonen‹ zu führen, wird bereits vorgeahnt vom Rechtsstaat, in dessen Fänge Anita sogleich gerät, weil sie stiehlt, um zu überleben. Kluge, promovierter Jurist, ist bestens vertraut mit eben jenen subversiven Wahrheitsinszenierungen des Staates. Gleich nachdem er auf die Diebstähle hinweist, wendet er sich dem Spruch des Richters zu:

> Der Richter, der sich ernstlich Sorgen um sie machte, gab ihr vier Monate, von denen sie aber nur die Hälfte abzusitzen brauchte. Für die andere Hälfte bekam sie Bewährungsauflagen und eine Bewährungshelferin, die aber die Betreuung übertrieb, also floh das Mädchen weiter nach WIESBADEN. Von WIESBADEN, wo sie Ruhe fand, nach KARLSRUHE, wo sie verfolgt wurde, nach FULDA, wo sie verfolgt wurde, nach KASSEL, wo sie nicht verfolgt wurde, von dort nach FRANKFURT. Sie wurde

60 Kluge: *Anita G.*, S. 748.

> aufgegriffen und (da ein Fahndungsersuchen wegen Bruchs der Bewährungsauflagen vorlag) nach HANNOVER auf Transport gebracht, sie aber floh nach MAINZ.
> Warum begeht sie auf ihren Reisen immer wieder Eigentumsdelikte? Sie wird unter verschiedenen Namen im Fahndungsblatt gesucht.[61]

In den sozialen Fugen ist die Reaktion auf Anita G.'s deviantes Verhalten bereits rechtsstaatlich typisiert. In dieser Hinsicht objektiv, d.h. ohne Rücksicht auf ihre Lebenssituation, greift eine Kette von Maßnahmen – die Kluge hier durch Nennung von Stadtnamen in Großbuchstaben zeitlich rafft. Weil die richterliche Perspektive ihre Taten nur in den ›Strafkatalog‹ einordnet, bleibt die Frage nach der allgemeinen Schuldigkeit der Anita G. systemisch vollkommen unbeantwortet. Es wird von ihr ungeachtet ihrer Lebensgeschichte erwartet, dass sie sich ›an die Regeln‹ hält, die zu kennen ebenso vorausgesetzt wird. So wird an ihr Judikative exerziert. Der Erzähler lässt durch die zahlreichen rhetorischen Fragen keinen Zweifel daran, dass die kleinkriminellen Taten Anita G.'s in keiner Relation zur rechtsstaatlichen, d.h. schuldkulturellen, Antwort dazu stehen. Kluge enthält sich zwar eines direkten Kommentars, aber das Motiv des Erzählens kann es nur sein, eben jene Gewalt mit darzustellen, die die Protagonistin erleidet, ohne dass es einen Urheber, Feind oder bösen Willen gäbe. Das Bürgerliche Gesetzbuch wird zur *institutionellen, strukturellen Falle*, in die Anita G. gerät. Das Gesetz, eigentlich zum Schutz der Menschen gedacht, wirkt auf Anita G. wie ein feindliches Gegenüber, das sie nicht aus seinen Fängen lässt.

## Anita G. als eine Sich-Schämende

Einer Datensammlung ähnelnd durchläuft Kluge die Stationen der jungen Frau, die schließlich in einer unglücklichen Liebe münden. Der anonyme Erzähler verfügt über Anita G., indem er sie selbst nicht zu Wort kommen lässt, seine Protagonistin artikuliert und beschwert sich also nicht. Sie ist in der Rolle einer *Sich-Schämenden*, ihr gebührt nicht im gleichen Maße wie den

61 Kluge: *Anita G.*, a.a.O., S. 734.

Männern, sich zu äußern oder ihre Situation zu thematisieren. Sie ist, eingebunden durch Mode, Verhaltensnormen etc. dazu angehalten, sich zu fügen.

Wie sehr Anita G. eine *Schämende* ist, wird nur indirekt deutlich, die Scham verbirgt sich bekanntlich vor den Anderen. Aber schon das Versteck unter der Treppe zu Beginn der Geschichte ist schamhaft. Zwischen den Zeilen wird erahnbar, dass ihre Rolle die eines Menschen ist, der die Erwartungen der Anderen, so gewaltgetränkt sie sein mögen, erduldet und ihnen entspricht. »Das Mädchen bewegte sich ohne jeden Laut im Zimmer, was ihr leichter fiel, als Lärm zu machen, sie gehörte zu den Leuten, deren Phantasie zum Lärmmachen nicht reicht«[62], heißt es an einer Stelle. Als sie einen Richter kontaktieren will, war es ihr Fehler, dass sie »zu zaghaft gefragt hatte. Sie erhielt daher eine ablehnende Antwort des Büropersonals.«[63] Die Scham der Anita G. bietet der Außenwelt Möglichkeit, sie als Person zu übergehen. Die Protagonistin ist in dieser Hinsicht aber eben innerlich nicht resilient, sondern eigensinnig, passt eben ihre Kerntugend, die Scham, nicht an, egal welche Strafe droht und wie sie ausgenutzt werden mag.

## Der stille Protest der Scham und dessen Folgen

Kluge macht nun etwas Ungewöhnliches. Er betrachtet die Scham Anitas nicht als eine charakterliche Schwäche und wählt daher auch nicht den Ausweg des Protests oder lauten Artikulierens des Missstandes, also einer schuldkulturellen Übersetzung. Er betrachtet die Haltung der Scham als richtig und solidarisiert sich mit Anita G. Die Stationen Anitas sind daher Formen der Arbeit daran, sich das edle Gefühl der Scham zu bewahren, wohlwissend, wie viel dies abverlangt und in welche dubiosen Situationen sie das bringt. Kluge beobachtet die Formen des Findens von Auswegen und dokumentiert sie. Und dabei folgt er der Scham. Auch die Rückwendung auf sich selbst, das Erleben von einer Erkältung als ihr *gemäß*, ist in dieser Hinsicht zu verstehen, sie »fror in dem ungeheizten Raum und spürte die kommende Erkältung wie etwas, auf das sie sich freute und das sie doch gleichzeitig mißbilligte«[64]. In der folgenden

62 Kluge: *Anita G.*, a.a.O., S. 735.
63 Kluge: *Anita G.*, a.a.O., S. 738.
64 Kluge: *Anita G.*, a.a.O., S. 735.

verklausulierten Darstellung des Geschlechtsverkehrs heißt es: »Sie genierte sich nicht mehr vor ihm. Sie lieferte ihm jeden Teil ihres Körpers aus, den er haben wollte.«[65] Damit ist nicht die zweisame Überwindung der Scham in der Liebe gemeint, sondern eine Art von Verschwinden des erlebenden Ichs als gerecht empfundene Selbstbestrafung im Sexualakt. Lust wird als Auslieferung des *Körpers* an den Anderen kodiert, d.h. vom Eigenerleben ferngehalten. Die Scham verschwindet nur um den Preis der Auslöschung der eigenen Körperlichkeit. Diese Selbstbestrafung weitet sich vom Körper auf die eigene Lebensgeschichte aus: »Sie richtete ihre Vergangenheit so zu, daß sie ihn nicht stören konnte.«[66] Damit ist die Scham negativ umgrenzt als eine Erlebnisweise, sich den vermeintlichen Erwartungen der Anderen anzupassen, die Lebensgeschichte mit ihren Brüchen zu verleugnen und dies als normal zu empfinden. Anita G.'s ›Unfälle‹, sie läuft mehrfach in fahrende Autos hinein, erscheinen in dieser Hinsicht als eine Art von Wunsch der Selbstexekution in der Scham, die, wenn sie misslingen, nochmals in der unmittelbaren Bestrafung enden und die ihre emotional desaströse Situation grotesk ausdrücken: »Der Autobesitzer kam auf sie zu und ohrfeigte sie.«[67] Dass sie »wie ein Hund«[68] in einem leerstehenden Haus Unterschlupf findet, mahnt nochmals an Kafka, wo es bekanntlich in der Exekutionsszene von *Der Process* heißt: »Wie ein Hund!« sagte er, es war, als sollte die Scham ihn überleben.«[69]

Der Nervenzusammenbruch Anita G.'s, der »für alle überraschend«[70] kam, ist nur erklärbar aufgrund ihrer gänzlich in der Scham fundierten Erlebnisweise, die von der Gesellschaft ignoriert wird. Sie ist den Anderen, die aus der Schuldkultur, ihrer Logik wie auch ihrem Explikationsduktus heraus die Welt erleben, unverständlich.

65 Kluge: *Anita G.*, a.a.O., S. 736.
66 Kluge: *Anita G.*, a.a.O., S. 736.
67 Kluge: *Anita G.*, a.a.O., S. 737.
68 Kluge: *Anita G.*, a.a.O., S. 745.
69 Kafka: *Der Process*, hrsg. von Michael Müller, a.a.O., S. 211.
70 Kluge: *Anita G.*, a.a.O., S. 748.

## Kluges Film *Abschied von gestern (Anita G.)* (1966)

Diese von der Scham durchdrungene Struktur der Erzählung wird im Film *Abschied von gestern* lose aufgegriffen und erweitert. Da fällt zunächst auf, dass die Hauptprotagonistin, die im Film ebenso Anita G. heißt, von Kluges Schwester Alexandra gespielt wird. Es mag mehrere Motive geben, die Schwester als Hauptprotagonistin zu wählen. Eines ist sicherlich die Vertrautheit und eben die Tatsache, dass Kluge sich vor seiner Schwester, wie sie vor ihm, nicht schämen muss, über Scham zu sprechen und Scham darstellen zu lassen. Innerhalb der Familie gibt es freilich Scham, aber es können hier intime Dinge und Dimensionen der Geschichte vertraulich besprochen werden, die man mit einer fremden, ›professionellen‹ Schauspielerin nicht teilen würde. Dazu besteht ein enger Erfahrungskontext. Wie wir sahen, gehört auch das Nichthandeln zur Scham dazu – und auch das Nichtagieren zum schamhaften Schauspiel.

Es ist dies aber auch eine allgemeine Struktur von Kluges frühem Werk, die eigene Familie zu porträtieren. Man denke etwa an den Film *Frau Blackburn, geb. 5. Jan. 1872, wird gefilmt* (1967), der seine Großmutter zur Hauptprotagonistin macht, oder an den Film *Ein Arzt aus Halberstadt* (1970) über und mit seinem Vater Dr. Ernst Kluge.[71] Kluge greift hier ein Verfahren der Frauenbewegung auf, das Private als öffentlich zu begreifen (als ›Politik der ersten Person‹).[72] Was uns heute, durch die sozialen Medien, ganz selbstverständlich ist, war damals eine Gratwanderung und Herausforderung, denn es wurde stillschweigend erwartet, dass man die eigene Lebensgeschichte und das Privatleben der Frauen und ihre Situation (und damit ihre Unterdrückung) tunlichst nicht veröffentlichen solle. Dies bedeutete für den Filmemacher, in persönlicher Distanz zu den Figuren, Erzählstoffen und Schauspielern zu stehen.

---

71 Siehe dazu Christoph Streckhardt: *Kaleidoskop Kluge. Alexander Kluges Fortsetzung der Kritischen Theorie mit narrativen Mitteln*, Tübingen 2016, S. 260f.

72 Siehe hierzu *Die neue Frauenbewegung in Deutschland. Abschied vom kleinen Unterschied, eine Quellensammlung*, hrsg. von Ilse Lenz, Wiesbaden 2008.

## Tonlagen des Erzählens und die sanfte Stimme des Regisseurs aus dem Off

Die Scham implizit zum Thema zu machen bzw. eine Dramaturgie zu finden, die den Autor schützt, so dass dieser sich nicht schämen muss, obwohl er in die Öffentlichkeit tritt, ist ein weiteres dramaturgisches Merkmal dieser frühen Arbeit. Kluge erprobt hier, was er dann in seinen späteren essayistischen Filmen und Jahrzehnte lang in seinen TV-Magazinen zum Markenzeichen hat werden lassen: Er tritt als Autor nur selten visuell in Erscheinung (bzw. in diesem Film nur in einem kurzen Cameo-Auftritt) und ist stattdessen als verhaltener, leiser und beinahe zärtlich Fragender im Off präsent. Es »ist eine jung gebliebene, sehr sanfte und ruhige, ja einfühlsame Stimme, bei der man sich wohl fühlt, zu der man Vertrauen knüpft«[73].

Die Stimme ist nicht fiktional verortet, d.h. einer intradiegetischen Figur zugewiesen. Es ist eine Stimme, die eher der eines Dokumentarfilmers ähnelt, der das ›Material‹ in engem Kreise kommentiert. In dieser Hinsicht also überträgt sich das beschriebene Verfahren hier auf den Film, der wie die Geschichte zwischen dokumentarischem Blick und Fiktionalisierung changiert und eine hybride Erzählweise ausbildet.[74] Anton Kaes weist in diesem Zusammenhang auf die besondere Geschichtsauffassung Kluges hin, der diese nicht als vergangen versteht, »his films deal with history from the perspective of the present, shedding new light not only on the past (as a prelude to the present) but also

73 Streckhardt: *Kaleidoskop Kluge*, a.a.O., S. 232.

74 Zur Erzählweise Kluges, gerade auch im Kontext von Rolf Dieter Brinkmann und Peter Handke, siehe die Studie von Angela Bandeili: *Ästhetische Erfahrung in der Literatur der 1970er Jahre. Zur Poetologie des Raumes bei Rolf Dieter Brinkmann, Alexander Kluge und Peter Handke*, Bielefeld 2014, Kap. 3 »Alexander Kluge. Das organisierende Subjekt«, S. 145–240. Dort heißt es: »Die mit dem historischen Zitat verbundene Aktualität von Geschichte zeigt sich als ein Netzwerk aus Werten, Begriffen, Emotionen und Ideologien, das sich sowohl im einzelnen Subjekt als auch im Kollektiv aufspüren lässt. Während die eingeschränkte Zitat-Markierung bei Kluge im Einzelfall zum Übersehen des Zitats führen kann, bewirkt sie fraglos zugleich eine stärkere Einbindung in die Aktualität der Erzählung und damit in die Realität ihrer handelnden Figuren.« (ebenda, S. 182). Siehe hierzu auch die Ausführungen zu Kluges *Gelegenheitsarbeit einer Sklavin* und Kluges Realismusbegriff, ebenda, S. 187–201, zum Montageverfahren ebenda, S. 210ff.

on the present itself in its historical dimension«[75]. Streckhardt spricht ganz konsequent von einem »fiktionalisierten Realen«[76] und bei Miriam Hansen heißt es: »Throughout the film, documentary characters are mixed in with actors, professional as well as nonprofessional ones who in turn keep sliding from a Brechtian demonstration of their roles into playing themselves, extemporizing as it appears within an aleatory *mise-en-scéne*. […] the film nonetheless retains a partisan perspective, urging the spectator to make connections and distinctions.«[77]

Die Tonlage des Erzählers Kluge widerspricht dazu jeglicher Film- und TV-Konvention bis heute, da er es schaffte, neben dem Off-Erzähler der Figur wie auch neben dem offiziellen, repräsentativen ›Nachrichtensprecherduktus‹ einen Gesprächsgestus als Alternative zu etablieren, der sich in seiner intimen Tonlage, Lautstärke, dem Timbre vollkommen von dem medial Erwarteten abhebt. Stilistisch überträgt und erweitert Kluge so das Stilmittel des Off-Erzählers, indem er einen spezifischen ›antiautoritären‹ (und das heißt bei Kluge schamhaften, leisen, sensiblen) Duktus prägt, wozu auch der Klang seiner unverwechselbaren Stimme beitragen mag. Zudem solidarisiert er sich auf diese Weise mit Anita G. durch seine ähnliche Grundhaltung: Beide sind nicht bereit, ihre Schamhaftigkeit in der Öffentlichkeit aufzugeben und zeigen sich dabei höchst erfinderisch, verstecken sich auf ihre Weise. Der Off-Kommentator Kluge wird, wie in vielen seiner Filme, nicht-fiktional eingeordnet.

75 Anton Kaes: In Search of Germany: Alexander Kluge's The Patriot, in: Alexander Kluge. *Raw Materials for the Imagination*, hrsg. von Tara Forrest, Amsterdam 2012, S. 95–126, zit. S. 96. Diese Geschichtsauffassung steht der Rankes diametral entgegen. Dort heißt es: »Man hat der Historie das Amt, die Vergangenheit zu richten, die Mitwelt zum Nutzen zukünftiger Jahre zu belehren, beygemessen: so hoher Aemter unterwindet sich gegenwärtiger Versuch nicht: es will bloß sagen, wie es eigentlich gewesen.« (Leopold von Ranke: *Geschichten der romanischen und germanischen Völker von 1494 bis 1535*, Leipzig u.a. 1824, S. v-vi, https://reader.digitale-sammlungen.de/de/fs1/object/display/bsb10408217_00010.html, abger. am 1. Oktober 2023).

76 Streckhardt: *Kaleidoskop Kluge*, a.a.O., S. 259.

77 Miriam Hansen: Space of history, language of time: Kluge's *Yesterday Girl* (1966), in: Eric Rentschler: *German Film and Literature. Adaptions and Transformations*, New York 1986, S. 193–216, zit. S. 200.

## Fake-Strategien und Authentizität

Nach einer aufgrund ihrer Spontaneität irritierenden Einstiegsszene zentriert Kluge die Handlung wie in der literarischen Erzählung um den richterlichen Spruch herum. Dabei wird nie kaschiert, dass es sich hierbei um eine aus inszenierten Dokumentarfetzen und quasi-dokumentarischen Fragmenten heraus gebaute, also um eine mit Fake-Strategien arbeitende, Fiktion handelt. Der schlechte Ton, die ruckelnden Bilder, die ›falschen‹ Anschlüsse und die improvisiert erscheinenden Spielszenen greifen Verfahren der französischen *Nouvelle Vague* auf. Hans Korte mimt zwar den Richter, Alfred Edel den Universitätsassistenten, aber es gibt auch ›Realpersonen‹, die sich selbst spielen, also mit der fiktiven Rolle zu einem gewissen Grade zur Deckung kommen, so Fritz Bauer als Generalstaatsanwalt und letztlich auch Kluge als der erwähnte Off-Erzähler. Das erwähnte Verfahren der ›Fiktionalisierung des Dokumentarischen‹ findet sich also hier wie dort.[78] Auch hier würde eine Perspektive der Schuld immer nach dem Status der Fragmente fragen, aber eine der Scham kann sich von diesem Wahrheitsanspruch lösen, multiple Wahrheiten und Fake-Strategien dulden, weil es ihr um die Haltung und die Gefühle mehr geht als um das Material und dessen Ordnung, in der es steht – und *diese* ist authentisch.

Das Thema *Scham und Schuld* wird im Film mehrfach explizit, wenn etwa eine Vorlesung über »Scham und Normenkontrolle« der Frankfurter

78 De facto wurde sehr viel improvisiert, so heißt es: »Am dritten Drehtag schon zeigte sich, daß dem Drehbuch Texte fehlten. In der Szene ›Streit mit der Zimmerwirtin‹ waren Dialoge überhaupt nicht vorgegeben. […] Die ›Zimmerwirtin‹ war rasch besorgt. Als Szene konnte man das Zimmer dieser Frau nehmen, die sich auf der Liste der Komparsen der Frankfurter Oper hatte eintragen lassen. Für den Abgang Anitas konnte man die Haustür desselben Hauses zur Straße hin nehmen. Für den Text mußte ich mich auf meine Schwester verlassen.« (Alexander Kluge; Digne M. Marcovicz: *Realismus des Herzens. Texts und Bilder*, hrsg. von Wolfgang Jacobsen, edition text+kritik, München 2014, S. 16). Zur besonderen Konzeption des Drehbuchs bei Kluge schreibt Sombroek: »Kluges These der ›permanenten Drehbuchabweichung‹ beinhaltet gleichzeitig eine deutliche Erweiterung des Drehbuchbegriffs selbst. Die Bezeichnung Drehbuch verweist nicht mehr zwingend auf einen schriftsprachlichen Text. Sie umfasst sämtliche Vorstadien der Filmherstellung – ganz losgelöst von der Frage, in welcher medialen Form die jeweiligen Entwurffassungen vorliegen.« (Sombroek: *Eine Poetik des Dazwischen*, a.a.O., S. 141). Zur Improvisation des Dialogs bei Kluge siehe Streckhardt: *Kaleidoskop Kluge*, a.a.O., S. 225f.

Goethe-Universität besucht wird[79] oder Fritz Bauer sagt, dass er sich dafür schäme, wenn die Beschuldigten vor ihm stünden,[80] was ebenjene Tugend der Scham zum Orientierungspunkt richterlichen (!) Urteilens macht und damit den Schuldspruch wie das Recht allgemein von der Scham aus neu denken lässt. Das Schlussmotto des Films entspricht dem ebenso, wenn es mit Dostojewski aus *Die Brüder Karamasow* heißt: »Jeder ist an allem schuld, aber wenn das jeder wüßte, hätten wir das Paradies auf Erden«[81].

In dieser Hinsicht besteht Kluges Verfahren eben darin, durch Aufzeigung multikausaler Szenerien und Konstellationen[82] die Bedingungen von eindeutigen Schuldsprüchen und damit die Prämissen des Rechtssystems als solchem zu hinterfragen und Alternativen aufzuzeigen. Anita G. ist eben in genau jener paradoxen Lage, dass sie vom System schuldig gesprochen wird, sich aber selbst nur vergleichsweise kleine Straftaten, ›Gelegenheitsdelikte‹, vorwerfen lassen muss. Dass ihre Haltung nicht in eine emotionale Polarisierung driftet, denn es wäre leicht, den Richter, der ihr das zu Beginn ›angetan‹ hat, zu hassen, hängt eben mit ihrer Scham zusammen, die die Schuldzuweisung anders auffasst und dem schuldkulturellen System mit schamkulturellem Schweigen antwortet. Kluge unterlässt es daher konsequent, Anita G. als Gegenpol zu inszenieren. Sie hat auch Fehler, versteht die Situation manchmal nicht, in der sie sich befindet, handelt mitunter scheinbar naiv, aber die Logik, aus der heraus sie fühlt, ist eine der Scham und nicht eine der Schuld. Wäre Letzteres der Fall, würde sie äußerlich protestieren. Sie verinnerlicht das Geschehen aber und hilft so, es auf eine Weise bühnenhaft werden zu lassen und zu intellektualisieren.

79 Miriam Hansen hat diesen als Professor Patzer beschrieben (Hansen: Kluge's *Yesterday Girl*, a.a.O., S. 201).

80 So sagt Bauer nach einem Bericht über eine Verhandlung: »Und wie ich nach Hause ging, dann schämte ich mich. Ich habe mich vorher schon geschämt und mich eigentlich gefragt, ist das eigentlich rechtens, dass die Juristen sitzen und die armen Beschuldigten stehen?« (Alexander Kluge: *Abschied von gestern*, DVD, TC 00.55.50-00.56.02).

81 Kluge: *Abschied von gestern*, DVD, TC 01.22.34. Siehe hierzu auch Konrad Stauss: *Selbstvergebung durch Schuldkompetenz*, Hamburg 2015.

82 Zum Begriff der Konstellation in Absetzung des Begriffs der ›Multiperspektivismus‹ bei Kluge siehe Streckhardt: *Kaleidoskop Kluge*, a.a.O., S. 78–79: »Die Methode des Multiperspektivismus kommt nicht über die Darstellung von Pluralismus hinaus. Der Methode der Konstellation hingegen gelingt die Wiedergabe von Diversität und Zusammenhang.«

Dazu interferiert die Lebenssituation Alexandra Kluges, des Filmteams und der Improvisation permanent mit der erzählten Geschichte. Scham- und Schulddarstellung weisen somit Brüche und Irritationen auf, die durchaus auch Zufälle abbilden. Die Erzählung wird nicht zugerichtet oder ›geglättet‹, um ›stimmig‹ zu wirken. Es bleiben diese Perspektivwechsel und Irritationen als solche stehen.

## Die Richterszene

Schauen wir uns die bereits erwähnte Eingangsszene vor dem Amtsgericht genauer an. Sie beginnt mit einer Einstellung auf den Nacken des kurzhaarigen, untersetzten Richters, der seine Anklage gefühllos herunterspult. Er wirft der zweiundzwanzigjährigen Anita G. den Diebstahl einer Strickjacke mitsamt Inhalt vor, spricht aber, als gälte es nur, diese Prozedur schnell hinter sich zu bringen. Dass es ihm hierbei nicht um ein Verständnis der Angeklagten geht, wird so überdeutlich. Die Formelhaftigkeit der Fachsprache wird bloß gemurmelt, weil von ihm qua Institution vorausgesetzt werden kann, dass die Schuldigkeit aus ebenjener Auslegung des Gesetztestextes sich heraus ergibt und nicht von ihm eigens erwiesen oder gar hergeleitet werden muss, also ritualisiert ist. Das Strafmaß ist aber auch an Motive geknüpft, und um diese zu erschließen, stellt der Richter einige Fragen, deren Absicht Anita G., die sich offenbar selbst verteidigt, nicht durchschaut. Umso mehr irritiert sie ihn mit ihren Antworten:

> Richter: »Sie, ehm, sind herübergekommen. Sie kommen aus der Gegend von Leipzig?«
> Anita G.: »Dort sind meine Eltern.«
> Richter: »Sie selbst sprechen aber nicht so. Wann sind Sie herübergekommen?«
> Anita G.: »1957.«
> Richter: »Sie behaupten nach Aktenlage, Ihre Großeltern seien 1938 geschädigt worden.
> Anita G.: »Ja.«
> Richter: »Sie sind also Jüdin?«
> Anita G.: »Jawohl.«

> Richter: »Wollen Sie also sagen, dass das, was Sie als Kind erlebt haben, was Sie also frühestens 1943/44 erlebt haben, etwas zu tun hätte mit Ihrer gegenwärtigen Lage?«
> Anita G.: »Nein.«[83]

Auch die folgende Vernehmung des Richters ist im Grunde eine Mimikry. Er mimt ein Gespräch, folgt aber allein der Absicht, den ›Fall Anita G.‹ in die Sprache der Paragraphen zu übersetzen. Nachdem alle Hinweise auf ihre traumatische Kindheit nichts helfen, weil sie von ihr sachlich vortragen werden, schamhaft also, und auch die Korrekturen der Anita G. das Gericht nur weiter zu irritieren scheinen (sie weisen nicht die erwartete Formelhaftigkeit auf), schließt der inszenierte Dialog mit einer rhetorischen Frage des Richters: »War es nicht so, dass sie sich bessere Chancen ausrechneten?« – »Ja, so war es.« Anita G., die eigentlich Opfer ist, wird durch dieses vorgebliche Eingeständnis der Schuld zur Täterin. Ihre Motive werden ignoriert, weil sie dem System Gericht, das Schuld spricht, keine konformen Antworten bietet. Es wird also mit vollkommen ungleichen ›Waffen‹ gefochten. Der gerichtliche Anspruch, Schuld festzustellen, wird dadurch ad absurdum geführt.

Die kurzen Fragen des Richters bedeuten de facto für Anita G. Gefängnisstrafe mit anschließender Bewährung, ohne dass sie auch nur den Hauch einer Chance hätte, diesen Prozess zu verstehen oder ihre Schuld zu mildern. Dazu müsste sie einen Verteidiger haben, wozu ihr aber offenbar das Geld fehlt. Sie, die eigentlich ›nur leben‹ will, gerät so in die Mühlen der Justiz. Würden Kluge und Anita G. das als tragisch begreifen, würden sie innerhalb schuldkultureller Logik agieren. Aber sie stellen diese und die Instanz ›Gericht‹ in Frage, indem sie zeigen, wie die Institution durch ihre Repräsentanten reagiert, wenn es Missverständnisse gibt und Lebensgeschichten, die jenseits der Norm liegen: Sie werden übergangen. Die Unfähigkeit Anita G.'s, die Amtssprache zu sprechen, erscheint angesichts der Unfähigkeit des Richters (bzw. der Judikative), ihre Lebenssituation zu verstehen, marginal. Dazu sind seine Fragen, dass sie »nicht so spreche«, als ob sie aus Leipzig komme und Jüdin sei, voller Vorurteile. In dieser Hinsicht kann Anita G. keinen Abschied von

83 Kluge: *Abschied von gestern*, DVD, TC 00.02.00-00.02.39.

gestern nehmen, weil dieses in verklausulierter und institutionalisierter Form ihr überall begegnet. Kluge durchsetzt diese Szene mit Fiktionen. So bittet der Richter sie, ihre Hände auf das Pult zu legen. Das ist ein offenbar erfundenes Ritual, das an okkulte Beschwörungsriten erinnert (es kehrt später in einer Art Splatterszene wieder, in der ein mit Flüssigkeit gefüllter Handschuh zerschlagen wird und aufplatzt). Der Richter ist verwundert darüber, dass Anita G. die Strickjacke im Sommer gestohlen hat. »Haben Sie denn gefroren?« – »Ja.« – »Aber es war doch Sommer!« – »Ich friere auch im Sommer.« – »Das ist aber nach der Lebenserfahrung ungewöhnlich.«[84] Ihre spontanen Antworten fügen sich der im Gesetz unterstellen Typologie nicht, zudem hat sie die Strickjacke, die sie ›geklaut‹ hat, nicht versteckt:

> Richter: »Ja hatten sie denn kein schlechtes Gewissen, dass sie einer Arbeitskollegin eine Jacke weggenommen haben? Hatten sie eine innere Hemmung zu überwinden?«
> Anita G: »Das war ganz gefühlsmäßig.«[85]

Diese Hinweise irritieren den Richter. Der Fall ist aus der Perspektive der Schuld semantisch uneindeutig, aus Perspektive der Scham aber vollkommen klar. Anita G. hat kein schlechtes Gewissen und schämt sich auch nicht für das, was sie getan hat, weil sie die Relationen anders setzt. Und *was* sie getan hat, ist keineswegs klar, genauso wenig wie ihr Motiv. Kluge zeigt ganz konsequent den Richter beim lauten Denken, indem er ihn im *Bürgerlichen Gesetzbuch* blättern lässt. Jenes Murmeln gleicht dem zu Beginn der Szene, ist aber nun Ausdruck einer Unsicherheit, was denn der Gesetzestext überhaupt bedeute und wie er ›anzuwenden‹ sei. Letztlich stehen sich zwei Sichtweisen gegenüber: Die abstrakte des Richters, der aus dem Geschehen einen juristischen *Fall* machen will, und die konkrete Situation der Anita G. Bedenkt man, welche Lappalie der Anlass dieses Verfahrens ist, wird deutlich, wie streng das deutsche Justizsystem ist, das den Alltag so umdeutet, dass Anita G. von einer in die andere Strafsituation hineinschlittert, nur weil sie sich die schuldkulturelle Sichtweise nicht zu eigen machen will.

84 Kluge: *Abschied von gestern*, DVD, TC 00.04.05-00.04.14.
85 Kluge: *Abschied von gestern*, DVD, TC 00.04.30-00.04.40.

Aus ihrer Situation heraus kann Anita G. nicht anders handeln, als Friedrich Nietzsche es, die Strafe höhnend, in *Zur Genealogie der Moral* beschreibt: »ohne Frage müssen wir die eigentliche Wirkung der Strafe vor Allem in einer Verschärfung der Klugheit suchen, in einer Verlängerung des Gedächtnisses, in einem Willen, fürderhin vorsichtiger, misstrauischer, heimlicher zu Werke zu gehn […] Das, was durch die Strafe im Grossen erreicht werden kann, bei Mensch und Thier, ist die Vermehrung der Furcht, die Verschärfung der Klugheit, die Bemeisterung der Begierden: damit zähmt die Strafe den Menschen, aber sie macht ihn nicht ›besser‹«[86]

Die Konsequenz dieser ›Verschärfung der Klugheit‹ ist im Film der Schritt zur Straßenverkäuferin von Schallplatten-Sprachkurs-Abonnements, den sie gleich nach der Bewährungszeit annimmt. Sie versucht es *auf der anderen Seite*. Was Anita G. ›gelernt‹ hat aus der Strafe, ist eben, dass es *legale* Mittel gibt, um Geld zu verdienen, wenn man so die Menschen aber vielleicht um eine höhere Summe betrügt, als es bei dem Diebstahl der Strickjacke der Fall war. Was passiere, wenn die Menschen nicht zahlen, fragt sie den Chef. »Dann erhalten sie einen Zahlungsbefehl, postwendend«[87], antwortet dieser. Sie sind damit in einer ähnlichen Situation, in der Anita G. kurz vorher war.

Dass sich auch der Alleinunternehmer darüber im Klaren ist, dass er rechtlich legal, aber menschlich fragwürdig Geld verdient, wird aus seinen Anweisungen und Tipps mehr als deutlich:

> Angestellte sind zu pingelig, lieber Arbeiter zwischen zwanzig und dreißig. Sie wollen sicher ihre Chancen verbessern. Sie zahlen etwas mehr dafür, haben aber später etwas mehr davon, das sagen sie.[88]

Weiter ›schult‹ er seine Mitarbeiterin:

---

86 Friedrich Nietzsche: Zur Genealogie der Moral, Zweite Abhandlung: »Schuld«, »schlechtes Gewissen« und Verwandtes, Kap. 15, Digitale Kritische Gesamtausgabe (2009) [1887], auf der Grundlage der Kritischen Gesamtausgabe Werke, hrsg. von Giorgio Colli und Mazzino Montinari, Berlin/New York 1967ff., http://www.nietzschesource.org/#eKGWB/GM-II-15, abger. am 27. Mai 2023.

87 Kluge: *Abschied von gestern*, DVD, TC 00.12.12-00.12.16.

88 Ebenda, TC 00.12.28-00.12.39.

> Überall, wo Werktätige strömen. Manchmal können sie sich auch aufstellen in der Nähe von Vergnügungslokalen. Sie müssen sich den Ausweis zeigen lassen, wenn zu vermuten ist, dass die Betreffenden zu jung, das heißt unter einundzwanzig Jahren sind.[89]

Kluge legt hier die Crux jeder Schuldkultur frei. Zwar tritt das Rechtssystem in seiner sprachlich normierten Explikation der Schuld mit einem absoluten Anspruch auf, Schuld nachvollziehbar, neutral und ungeachtet der Person festzustellen, aber dieser Anspruch kann vor Gericht, wie wir gesehen haben, wie auch durch Uminterpretation des Gesetzestextes in sich verkehrt werden. Was der Unternehmer macht, ist *gesetzeskonform*. Er *weiß*, wo er das Gesetz übertreten würde, etwa bei Vertragsabschluss von noch nicht Volljährigen. Das macht sein ›Geschäftsmodell‹ nicht besser. Offenbar geht es ihm auch nicht darum, Arbeitern das Erlernen von Fremdsprachen zu ermöglichen, sondern er weiß, dass diese sein Vertragskonzept (und dessen Fallen) am wenigsten durchschauen, ebenso wie die angeheiterten Menschen ›in der Nähe von Vergnügungslokalen‹.

Die anschließenden Affären mit ihrem Chef und Ministerialrat Pichota (Günter Mack) lassen sich als schamhafter, d.h. verinnerlichter, Protest und gleichzeitigem Ausnutzen seitens der Männer verstehen. An Stelle eines expliziten Bruchs oder einer Kritik ›verliebt‹ sich Anita G. in Autoritäten, die ihr Schutz geben können. Es entstehen dadurch verdeckte Rivalitäten und Konflikte kompliziertester Art. Kluges Rekonstruktion des ›Geschäftsmodells‹ liest die Schuldkultur über die Haltung der Scham nicht von der Ökonomie her (da wäre sie eine Erfolgsgeschichte), sondern von den Gefühlen. Der ökonomische Gewinn hat eben diesen ›Gefühlspreis‹ des legalen Übervorteilens und des Ausnutzens der Unaufmerksamkeit der Plattenkäufer. Und auch das Privatleben wird so zu einem Austragungsort der Konflikte.

Kluge wechselt unvermittelt mit einem Bilderreigen von Photos der eigenen Familiengeschichte,[90] um kurz darauf wieder zur Erzählung zurückzukehren. Wiederum interferiert also die Biographie Alexandra Kluges (und Kluges) mit der Fiktion der Geschichte der Anita G. Kluges Vater ist zu sehen beim Musizieren mit Offizieren, Alexandra als Kind. Das irritiert bekannte

89 Ebenda, TC 00.13.20-00.13.35.

90 Ebenda, TC 00.13.40-00.14.33.

Muster und provoziert regelrechte Fehlinterpretationen, weil die Erwartung überspannt wird. Der Zuschauer, der die Haltung bis zu einem gewissen Grad übernommen hat, *die Geschichte Anita G.'s zu sehen*, wird durch dieses Familienalbum der Kluges, das mit Tangomusik unterlegt ist, geradezu von dieser weggeleitet. Zwischen Fiktion und Dokumentarismus changierend wird die Frage nach der Vorstellbarkeit und Erzählbarkeit von Geschichte gestellt.

Kluge hat sein Verfahren selbst als *Antirealismus des Gefühls* beschrieben, was eben meint, dass Konflikte dazu führen, dass *Gegenwelten* im Inneren, im Fühlen, entstehen. »Ich will nicht, wie es ist, ich will etwas anderes, das nicht da ist und ich stell es mir vor, ich hol es mir in Gedanken herbei und ich arbeite an deren Verwirklichung«[91]. Sobald Gefühle im Spiel sind, und sie sind es immer, gerade auch im Krieg und traumatischen Situationen, ordnen sich die Fakten eben nicht neutral. Und auch der Versuch, eine neutrale Haltung einzunehmen, gelingt vielleicht für sich selbst, aber schwerlich im Kollektiv. Es entstehen so antirealistische Gefühlswelten, die eben noch von der Scham durchdrungen sind. Noch mehr gilt das für den Film, der illusionistisch wirkt und nicht einlösen kann, was er beansprucht, dass die Darstellerin mit der von ihr verkörperten Figur identisch sei. Kluge zeigt stattdessen irritierende Schichten von Realitäts- und Erzählniveaus.

Kluge betrachtet diese Welten der Scham durch das Raster der äußeren und juridischen Fragmente, vermeintliche Dokumente werden so zu narrativen Einsprengseln. Dabei verfährt er dialektisch, aber ohne die Dialektik aufzulösen, ganz im Sinne von Adornos *negativer Dialektik*. Es bleiben, wie wir sahen, offene Konstellationen ohne Synthese. Letztlich sind Kluges Filme anti-phänomenologisch, insofern sie eine einzige subjektive Perspektive verunmöglichen und stattdessen den Zuschauer mit einer Materialordnung konfrontieren, die ihn auf seine eigene Sicht zurückwirft. So lassen sich aber indirekt Spuren der Scham ausmachen.

91 Siehe hierzu Streckhardt: *Kaleidoskop Kluge*, a.a.O., S. 321.

# Edgar Reitz' *Heimat* und die phänomenologische Inszenierung der Scham

## Chroniken unterschiedlicher Art bei Reitz und Kluge. Zwei Perspektiven auf die Scham

Edgar Reitz und Alexander Kluge erzählen in *Chroniken*. Dies wird bereits im Titel deutlich: Kluge nennt seine große Erzählsammlung *Chronik der Gefühle*[92], Reitz *Heimat – eine deutsche Chronik* (1984). Aber die Weise, wie sie sich dem Gegenstand nähern, könnte unterschiedlicher kaum sein. Edgar Reitz, mit Thomas Mauch Kameramann in Kluges *Abschied von gestern*, verfolgt den Alltag in *Heimat* aus einer Perspektive, die eine ästhetische Mimikry an die Subjekte betreibt und deren Gefühls- und Vorstellungswelt phänomenologisch miterlebbar macht und den filmischen Raum subjektiviert. Scham wird von *Heimat*-Kameramann Gernot Roll auch nicht aus der Abstraktion und dem Material indirekt erschlossen, sondern die Illusionsleistung des Films, Imaginationen zu motivieren und entlang des Alltagslebens sich ergeben zu lassen, steht hier im Vordergrund.[93] Reitz evoziert beim Zuschauer ebenjene Gefühle, die die Protagonisten haben, indem er deren Erlebniswelt audiovisuell

92 Kluge: *Chronik der Gefühle*, a.a.O.

93 Wie viele Ideen und ›Zaubereien‹ Roll einbrachte, wird in Reitz' Produktionstagebuch deutlich: »Ob es sich darum handelt, die Laufgeschwindigkeit der Kamera zu ändern, also Zeitlupen oder Zeitraffer-Wirkungen einzufügen, oder ob er seine ›Halblinsen‹ (das sind Brillengläser, die er sich beim Optiker in der Mitte hat durchschneiden lassen) einsetzt, mit denen er bei schwacher Beleuchtung die Tiefenschärfe verbessern kann, oder ob er komplizierte Handkamera-Fahrten ausführt, die von ihm körperlich das Äußerste verlangen. In den engsten Räumen arbeitet er mit dem einfachen ›Jeep-Arm‹ unter extremen Bedingungen und führt die Kamera mit einer solchen Genauigkeit, dass man glaubt, dass es sich um Aufnahmen vom Studio-Dolly handelt. Auch das ganze Spektrum der Filter bei Schwarz-Weiß-Szenen beherrscht er und macht waghalsige Versuche auch bei Farbe durch die Anwendung von farbigem Licht und mit extrem wenig Licht.« (Edgar Reitz: Die Zusammenarbeit mit Gernot Roll. Auszüge aus meinem Produktionstagebuch, Eintrag vom 21. Juli 1981, aus: Edgar Reitz: *Die große Werkschau*, Marburg 2018, S. 216–226, zit. S. 217.)

versinnlicht und so die subjektive Erlebnisperspektive filmisch anverwandelt. Der Zuschauer fühlt kopräsent mit, was da geschieht und schlüpft imaginativ in die Wahrnehmungswelt der Figuren. Das funktioniert bei scheinbar einfachen Handlungen wie zu Beginn beim Hämmern des Schmieds bis zur Unterhaltung in der Küche und geht bis zu so vielschichtigen Gefühlen wie dem der Scham.

Kluge nimmt die Gefühle hingegen nur zum Ausgangspunkt der Narration, um dann Routen und historische Konstellationen zu finden und zu fragen, wie sie entstehen und vor allem über welche verschlungenen Wege Katastrophen und Unglücke verlaufen. Dabei ist er an der phänomenologischen Erlebnisweise der Gefühle überhaupt nicht interessiert, sondern arbeitet eher enzyklopädisch, abstrakt, mit Zeit- und Perspektivwechseln sowie Montagen. Dabei wird das individuell und kollektiv Erlebte, also die Erinnerung und die Geschichte, gleich wichtig behandelt, als Teil eines kulturellen Gedächtnisses. Reitz hingegen verfolgt gerade das Subjektive und dessen Dauer, scheut vor Kitsch, Klischees, Nostalgie, Romantik, dem Volkstümlichen wie auch dem Derben nie zurück, sondern benutzt diese dem Medialen vorgängigen Einstellungen, um den Zuschauer noch überzeugender in die illusionistische filmische Welt zu entführen. Bei ihm ergibt sich Geschichte aus der Erlebniswelt der Protagonisten heraus. Beide Autoren sind Chronisten in dem Sinne, dass sie lange Zeiträume erzählen und die Zeitperspektive auf den historischen Raum hin öffnen. Kluge verschränkt und überlagert in *Abschied von gestern* Zeiträume von mehreren Jahrhunderten, sogar manchmal bis zu anderen Erdzeitaltern. Dabei wird dieses Verfahren oftmals ironisch gebrochen, etwa durch Rezitation von Heinrich Hoffmanns Geschichte *Das Mammut*. Er ordnet Zeiträume um und kontrastiert sie, so dass sich nach Art von Suchbildern Strukturen erschließen. Reitz hingegen bildet den Alltag in der Jetztzeit ab und verfährt dann im weitesten Sinne (sieht man von der letzten Folge ab) chronologisch und linear, was schon durch die Einblendung der Daten und Jahreszahlen zu Beginn der Episoden deutlich wird.[94]

94 Dieses Prinzip wendete er auch beim Dreh an: »Ich hatte mir vorgenommen, möglichst chronologisch zu drehen. […] Das chronologische Drehen ist zeitraubend und verteuert die Produktion. Bei den Produktionsleitern ist es deswegen unbeliebt, für den Regisseur und das Team aber kann es eine äußerst inspirierende Erfahrung sein. Man wächst gemeinsam in die Geschichte hinein, sieht, wie sich die Figuren entwickeln und

*Heimat* erzählt die Geschichte der Einwohner des fiktiven Dorfes Schabbach im Hunsrück, insbesondere der Familie Simon, beginnend mit dem Ende des Ersten Weltkriegs bis in die Gegenwart der 1980er Jahre in elf Spielfilmen. Die einzelnen Perspektiven werden in der topischen Rahmung des Dorfes auf eine kunstvolle Weise verknüpft, so dass wir den Eindruck haben, Geschichte in statu nascendi zu verfolgen. Auch Reitz arbeitet mit Unschärfen. Es sind dies aber solche der Wahrnehmung bzw. den Subjekten zugewiesene perzeptive bzw. mnemotechnische Unvollkommenheiten und keine medial-abstrakten bzw. narrativ gesetzten wie bei Kluge.

Während Kluges Protagonisten sich in der Regel in Städten bewegen, verlegt Reitz die Geschichte von *Heimat* in die Provinz, die er aus seiner Kindheit und frühen Jugendzeit kennt. Wo Kluge den selbstbewussten Anspruch der Emanzipation hat, von dem aus dann das Scheitern erzählt wird, ist bei Reitz eine insofern realistischere Haltung die Norm. Gezeigt wird bei Reitz, wie aus einem dörflichen Milieu Wunschträume und Sehnsüchte wachsen, beispielsweise wenn auch Paul Simon (Michael Lesch, Dieter Schaad) nach Amerika auswandert. Reitz zeigt die Härten und Brüche in den Lebensläufen (meistens an der Peripherie),[95] seine Protagonisten ertragen den Alltag, nur ahnend, was ihnen an Erfahrung entgeht. Emanzipation findet außerhalb des Dorfes statt und sie wird nur von wenigen gewagt. Mit diesen solidarisiert sich Reitz.

## Geschichte bei Reitz und Kluge: Fiktionalisierte Gegenwart vs. Cross-Mapping

Interessant ist die zugrunde liegende Geschichtsphilosophie. Reitz schildert sein Dorf aus zeithistorischer Perspektive, vermischt also nicht die Kenntnis unserer heutigen Sicht mit der seiner erzählten Welt. Wir haben es mit einer

---

der richtige Erzählrhythmus vor der Kamera entsteht. Wenn einmal improvisiert wird oder wenn jemand aus dem Team eine schöne Idee einbringt, kann man dies beim chronologischen Drehen viel besser in den Ablauf integrieren. Diese Methode bewährte sich schon am ersten Tag.« (Reitz: *Filmzeit, Lebenszeit: Erinnerungen*, a.a.O., S. 422–423).

95 So zum Beispiel bei Apollonia (Marliese Assmann), Hermann (Jens Werkheiser, Frank Kleid, Jörg Richter, Peter Harting), Hans Betz – ›Korbmachers Hänsche‹ (Alexander Scholz), Otto Wohlleben (Jörg Hube), Robert Kröber (Arno Lang), dem Klärchen Sisse und dem ›Glasisch Karl‹ (Kurt Wagner).

Art Simulation des historischen Raums zu tun, die die Geschichte präsentisch, als *fiktionalisierte Gegenwart*, wiedererleben lässt, einer Art simulierter *Oral History*. Der Film ist ein Zauberwerkzeug, um die Zeit zurückzudrehen.[96] Die Figuren erleben den Aufschwung im Vorkriegsalltag Nazideutschlands naiv glücklich, weil sie nicht wissen, was da auf sie zukommt. Freilich lässt Reitz durch Ahnungen, Galgenhumor und etwa durch Darstellung von Lagerhäftlingen, Fackelmärschen, Verhaftungen, einer Erschießung eines verunglückten britischen Fallschirmjägers im Wald durch Wilfried Wieland (Hans-Jürgen Schatz) deutlich werden, was für ein Regime Deutschland regierte und wie sich das bis in die alltäglichen Verhaltensweisen zeigte, aber er stellt eben auch dar, wie Menschen ausblenden, wegschauen und die Abgründe im Alltäglichen so übergehen.

Kluge versteht den historischen Raum vollkommen homogenisiert, verknüpft die Geschichte quer über die Jahrtausende, so als verlaufe alles in einem absoluten Präsens. Dabei befragt er dieses Material stets auf seine alternativen Möglichkeiten hin, ordnet es um und macht es porös für neue Deutungen. Gerade das gedankliche Springen durch Zeiten, die historische Assoziation, das Öffnen der Vergangenheit auf Potentiale hin bilden sein Interesse: »Die Frage lautet immer: Wie verhält sich eine bestimmte Tätigkeit, die ein Mensch ausübt, oder eine Situation, in die er hineingerät (etwa im Krieg), zu dem, was er ursprünglich tun wollte.«[97] Kluge beschreibt dieses Verfahren, also das Finden von Ähnlichkeiten zwischen den Zeiten durch Strukturüberlagerungen, auch als *Cross-Mapping*, »als eine Technik des (kalkulierten) Irrtums«[98].

---

96 Reitz schreibt in seiner Autobiographie: »Ich habe mich beim Drehbuchschreiben hemmungslos aus meinem eigenen Leben bedient, Situationen, Liebschaften oder Ängste eines Jungen vom Lande aus der persönlichen Erinnerung entlehnt und in die Fiktion des Films verpflanzt, mit der Folge, dass ich nun beim Schreiben meiner wahren Lebensgeschichte in der Defensive bin. Das erzählerische Großvaterprinzip besteht darin, einen gemeinsamen Erfahrungsraum mit dem Publikum zu erzeugen, um sich dann, in einem zweiten Schritt, in Phantasiewelten zu begeben.« (Edgar Reitz: *Filmzeit, Lebenszeit: Erinnerungen*, Berlin 2022, S. 110).

97 Christian Schulte: Cross-Mapping. Aspekte des Komischen, in: *Der Maulwurf kennt kein System. Beiträge zur gemeinsamen Philosophie von Oskar Negt und Alexander Kluge*, hrsg. von Christian Schulte und Rainer Stollmann, Bielefeld 2015, S. 219–232, zit. S. 220.

98 Siehe hierzu Schulte: *Cross-Mapping*, a.a.O., S. 227.

Reitz' Vorstellung von Geschichte ist hingegen eher existenzialistisch. Und es ist kein Zufall, dass der junge Hermann ebenjene französischen Philosophen wie Jean-Paul Sartre liest, um sich dann kritisch gegenüber etwa dem Sportlehrer zu positionieren. Reitz geht vom Phänomen des Blicks aus und entwirft von hier aus seine Welt: »Beim Filmemachen müssen wir Blicke in Bilder verwandeln, was sehr anspruchsvoll ist, denn die bewegten Bilder auf der Leinwand haben einen langen Prozess des bewussten Sehens, der Erinnerung und der Reinszenierung und Umwandlung von Blicken in Bilder hinter sich.«[99]

Die Zeitauffassung ist dadurch notwendigerweise die der erlebenden Menschen von der Geburt bis zum Tod. Im Übersprung der Generationen unternimmt *Heimat* aber auch den Versuch, sich Geschichte aus diesen Lebensläufen heraus ergeben zu lassen. In den Zyklen der Generationen schatten sich zeithistorische Typisierungen, Erfahrungstypologien und Entwicklungslinien ab, die hier zwar spezifisch am Einzelnen dargestellt werden, die aber darüber hinaus auch viele Zuschauer teilen.

Reitz erzählt aus einem Ensemble von Figuren heraus und vermag es so, die Beobachtung der Beobachtung mit darzustellen, Valenzen in den Vordergrund zu rücken und subtile Differenzen mit zu inszenieren. Das ist für das Thema der Scham von großer Bedeutung. Stets ist der Ort der Erzählung und die Zeit physisch gedacht, die Phantasie allein vermag es, hier auszubrechen. Konkrete Räume, Materialität, intersubjektive Bezugnahmen, Atmosphären eines sinnlich aufgeladenen Alltags bilden die Basis der erzählten Geschichten.

Zwar weist *Heimat* epische Länge auf, aber im Vergleich zum erzählten Zeitraum wird die Zeitperspektive *gerafft*, so dass wir nahezu neun Jahrzehnte in etwas mehr als 15 Stunden erleben dürfen. Dabei erzählt Reitz in den einzelnen Folgen regelrechte ›Echtzeit-Bilder‹. Von Folge zu Folge ereignen sich dann größere Zeitsprünge, Figuren altern, werden durch ältere Schauspieler ersetzt, das Dorf modernisiert sich etc. Würde Reitz klassisch erzählen, also alles auf ein (Spannungs-)Narrativ umordnen, wäre *Heimat* eine Serie wie jede andere. Aber dieses Verweilen im Sinnlich-Situativen, das dann umgeordnet wird, ist das Kernprinzip alternativen Erzählens bei Reitz. In dieser Hinsicht arbeitet er dokumentarisch, dass er seine Alltagsdarstellung nicht einem ein-

99 Reitz: *Filmzeit, Lebenszeit*, a.a.O., S. 631.

zigen Erzählfaden unterordnet, sondern sie nahezu synchron, in größtmöglicher Echtzeit und in all ihrer disparaten Vielschichtigkeit miterleben lässt. In den Wiederholungen, Ähnlichkeiten, den abgebrochenen und unausgeführten Geschichten und Gesprächen bleibt Raum für Spekulation. Wir möchten hier von einer *Dramaturgie der Scham* sprechen, der es eben mehr um Entdeckungen von Ähnlichkeiten, Entwicklungen und Mustern geht denn um eine narrativ-kausale Involvierung des Zuschauers, wo Kluge äußerlich *auf* die Scham schaut. Das Interesse des Zuschauers und seine Involviertheit, seine Identifikation mit den Protagonisten, ist die Bedingung bei Reitz, während eine klassische Spannungsdramaturgie auf den Effekt des Wissensdefizits baut, wie etwa Hitchcocks *Suspense*, was aber auch eine Distanz zu bestimmten Figuren mit einschließt. Reitz spinnt so viele Erzählfäden wie es Protagonisten gibt, und beachtet dazu noch den Wandel des Lebensstils, der Kleidung, der Geräte. Das ist ein privater Alltag, den wir hier miterleben, mitunter ein intimer. Diese Kopräsenz ist eine Gunst, die uns gewährt wird, weshalb wir diese Kleinteiligkeit schamhaft wahrnehmen. Wir lugen wie durch ein geheimes, zauberhaftes Fenster in die historische Vergangenheit einer Familie.

## *Heimat. 1. Fernweh*

Die erste Folge von *Heimat* beginnt aus der Froschperspektive auf ein Stück Rasen, übertitelt mit »9. Mai 1919«, unterlegt mit mythischen Gesängen. Die Kamera hebt ab und gleitet Paul, vom Krieg heimkehrend, entgegen. Wir schauen ihm schließlich über die Schulter. Nun blicken wir wie imaginäre Gefährten dieses modernen Odysseus auf das Dorf Schabbach im Nebel. Dieser Moment, dass es einen immateriellen Beobachter gibt, der heimlich schwebt und mit und auf die Menschen im Bildraum blickt, ist eine der erzählerischen Prämissen von *Heimat*, dass es zwei differierende Blickpunkte gibt: Einerseits stammen diese Blicke aus der intradiegetischen Bildwelt der Figuren, andererseits aber sind es unsere Blicke, die des Zuschauers. Beide Blicke können regelrecht miteinander tanzen, sich vertreten, entzweien, sich anblicken und verfehlen. Dazu verästeln sich die Blicke, je nachdem, wie viele Protagonisten es in den Szenen gibt. Wir springen dann hin und her und haben dabei sogar eine gewisse Freiheit, uns mit bestimmten Figuren zu solidarisieren. Gleich im Anschluss geht Paul durch das

Dorf und wir nehmen seinen subjektiven Blick, den eines Gehenden, ein. Nach einer Begegnung mit zwei Ziegen und einem Schwein beginnt die Scham-Dramaturgie. Zunächst beobachtet Maria Paul, gespiegelt durch ein Fenster, dann sehen wir sie selbst, blickend, gleich daneben huscht ihre Mutter und erspäht ihn ebenso. Wir blicken auf die Blickenden. Das Blicken erfolgt heimlich. Die Blickenden schämen sich. Zugleich liegt in dieser Scham aber auch eine gewisse Macht über den Angeblickten. Sie wissen, dass Paul im Dorf ist, während er es nicht bemerkt. Auch die folgenden Blicke sind Schamblicke, wenn etwa Glasisch (Kurt Wagner) »vor dem Fenster steht [...], der Apollonia, indem er von außen lasziv über die Scheiben fährt, neckig versucht, auf sich aufmerksam zu machen.«[100] Heimkehrer Paul schlendert zugleich in einer Schamanordnung des Dorfes, die über dem Alltag liegt. Interessant ist, dass die Begegnung mit dem Vater, dem Schmied Mathias, gar nicht schamhaft ist. Nach dem Blick durch das Fenster färbt sich die Szenerie kurz farbig ein. Es erfolgt keine Begrüßung, sondern gemeinsames Arbeiten an einem Wagenrad, so als wäre keine Zeit vergangen und als müsste man die Zeit für die Arbeit nutzen. Der handwerkliche Alltag hat in dieser historischen Epoche noch eine so mächtige Kraft, dass er in seinem Fließen selbst die Abwesenheit im Krieg wie die Scham überbrückt.

Nachdem er seine Mutter Katharina (Gertrud Bredel) kurz begrüßte, uriniert Paul vor dem Haus am Misthaufen. Sein Verhalten erweist sich als Chiffre des Charakters, weniger als narrative Struktur. Er wollte offenbar ganz eilig nach Hause, und dort hinterlässt er, wie ein Hund, eine Spur. Er schämt sich auch nicht, wird nicht geschimpft dafür. Das Urinieren ist ein Ankommen, eine kurze Entladung, hat aber auch eine sexuelle Konnotation. Die Hygieneregeln, die vor allem im NS-Deutschland und der Nachkriegszeit eingeführt wurden, kennt man im Dorf zu dieser Zeit noch nicht. Man handelt in dieser Hinsicht nicht rational, sondern folgt seinen Gefühlen, teilt in der Familie

100 Wir folgen hier der Internet-Fassung des Drehbuchs, da sie die korrekten Dialoglisten des Films wiedergibt und gegenüber der Printfassung stark abweicht. So beginnt das gedruckte (aber nicht realisierte) Drehbuch mit der Beerdigung Marias. Edgar Reitz: *Heimat. Eine deutsche Chronik. Drehbuch*, Internet-Fassung, https://www.heimat123.de/heimat1/drehbuch/, abger. am 1. Januar 2023, Szene 104, S. 3. Die Printfassung: Edgar Reitz: *Heimat. Eine deutsche Chronik. Drehbuch*, Frankfurt am Main 1988. Reitz nummeriert die Szenen nach den Folgen. Er beginnt also mit der Zahl 100, wobei die erste Ziffer für die erste Folge steht.

einen Raum der Scham(losigkeit), eben weil dies der *eigene* Hof ist.[101] Auch die Wahrnehmung ist anders tariert, weniger visuell, mehr haptisch, olfaktorisch, gustatorisch, körperlich, Tier- und Menschenwelt sind noch nicht sauber getrennt. Gleichzeitig zeigt diese Szene, dass Paul das Dorf auch wieder verachtet, indem er sich innerhalb der groben Verhaltensweisen der Einwohner nochmals derber verhält. Als Kriegsheimkehrer bildet diese etwas grobschlächtige Verhaltensweise zudem ein Echo seines Frontalltags. So erzählt Reitz in *Heimat* überhaupt stets über dieses Blicken, aus dem sich eine bestimmte Haltung der Scham indirekt ergibt und die auch seine Erzählperspektive kennzeichnet. Damit wird es uns ermöglicht, die Figuren in ihrer sozialen Sphäre zu verstehen. Seine Mutter überspielt die peinliche Situation witzelnd.

Kluge versetzt die Anita G. als eine Sich-Schämende in eine Art Sozialexperiment, weil sie aus ihrer Haltung etwas macht, was ihrer Scham eigentlich widerspräche: Sie schämt sich nicht vor dem Zeigen ihrer Scham. Das ist ihr Protest. Bei Reitz ist die Scham so groß, dass ein solcher Ausbruch nur selten erfolgt, wenn er auch oft angedeutet wird, wenn etwa Eduard (Rüdiger Weigang) zur Lungenbehandlung nach Berlin geht und die Prostituierte Lucie Hardtke (Karin Rasenack) kennenlernt, die er dann heiraten wird, oder wenn Hermann (Jörg Richter) sich in das ältere Klärchen oder Apollonia (Marliese Assmann) sich in einen Franzosen verliebt und mit ihm ein Kind hat. Es sind also keine um die Scham zentrierten Utopien wie bei Kluge, also Versuche, den Grund der Scham im Hier und Jetzt einzufordern. Entweder hegt die dörfliche Scham die Gefühle gründlich ein, indem die Protagonisten sie zu ihrem Wesenszug machen, sie führt manchmal auch zu Eskapaden oder mündet selten im endgültigen Bruch mit dem Dorf.

## Phantasie als Refugium der Scham

Bei Reitz ist die Phantasie ein Refugium der Scham. Letztlich gelingt es den Figuren nur partiell, die Scham praktisch zu überwinden, viel öfter führt diese

101 In der Autobiographie heißt es dazu: »Nicht selten haben Steinbach und ich über das unpassende Verhalten unserer Figuren und über ihre für die Zeit typische Schamlosigkeit lachen müssen. Die unfreiwillige Komik mancher Figuren erinnerte mich an meine Mutter und ihre Lachanfälle beim Erzählen ihrer Kindheitserinnerungen.« (Reitz: *Filmzeit, Lebenszeit*, a.a.O., S. 413).

zu einer Verinnerlichung. Paul und Hermann sind introvertiert und von der Scham durch und durch geprägt. Sie verlassen das Dorf, nicht weil sie sich vor dem Dorf schämten, sondern weil sie eine Art *autonomer, individueller* Scham entwickeln, Paul auf dem Dachboden bastelnd und Hermann musizierend. Um sich diese eigene Scham zu *bewahren*, gehen sie weg. Sie entwickeln, mit anderen Worten, eine zweite, innere Schamordnung: die des Tüftlers, des Künstlers, und diese hat im Dorfleben keinen Ort, tritt aber auch nur selten in Konflikt mit ihm. Das Dorf lebt eine Schamordnung vor und die Flucht vor dieser geschieht durch *Introvertierung*. Damit ist der Grund für das Auswandern oder auch das Ausgestoßensein aus Schabbach die dem Dorf widersprechende persönliche Schamordnung, nämlich die des Erfinders oder Künstlers, die beide in ihren Innenwelten leben. Als Paul von allen beobachtet wird, merkt er dies und »geht jetzt schneller«[102], weil er befürchtet, aufgehalten und ausgefragt zu werden. Das Dorf praktiziert *kollektive* Scham, Hermann setzt dem seine individuelle Scham entgegen. Diese Scham ist seine Autonomie. Aber auch die dörfliche Scham hat gute Seiten. Als Maria um Paul trauert, weil er ohne etwas zu sagen verschwunden ist, tröstet Katharina ihre Kinder. Auch die Erziehung, etwa bei der Heidelbeerenernte im Wald,[103] vollzieht sich gemeinschaftlich. Die Gemeinschaft erzeugt Scham, aber Scham erzeugt auch Gemeinschaft, weil sich jeder im Anderen aufgehoben fühlt wie in einem stillen Pakt. Man achtet auf die Scham, benutzt diese als Erziehungsinstanz.

Interessanterweise platziert Reitz mit Anton (Frank Wies, Rolf Roth, Markus Reiter, Matthias Kniesbeck) eine Figur, die ebenso, dann aus dem Zweiten Weltkrieg kommend, aus der russischen Gefangenschaft nach Schabbach laufend, im Kopf Patente für seine noch zu gründende Firma entwirft. Aber es ist eben genau diese Intellektualität, die im Dorf keinen Platz hat und die auch Anton immer wieder einfordern muss. Dass Anton seine Ideen realisieren kann und gleichzeitig im Dorf anerkannt wird, liegt allein am Erfolg seines Betriebs. Dieser ist die Bedingung dafür, dass er die Ausnahme leben darf (und natürlich die betriebliche Kultur, die eine Art *Dorf im Dorf* darstellt. Das Gebäude des Unternehmens liegt interessanterweise auch abseits des Dorfes, wegen der

102 Reitz: *Heimat*, a.a.O., Szene 104, S. 3. Wir zitieren hier die Printfassung. Die filmische Szene lässt sich danach leicht finden.

103 Ebenda, Szene 206, S. 53f.

›sauberen Luft‹, dazu spezialisiert sich Anton auf ein berufliches Feld). Er versucht das Kunststück, innerhalb einer bäuerlichen Kultur auszubrechen und das Dorf mit der Produktion seiner Ideen zu industrialisieren. Sein markiger Charakter ist Ausdruck einer Scham, die sich selbst unterdrückt, einer Sensibilität, die sich nach außen hin panzert und bodenständig gibt. Die Großfamilie Antons ist eine Art Beweis sich selbst gegenüber, nämlich dafür, dass er die gesellschaftlichen Pflichten übererfüllt, in diesem Sinne seine Scham veräußerlicht, entäußert und diese mit seiner Frau wie einen Hort einkapselt.

## Erzählverfahren bei Kluge und Reitz

Es ist die Einsicht in das nicht Realisieren-Können der Phantasie und zugleich das Tabu des Sexuellen im Dorf, die *ubiquitäre Leibesscham*. Das Ausblenden des Sexuellen aus dem Alltag bricht sich dann in verschiedener Form Bahn, perpetuiert in den gebrochenen Lebensläufen. Eine verlogene Sprachlosigkeit und ein Schweigen decken sich über all die Affären und Abenteuer. Intime Momente und Erotik spielen sich, wie wir sehen werden, vor allem im Privaten ab, letztlich im Haus geheimgehalten, manchmal im Alkoholrausch auf der Kirmes. Aber anders als Kluge nimmt Reitz hier keine auf Indizien reduzierte Sicht ein, die das Sexuelle entsinnlicht, sondern er folgt mit Kameramann Gernot Roll der subjektiven Perspektive der Figuren und damit auch bis zu einem gewissen Grad deren erotischem Blick, den er filmisch doppelt. Wo Kluge die Perspektiven auf den Gegenstand fragmentiert, ent- und verfremdet, Konstellationen bereitstellt, ist Reitz stets darum bemüht, den Zuschauer in einer identifikatorischen Sicht zu halten und arbeitet genealogisch. Indem er diese intimen Momente darstellt, fordert er sie ein, entwirft er das Private als Ort einer Scham-Utopie.Wir kommen später darauf zurück.

## Gefühle und Geschichte bei Kluge und Reitz

Gefühle sind in dieser Hinsicht der Gegenstand beider Autoren. Aber Kluge fragt, woher sie kommen, möchte die Gefühlsarbeit verstehen und ist in dieser Hinsicht Materialist. Ihre Erscheinungsweise selbst interessiert Kluge nicht, ihre Genese dafür umso mehr. Auch gibt es kaum Stellen in Kluges gesamtem

Œuvre, in denen positive Gefühle dargestellt werden. Die Welt erscheint als eine feindliche, manipulative und nur durch Intellekt zu bewältigende. Die abstrakt-schuldkulturelle, letztlich juristische Sicht ist daher stets eine Bedingung seines gesamten Schaffens, wenn er diese auch gründlich von der Scham her dekonstruiert. Ganz anders Reitz, der einen Alltag an sich entwirft, eine phänomenologische Sphäre der synästhetischen Sinnlichkeit, die eine Utopie ganz anderer Art wahr werden lässt: Mit ästhetischen Mitteln Subjekte und ihre Wahrnehmung zu verstehen und darzustellen, sich mit der Scham der Protagonisten solidarisierend, dem Kino und seiner Darstellungskraft vertrauend. Mitten in den Gefühlen der Heimweh, Fernweh, der Liebe gleitet Reitz von Figur zu Figur und lässt uns so noch den schlimmsten Nazi verstehen, weil wir dessen Lebensgeschichte von Kind auf kennen. Scham, Demütigung, Trotz, Reue, Ehre, Schande, Spott, Verachtung, Schmach wie auch Liebe, Tugenden, Eigensinn, Mitleid, Sympathie bilden die komplizierten Ordnungen, aus denen sich dann das Charakterbild probabilistisch ergibt.

Reitz involviert, wo Kluge distanziert. Interessant ist, wir deuteten es schon an, auch das Geschichtsmodell. Kluge geht von einer Art homogenem Geschichtsraum aus, der vom individuellen Erleben abstrahiert, ihm ist alles *Information*. Es ist daher keineswegs verwunderlich, dass es die Katastrophen und das Unfassbare sind, die Kluge immer wieder in den Blick nimmt, sei es der Ukrainekrieg, der Zweite Weltkrieg mit der Schlacht von Stalingrad,[104] Atomkatastrophen wie die von Tschernobyl[105] und Fukushima[106] oder Finanzkrisen.[107] Weil Kluge diese abstrakte Sicht einnimmt, bereitet es ihm auch keine Schwierigkeit, sein eigenes Werk zu interpretieren oder in wissenschaftlichen Sammlungen wie den *Alexander Kluge-Jahrbüchern* über seine Arbeiten zu publizieren und gleichzeitig in Interviews, die in denselben abgedruckt werden, sein Werk auf

104 Alexander Kluge: Schlachtbeschreibung, in: ders.: *Chronik der Gefühle. Basisgeschichten*, Bd. 1, Frankfurt am Main 2000, S. 509–791.

105 Alexander Kluge: *Die Wächter des Sarkophags. 10 Jahre Tschernobyl*, Hamburg 1996 sowie ders.: Kann ein Gemeinwesen ICH sagen?/Tschernobyl, in: ders.: *Die Lücke, die der Teufel läßt*, Frankfurt am Main 2005, S. 105–193.

106 Alexander Kluge: Uralte Freunde der Kernkraft, in: ders.: *Das fünfte Buch. Neue Lebensläufe*, Berlin 2012, S. 49–68; Alexander Kluge und Georg Baselitz: *Weltverändernder Zorn*, Berlin 2017.

107 Siehe dazu Alexander Kluge: *Kriegsfibel 2023*, Berlin 2023.

nochmals abstrakterer Ebene zu interpretieren. Die Abstraktion vom erlebenden Ich steht am Beginn und damit auch die freie Deutung und Wahl der Perspektiven. Kluge verfolgt zwar die Gefühle, aber sie dienen ihm allein dazu, Routen festzulegen, historische Muster und Ähnlichkeiten aufzuzeigen, Fakten zu aktualisieren. Er nimmt eine Art chirurgischer Sicht ein, indem er das Historische als *Körper* versteht, den man sezieren und dessen Anatomie man erforschen muss, um ihn zu heilen, und nicht als beseelten Leib mit Eingeweiden. Dadurch ist die Scham selbst eine von vielen (Gefühls-)Konstellationen bei Kluge.

Reitz hingegen möchte das Erleben der Protagonisten aus der Ich-Perspektive schildern und schlüpft dabei in einen Kosmos von Figuren und Haltungen.[108] Ins Innere einzudringen, das heißt bei ihm von der Leiboberfläche mit ihren schönsten Formen und Farben zärtlich in die Innenwelt der Phantasie hinüberzuwechseln, von der romantischen Atmosphäre direkt hin in die Träume und Phantasien. Und Reitz geht noch weiter, eine ganze Dorfgemeinschaft mit ihren wechselnden Sichtweisen bevölkert sein Epos. Und neben diesen synchronen Schnitten der *vergangenen* Gegenwart beobachtet Reitz auch noch dieses Gespinst von Ichen in ihrer Entwicklung, indem er Generationen in ihrem diachronen Fluss verfolgt (ein Stammbaum, sogar innerhalb der Narration vom Kunstmaler Sepp Vilsmaier, alias Franz Bauer, gezeichnet, gehört dazu). Das Dorf ist an sich bereits ein Ort der Scham, des Sich-Schämens ob der eigenen ›Rückständigkeit‹ gegenüber dem Städtischen und dem Mondänen. Was in der bürgerlichen Stadt als eine wichtige Etikette gilt, wird im Dorf, wo der Schmied hämmert und der Acker bestellt wird, belächelt und umgekehrt vermögen es die Menschen aus dem Dorf auch nicht, die städtische Etikette korrekt zu zeigen. Mode, äußeres Erscheinungsbild, Sprechweisen und Geschmäcker sind hier auf eine Weise grob, bäuerlich. Der Humor, der daraus entsteht, verleiht ihnen Sympathie.

---

108 Reitz schreibt dazu selbst: »Ich habe in diesen ereignisreichen Jahren gelernt, dass man bei der Filmarbeit immer wieder die Augen schließen und nach innen schauen muss, um sich die Erinnerungsbilder zu vergegenwärtigen, aus denen sich die Erzählung mit Energie auftankt oder an denen sie sich in Bezug auf ihre Wahrhaftigkeit korrigieren kann.« (Edgar Reitz: Gedanken zur Entstehungsgeschichte von *Heimat*, in: ders.: *Die große Werkschau*, Marburg 2018, S. 194–199, zit. S. 195).

Reitz treibt keinen Keil zwischen Land und Stadt. Er verfolgt liebenswert, wie sich auch aus diesen einfachen, scheinbar ›primitiven‹ Handgriffen wie denen des Schmieds eine Differenzierung ergibt. Als etwa am Ende von Folge 1 ein Marder Pauls Werkstatt verwüstet, schmiedet dieser eine Falle aus Eisen, die zuschnappt, als er eine Feder in sie schweben lässt. Man könnte Heideggers *Zuhandenheit* bemühen[109] und würde in der Emphase des Alltags, man denke auch an Heideggers Definition des *Zeichens als Zeug*,[110] die Differenz Reitz-Kluge näher fassen können, letzterer setzt bekanntlich Heidegger auf die Krim.[111] Das Dorf ist *zeitlich* von der Stadt nach der Erfindung des Zuges, nach Bauer Wielands Kauf eines Motorrads und des Autos, aber schon durch das Fahrrad und Pferd, nur wenig entfernt. Aber emotional liegen zwischen Dorf und Stadt Welten, ist eben jenes der Ort des Sich-Schämens und diese der Ort, wo man der eigenen Scham entfliehen oder diese ausleben wie auch thematisieren kann. Stadtluft macht bekanntlich frei.

Innerhalb dieser unaufgeklärten, traditionsbehafteten, aber dennoch idyllischen dörflichen *Welt*, hier läge ein weiterer Unterschied zu Kluge, verfolgt Reitz die Modernisierung. Hier ist er vor allem an der Resonanz interessiert, die die Ökonomie wie die technisch-mediale Seite (Verkehr, Film, Radio, Fernsehen, Optik und Photographie) im Alltag erzeugen und findet ästhetische Szenerien, die die Gefühle beim Zuschauer evozieren.[112]

---

109 In dessen *Sein und Zeit* heißt es: »Das Hämmern selbst entdeckt die spezifische ›Handlichkeit‹ des Hammers. Die Seinsart von Zeug, in der es sich von ihm selbst her offenbart, nennen wir die Zuhandenheit.« (Martin Heidegger: *Sein und Zeit*, Tübingen 1967, § 15, S. 69.

110 Heidegger schreibt: »Zeichen ist nicht ein Ding, das zu einem anderen Ding in zeigender Beziehung steht, sondern ein *Zeug, das ein Zeugganzes ausdrücklich in die Umsicht hebt, so daß sich in eins damit die Weltmäßigkeit des Zuhandenen meldet.*« (Heidegger: *Sein und Zeit*, a.a.O., § 17, S. 79–80, im Original kursiv).

111 So in seiner Geschichte, siehe dazu Alexander Kluge: Heidegger auf der Krim, in: ders.: *Chronik der Gefühle*, Bd. 1, a.a.O., S. 413–507.

112 Zur Analyse des Raumes im Hinblick auf die Technologien Radio, Telephon und der Verkehrstechnologien siehe Johannes von Moltke: Heimat-Orte. Zur Konstruktion von Raum und Moderne in *Heimat* (1984), in: *Edgar Reitz*, hrsg. von Thomas Koebner und Fabienne Liptay, Film-Konzepte, Bd. 28, München 2012, S. 43–63.

## Maria Simon – Hauptprotagonistin der Scham

Jede Folge von Heimat rückt ein anderes Ensemble von Figuren in den Fokus, aber es ist die 1900 geborene Maria Simon (Marita Breuer), die so alt ist wie das Jahrhundert, die in jeder Folge präsent ist – und die als eine der wenigen Figuren nicht durch andere Schauspielerinnen ersetzt wird. Damit macht Reitz eine Figur zur Hauptprotagonistin und Identifikationsgestalt, deren Charakter durch und durch von der Scham bestimmt ist. Maria ist neben ihrer Schwiegermutter Katharina das moralische Gewissen des Dorfes. Sie hat kein Glück im Leben, wenn es ihr auch als geborene Wiegand gelingt, mit ihrer Nazi-Familie zu brechen (was aber dramaturgisch ausgespart bleibt). Paul verlässt sie und seine Kinder Anton und Ernst, um urplötzlich Ende der 1920er Jahre nach Amerika auszuwandern und erfolgreicher Elektrounternehmer zu werden.

Maria verliebt sich nach Jahren von Pauls Abwesenheit heimlich, schamhaft also, in den Ingenieur Otto Wohlleben und hat mit ihm ein uneheliches Kind, Hermann. Otto jedoch kommt zum Ende des Krieges bei einer Bombenentschärfung ums Leben. Als ›Alleinerziehende‹ im Dorf opfert sich Maria für ihre drei Kinder auf. Während Anton nach der russischen Kriegsgefangenschaft Optik-Unternehmer wird, scheitert der jüngere Sohn Ernst, weil er es nicht schafft, sich als leidenschaftlicher Flieger der Luftwaffe in die Nachkriegsrealität einzufügen. Paul hilft sowohl Anton bei dem Aufbau seines Betriebs als auch dem Stiefsohn Hermann. Letztere einigt ihr Motiv, ihren Träumen und Gefühlen zu folgen, so dass – eine Ironie im Lebenslauf von Paul – Hermann ihn »Daddy«[113] nennt und dieser sich mit ihm besser versteht als mit seinen leiblichen Kindern. Beide wohnen eine autonome Schamwelt ein. Diese Sprünge zwischen den Lebensläufen und Generationen sind zu komplex, um das Weggehen Pauls als ›egoistisch‹ zu verurteilen. Es ist der Wunsch nach Bewahrung der eigenen Schamordnung und damit eines sensiblen Gefühlserlebens, der alle wegtreibt, mitsamt den negativen Konsequenzen und Härten, die das für die anderen Figuren hat. Diese Scham bewahren sich die Protagonisten. Der Preis ist, dass das Dorf die Rückkehrer nicht mehr versteht, weil sie die Schamordnung wechselten. Sie selbst aber haben eine innere Affinität, die zu erwartende Konflikte und familiäre Abstammungslinien überschreitet.

113 Reitz: *Heimat*, a.a.O., Szene 1023, S. 274.

Wir folgen der Darstellung von Marias Scham in zwei Analysen, dem Kinobesuch in Folge vier, der Liebesszene in Folge fünf, um dann nochmal auf die Leibesscham zurückzukommen.

## »Der Wind hat mir ein Lied erzählt« – Zarah Leander und eine heimliche Modenschau

Die vierte Folge, *Reichshöhenstraße.1938*, beginnt im Kino. Maria und ihre Schwägerin Pauline besuchen die Postlichtspiele in Simmern.[114] Das Orchester in Detlef Siercks *La Habanera* streicht auf der Leinwand gerade wuchtig den Akkord zu *Der Wind hat mir ein Lied erzählt* an, gerahmt von Kinovorhängen. Der Titel des Films aus dem Jahr 1937 bezeichnet einen kubanischen Musikstil, der europäische Tänze reflektiert und schon von Georges Bizet in *Carmen* als Referenz auf exotische Lust und Liebe benutzt wurde. Die Sierck'sche Filmmusik komponierte Lothar Brühne, der Text ist von Bruno Balz. Beide sind für viele Hits der Leander verantwortlich.

Das Melodram handelt von der Schwedin Astrée Sternhjelm (Zarah Leander), die sich in den Puerto Ricaner Don Pedro de Avila (Ferdinand Marian) verliebt und die erst als ihre Jugendliebe, der Arzt Dr. Sven Nagel (Karl Martell), auf die Insel kommt, sich dies als einen existenziellen Fehler eingesteht. Avila ist eifersüchtig auf den Arzt, der aber als einziger eine auf der Insel grassierende Pandemie bekämpfen kann, und vernichtet dessen Ausrüstung. Kurz nachdem Sternhjelm das Lied gesungen hat, bricht Avila zusammen und stirbt an jener Erkrankung, ohne dass der Arzt ihm helfen kann, paradoxerweise ein Ergebnis seiner eigenen Zerstörungswut. In den Figuren des Avila und insbesondere in Leander als Sternhjelm liegt etwas Dämonisches. Man kann den Tod Avilas als tragischen Zufall deuten, ihn aber auch als Folge des beschwörenden Liedes verstehen, das Sternhjelm von ihrer Sehnsucht soeben sang. Sie hat ihn mit Mitteln der Kunst, ohne dass sie dafür verantwortlich gemacht werden könnte und ohne dass man es ihr ansähe, verzaubert.

114 Ebenda, Szene 401, S. 104.

Das auch heute noch sehr bekannte Lied[115] scheut nicht davor zurück, Klischees zu benutzen:

> Der Wind hat mir ein Lied erzählt
> Von einem Glück, unsagbar schön!
> Er weiß, was meinem Herzen fehlt
> Für wen es schlägt und glüht –
> Er weiß für wen!
> Komm, komm, ach!
> Der Wind hat mir ein Lied erzählt
> Von einem Herzen, das mir fehlt!
> Am Meer stand ich abends oft
> Und ich hab gehofft –
> Auf was?
> Ich sah bunten Vögeln nach
> Ach, mein Glück zerbrach
> Wie Glas!

Aber es ist auch der Singsang bei »Ich sah bunten Vögeln nach – Ach, mein Glück zerbrach – Wie Glas«, der durchaus kindlich ist und mit dem Schüttelreim das Pathos des Liedes durchbricht. Wenngleich die menschenverachtende Ideologie von Goebbels' Propagandafilm noch nicht so eindeutig ist wie dann mit Kriegsbeginn,[116] so wird doch in dieser Szene wie in einem Modell die ganze NS-Ideologie verklärt: Gehe nicht in die Fremde, denn deine Liebe wird nicht von Dauer sein. Wenn du in der Fremde bist, dann hilft dir nur noch Magie oder ein Zufall, wenn du aus der Situation wieder herauskommen

---

115 Zur Geschichte und historischen Einordnung siehe Christoph Oliver Mayer: La Habanera / Der Wind hat mir ein Lied erzählt (Zarah Leander), in: *Songlexikon. Encyclopedia of Songs*, hrsg. von Michael Fischer, Fernand Hörner and Christofer Jost, http://www.songlexikon.de/songs/lahabanera, 06/2017, abger. am 27. Mai 2023.

116 Goebbels hatte das Propagandaprogramm bereits in einer Rede im Berliner Hotel Kaiserhof skizziert und arrangierte alles von langer Hand geplant. Interessanterweise nimmt er sich gerade das Kino Eisensteins und Langs, auch das amerikanische Kino seiner Zeit zum Vorbild, siehe dazu: Joseph Goebbels: Dr. Goebbels‹ Rede im Kaiserhof am 28.3.1933, in: Gerd Albrecht: *Der Film im 3. Reich*, Karlsruhe 1979, S. 26–31.

willst. Es liegt eine Xenophobie in diesem Narrativ, die aber mit schönsten Melodien und einer durchaus spannenden melodramatischen Handlung, sowieso mit schönen Schwarzweißbildern exotisch ausgeschmückt wird und den Zuschauern bis zu einer bestimmten Grenze eine Identifikation mit diesem Fremden erlaubt. Und wie so oft im NS-Film wird ein Beziehungsproblem durch den Tod ›entschieden‹, in diesem Fall dem Avilas.

Zarah Leander, mit bürgerlichem Namen Sara Stina Hedberg, war eine gebürtige Schwedin, die aber fließend Deutsch sprach und dazu noch dem alternden Star des amerikanischen Kinos, Greta Garbo, verblüffend ähnlich sah. Ihr kulturelles Schillern, das theatrale Aufführen des Deutschen, machte sie für die Nazi-Propaganda interessant.

Ähnlich wie Lilian Harvey (Britin mit deutschem Vater, die sich dann aber Ende der 1930er Jahre von den Nazis distanzierte), konnte sie verschiedene Kulturen bespielen und war sicherlich auch aus diesem Grund als transnationales Image einer geopolitischen Expansionspolitik für die Nazis von Bedeutung:

> Zarah Leander was without doubt one of the most popular female star figures of Nazi Germany, arguably even *the* most popular, male or female, within and beyond the borders of the Third Reich [...]. She was known as both an actress and a singer and not only received one of the highest wages paid to an Ufa star at the time, but also, as did Lilian Harvey, sold recordings of her songs in various languages, including French and her native Swedish.[117]

Ihre für Frauen sehr tiefe Kontra-Alt-Stimme überschritt zudem Gendergrenzen und verlieh ihr eine homoerotische Note. Zarah Leander fügte sich in diese Rolle, war aber zugleich dominant und autoritär. Leander erscheint auch in dem Film als eine Diva, die Mimikry an jedwede Kultur betreiben kann und dennoch eine unverkennbare Eigenart bewahrt. Ihr Körper, ihre Physiognomie wir-

117 Antje Ascheid: *Hitler's Heroines. Stardom and Womanhood in Nazi Cinema*, Philadelphia 2003, S. 155, siehe zu Leander auch das Kapitel »Diva, Mother, Martyr. The Many Faces of Zarah Leander«, ebenda, S. 155–212, zu Lilian Harvey das Kapitel »Lilian Harvey. International Stardom, German Comedy, and the ›Dream Couple‹«, ebenda, S. 98–154.

ken androgyn, sie spielte die Deutsche und war Schwedin zugleich, eine *Goddess* der 1930er Jahre, wie man sie sich aus propagandistischer Sicht nur wünschen mag, denn sie schämte sich nicht dafür, ihre Schönheit zu zeigen. Sie legte ihre Scham ab, sang und tanzte. Das bewunderten die Frauen an ihr.

Indem Reitz jene politischen Aspekte zunächst ausblendet, unternimmt er zugleich ein Rezeptionsexperiment mit den Zuschauern der 1980er Jahre, macht sie zu Beobachtern zweiter Ordnung. Er lässt sie den Vorkriegs-Soft-Propagandafilm der 1930er Jahre unvoreingenommen schauen und beobachtet das Kinopublikum dabei. Er verleiht also dem Film nicht das ›NS‹-Etikett und inszeniert ihn nicht als gefährlich, weil dies die Menschen aus der damaligen Sicht auch nicht so empfanden bzw. gerade ihre bedrohliche Alltagsrealität durch den Filmbesuch ausblendeten.

Wiederum ist Reitz auf die phänomenologische Perspektive der damaligen Subjekte verpflichtet und vermischt diese konsequenterweise nicht mit unserem heutigen Wissen. Dass dies auch bei Reitz ein Propagandafilm ist, wird später, verlangsamt und in subtilen Andeutungen des Umgangs deutlich, aber eben nicht in der Inszenierung der Filmvorführung selbst: Reitz ist daher an der subversiven Wirkungsweise des Propagandafilms interessiert und verfolgt dieses mediale Gift in seinen Alltagsspuren.

Reitz' Filmausschnitt zeigt Leander schreitend, ihre Maskenhaftigkeit und ihre mechanischen Bewegungen akzentuierend. Indem er in der nächsten Einstellung von der Sicht der Leinwand aus auf das Publikum blickt, gerade die Augen der beiden Zuschauerinnen sind zu sehen, erweckt er den Eindruck, als schaue der Film zurück und Leander beobachte die Zuschauer. Das wird auch noch durch den Schwarzweiß-Effekt seiner eigenen Bilder verstärkt. Reitz kostet diesen Moment ausgiebig aus. Er zeigt durch den Blick auf den Kinosaal Reaktionen und Kommentare der Zuschauer in Echtzeit zum Film und gibt uns so wichtige Hinweise auf die Rezeption, die aber an sich unbeachtet blieben. Er dringt so in die Schamzonen der Kinorezeption ein.

Weil die Zuschauer sich gerade im Dunkeln des Kinosaals gemeinhin vor den Blicken der Anderen geschützt wähnen, driften sie in eine Art Zwischensphäre des Erlebens. Sie sind einerseits in ihrer je eigenen Rezeption, sitzen aber zugleich kollektiv zusammen im Saal. Das Kino-Dispositiv beruht gerade auf dieser in sich geschachtelten Haltung.[118]

Indem Reitz die Reaktionen bis in die Physiognomie hinein beobachtet, legt er bereits erste Schichten der propagandistischen Wirkung von Siercks Film frei. Der Kinobesuch ist etwas Besonderes, man kleidet sich in Abendgarderobe. Ein Stuhl wird hineingetragen für zu spät Kommende, der Saal ist ausverkauft. Es wird flüsternd kommentiert, von der Alltagsperspektive aus:

> Pauline: Die Schürz ist sicher handgestickt, meinste nit?
> Zuschauerin: Pssst, seid doch mal still.[119]

Für Momente zeigt die Kamera eine Großaufnahme von Maria. Sie ist elegant geschminkt, trägt einen Hut und weint. Und genau in dieser emotionalen Reaktion liegt die erste Schicht der propagandistischen Wirkung des NS-Melodrams. Das Besingen der Sehnsucht, des Verlassenwerdens wird durch das Lied aus dem Kontext des Films gehoben und verallgemeinert. Auf diese Weise kann es von den Zuschauern ganz heimlich auf die eigene Lebenssituation projiziert werden. Maria wurde mit ihren Kindern Anton und Ernst von Paul Simon verlassen und es dürfte ebenjenes unterdrückte Gefühl der Trauer sein, das sich nun – versteckt – im Dunkeln des Kinosaals Bahn bricht. Reitz zeigt auch, wie disparat die Rezeption ist. Pauline schaut seitlich auf den Film, distanziert sich und bewegt zugleich ihre Lippen zum Gesang. Auch sie ist traurig, ist aber auf eine ganz andere Weise in das Geschehen involviert, offenbar identifiziert sie sich mit der Sängerin. Direkt im Anschluss sehen wir ein lachendes Kinopublikum, gerade in jener (von Reitz visuell ausgesparten) Aufnahme der beschwörend gestikulie-

---

118 Reitz hat dies in der Autobiographie sehr klar formuliert: »Das Ich und die Außenwelt scheiden sich in meinen Augen. Oft hört man, die Welt zeige sich in Bildern. Ich möchte aber aus gutem Grund den Begriff ›Bilder‹ nicht für den Inhalt des direkten Sehens verwenden. Stattdessen nenne ich das, was die Augen wahrnehmen, ›Blick‹ oder ›Blicke‹. Blicke sind immer aktuell und gegenwärtig. Sie zeigen uns die Undurchdringlichkeit der Oberflächen. Sie verlöschen, sobald wir wegsehen oder die Augen schließen. Wenn wir die Lider öffnen, vergewissern wir uns der Gegenwart. Das Blicken ist ein Innehalten des Denkens und ein Einschalten des Seins.« (Reitz: *Filmzeit, Lebenszeit*, a.a.O., S. 630).

119 Reitz: *Heimat. Drehbuch*, a.a.O., Szene 402, S. 104.

renden Leander. Damit also ist die Scham zweifach mit inszeniert. Zum einen durch die Aufnahme von Maria und Pauline, die sich für ihre Reaktionen eigentlich schämen würden, dies aber in der Kinosituation nicht tun. Zum anderen ist damit angedeutet, dass die Großaufnahme der Leander für das damalige Publikum zu intensiv war. Es zog eine Grenze, lachend, weil sie sich schämten, der gestikulierenden Leander ›in die Augen‹ zu blicken. Der Film öffnet also einen Raum, in dem getrauert, aber auch gelacht werden darf, in dem die Emotionen gesellschaftlich unkontrolliert fließen können. Grund genug dafür, dass das Kino ausverkauft ist.

Die anschließende Einstellung auf die Passage des Kinoausgangs in der Kleinstadt Simmern ist farbig. Das Kinoerlebnis, so könnte man sprichwörtlich sagen, färbt ab. Dass geweint wurde, macht nicht traurig, sondern löst die Stimmung, wirkt befreiend, weil es im Verborgenen, verschämt also, geschah. Dass beide in den auf den Plakaten beworbenen Film *Zu neuen Ufern* (1937) (der eigentlich der Vorgängerfilm war) gehen wollen, zeigt die Serialität des Kinos an, »Da gehn mir rin, wat Maria?«[120], sagt Pauline. Der Kinobesuch wird zu einem Ersatzereignis, das dazu beiträgt, den Alltag zu bestehen, unterlegt ihn mit Illusionen. Man wird an Siegfried Kracauers Essay *Die kleinen Ladenmädchen gehen ins Kino* erinnert.[121]

Zurückgekehrt in Paulines Wohnung, ihr Mann, der Juwelier Robert Kröber (Arno Lang), ist noch unterwegs, legen sie die schlafenden Kinder Gabi und Robert leise gemeinsam in ein Bett. Die beiden schlafen zu diesem besonderen Anlass *kollektiv*, ähnlich wie das Publikum kurz zuvor. Die Atmosphäre des Kinos wird aber auch im folgenden Dialog der Erwachsenen in der Stube heimelig bei einem Glas Riesling weitergeführt. Die Wirkung von Siercks Film ist daher ausgesprochen vielschichtig. Sie erzeugt, wie wir sehen werden, mimetische Schleifen und streut ästhetische Muster, Moden, Stile und Melodien in den Alltag. Pauline und Maria identifizieren sich beide mit der Leander. Pauline, neureich, hat sich einen teuren Samtmantel mit Hut gekauft, den sie aber öffentlich zu tragen sich nicht traut.[122] Sie möchte wie die ›schamlose‹ Leander sein und weiß, dass sie in

120 Reitz: *Heimat. Drehbuch*, a.a.O., Szene 403, S. 105.

121 Siegfried Kracauer: Die kleinen Ladenmädchen gehen ins Kino, in: Ders.: *Das Ornament der Masse. Essays*, Frankfurt am Main 1977, S. 279–294.

122 Reitz: *Heimat. Drehbuch*, a.a.O., Szene 405, S. 106: »Den hab ich mir mit Robert in Koblenz gekauft. Glaubst mirs, ich trau mir doch net, den anzuziehen.«

der Kleinstadt keine Bühne dafür finden und geächtet würde, deshalb lacht sie. Sie blickt sich selbstverliebt im Spiegel an und Maria zwirbelt ihr wie eine Friseurin Leander'sche Schmalzlocken. Beide summen die Melodie von *Der Wind hat mir ein Lied erzählt* und flüstern weiter. Natürlich wollen sie die Kinder nicht aufwecken, zugleich aber wird hier die intime Kinosituation fortgeführt. In den Imaginationen läuft der Film weiter und erlaubt den beiden schmusend zu plaudern und für einen Abend lang eine angedeutete homoerotische Freundschaft zu leben.

Der im Tonfall harmonisch scheinende Dialog ist aber de facto von vollkommen unterschiedlichen Lebensentwürfen und Sichtweisen geprägt. Pauline träumt von einer Italienreise und vom Luxus, während Maria alleine ihre Kinder aufzieht und auf einem Bauernhof mit Schmiede lebt, den sie zeitlebens nicht verlassen wird. Sie deutet ihre Zuneigung zum Ingenieur Otto Wohlleben an, aber dieser Wink, ehrlich über ihre Gefühle zu sprechen, wird von der kokettierenden Pauline nicht verstanden. Stattdessen erzählt sie von den teuren Edelsteinen, die sie verkauft. Als Pauline geht, um den Mantel zu holen, malt sich auch Maria eine Schmalzlocke, aber auf ihr Spiegelbild, mit Lippenstift. Dies ist die *verschämte Art der Identifikation* mit Zarah Leander, den Film als Bild zu begreifen, das Spiegelbild als Imaginationshilfe in Distanz zu benutzen, sich selbst vollkommen zurückzunehmen. Dass diese Art von Andeutung der Verwandlung, für die es bei Pauline teuerste Ausstattung brauchte, so still und elegant geschieht, zeigt den Edelmut der Scham. Konsequent färbt Reitz das Spiegelbild Marias kurz farbig ein und legt sanfte Gitarrenklänge darunter, dazu blicken wir ihr über die Schulter. Pauline verwirklicht ihre Phantasien materiell, Maria erträumt sie.

Die Alltagsperspektive fließt bei Reitz, die Menschen nehmen nur selektiv wahr, was um sie geschieht, die Infrastrukturprojekte wie die Errichtung einer Telephonleitung, der Bau der *Hunsrück-Höhenstraße* mit angeschlossenen Arbeitslagern. Dieser idyllische Rückzug in das Private blendet die politische Gewalt zwar in ihrer rohesten Erscheinungsform aus, aber schon als Robert, aus Idar-Oberstein mit einem Koffer voll Schmuck zurückkehrend, die Schatulle öffnet, glitzern Maria Totenkopfringe mit Rubinaugen entgegen:

> Maria: Wer kauft denn so ebbes?
> Robert: Wer sowas kauft?

> Pauline (stolz): Das ist der größte Verkaufsschlager, den mir je hatte. Die Arbeiter von der Hunsrückhöhestraß und die ganze Ingenieure und die vom Reichsarbeitsdienst und die von der Organisation TODT, die kaufe nix wie Totenkopfring.
> Robert: Und da hab ich noch Totenkopfbroschen, Totenkopfanhänger und sogar noch Totenkopfohrringe… Marias Blick geht ins Leere.[123]

Reitz kann so die Mechanismen und die schleichende Propaganda des NS-Staates viel besser freilegen, als es ihm mit einer gewöhnlichen, offen distanzierenden Dramaturgie (und damit einer Schuldzuweisung seitens des Films) möglich wäre. Gerade dieses *Verschieben der Urteilskraft* ist das Ergebnis einer vielschichtigen Manipulation, in die sich nun der Zuschauer versetzt sieht. Der Sierck'sche Film, der Luxus, die Diffundierung von politischen Einstellungen in den Alltag bilden ein aufeinander bezogenes Gefüge, das später in den Krieg führen wird. Robert wird dann plötzlich eingezogen und vom Russlandfeldzug nicht mehr wiederkehren. Es sind die hochmütigen Gesten von Robert und Pauline, in denen sich bereits Gewalt verbirgt, weil sie die Scham verschleifen. Sie bilden verschiedene Schamordnungen, die voneinander abgeschottet sind und die sich hier nur Maria zeigen. Die heimliche Verschiebung der Sitten im Nationalsozialismus, die hier vorgeführt wird, trug sicherlich genauso zu dessen Aufstieg bei wie die Militarisierung und Angsterzeugung durch Gewaltandrohung. Robert und Pauline finden es normal, wenn sie *Totenkopfringe* verkaufen, lachen dabei und sind stolz darauf. Maria bleibt äußerlich unaffiziert, *verinnerlicht* ihre Meinung. Sie äußert aber eben auch keine Kritik, zieht sich stattdessen immer weiter zurück und widmet vor allem der Erziehung von Anton ihre Aufmerksamkeit.

## Maria, Otto Wohlleben und die Scham

Marias Stellung im Dorf ist nach dem Verlassen durch Paul undefiniert. Weil auch niemand weiß, ob er gar gestorben ist, kann sie nicht als Witwe gelten. In dem Selbstanspruch, die dörflichen Regeln zu bewahren, nimmt sie auch ihre

123 Reitz: *Heimat. Drehbuch*, a.a.O., Szene 405, S. 107.

Libido völlig zurück. Erst ein Jahrzehnt nach Pauls Verschwinden, um 1938, verliebt sie sich erneut, in den Ingenieur Otto Wohlleben, den sie zunächst wegen seines gebrochenen Arms pflegt. Formal gesehen ist dies eine uneheliche Affäre, worunter Maria sogar leidet. Andererseits sind beide, bei all ihrer Verschiedenheit, aufrichtig ineinander verliebt. Jörg Hube spielt Wohlleben als einen humorvollen und lebensfrohen Menschen, dem eine gewisse Sprachlosigkeit eignet. Die Tiefe der Darstellung zeigt sich gerade darin, dass Otto eine Seite hat, die nach außen orientiert, kommunikativ und fröhlich ist. Aber im Kern seines Wesens ist er ähnlich verschämt und sensibel wie Maria. Er zeigt dies nur nicht, maskiert sich durch Humor. Und dieser Widerspruch schattet sich bis in die hölzernen Bewegungen und Gesten hinein ab. Hube spielt das mit unvergleichlicher Empathie und Feinheit, gerade auch der Sprachlosigkeit des Charakters verleiht er eine Nuanciertheit. Manchmal hat man den Eindruck, Wohlleben habe keinen Ort, bewege sich vollkommen unsicher im Alltag, obwohl es keinen Grund dafür gibt. Erst später erfährt man dann von seiner jüdischen Herkunft[124] und kann ahnen, dass sein Charakter *auch* eine Reaktion auf gesellschaftlichen Antisemitismus ist. Ebenso nur erahnbar ist, dass Otto deshalb zu einem Bombenentschärfer degradiert wird.

Die Beziehung wird von beiden jenseits der Dorföffentlichkeit, verschämt und heimlich, gepflegt. Sie könnten von dieser auch nicht auf Verständnis hoffen.[125] In einer sehr elegant ausbalancierten Szene in Folge 5, *Auf und davon und zurück. 1938–1939*, die ausnahmsweise in Farbe spielt, zeigt Reitz, wie Maria Ottos Gipsarm verbindet und sich an ihn schmiegt.[126] Ihr Sohn Ernst beobachtet dies verschämt. Otto und Ernst aber verstehen sich sehr gut. Er begreift dies keineswegs als Störung, sondern kokettiert damit, indem er mit einer Kartoffel jongliert, was Ernst gleich zum Schmunzeln bringt. Die ödipale Eifersucht äußert sich auch verbal, aber Otto und Maria goutieren dies ebenso spielerisch.

In Trier, in einem billigen Hotelzimmer, sehen sie sich wieder. Otto hat wegen seiner jüdischen Herkunft die Arbeit verloren und Maria hat erfahren,

---

124 Otto ist ›Halbjude‹: »Du weißt doch, dass meine Mutter jüdisch ist«, sagt er (ebenda, Szene 528, S. 136).

125 Die Schwangerschaft mit Hermann und dessen Geburt wird von Reitz nur angedeutet, und damit auch die negativen Reaktionen seitens des Dorfes.

126 Reitz: *Heimat. Drehbuch*, a.a.O., Szene 516, S. 130–132

dass Paul lebt und sie urplötzlich wieder besuchen will. Dieser Besuch erschüttert ihre Beziehung zu Otto natürlich tiefgreifend. »Völlig geistesabwesend«[127], wie es im Drehbuch heißt, sagt Maria: »Ich sin immer so zittrig Otto… ich muss immer zittern… Ich kann mir auch gar nichts mehr merke, Otto. Die frage mich wat, und schon hab ichs wieder vergessen.«[128]

Otto schüttelt Maria durch wie eine leblose Puppe, weil er sich nicht zu helfen weiß. Der wahre Grund für Marias Verhalten, das beinahe destruktiv wirkt und welches Otto als *Aggression* deuten könnte, wird von ihr erst Jahre später, um 1944, in Folge 7. *Die Liebe der Soldaten. 1944* genannt:

> Maria: […] Damals in der Nacht, bevor ich nach Trier gefahre bin, da han ich mir wirklich gewünscht, der Paul wäre tot. Und dann bin ich so erschrocke dabei, weil ich mir wirklich vorgestellt habe, wir der unnergeht, wie der mit dem Schiff von New York nach Hamburg unnergeht. Und da hab ich mich so geschämt, wie ich bei Dir war in Trier, Ich han wirklich geglaubt, ich hätt ihn umgebracht.
> Otto: Und deshalb hab ich gehen müssen?
> Maria: Ja.[129]

Maria schämt sich also vor sich selbst für ihre eigenen Imaginationen. Diese Frau, die äußerlich ganz schlicht dem Dorfleben und seinen Arbeiten genügt, birgt im Inneren einen sehr artifiziellen und reinen Codex der Scham, der de facto dazu führt, dass sie die Zärtlichkeit Ottos bei ihrem Treffen in Trier nicht genießen kann und auch noch darüber Schweigen bewahrt, wie sie sich fühlt. Dies sind Seiten der Scham, die in der Situation selbst nahezu unauflösbar bleiben. Otto hätte in Trier nur mit größter Zurücknahme seiner selbst und feinstem Gespür erschließen können, warum Maria so handelte. Zwar findet kein Konflikt statt, aber es gibt eine atmosphärische Färbung, die gespenstisch wirkt, weil man ihre Ursachen nicht einsehen kann.

127 Reitz: *Heimat. Drehbuch*, a.a.O., Szene 528, S. 136.
128 Ebenda, Szene 528, S. 136.
129 Ebenda, Szene 713, S. 176.

## Hermann

Man könnte nun denken, dass der uneheliche Sohn Hermann, der seinen Vater Otto nur ein paar Stunden sieht und der ihn dann, als Bombenentschärfer wiedereingestellt, als kleiner Junge durch eine Explosion verliert, scheitert. Aber das ist nicht der Fall. Stattdessen ist es *Ernst*, der jüngere Bruder von Anton, der als Pilot den Wechsel in das Zivilleben der jungen Bundesrepublik nicht verkraftet. Aus ›Ernstchens‹ Stiefbruder ›Hermännchen‹ wird hingegen ein erfolgreicher Komponist, dessen Studium in München *Die zweite Heimat* gewidmet ist.

Weil Reitz die Darsteller sehr sensibel und mit einem unglaublichen Gespür für das Altern castet, hat man den Eindruck, Ernsts und Hermanns Leben im Zeitraffer verfolgen zu können. Man fragt sich daher nicht nur, wie diese individuell und präsentisch fühlen, sondern auch wie die Genese des Charakters ist. Sicherlich ist ein Grund dafür, dass Hermann nicht von der NS-Erziehung geprägt wurde. Es mag auch Wohllebens positives Temperament sein, das sich vererbt hat. Dazu gehört aber auch die Tatsache, dass das Dorf an den unehelichen Sohn keine großen Erwartungen stellt und er mehr Freiheiten genießt als Anton und Ernst. Gerade Paul, der Entflohene, solidarisiert sich mit seinem Stiefsohn und fördert ihn nach Kräften, auch Ernst hilft ihm, Anton nimmt die autoritäre Vaterfigur ein. Es sind dies einerseits Zufälligkeiten, die das Leben dennoch fundamental bestimmen. Andererseits ergibt sich die Assoziation der Charaktere durch eine ähnliche Erfahrungsstruktur, die sich in den Zeiten, in Zeiträumen von Jahrzehnten, wiederholt und die erstaunlich homogen ist. Und ein wesentliches Gefühl hierbei ist stets das der Scham.

## Körperscham. Waltraud ›Schnüsschen‹ und die Entdeckung der Sexualität

Die neunte Folge ist überschrieben mit *Hermännchen. 1955–1956*. Spitznamen sind in Heimat wichtig. Spitznamen sind von einer Gemeinschaft verliehene Namen, eine Art von zweiter Taufe im gesellschaftlichen Leben. Otto nannte Hermann so. Wie Waltraud zu ihrem Spitznamen »Schnüsschen« kam, wird nicht erläutert, aber abschütteln kann sie ihn auch in München, in *Die zweite Heimat*, nicht, wenngleich sie sich für diesen schämt.

Diese Folge stellt die Körperscham und die Überwindung derselben in der körperlichen Liebe in den Vordergrund.[130] Sie beginnt mit einer Mosel-Radtour von Christian, Gerhard und Hermann und einem enttäuschenden Besuch bei Ernst, dessen strenge Frau sie auf ihrem riesigen Anwesen nur im Garten im Zelt übernachten lässt. Die anschließende Darstellung eines Kirmesbesuchs eröffnet dann den Film ein zweites Mal. Das Gefühl der Enttäuschung trägt Hermann, der zum Szenenwechsel Gitarre spielt. Gerhard prostet »Schnüsschen« an der Theke zu, sie in den Armen von Christian. Reitz stellt die erste sexuelle Begegnung dar und flicht sie in (schamlösende) Trinkrituale ein. Die Szene ist voller Unschärfen, die Kamera schwankt, lugt, tanzt regelrecht mit. Die Bewegung der Protagonisten vollzieht sich unwillkürlich im Takt der Blaskapelle. Der Alkohol als Antwort auf Gerhards Abfuhr, als gemeinschaftliches Wegdriften aus den Konventionen, all diesen Erfahrungserwerb im sozialen Gewebe zeigt Reitz.

Nachdem Schnüsschen sich kurz später offenbar mit Christian gestritten hat, geht sie direkt zu Hermann und sagt: »Du, haste schon einmal geküsst?«[131] Diese Art von Partisanenhaftigkeit gegenüber der Lust ist nur Jugendlichen noch erlaubt. Nach einer vorgeschützten Abwehr kommt Hermann mit ans Flussufer und Schnüsschen ›lehrt‹ ihn den Zungenkuss. Roll zeigt dies in Großaufnahme und in Echtzeit. Er identifiziert sich mit den Jugendlichen und feiert das Gefühl regelrecht. Die miefige Kirmes, die Farbsetzung der 1950er Jahre, all das ist vergessen, weil die Jugendlichen ihren Weg finden, die starren Schamregeln zu unterlaufen. Die Erektion Hermanns wird von ihm verdeckt. Die Frage ›Schnüsschens‹: »Du, haste ne Taschenlampe in der Hose oder haste mich wirklich lieb?« führt zur Abwendung Hermanns. Diese plumpe Thematisierung der Scham macht Hermann nicht mit. Er empfindet dieses Verhalten als obszön, findet aber offenbar Gefallen an dem Gefühl. Waltraud wird ihm später nach München folgen. Als er der jungen Dame in *Die zweite Heimat* (Folge 6. *Kennedys Kinder. Alex 1963*), im Münchener Bahnhof wiederbegegnet, denkt er zuerst an den Zungenkuss. Waltraud hoffte genau das. Dass sie sich Hermann zuwendet, liegt an seiner verschämten Haltung beim Volksfest.

---

130 Siehe hierzu insbesondere das Kapitel *Scham und Schamgefühl* in: Oliver König: *Nacktheit. Soziale Normierung und Moral*, Darmstadt 1990, 121–142.

131 Reitz: *Heimat. Drehbuch*, a.a.O., S. 225.

Er nutzte ihre jugendliche Lust nicht aus, sondern ordnete das Lusterleben der Scham unter. Es dürfte genau jene Haltung sein, die Waltraud etwa acht Jahre später für ihn einnimmt. Und gerade das Kokettieren der dörflichen Haltung in München, wo sie doch sehr korrekt und als Reiseleiterin wie zum Operngang angezogen ist, empfindet Hermann sicherlich als erotisch. Sie werden später heiraten und ein Kind haben, Lulu-Simone.

## Hermännchen und Klärchen

Ein Zufall will es, dass das Flüchtlingsmädchen Klärchen Sisse aus Herne (Gudrun Landgrebe) in das Dorf kommt.[132] Ihre Lebensgeschichte bleibt, auch wenn diese so freiweg zu einem mitgebrachten Photoalbum hinweg erzählt wird und sich ein Verweis auf Ernst bestätigt, weithin im Dunkeln. Der Jugendliche Hermann und das ältere Klärchen sind beide Außenseiter im Dorfleben – und sie verlieben sich trotz ihres Altersunterschieds von elf Jahren ineinander.[133] Wo bei Maria die Scham wie eine Zensurinstanz wirkt, die das Leben durchdringt, ignorieren Hermann und Klärchen diese aufgeprägten gesellschaftlichen Gebote, ihren Gefühlen folgend. Indem sie beide ihre Scham im Geheimen miteinander teilen und sexuell auflösen, unterlaufen sie die Gebote des Dorflebens subversiv.

Reitz zeigt die Zuneigung der beiden ohne moralische Vorverurteilung und widmet sich dabei der Erotik des Verliebtseins. Durch den emphatischen Blick der Kamera erscheint die Liebe wie ein Perspektiv, das die Gesellschaft in ein anderes Licht rückt: Sie ist der still gelebte und lustvoll genossene Ausbruch aus der gesellschaftlichen Konvention. Indem Reitz, wir kommen darauf zu sprechen, die Interventionen Marias und Antons miteinbezieht, erweitert sich

132 Reitz: *Heimat. Drehbuch*, a.a.O., Szene 816, S. 195. Diese Geschichte hat, wie auch viele Figuren bei Reitz, stark autobiographisch gefärbte Züge. So heißt es in *Filmzeit, Lebenszeit: Erinnerungen* »Die nächtlichen Kletterbesuche bei Lotti und Klärchen wurden zu einer geheimen Gewohnheit. Bald brauchten wir den Vorwand der literarischen Pflichterfüllung für die Schule nicht mehr. Es gab genug eigene Geschichten, die wir uns flüsternd unter der Bettdecke erzählten, bis die Gespräche verstummten und sich unsere sechs Hände, einander erforschend, suchend fanden.« (Reitz: *Filmzeit, Lebenszeit*, a.a.O., S. 80).

133 Klärchens Geburtsjahr ist im offiziellen Drehbuch mit 1929 angegeben, Hermanns 1940 (Edgar Reitz; Peter Steinbach: *Heimat. Eine deutsche Chronik*, Frankfurt am Main 1988, S. 577, 573).

die Schamerzählung kollektiv und wird zur Chiffre für die verklemmten Nachkriegsjahre und deren Verlogenheit. Nazis werden im Dorf nicht verurteilt, aber auf die Verhaltensetikette im Hinblick auf die Körperscham achtet man. Er zeigt in einem gesellschaftlichen Spannungsfeld, wie sich das Schamerleben verändert und wie aus unterschiedlichen Schamordnungen heraus massive Konflikte erwachsen. Es kündigt sich hiermit der gesellschaftliche Umbruch der 1960er Jahre, die sexuelle Revolution und deren Motto *Make love, not war* im Privaten (und *Die zweite Heimat*) bereits an.[134]

Die Folge erzählt diese Liebesgeschichte als eine probabilistische Verkettung, die aber eine schicksalhafte Tendenz hat.[135] Es kam so, wie es gezeigt wurde, aber auch in anderen Realitätskonstellationen hätten sich Hermann und Klärchen wahrscheinlich ineinander verliebt. Die Gefühle scheinen sich regelrecht durch die Geschichte hindurch ihren Weg zu bahnen.

Die Liebesgeschichte zwischen Klärchen und Hermännchen ist multipolar und ausgesprochen vieldimensional, romantisch gefärbt. Wir folgen ihr zunächst in der dramaturgischen Ordnung und fragen im zweiten Schritt danach, was Liebe hier eigentlich bedeutet. Die Geschichte beginnt im Betrieb von Anton kurz nach der Kirmesszene.

Hermanns Blick erweist sich als lustgetränkt. Schon im Schulunterricht schweift er auf eine hübsche Klassenkameradin ab,[136] und der kurze Blickflirt vor dem Betrieb mit Lotti Schirmer (Chefsekretärin von Anton, gespielt von Gabriele Blum) veranlasst diese, vor ihm in das Büro zu flüchten. Hermann flaniert, von seinem Blick und seiner Erkundungslust getrieben, situationis-

134 Die Verbindung von Sexualmoral und Vergangenheitsbewältigung ist in den letzten Jahrzehnten in einigen Studien detailliert erforscht worden. Sie hierzu insbesondere Dagmar Herzogs Studie *Sex after Fascism. Memory and Morality in the Twentieth-Century German*, Princeton, New Jersey 2005, für die 1960er Jahre siehe vor allem Kapitel 4. *The Morality of Pleasure*, S. 141–183). Autoren, die damals vielfach gelesen wurden, waren Wilhelm Reich, Erich Fromm, Herbert Marcuse, also antiautoritäre Konzepte von Sexualität. Weiterführend siehe hierzu *Auf der Suche nach der sexuellen Freiheit*, hrsg. von Volkmar Sigusch, Frankfurt am Main 2011 sowie Christine Weder: *Intime Beziehungen. Ästhetik und Theorien der Sexualität um 1968*, Göttingen 2016.

135 In der Druckversion des Drehbuchs wird diese Folge noch *Klärchen 1955–1957* genannt (Reitz; Steinbach: Heimat, a.a.O., s. S. 403).

136 Der Lehrer wird sich in eine seiner Schülerinnen verlieben und besucht dann Hermann in *Die zweite Heimat* in München.

tisch durch den Betrieb und schaut sich alles an. Die dortige Disziplin beruht genau auf jener Triebsublimierung, der sich der zu Streichen aufgelegte Hermann nur für kurze Momente spielerisch und schalkhaft fügt.

Der Optik-Unternehmer spendiert ein Saalfest, um in der Wirtschaftswunderzeit Lehrlinge und Mitarbeiter zu werben. Die Vorbereitungen laufen und Hermann lugt in die Damentoilette, um Lotti und Klärchen beim Zurechtmachen heimlich zu beobachten. Dieses Eindringen in einen Intimbereich, der nach gesellschaftlicher Konvention nach Geschlechtern separiert ist, wird schnell goutiert. Lotti hält »sich verschämt ein Tuch vors Gesicht«[137] und sagt:

> Lotti: Mensch, Hermann, hau ab, verschwinde! Das is mir peinlich.
> Klärchen: Hermann, komm geh! Das ist die Damentoilette.[138]

Daraufhin nimmt Hermann »einen Finger voll Créme und streift ihn auf Klärchens Nase«[139] und riecht draußen vor der Tür nochmal daran. In diesem kurzen Moment ereignet sich viel. Zum einen fällt die Reaktion Klärchens auf, die mit mütterlichem Verständnis nur feststellt, dass dies die Damentoilette sei – und ihn in dieser Hinsicht gar nicht abweist, sondern nur geduldig auffordert, zu gehen. Und dann noch Hermanns Reaktion, der sich mit dem Blick nicht begnügt, sondern der seine voyeuristische Haltung selbst thematisiert und auf eine Weise frech in den geschützten Raum einbricht und die Tür sogar ein zweites Mal öffnet.

Diese Szene gibt uns ein weites Spektrum an Deutungsmöglichkeiten. Die Reaktionen der Protagonisten beruht auf einem stillschweigenden Pakt, dass jeder weiß, dass Hermann Lust auf die beiden hat – und dies entgegen der gesellschaftlichen Konventionen auch noch zeigt (und als Jugendlicher bis zu einem gewissen Grad noch zeigen darf, ohne seinem Ruf zu schaden). Es liegt aber auch eine spätpubertäre Unkenntnis darin, die nicht kennt, was sie sucht und nur auf Ahnungen beruht, in keiner Weise an die Zukunft und die Folgen denkt, sondern die hedonistisch allein im Moment lebt, existenzialistisch.

---

137 Reitz: *Heimat. Drehbuch*, a.a.O., Szene 914, S. 227.

138 Ebenda, Szene 914, S. 227.

139 Ebenda, Szene 914, S. 227.

Oberflächlich gesehen könnte man die Erwiderung der Damen als Abwehr verstehen, aber wir sahen schon, dass die Reaktion Klärchens keineswegs eindeutig ausfällt. Und die vorherige Flucht Lottis vor Hermanns Blick, das Bedecken der Augen mit einem Tuch, liest sich eher als Unkenntnis gegenüber der eigenen Sexualität denn als souveräne Reaktion. Liegt nicht in diesem spielerischen, gar kindlichen Habitus auch eine weitere Aufforderung? Man kann sagen, dass diese einfache Aktion Hermanns bereits das Gefüge von Konventionen innerhalb der sozial erstarrten Gefühlswelt durcheinanderbringt. Hermann dringt bei seiner ersten Öffnung der Türe in einen Intimbereich zwischen den beiden sich unbeobachtet wähnenden Frauen ein. Aber schon beim zweiten Öffnen kurz später nehmen sie ihn vorweg und summen nur noch ein belangloses Lied. Auf diese Weise ist aber Hermann bereits zum Teil eines Spiels der Intimität geworden. Auch das für die Scham so bedeutende Feld des Anblickens, Erblickens, Wegschauens, überhaupt der Blick in seiner Funktion, Scham zu erzeugen wie zu unterlaufen, wird hier wieder thematisch. Mit dem Verweis auf die Creme ist der Einbruch und die Faszination in eine weibliche Welt der Düfte, des Make-Ups und damit einer synästhetischen Welt gegeben. In diese habituell gewordene Inszenierungswelt des Weiblichen lugt Hermann gleichermaßen hinein.

Das folgende von Anton gegebene Fest endet damit, dass Lotti und Klärchen in ihre ärmliche und altmodische Schlafstube zurückkehren, die ländlich eingerichtet ist. Sie haben auch auf der Veranstaltungsbühne, die de facto eine Stellenbörse Optik Simons ist, ihre von Konventionen karnevalesk durchdrungene Rolle gespielt und – schon angetrunken – eine Flasche Sekt mit auf das Zimmer genommen. Hermann sitzt noch an seinen Latein-Hausaufgaben, als die beiden lärmend zurückkehren. Dass es zuvor ein Gewitter gab, mag man als romantisch abtun, so wie Reitz überhaupt mit romantisch-realistischer Referenz auf Theodor Fontane und Adalbert Stifter seine Panoramen erzählt. Aber das Gewitter mit seiner feucht-schwülen Atmosphäre, der Notwendigkeit, sich in das schützende Haus zu flüchten, verstärkt die Pole Innen-Außen und damit auch die intimen Gefühle.

Die folgende Szene ist eine Wiederholung der ›Toilettenszene‹. Hermann lauscht aus seinem Zimmer nebenan, mit der Taschenlampe auf die Decke leuchtend. Lottis Traumerzählung zeigt, wie sehr die Atmosphäre bereits in das Intime gekippt ist. Über dies kann nun, im Alkoholrausch, freiweg von der Seele erzählt werden:

> Lotti: Weißte, was ich geträumt hab?
> Klärchen: Nee!
> Lotti: Ich lieg in der Badewanne…
> Klärchen: Mhm.
> Lotti: … und um mich herum ist lauter warmes, schönes Pippi!
> Klärchen (lachend): Iiih![140]

Hermann hat ganz richtig die Reaktion und das laute Lachen der beiden als Einladung verstanden, weiter zu machen und auch diese Tür zu öffnen. Nur haben die beschwippsten Damen im Bett nun die Konventionen nicht mehr parat und sagen ihm diesmal beim zweiten Eintreten:

> Hermann: Könnt ihr denn nit leiser sein, ich kann nit schlafe.
> Klärchen: Ach, komm, sei kein Spielverderber!
> Lotti: Ja, rein oder raus?![141]

Dieser kurze Dialog ist, wie die vorhergehenden, nun nicht mehr der gesetzte, sondern Klärchen spielt *Mädchen* und spricht wie eines, versetzt sich also in einen früheren Lebensabschnitt imaginativ zurück, um Hermann zum Eintritt in die Stube zu verführen. Chefsekretärin Lotti hingegen stellt ihn beinah autoritär vor die Entscheidung, entweder einzutreten oder draußen zu bleiben. Hermann kann solche Anmerkungen nur als Einladung verstehen, weil für ihn diese Art des Sprechens noch vertraut ist, aus dem Türeöffnen ist bereits ein Spiel geworden und in gewisser Weise wiederholt sich die Kussszene mit Schnüsschen hier als ein Übertritt von einem zum anderen Raum. So überlagert sich hier die kindliche Sprechweise Klärchens mit der Erotik der beiden nahezu nackt im Bett liegenden Damen. Die folgende Defloration Hermanns

140 Reitz: *Heimat. Drehbuch*, a.a.O., Szene 920, S. 230.

141 Reitz: *Heimat. Drehbuch*, a.a.O., Szene 924, S. 231. Bereits vorher necken Lotti und Klärchen Hermann bei seinen Hausaufgaben auf diese Weise, locken ihn also bereits hier in ihre Stube.

ist ein beständiges erotisches Spiel von Ver- und Entdecken, Erblicken und Wegblicken, Haptischem und Visuellem.

Mit dem Eintritt in das Zimmer eröffnet sich Hermann eine unbekannte Welt der Erotik, die nebenan liegt und vor der er nur durch Konventionen getrennt war. Gleich zu Beginn reicht ihm Lotti die Flasche Sekt und heißt ihn »auf der Besucherritze«[142] des Ehebetts willkommen, direkt unter dem Schlafzimmerbild, das Jesus mit seinen Jüngern zeigt. Die hohe Kunst in dieser Szene besteht darin, jedwede schuldhafte und moralische Zuweisung auszublenden und den Zuschauer mit in diese Atmosphäre des ›ersten Mals‹ eintauchen zu lassen. Lotti, Klärchen und Hermann geben sich ihren Lustgefühlen hin, ohne ein Kalkül und ohne an die Folgen ihres Handelns im Sinne einer Schuldzuweisung durch andere zu denken. Und wir haben Freude dabei, zuzusehen, wie moralische Normen mit der Scham durch diesen stillschweigenden Pakt unterlaufen werden, indem die Kamera wechselseitig zwischen die Blicklinien der drei Protagonisten hin- und hergleitet und das Geschehen so visuell überträgt.

Die Erotik dieser Szene besteht einerseits in der Weise, wie Absencen eingebunden bzw. diese imaginativ organisiert werden, andererseits aber auch in der Furcht der Protagonisten, bei dem geheimen Treiben entdeckt zu werden. Es geht auch darum, mit List nicht von ›Mutter Maria‹ entdeckt zu werden. Die Szene erweist sich als ein vielschichtiges Versteckspiel, das mit dem *Hors-Champ*, gefolgt vom Schließen der Türe, dem Verdecken des Schlüssellochs beginnt und dann mit Blicken unter der Decke fortgesetzt wird. Kameramann Roll hat dies kongenial umgesetzt, indem er die Tiefenschärfe zurücknimmt und etwa die Pupillen, gerade die Klärchens, besonders betont. Die *Ménage à trois* wird hier als ein stilles und erotisches Verschmelzen der Scham auf Hermanns Physiognomie als ein Ahnungsspiel inszeniert, eine Überwindung der individuellen Grenzen der Scham in der Lust.

Die Sektflasche als Phallus und der schäumende Sekt als ›Erguss‹ bildet die schlüpfrige Vorahnung in der sich bis zu Hermanns Orgasmus steigernden Szene. Die Bettdecke ist dabei die imaginäre Grenzlinie zur Scham. Diese wird, zumindest visuell, auch filmisch nicht überschritten. Aber die Hände von Hermann und dann auch die der beiden Damen wandern unter ihr her,

142 Ebenda, Szene 924, S. 232.

leicht erkennbar, und erkunden so auf haptischen Pfaden intime Zonen. Als Klärchen die Sektflasche einmal falsch ansetzt, fließt etwas Schaum herunter und sie zieht die Bettdecke weg – wodurch Hermanns Hand auf ihrem Schoß sichtbar wird. Zärtlich nimmt sie diese und leitet sie wieder an den Ort, an dem sie vorher war. Von nun an unterhalten sich beide, über Hermann hinweg, während dieser immer erregter atmet. Lotti streichelt Hermann zärtlich und gibt ihm einen ›Handjob‹, während auch Klärchen – durch Hermanns Hand offenbar weiter stimuliert – ins Schwitzen kommt. Die Überschreitung der Schamgrenzen also wird als ein lustvoller Übertritt inszeniert. Die Scham wird nicht einfach übergangen, sondern in Schichten aufgelöst und so erotisch gewendet, wobei wir als Zuschauer uns das Geschehen über den akustischen Raum (die Atmung) und die Abzeichnung auf der Physiognomie imaginieren. Der über die Luststeigerung hinweg mühsam gesprochene Alltagsdialog weist einige Berührungspunkte mit dem Geschehen auf, was ihm eine unterschwellig erotische Note verleiht. Reitz lässt es sich auch nicht nehmen, wieder eine Fliege zu zeigen, wie so oft in ›Schicksalsmomenten‹, die in *Heimat* erinnert werden. Nach dem Orgasmus steht dieser erschrocken mit der Bettdecke (wie Jesus auf dem Schlafzimmerbild) in der Hand senkrecht im Bett. So knapp der Dialog gehalten ist, so treffend gibt dieser den Kern der Szene wieder:

> Klärchen: Komm, schäm dich nich. Du muss dich nich schämen.
> Hermann lässt sich erschöpft nach hinten sinken. Klärchen schlägt die Bettdecke zurück und trocknet Hermann mit dem Nachtrock, der über die Türklinke gelegt war, den Bauch ab. Lotti schaut dabei zu. Hermann hält die Augen geschlossen. Klärchen beugt sich über ihn und küsst ihn sanft.
> Klärchen: So, jetzt darfste gehen.[143]

Wenn Klärchen Hermann bittet, sich nicht für seine Sexualität und Lust schämen zu müssen, so ist dies eben das genaue Gegenteil von dem, was ihn das Dorfleben bislang lehrte. So unterlaufen die drei, eine Art Utopie von Lust ohne Scham lebend, sämtliche Tabus und Regeln des Dorfes Schabbach. In

143 Reitz: *Heimat. Drehbuch*, a.a.O., Szene 924, S. 234.

der Art einer Kommune *en miniature* finden sie eigene Regeln für ihre Sexualität, zumindest einen Abend lang in diesem Raum.

Reitz verfolgt diese Liebesgeschichte zwischen Klärchen und Hermann, die weiterhin nur im Verborgenen stattfinden darf. In einer bewusst romantisch-kitschig gehaltenen Szene lässt er die beiden auf einer Wiese wandeln:

> Hermann: Steckst du mal deine Hand in meine Tasche?
> Klärchen: Haste das gern?
> Hermann: Ja sehr!
> Klärchen steckt die ihm zugewandte Hand in die Tasche seiner kurzen Hose. Hermann hat seinen Arm um Klärchen gelegt. Sie gehen weiter.
> Klärchen: Du hast ja ein Loch in der Tasche. (nach einer Weile) Der ist ja ganz heiß.
> Hermann: Ich kann kaum noch gehen.
> Klärchen: Neulich hab ich geträumt, ich sah dich über eine Wiese gehen und du hattest die Hose auf… und hast ihn raushängen lassen… und dann bist du so auf mich zugekommen.
> Hermann: Haste das gern gesehen?
> Klärchen: Ja.
> Hermann: Ich könnte stundenlang so mit dir durch die Nacht gehen.[144]

Das romantische Bild wird hier um den Bereich des eindeutig Sexuellen erweitert. Die Idee der Verschmelzung und der Diffusion im Anderen und in der Natur zeigt sich im Gang durch dieselbe. Was Klärchen und Hermann verbindet, ist keineswegs nur die Lust aufeinander, es ist das gemeinsame Sich-nicht-Schämen vor dem Anderen. Beide leben auf einer imaginativen Insel, auf der es keine Scham vor dem Anderen gibt. Es ist auch die Weise, wie beide miteinander sprechen, der Rhythmus des Gangs, Feinheiten wie das Aufgreifen von Bildern und das Auslassen von Antworten, weil es eine Art tiefes Einverständnis gibt. Diese Art der Liebe erzeugt eine Art Gegenwelt zur gesellschaftlichen Ordnung und hat dadurch ein Moment des stillen Protests inne. Es ist eben gerade nicht erwünscht, dass sich der pubertäre Junge in das ältere

144 Ebenda, Szene 933, S. 239.

Dienstmädchen verliebt und diese seine Liebe wie selbstverständlich erwidert. Man könnte hier nach Motiven suchen. In der Erfüllung des Moments erweist sich das Zusammensein zwischen Hermann und Klärchen als die mutigere Fortsetzung der Liebesutopie von Maria und Otto.

Erst als Klärchen ein Kind von Hermann erwartet, beginnt sich die Geschichte gegen sie zu wenden. Die Abtreibung schließlich und die Kündigung bei Antons Firma lassen die Familie dann hellhörig werden. Wenn Klärchen ihm schließlich sagt: »Irgendwann, da würdest du dich für mich schämen«[145], so ist dies eine realistische Sicht. Denn die Schamordnung des Dorfes lässt sich nicht von zwei Menschen transzendieren. Viel schwerer wiegt aber das Moment der Schuld. Die Schamordnung wurde bereits in das staatliche Rechtssystem eingeschrieben und so ist die Liebe zwischen beiden nicht nur sanktioniert, sondern steht auch unter Strafe, Scham ist *verrechtlicht*. Bei ihrem letzten Treffen auf Silvester in Boppard überreicht Klärchen Hermann den Brief, der von Anton unterzeichnet wurde:

> Wehrte Klara Sisse, du bist eine erwachsene Person und wir brauchen dir nicht zu erklären, was unsere Gesetze in deinem Falle vorsehen. Was du mit unserem minderjährigen Jungen gemacht hast, ist ein Verbrechen. Wir beobachten jeden deiner Schritte. Wenn du es noch einmal wagen solltest, Hermann mit deiner schmutzigen Phantasie zu verfolgen, wirst du von uns angezeigt. Wir werden dich vernichten.[146]

Dass Reitz im Anschluss an den weinenden Hermann Anton zeigt, wie er mit seiner Belegschaft stolz vor dem Betrieb steht, spricht Bände. Es steht hier die Schuld- gegen die Schamordnung. Anton spricht in seinem Brief, der vom Off-Erzähler vorgelesen wird, im *Pluralis Majestatis*, weil er die Rechtsordnung hinter sich weiß. Das Auflösen von Scham zu zensieren, diese zu *verrechtlichen*, gehört zur bürgerlichen Macht, die sich in staatliche Normen eingeschrieben hat und die sich als Gerechtigkeit tarnt. Es ist dies eine Macht, die die Lustgefühle der Menschen hochgradig kanalisiert – sobald diese Ordnung überschritten wird – Sanktionen und Strafen bereithält. Es deutet sich hier aber

145 Ebenda, Szene 947, S. 248.
146 Ebenda, Szene 977, S. 262.

auch eine Konfrontation mit Maria an. Diese ist von der Schamordnung her nun feindlich gegenüber Hermann eingestellt. Der stillschweigende Anspruch ihrer umsorgenden Mutterliebe war es, Hermann in die gleiche Schamordnung hineinzustellen, in der sie selbst lebte. Das misslang. Maria erscheint daher bei all ihrer Selbstaufopferung als eine Figur, die von ihrer eigenen rigiden Schamordnung bestimmt ist. Der Bruch mit der Mutter ist für Hermann zugleich einer mit der Dorfgemeinschaft, wird aber von Reitz auch in den anderen Teilen von *Heimat* nicht dargestellt.[147] Die Folge schließt mit dem Insert: »Als Hermann 18 Jahre alt war, verließ er das Dorf für immer. Er studierte Musik in den Hauptstädten und wurde Komponist.«[148]

147 Maria stirbt im Jahr 1982, in der letzten Folge, *Das Fest der Lebenden und der Toten*. In einer ergreifenden Szene kommt Hermann zu spät im Gewitter zur Beerdigung. Die Sargträger haben wegen des starken Regens den Sarg Marias einfach auf der Hauptstraße abgestellt und Hermann fährt mit seinem Auto wie in einem Alptraum auf diesen zu (ebenda, Szene 1101f., S. 290f.)

148 Ebenda, Szene 978, S. 263.

# Die zweite Heimat. Chronik einer Jugend

Das Verlassen der Heimat als ein bewusster Bruch mit dem Kindheitsmilieu und der Elterngeneration ist Thema von *Die zweite Heimat. Chronik einer Jugend* (1992): »Ich wurde zum zweiten Mal geboren, diesmal nicht aus meiner Mutter, sondern aus meinem eigenen Kopf. Ich zog aus, suchte ›meine zweite Heimat‹«[149], spricht der Off-Erzähler Hermann zu Beginn von Folge 1 (*Die Zeit der ersten Lieder. Hermann, Herbst 1960*), als er sich entschlossen hat, an der Musikhochschule in München Komposition zu studieren. Der Brief von Klärchen liegt noch auf dem Tisch. Seine Mutter Maria wird nicht mehr auftreten und auch nach Schabbach kehrt Hermann erst ganz zum Schluss wieder zurück, in einer Art Traumsequenz – und dann in *Heimat 3 – Chronik einer Zeitenwende* (2004).

Dieser Schritt wird auch von seinen Kommilitonen mehr oder weniger bewusst vollzogen. Die Elterngeneration lud im NS-Regime Schuld auf sich, die sie aber in der Nachkriegszeit verschwieg und über die sie vielleicht auch nicht sprechen konnte. Esther Goldblum (Susanne Lothar), wir kommen später auf diese vielschichtige Figur zu sprechen, sagt einmal: »Nichts paßt zusammen. Alles, was ich mir ansehe in diesem Land, verbirgt mir etwas, lockt mich auf falsche Spuren. Deutschland ist ein Buch mit herausgerissenen Seiten.«[150] Diese Lücke, dieses passive Moment, dass man aus diesen Verhältnissen kommt, ohne selbst etwas dafür zu können, wird von der jüngeren Generation als Scham erlebt. Hermann schämt sich für das NS-Regime, für die Schweigemauer und für die Verbrechen der Elterngeneration und verachtet die Haltung des Dorfes, die sich ihm gegenüber in Bezug auf Klärchen so eindeutig

149 Edgar Reitz: *Die zweite Heimat. Chronik einer Jugend in 13 Büchern. Drehbuch*, München 1993, S. 18.

150 Ebenda, Szene 1121, S. 769.

artikulierte.[151] Ähnlich wie Paul in *Heimat* verlässt er das Dorf, um sich selbst zu verwirklichen und um der Geschichte und dem Anspruch seiner Familie zu entfliehen.

Die Freunde, die er in München gewinnt, kennzeichnen ebenso diese Narben des Krieges wie auch die Fähigkeit, diese oberflächlich gesehen zu überspielen.[152] Alle suchen den Neuanfang im Leben und merken erst im Lauf der Jahre, wie sehr sie von der Geschichte und der Generation ihrer Eltern geprägt sind. Clarissa Lichtblau (Salome Kammer) ist (wie Klärchen) Flüchtlingskind ohne Vater, ihre Mutter ist eine Art lebendiges schlechtes Gewissen. Evelyne Cerphal (Gisela Müller) muss erst auf die Suche gehen, um überhaupt den Namen ihrer jüdischen Mutter zu erfahren. Die Eltern ihres Freundes Ansgar Herzsprung (Michael Seyfried) sind Zeugen Jehovas, sein Vater sagt »über die Nazizeit«[153] kein Wort. Filmemacher Reinhard Dörrs (Laszlo I. Kish) Vater »war im Krieg Jagdflieger, ›Legion Condor‹«[154]. Die Schicksale der Exil-Ungarin Frau Moretti (Hanna Köhler) und des Chilenen Juan Ramon Fernandez Subercaseaux (Daniel Smith) werden angedeutet.

Aus diesem Figurenkosmos webt Reitz ein episches Ensemble von Geschichten. Was dabei die *zweite Heimat* mehr als die erste auszeichnet, ist die Figurentiefe wie auch die Anzahl der Protagonisten und Milieus. Den Zuschauern macht Reitz Angebote. Den Abendzuschauern, die Unterhaltung möchten, bietet Reitz sinnlich aufgeladene Oberflächen an. Der Zuschauer kann aber je nach Belieben viel tiefer einsteigen und die Zusammenhänge der Figuren erschließen, die nur angedeutet werden bzw. sich erst über die Zeit hin zeigen. Es gibt Valenzen des Verstehens, je nach Interesse. Die meisten Szenen

151 In seiner Autobiographie schreibt Reitz: »In meinem Tagebuch ist auch immer wieder die Rede von der Scham, ein Deutscher zu sein. Es war nicht die Reaktion auf Vorurteile und Anfeindungen, wie ich sie später bei vielen Reisen erfuhr, besonders in europäischen Ländern, die unter dem Krieg der Nazis hatten leiden müssen. Hier in Mexiko sah ich die Traurigkeit in den Gesichtern der Indios und die kolonialen Gesten meiner deutschen Gastgeber.« (Reitz: *Filmzeit, Lebenszeit*, a.a.O., S. 180).

152 Reitz setzt hier eine Erfahrung um, die auch ich bestätigen kann: »Eine interessante Erfahrung ist, dass man beim Wechsel des Wohnortes, des Studienortes oder beim Beginn eines neuen Lebensabschnittes alle wichtigen Bekanntschaften gleich in den ersten Wochen macht.« (Reitz: *Filmzeit, Lebenszeit*, a.a.O., S. 122).

153 Ebenda, S. 234.

154 Ebenda, S. 243.

sind multipolar aufgebaut, so dass man frei entscheiden kann, mit welchen Figuren man sich identifizieren möchte und es jeweils mehrere Orientierungspunkte gibt. Wir haben wie bei *Heimat* trotz der Großstadt stets genug Zeit, uns mit den Figuren zu identifizieren, da die einzelnen Szenen in der Regel wiederum in Echtzeit erzählt und keiner Spannungsdramaturgie untergeordnet werden. So tauchen wir in die Privatwelt und mitunter Intimwelt der Figuren ein. Wir beobachten diese und erschließen dann deren Innenwelt mehr, als dass wir einer festgelegten Dramaturgie folgen würden. Insofern ist die Bedingung von *Heimat* eine Egalisierung von Figur und Zuschauer. Der Zuschauer wird virtuell in jeder Szene verortet, ist eine Art ›voyeurhafter Geist‹, der das Vergangene miterleben darf, als würde es nochmal aufgeführt, meistens auch hier in Schwarzweiß, selten in Farbe. Während Reitz in *Heimat* auf eine auktoriale Stimme verzichtete, lediglich Glasisch gibt zu Beginn einen Rückblick zu Eduards Photos, führt er hier immer wieder Gedankenstimmen im Off ein, wie wir bereits sahen. Es sind dies persönliche Gedanken der Figuren, so als sei das Geschehen eine Aufzeichnung des Erlebten mitsamt der Innenwelt, oftmals intermittiert von Hermanns Stimme. Durch diese sehr fein austarierte Konstellation sind dann auch Grade der Schamdarstellung möglich, die einer Spannungsdramaturgie verschlossen sind. In einer Spannungsdramaturgie, die letztlich vom Schuldkonzept geleitet ist, muss sich die Ordnung von einem Punkt aus erschließen, der dem zunächst undurchsichtigen Geschehen einen Sinn gibt. In der Schamdramaturgie bei Reitz aber kann es offene Möglichkeitshorizonte der Figuren geben, Unbestimmtheitsstellen und unthematische Bereiche. Scham erschließt sich mit ihren Formen des Verbergens so etwa in der Differenz von Handeln und Denken, aber auch in der Diskrepanz zwischen Gesprochenem und Gedachtem wie auch in der Weise, wie Andere dies wahrnehmen. Hier entstehen außerordentlich vielschichtige, probabilistische Gefüge, die nur indirekt auffassbar werden und den Kern der Erzählweise von *Die zweite Heimat* bilden.

Die Vielschichtigkeit wird dadurch gesteigert, dass Reitz nicht nur die Geschichten der Künstler erzählt, aus der Innen- und Außenperspektive, sondern auch die der Kunstwerke, deren Genese wir *in nuce* miterleben dürfen. Einmal sitzt Dichterin und spätere Revoluzzerin Helga Aufschrey (Noemi Steuer) mit ihrem Notizbuch bei einer Party in der Ecke und sagt zu Hermann: »Paß mal auf! Ist dir auch schon mal aufgefallen, du sitzt irgendwo und hörst zu. Plötzlich hörst du irgendwo ein bestimmtes Wort. Das Wort ›Katze‹ zum Beispiel. Und kurz darauf hörst du genau dasselbe Wort in völlig anderem Zusammenhang. Merkwürdig, nicht?«, »Die Leute merken das nicht. Aber das Wort springt. Da springt eine Wort-Katze durchs Zimmer«, darauf antwortet Hermann: »Das ist ja wie Musik!«[155] und vertont das Gedicht kurz später am Klavier. Hier wird komponiert, gedichtet, gesungen, und das auf einem dem Niveau von Konzerthäusern. Wir erfahren mehr über die Zwölftonmusik und Neue Musik, Fluxus, den Neuen Deutschen Film und das Oberhausener Manifest[156]. Die Darsteller sind tatsächlich professionelle Musiker und Sänger, etwa Salome Kammer, Henry Arnold, Armin Fuchs und Hanna Köhler. Sie verkörpern das, was sie sind. Dieses Gespür für das, was dargestellt wird, merkt man allenthalben, genau wie die filmische Musikalität in *Die zweite Heimat*.[157] So besitzt jede Figur eine Authentizität, weil die Schauspieler tatsächlich über die Fähigkeit verfügen, die sie im Film zeigen. Es entsteht so eine Art Dokumentarismus innerhalb der Fiktion. Wie in seiner Autobiographie deutlich wird, beruhen viele der Figuren auch hier auf Erfahrungen, die Reitz machte. Das geht sogar so weit, dass er eigene Materialien aus seiner Frühzeit im Film verwendet, etwa *Yucatan* (1960) oder die Ideen von VariaVision.[158] Dass Salome Kammer seine Ehefrau wurde, sei zudem erwähnt.

Die Scham vor seiner Herkunft äußert sich für Hermann nicht nur in Bezug auf die soziale Herkunft, sie ist auch sprachlich. Er merkt erst in Mün-

155 Ebenda, Szene 334, S. 207–208.

156 Diesem widmet Reitz in seiner Autobiographie mehrere, zum Beispiel das 38. Kapitel (Reitz: *Filmzeit, Lebenszeit*, a.a.O., S. 212–217).

157 Reitz schreibt: »Die bloßen Augen registrieren die Welt, können sie aber nicht deuten. Töne hingegen sind deutbar. Sie haben eine Geschichte, eine Herkunft, eine Ausdehnung in der Zeit. Erst mit den Tönen entsteht Vertrautheit in den Bildern. Beim ganz genauen Hinsehen wird alles Vertraute wieder fremd. Beim genauen Hinhören schwindet das Fremdheitsgefühl, und es entsteht das Wiedererkennen. Blicke können immer nur Gegenwart zeigen; Töne wollen wiedererkannt werden und erzählen uns von den Räumen hinter den Blicken. Mit den Augen ist alles schwierig, denn nichts täuscht leichter als der Anblick. Ich behaupte, dass wir die Eiseskälte der angeblickten Welt oft nur ertragen, weil sie vom Hören angewärmt wird.« (Reitz: *Filmzeit, Lebenszeit*, a.a.O., S. 631).

158 Siehe dazu Edgar Reitz: VariaVision (1965), in: ders.: *Zeitkino*, hrsg. von Christian Schulte, Berlin 2015, S. 59–65.

chen, dass er den Hunsrücker Dialekt spricht, und möchte diesen sogar mit Hilfe eines Logopäden ablegen, zu dem er sagt: »Es ist fürchterlisch, daß isch so spreche. Aber bei Hochdeutsch komme ich mir vor, als ob ich lüge.«[159] Dazu sind die Konventionen der 1960er Jahre noch so allgegenwärtig, dass die Studierenden Anzüge tragen, sich untereinander siezen und unverheiratete Frauen noch als ›Fräulein‹ bezeichnet werden.[160] Scham ist also auch eine gesellschaftliche Konvention, die als Etikette Distanz einfordert und etwa die Frauen einem starren Rollenschema zuordnet.

Wir haben schon gesehen, dass Reitz die Scham in ihren Feinheiten darzustellen vermag. Er geht dabei so weit, dass er in *Die zweite Heimat* Utopien einer schamfreieren Körperlichkeit entwirft, die die gewohnte Moral des Abendprogramms unterlaufen. Es werden von Hermann und den Figuren erotische Gefühlswelten durchgespielt, Schamgrenzen durch freie sexuelle Erfahrungen unterlaufen, die im Abendprogramm gewöhnlich als gesetzt gelten bzw. bürgerlich typisiert werden.

## Der ›Fuchsbau‹ als Ort. Elisabeth Cerphal und das geraubte Erbe

Während in *Heimat* die Häuser im Dorf den thematischen Topos skizzieren, begonnen mit der Schmiede, der Küche, des Dachbodens und Schlafzimmers der Simons, des Hauses von Juwelier Robert Kröber in Simmern, aber auch der von Juden enteigneten Villa Eduards und dem Betrieb Antons, so bildet die Villa Cerphal das eigentliche Zentrum von *Die zweite Heimat*.[161] Der Spitzname »Fuchsbau« wird nicht erklärt, Reitz weist allerdings in seiner Autobio-

---

159 Ebenda, Szene 136, S. 61.

160 Siehe hierzu wiederum die Autobiographie: »Ein Student, eine Studentin im Jahre 1952 war ein ernstes Wesen, trug Krawatte, Bluse, eine Kollegtasche und sagte Sie zu dir. Ja, wir siezten uns untereinander.« (Reitz: *Filmzeit, Lebenszeit*, a.a.O., S. 115).

161 Reitz hat in seiner Autobiographie diesen Aspekt des Ortes zum zweiten Erzählprinzip erhoben, nach der Wichtigkeit, dass keine Figur verschwinden dürfe, wenn sie einmal aufgetaucht sei: »Jede Figur gehört zu bestimmten Orten und in eine bestimmte Zeit. Das ist so, weil es auch im Leben nicht anders sein kann. Jeder Mensch lebt in einer bestimmten Zeit und an bestimmten Orten. Deswegen muss eine Erzählung in diesem Punkt konsequent bleiben.« (Reitz: *Filmzeit, Lebenszeit*, a.a.O., S. 110).

graphie darauf hin, dass das Haus, welches zur Inspirationsquelle diente, in der Fuchsstraße[162] gelegen habe. In der Szenenbeschreibung heißt es: »Die Villa liegt am Rande Schwabings in einem verwilderten Garten. Das Haus stammt aus der Jahrhundertwende, mit seinen Erkern, Zinnen und Türmchen.«[163] Bewohnt wird es von ›Fräulein‹ Elisabeth Cerphal (Hannelore Hoger), reiche Erbin eines Münchner Verlagshauses, das verkauft wurde, und Gerold Gattinger (Manfred Andrae). Außerdem wohnt Jurastudent und Oberhausener Filmemacher Stefan Aufhäuser (Frank Röth) zur Untermiete.

Die etwa 50 Jahre alte Elisabeth Cerphal ist weder begabt noch besonders kunstverständig. Sie hat aber von ihrer Familie einen Habitus gelernt, wie man als reiche Mäzenin junge Künstler um sich schart. Sie sammelte diese »wie andere Leute Briefmarken oder Gemälde«[164]. Es zieht sich so eine kreative wie auch zynische Linie von der Münchener Avantgarde der 1920er, über die Nazizeit hin zur 1968er-Generation. Bei einer Party lernt sie Hermanns Kommilitonen von der Kunsthochschule kennen und lädt sie ein. So beginnt ein geduldetes und eingehegtes Pseudo-Kommunardenleben in dem geschichtsträchtigen Haus, dessen Vergangenheit aber erst nach und nach ans Licht kommt. In dieser bestimmten Konstellation ergibt sich eine Atmosphäre der Kollektivität und Kreativität, die mit dem Verkauf der Villa an die Münchner Baugrund AG[165] und schließlich deren Abriss, abrupt endet. Diese Vorboten der Modernisierung Münchens sind aber zu Beginn noch nicht erahnbar und werden von den Figuren nur aus der Innensicht erlebt. So stellt Reitz folgende Charakterisierung der Einleitung von Folge 9, *Die ewige Tochter. Fräulein Cerphal, 1965*, voran:

---

162 Reitz: *Filmzeit, Lebenszeit*, a.a.O., S. 125.

163 Reitz: *Die zweite Heimat*, Szene 240, S. 130.

164 Ebenda, Szene 312, S. 183.

165 Ebenda, Szene 1005, S. 680. Notar Böhringer sagt: »Die Münchner Baugrund AG will hier einen Wohnungskomplex mit hundertfünfzig Einheiten bauen. Die Stadt fördert dieses Unternehmen.« (Ebenda, Szene 953, S. 673). Dies ist in den 1960er Jahren sicherlich noch sozialer Wohnungsbau, der allerdings die Stadt sehr verändert und paradoxerweise Studenten wie Hermann preiswerteren Wohnraum ermöglicht, bei gleichzeitiger Vernichtung ihrer alternativen Öffentlichkeiten wie dem ›Fuchsbau‹.

> Man könnte sagen, ein Haus ist ein Haus, ist ein bestimmtes Gebäude, definiert durch Grundriß, Baustil, Größe, Alter, Zustand: jene Faktoren also, die seinen Wert als Immobilie ausmachen. Die Cerphal-Villa war aber der Ort der Träume, der heimatlosen Nächte des Freundeskreises um Hermann. Der Anblick des Hauses weckte Hoffnungen, ließ das Herz höher schlagen, wenn nachts das Licht im Terrassenzimmer brannte und die Stimmen der Diskutierenden in den Garten drangen, wenn man langsam näher kam und es nach tausend schwarzen Zigaretten roch und den leeren Flaschen unter der Balkonbrüstung.[166]

Mit dem Selbstmordversuch Juans durch Reinhards Gewehr auf Hermanns Hochzeit endet die Lebensphase abrupt und Cerphal schmeißt die Studenten zur Zeit der Notstandsgesetze[167] raus, wie Hermann berichtet:

> Fräulein Cerphal hatte ihr Hausverbot seit meinem Hochzeitstag aufrechterhalten. Die »Fuchsbau«-Jahre waren zu Ende. Für den ganzen Freundeskreis unerwartet, aber um so gründlicher hatte sich seitdem unser Leben verändert. Jeder werkelte nun in seinem eigenen, von allen alten Freunden isolierten Revier, schwieg über seine Projekte, zweifelte an seinem Talent und ließ sich nicht in die Karten gucken.[168]

Hannelore Hoger spielt Elisabeth Cerphal als eine Frau, die einerseits die Gefühle der Menschen intuitiv versteht und sich zunutze machen kann, die weder Kenntnisse institutioneller Zusammenhänge noch ein Gespür für Finanzen hat. Sie umgibt sich mit Luxusaccessoires und passt so in eine im Verschwinden begriffene bürgerliche Schicht Münchens. In ihren »alten Kinderaugen«[169] zeichnet sich ihr Wunsch ab, ewig jung bleiben zu wollen und sich der Studentengeneration zugehörig zu fühlen. Bei all der Widersprüchlichkeit der Motive und Ansichten gelingt es ihr dennoch durch eine kontrollierte Toleranz, ein soziales Gewebe in ihrem Haus zu pflegen, das schamauflösend ist und das

166 Ebenda, Szene 901, S. 617.
167 Hier hat Reitz die Geschichte zeitlich ein wenig versetzt (ebenda, Szene 944, S. 666).
168 Ebenda, Szene 901, S. 617–618.
169 Ebenda, Szene 901, S. 618.

gerade die Überwindung der Scham in der Erotik ermöglicht bzw. eine Erotik der Scham aufblühen lässt, wie es erst in dieser Zeit überhaupt möglich war. Wir werden sehen, wie dieses Haus Nischen beherbergt, etwa die Bibliothek, wie auch Orte der Öffentlichkeit, so das Wohnzimmer, den Garten, die das Schamgefüge ändern. Es ist gerade deren Zweckentfremdung durch die Studenten, die hier ungewohnte Situationen, kreative Gefüge schafft.

Für die Kameraarbeit von *Die zweite Heimat* sind drei Kameramänner verantwortlich: Gernot Roll (Folge 1 bis 5), Gerard Vandenberg (Folge 6 bis 8) und Reitz' Sohn Christian (Folge 9 bis 13). Dass die Kamera gerade in Folge 9 zu Christian Reitz wechselt, erweist sich als ein stilistischer Glücksfall. Denn der Bruch mit der Studentengeneration durch Cerphal wird so auch ästhetisch deutlich markiert. In dem erwähnten kurzen Prolog fährt die Kamera auf die Villa zu, alles in Schwarzweiß gezeigt. Man wird an das klassische Hollywood-Kino Alfred Hitchcocks erinnert, etwa den Beginn von *Rebecca* (1940). Das Haus wird zu einem verwunschenen und unheimlichen Schloss mit Off-Erzähler Hermann, während die Folgen vorher das gemeinschaftliche Leben in voller Empathie zeigten. Cerphal blickt von ihrem Balkon herab auf Juan, der als einziger in ihrer Obhut bleibt und den Hof des dem Abriss anheim gegebenen Hauses noch mit Inkamustern pflastert, und hält einen Monolog:

> Fräulein Cerphal: So nach und nach bin ich mir immer sicherer, daß es richtig war, diese Studenten und jungen Künstler rauszuschmeißen. Ich bin wohl einer ›idee fixe‹ hinterhergerannt all die Jahre. Als ob es möglich wäre, das alte Schwabing wiederaufleben zu lassen! Das war doch wohl eine ganz andere Zeit als die, in der wir heute leben. Ich hätte im 18. Jahrhundert geboren sein sollen, dann wäre ich in meiner Zeit gewesen, hätte einen literarischen Salon gegründet. Die besten Geister wären bei mir ein und aus gegangen. Damals war man auch noch nicht so auf die Jugend festgelegt. Ein Mensch war ein Mensch, ob er mit fünfzehn genial war oder mit fünfzig!
>
> Jetzt betritt Gattinger das Zimmer. Er liest in einem Buch, hört kaum zu, nickt aber, als folge er allen Gedanken seiner Herrin.

Fräulein Cerphal: Die Künstler sind auch nicht mehr das, was sie einmal waren. Mit Juan ist das etwas anderes. Er ist einfach ein besonderer Mensch. Wie schön er das Pflaster da unten gestaltet![170]

Jener Gerold Gattinger ist eine mephistophelische Figur, die immer dann auftritt, wenn man von ihr oder der Nazizeit spricht.[171] Er »war in der SS-Leibstandarte. Das ist eine Elitetruppe. Sie galt als das Feinste vom Feinen«[172], sagt Elisabeth Cerphal einmal im verschämten und dümmlich-vertrauensvollen Flüsterton zu Juan, als sie ihn auf den Dachboden entführt und ihm die dort lagernden Gruppenporträts aus der Weimarer Zeit zeigt.[173]

Gattinger lassen sämtliche Provokationen der Studentengeneration kalt. Er ist offenbar immer noch so tief von seiner Weltsicht überzeugt, dass er an einen ›Endsieg‹ in der Zukunft glaubt und von diesem mythischen Ziel aus ein Schattenleben als Diener Cerphals ohne jegliches Schuldbewusstsein führt. Seine bibliophile Abwesenheit geht nur so weit, als er durch sie keinen Konflikt mit Cerphal provoziert. So nickt er, obwohl er gar nicht zuhört, was sie sagt. Er kann Shakespeare rezitieren[174] und weiß auch über die jüdische Literatur Bescheid, etwa André Schwarz-Barths *Der Letzte der Gerechten*,[175] wenn er auch »vor dem Wort ›jüdisch‹ eine Kunstpause«[176] macht. Die Dichterin Helga ist eben durch dieses Wissen von ihm angezogen und empfindet die Voreingenommenheit ihrer Kommilitonen als ungerecht. »Dieser Herr Gattinger hat mehr Bücher gelesen, als du jemals von außen gesehen hast«[177] schimpft sie Stefan und bricht so die kollektive Voreingenommenheit gegenüber dem Alt-Nazi. Gattinger wirkt bei aller Etikette und ausgewählten Hochsprache in seinem Lodenanzug bedrohlich, was auch durch seinen Dackel Wasti sym-

170 Reitz: *Die zweite Heimat. Drehbuch*, a.a.O., Szene 901, S. 618.
171 Siehe hierzu etwa ebenda, Szene 324, S. 198.
172 Ebenda, Szene 442, S. 306.
173 Das Gemälde erinnert an Max Ernsts *Rendez-vous des amis*, Öl auf Leinwand, 130 × 193 cm, 1922/23.
174 Ebenda, Szene 347, S. 226.
175 Ebenda, Szene 314, S. 186.
176 Ebenda, Szene 314, S. 187.
177 Ebenda, Szene 316, S. 190.

bolisiert wird, der bekanntlich in ›Fuchsbauten‹ jagen kann. Kurz vor dem erwähnten Dialog kommt es bereits zu einem Konflikt mit Ansgar:

> Ansgar: Sie erinnern mich an meinen Alten in Rosenheim. Der sieht auch so germanisch aus und besabbert einen mit seinen Predigten.
> Gattinger: Ich muß Sie enttäuschen, ich bin Atheist.
> Ansgar: So ein Buch sollte einer wie Sie gar nicht anfassen dürfen. An Ihren Fingern klebt Blut.
> Nun hat auch Gattinger genug. Er will den Raum verlassen.
> Gattinger: Komm, Wasti!
> Helga: Was ist denn los hier? Der Herr hat dir doch überhaupt nicht den geringsten Anlaß gegeben![178]

Während die Oberhausener ihren Film über die Nazi-Geschichte der Oper präsentieren, schleicht Gattinger durch die Villa. Er lässt sich von seinem Äußeren her nicht in einfache Kategorien der Schuld einordnen. Man sieht ihm seine Vergangenheit nicht an. Das macht ihn so unheimlich. Sein Weltbild hat etwas schizoides, das aber offenbar mitten in der 1968er Generation, wenn auch in Mimikry, weiterhin lebbar ist. Unter der scheinbaren Aufgabe seiner Identität lebt er in seiner abgekapselten Gedankenwelt. Er empfindet daher weder Schuld noch Scham für das Geschehene. Und gerade dieses Nicht-Annehmen-Wollen der Schuld, das Sich-nicht-schämen-Wollen macht ihn zu einer gefährlichen Figur. Er geht dadurch jeglicher Konfrontation aus dem Weg.

Als Reinhard die Geschichte der Villa dokumentiert, führt seine Spur nach Venedig, zur Photographin Esther Goldbaum. Beide verlieben sich. In einem Akt von Spontaneität reißt sie ihm »dieses letzte Stück Schamhaftigkeit vom Leib«[179] und photographiert Akte von ihm.

Als Verliebte erzählt ihm Esther ihre Familiengeschichte, die dann zum Drehbuch für Reinhards Film wird. Die Auflösung der Scham erst ermöglicht eine intime Aufarbeitung der Vergangenheit, die allerdings auch fiktionale und narrative Elemente, Ausschmückungen trägt. Langsam kommt ans Licht, dass Esther neun Jahre alt war, »als sie deine schöne Mutter in Dachau umgebracht

178 Ebenda, Szene 314, S. 188.
179 Ebenda, Szene 1033, S. 720.

haben«[180]. Und erst hier erschließt sich, in den labyrinthischen Kanälen Venedigs, trotz jeglicher Verstecke, die paradoxe Figur des Gerold Gattinger:

> Reinhard: Weißt du, was mich beim Schreiben wahnsinnig macht? Das ist, daß kein Gefühl eindeutig ist. Du müßtest doch alle Deutschen hassen. Aber du denkst und du sprichst deutsch. Du müßtest Herrn Gattinger hassen, der dich gezeugt und der dann deine Mutter verraten hat, um seine Nazikarriere nicht zu gefährden. Aber du nennst ihn Vater.
> Esther: Er hat mich auf die Akademie in Florenz gebracht.
> Reinhard: Er hat dich um dein Vermögen gebracht, wie der ganze Cerphal-Clan. Aber du liebst ihn. Liebst du ihn?
> Da Esther nicht antwortet, faßt Reinhard sie an der Schulter, um sie zu sich heranzuziehen. Sie fällt rücklings ins Bett und verschüttet dabei das Glas mit dem Wein, das sie in der Hand gehalten hat. Reinhard erschrickt, denn Esthers Gesicht ist tränenüberströmt.
> Esther: Liebst du ihn, liebst du ihn, natürlich liebe ich ihn! Reinhard, was willst du aus mir machen? Ich bin kein Zwitterwesen, keine Nazijüdin! Schreibe so was nicht! Das ist Kitsch und Übertreibung! Ich bin ich, bin ich, bin ich! Los, leg dich noch mal hierher und höre ganz genau hin. Was hörst du? Was hörst du?[181]

Dass anschließend Grillparzer zitiert wird, weist eben auf jene vielschichtige Gewalt hin, die sich durch die Nazizeit in den Lebensläufen kondensiert hat. Es ist Esther kaum möglich, eine eindeutige Haltung gegenüber ihrem Vater zu gewinnen. Auch sind ihre Gefühle, und gerade das der Scham, so chiffriert, dass sich in ihrem Körper wie an einer Grenzfläche der Naziterror und die jüdische Vergangenheit berühren. Auch eine Schuldanklage an ihren Vater wirkt da hilflos. Scham- und Schuld sind regelrecht amalgamiert und selbst ihr Versuch, ihren Vater in Dachau zu photographieren, wirkt vergeblich.[182]

---

180 Ebenda, Szene 1036, S. 722.

181 Ebenda, Szene 1036, S. 724.

182 Dort sagt Gattinger, sich auf die Scham (!) berufend und die gewöhnlichen Gefühle zynisch umkehrend: »Ich kenne das hier. Alles für den Tourismus hergerichtet. Rechtfertigungsdekoration für die Dachauer und den bayerischen Staat. In Wirk-

Reitz zeigt diese Begegnung in Bildern von den Innenräumen Venedigs. Die Geschichte hat Reinhard vielleicht so berührt, dass er mit dem Drehbuch dann auf dem Ammersee untergeht. Dies ist ein Unfall, der für seine Freunde wie für die Zuschauer unerwartet ist und rätselhaft bleibt.

Die Nazi-Vergangenheit wuchert wie ein Rhizom unter dem Alltag der 1960er Jahre. Am Totenbett von Cerphals Vater (Heinz-Joachim Klein) bricht die Wahrheit[183] der verlogenen Familiengeschichte und des geraubten Vermögens hervor:

> Fräulein Cerphal: Was ist denn das?
> Vater Cerphal: Ein Scheinvertrag. Der ist ungültig. Weiter, zerreiß ihn ganz!
> Fräulein Cerphal: Aber das ist doch deine Handschrift! Wann hast du denn das geschrieben?
> Vater Cerphal:. Das muß vernichtet werden. Höre, wenn jemand kommen sollte und behauptet, er hätte Ansprüche auf dein Haus, jage ihn zum Teufel!
> Fräulein Cerphal: Wen meinst du?
> Vater Cerphal: Zum Beispiel die Goldbaum-Verwandtschaft. Dein Haus gehört dir, dir ganz allein.
> Fräulein Cerphal: Aber das Haus, das hat doch mal Onkel Goldbaum gehört, nicht wahr?
> Vater Cerphal: Ach, das ist Vergangenheit. Er ist tot. Die Sache hat sich jetzt erledigt. Schaff das weg!
> Jetzt zerreißt die Tochter den Vertrag in ganz kleine Stücke, ohne hinzusehen.[184]

---

lichkeit steht nämlich niemand hier zu seiner Vergangenheit, das finde ich beschämend.« (Ebenda, Szene 1108, S. 751–752).

183 Schon vorher wird diese in der Dachbodenszene von Elisabeth Cerphal und Juan angedeutet: »Ja, das ist Onkel Goldbaum, der Kompagnon meines Vaters, bis 1935. Wir haben ihn rechtzeitig in Sicherheit gebracht. Seine Tochter schreibt mir noch heute regelmäßig aus Haifa. […] Wir haben ihm viel zu verdanken, sehr viel. Dieses Haus hat ihm ja einmal gehört.« (Szene 346, S. 225).

184 Ebenda, Szene 929, S. 652.

Juan allein reimt sich diese Geschichte zusammen und kombiniert dann vor den Augen Cerphals ganz richtig:

> Juan: Ein großer, dunkler Punkt in Ihrer Familie: Ihr Vater hat das Haus von Goldbaum bekommen, damit er es nach dem Krieg zurückgibt. Er hat sein ganzes Vermögen genommen, er hat nichts zurückgegeben. Ein großes Unrecht!
> Fräulein Cerphal: Woher wollen Sie das alles wissen, Juan?
> Juan: Ich habe es ›rekonstruiert‹. Sagt man so? Ich habe Sie gefragt, ich habe Herrn Gattinger gefragt. Ich habe beobachtet. Das ist alles.
> Fräulein Cerphal: Ich weiß nichts von meinem Vater, weil er immer nur mit meinen Brüdern sprach. Peter war der wichtigste. Dann kam Arno, den liebte er, und ich bin die »unbetonte Note«. So nannte er mich einmal.
> Juan: Sie sind tot, Ihre Brüder.
> Sie möchte Juan zu dem Spiel zurückführen, obwohl sie weiß, daß es ein Spiel mit der bitteren Wahrheit werden kann.
> Fräulein Cerphal: Was steht noch in den Karten?
> Juan: Was wollen Sie wissen?
> Fräulein Cerphal: Reisen? Liebe?
> Juan: Sie leben in der falschen Generation. Vor zwanzig Jahren ist Ihre Zeit stehengeblieben. Sie haben alles gewußt: die Geschichte von Ihrer Freundin im KZ, die Geschichte von Herrn Gattinger mit ihr und ihrem Kind – Sie haben gewußt, daß Herr Gattinger Edith verraten wird. Sie haben gewußt, daß sie sterben wird. Sie wissen, wem Ihr Haus gehört.
> Fräulein Cerphal: Jetzt gehen Sie zu weit, Juan. Das ist alles falsch! Ich weiß nichts, und ich glaube Ihnen kein Wort von dem, was Sie mir da eben alles gesagt haben.
> Sie spielt die Empörte. Sie rennt durchs Zimmer, um sich abzuregen.
> Juan: Sie haben Herrn Gattinger geliebt.
> Fräulein Cerphal: Also, jetzt hören Sie auf! Bringen Sie uns lieber was zu trinken.

> Sie ist froh, daß Juan endlich einmal nicht die Wahrheit ausspricht. Sie hat jetzt wieder Boden unter den Füßen und setzt sich gemütlich an den runden Tisch. Juan läßt aber nicht locker. Er kommt mit bleichem Gesicht auf sie zu. Er sieht ihr in die Augen.[185]
> Juan: Ich denke, daß Sie vielleicht auch mich lieben. . .
> Elisabeth Cerphal ist erhaben über etwas so Lächerliches wie die Liebe. Sie kann es nicht zulassen, daß Juan sie so klein macht. Sie beendet das Spiel und verläßt das Zimmer, ehe sie zusammenbricht und damit herauskommt, daß Juan sie tatsächlich durchschaut hat.

Angesichts dieser Familiengeschichte haben sich die Studenten des ›Fuchsbaus‹ indirekt schuldig gemacht. Die Verantwortung, die sie der Elterngeneration aufbürden und der sie sich frei fühlten, können sie selber nicht gerecht werden, weil sie es hätten wissen können. Während sie Filme drehten über die Nazi-Vergangenheit der Stadt (mit Premiere im ›Fuchsbau‹) und Herrn Gattinger ganz richtig als Nazi identifizierten, übersahen sie dabei die dämonische Nähe dieser Zeit im geraubten Erbe der Villa und zu ihrem eigenen Alltag. Dass Reitz dies auf so eine subtile Weise zeigt, dass selbst die Zuschauer diese Wahrheit erst erspüren müssen, ist wiederum seiner Anti-Dramaturgie zu verdanken, die eben diese erahnbaren Geschichten in Valenzen und Gradienten erzählen kann und deren Fäden am Alltag probablistisch gesponnen sind.

## Evelyne und Ansgar

Die Liebesgeschichte zwischen Evelyne und Ansgar wird in den Folgen drei, *Eifersucht und Stolz. Evelyne, 1961*, und vier, *Ansgars Tod. Ansgar, 1961/62*, erzählt. Sie beginnt mit der Beerdigung von Evelynes Vater Arno und endet mit dem plötzlichen Tod Ansgars »und dauerte sieben Monate und vier Tage«[186].

---

185 Ebenda, Szene 936, S. 658–659.

186 Ebenda, Szene 401, S. 254. Reitz hat dieser Figur eine besondere Aufmerksamkeit gewidmet, weil es wiederum ein Vorbild aus eigener Erfahrung gab: »Ein Freund, der früh stirbt, ist immer schon ein Freund, der früh stirbt. Darf man einen solchen Satz aussprechen? Und wer darf es wagen, so etwas vorher zu sagen? Ansgar war ein Engel. Das erkannte man daran, dass sich der Raum änderte, wenn er ihn betrat. Nicht, dass er sich als hysterischer Selbstdarsteller aufführte, der Aufmerksamkeit

Evelyne erfährt erst nach dem Tod ihres Vaters, dass sie gar nicht das leibliche Kind von dessen Frau ist: »Plötzlich waren meine Brüder nicht mehr meine Geschwister«[187], denkt sie im Off. Sie mietet sich selbst bei Tante Cerphal ein und erfährt durch Haushälterin Frau Ries in der Bibliothek wie von einer Märchenerzählerin[188], dass ihre Herkunft nicht der Familientradition entsprach und daher dem Vater das Erbe verweigert wurde. Sie findet die Schwester ihrer leiblichen Mutter, eine einfache Milchverkäuferin, die ihr die Geschichte erzählt, und reimt sich so Stück für Stück ihre verschwiegene Herkunft zusammen: »Anfang 1941 hat mein Vater den einzigen Fronturlaub gehabt. Und im Juni 1942 hat Lieselotte mich bekommen«[189].

Es ist Evelynes kindliche Naivität, auf deren Seite sich Reitz stellt. Es gibt keine einzige Szene des Vorwurfs oder der Nachfrage, ob ihr denn nicht auch etwas vom Erbe gebühre. Als Ries ihr dies mitteilt, achtet sie nur auf den Klang des Namens ihrer Mutter:

> Frau Ries: Ihr Vater hätt den Verlag erben sollen. Wissen Sie das?
>
> Evelyne: Nein!
>
> Frau Ries: Wie 1941 der Rußlandfeldzug ausgebrochen ist, da ist Ihr Vater grad 22 geworden. Er war ein romantischer junger Mann. Wenn

---

braucht, nein! Er spielte sich nicht auf, war kein eitler Egozentriker, sondern einfach ein Engel. Man musste ihn nicht ansehen, um seine Gegenwart zu spüren. Das ist alles. Nach den Weihnachtsferien war er einfach da. Ansgar studierte Medizin. Er war in Heidelberg aufgewachsen. Er sprach nicht über seine Familie, die er einen Zufall nannte, er sprach nicht über die toten Menschen, deren Körper er in den Anatomiekursen zerlegen und beschreiben musste, er fürchtete sich vor Berührungen, besonders durch die ›Bübinnen‹. Er hatte alle Literatur gelesen, von der die Rede war, behauptete aber, nur am Theater interessiert zu sein. Deswegen hatte er sich nach der *Träume*-Aufführung bei uns gemeldet. Ansgar kam immer unerwartet, oft spät in der Nacht in den Fuchsbau. Dann blieben die Gespräche stehen, und wir sahen seinen fragenden Blick. In *Die zweite Heimat* ist Ansgar eine der liebenswertesten Figuren. Seine tödliche Liebe zu Evelyne, die der Film beschreibt, ist Fiktion. Sein Zynismus im Umgang mit seinen Eltern könnte der Wahrheit entsprechen. Sein Tod durch ein Trambahnunglück ereignete sich wirklich, in Heidelberg, nicht in unserer Nähe, wie es der Film erzählt.« (Reitz: *Filmzeit, Lebenszeit*, a.a.O., S. 133–134).

187 Ebenda, Szene 301, S. 170.

188 Ebenda, Szene 325, S. 200.

189 Ebenda, Szene 364, S. 246. Sie dazu auch ebenda, Szene 331, S. 202.

> der gefallen wär, hätt ein jeder gesagt: Mei, der Träumer! So war er, und so war er auch in seiner Liebe zu Lieselotte. Romantisch und unbeirrbar.
> Evelyne: Lieselotte! Meine Mutter hieß Lieselotte?
> Evelyne findet den Namen ihrer Mutter wunderschön. Sie beginnt von innen heraus zu leuchten, wenn sie den Namen wiederholt.[190]

Das Haus als Ort ist für Evelyne eine Art Refugium ihrer Kindheit, das sie mit der Erzählerin Ries mehr und mehr betritt. Reitz schildert die Sängerin mit der tiefen Alt-Stimmlage als eine Figur, die in ihrer eigenen Gefühlswelt lebt und den positiven Zeitgeist der späten 1960er Jahre in der Villa Cerphal Jahre vorher bereits spürt. Evelyne ersingt sich ihr Leben, sie scheint in allem eine Melodie zu finden, eine Harmonie, selbst Hermanns und Helgas Spontangedicht über die Katzen kann sie mühelos vertonen.[191]

Die Demütigung, die eigene Herkunft nicht zu kennen, ist eine Erfahrung, die, wie wir sahen, alle Figuren mehr oder weniger miteinander teilen. In dieser Hinsicht ist also Evelynes persönliche Geschichte zwar eine der Schmach, ein Vertrauensverlust, sie gibt aber weder ihre Liebe zu ihrem gestorbenen Vater auf noch fühlt sie Gram. Evelynes Umgang mit dieser Beschämung ist eine Großmütigkeit gegenüber ihren Mitmenschen. Sie, die eigentlich jedem misstrauen müsste, begegnet allen unvoreingenommen, weil sie eine zuversichtliche Weltsicht hat. Jedes Photo ihrer Mutter erfreut sie wie ein Puzzleteil zu einem Spiel. Sie ist nicht materialistisch wie Tante Elisabeth, aber sie erspürt auch gar nicht die Abneigung ihr gegenüber, die es geben muss, wenn doch ihr Vater wegen der Liebe zu ihrer Mutter enterbt wurde. Stattdessen schlägt sie sich auf die Seite ihrer Eltern und identifiziert sich mit dem Liebespaar der 1940er Jahre, indem sie mit ihrem Freund Ansgar »auf ihren Spuren durch die Isarauen«[192] geht. Dass die Liebe zu Ansgar ähnlich kurz währt wie die ihres Vaters zu ihrer Mutter, ist eine eigenartige Signatur in ihrem Leben. Aber auch dieses Schicksal erschüttert Evelynes positives Temperament nicht.

Reitz erzählt die Liebesgeschichte zwischen beiden am Rande der Feiern und einer Faschingsparty. Sie entwickelt sich dort, wo Evelynes Kindheitserin-

---

190 Ebenda, Szene 331, S. 202.
191 Ebenda, Szene 338, S. 214–215.
192 Ebenda, Szene 364, S. 245.

nerungen verlaufen. Ries, die sie von der Feier fernhalten will, erreicht dadurch genau das Gegenteil. Als Ansgar sich in das »Liebeszimmer«[193] mit seiner drogensüchtigen Freundin Olga zurückziehen will, hat diese Angst vor der Dunkelheit und kehrt um.[194] Und aus jenem a-visuellen, akustischen Raum erklingt dann Evelynes Stimme. Der Schatten des Laubes tänzelt auf den Büchern:

> Evelyne: Also, vor mir braucht ihr keine Angst zu haben. Wer seid ihr?
> Ansgar: Oh! Ist das eine Stimme!
> Ansgar geht mit tastenden Schritten auf die tiefe Stimme zu. Dicht neben dem Bett stolpert er und fällt fast über Evelynes Beine. Er ertastet den fremden Körper, der sich aufrichtet. Er kann Evelyne nicht erkennen.
> Ansgar: Sie sind die besagte Nichte. Stimmt's?
> Evelyne: Machen Sie bitte Licht.
> Ansgar: Nein, sonst sagen Sie, ich soll wieder gehen, weil ich klein und häßlich bin.
> Evelyne: Häßlich bin ich selbst.
> Ansgar: Ist das nicht eine Chance? Ich sage Ihnen, wie ich aussehe, und Sie sagen mir, wie Sie aussehen.
> Ansgar setzt sich am Fußende der Rokokoliege auf den Fußboden. Seine Augen suchen nach Orientierung an den Fenstern und den mondbeschienenen Bäumen draußen vor der Villa.
> Ansgar: Sie haben eine wahnsinnige Stimme!

---

193 Ebenda, Szene 336, S. 210.

194 Reitz zeigt zu Beginn von Folge 4 die Auswirkungen dieser Kränkung Olgas, indem sie ›spielerisch‹ Ansgar mit der Winchester Reinhards ›anschießt‹ und Evelyne dies aber zunächst für echt hält (Ebenda, Szene 403, S. 256f.). Evelyne tröstet daraufhin Olga, wir sehen diesen intimen Moment aus einer gebührenden Distanz, indem sie mit entwaffnender Ehrlichkeit fragt: »Du liebst den Ansgar, nicht wahr?« (Ebenda, Szene 403, S. 260). Reinhard wiederum nutzt die Situation aus, indem er das Todesspiel unter Männern weiterführt und Ansgar schelmisch fragt: »Soll ich mich um Olga kümmern? Ich finde, sie sieht nicht schlecht aus.« (Ebenda, Szene 403, S. 260). Man kann sagen: Die Liebe von Ansgar und Evelyne in ihrer Spontaneität erzeugt an anderen Stellen negative Gefühle und Demütigungen. Das Auflösen der Scham zwischen beiden ist gleichzeitig ein Ausschließen aus einem Schambereich. Dieses komplizierte soziale Wechselspiel der Beobachtung dieser Gefühlsverschiebungen stellt Reitz dar.

> Evelyne: Das ist wie am Telefon. Ich höre Sie und stelle Sie mir vor.
> Ansgar: Keine Bilder. Bitte, keine Bilder! Sonst werden Sie enttäuscht sein. Ich will Sie nur hören.
> Ansgar liegt nun auf dem Boden. Sein Gesicht verbirgt sich unter den Zierleisten der alten Liege. Evelyne beugt sich nach vorn. Sie möchte Ansgar erkennen.
> Evelyne: Ich habe gerade was geträumt.[195]

Beide möchten einander als Traumgestalten bewahren und leben in dieser imaginativen Idylle wie in einem Kokon. Diese Vertrautheit ist so stark, dass Olga vergessen ist. Sie hält die nächsten Monate, die »beiden trennten sich in dieser Zeit nicht einmal für Stunden. Evelyne besuchte mit ihm die Medizinvorlesungen, Ansgar folgte ihr in die Musikhochschule und in die Gesangsstunden.«[196] Dass sich beide auf einem Rokoko-Sofa kennenlernen, sie dann am Nymphenburger Schloss spazieren, verleiht dieser Liebesgeschichte eine entsprechende theatrale Entrücktheit. Rational lässt sich diese Zuneigung des Zynikers und der Großmütigen kaum fassen, aber diese Gegensätze scheinen sich doch anzuziehen. Und beide hängen auch den romantischen Bildern nach, die der Alltag spann. Ansgars Mutter will diesen vollkommen kontrollieren, ihn zum künstlerischen Genie machen,[197] was dazu führt, dass er ein unglückliches Medizinstudium aufnimmt, nur um diesen Rollen zu entfliehen. Und Evelynes Mutter ist eine Abwesende. Ihr Vater hatte eine Musikalienhandlung in Neuburg an der Donau. Sie selbst singt aber lieber. Ansgar möchte seine Eltern vergessen, Evelyne möchte sie erinnern. Diese Flucht vor der Überpräsenz und die Absenz in den Lebensgeschichten scheinen komplementäre Echos in ihren eigensinnigen Charakteren zu hinterlassen. Beide verstehen sich ohne Worte, sind unzertrennlich und überwinden selbst Gemeinheiten des Anderen, so ein Gespräch auf einer Wiese im Park. Ansgar erzählt fast die ganze Zeit, Evelyne hört zu (*Die zweite Heimat*, Folge 3, ab TC 1.29.00'):

---

195 Ebenda, Szene 336, S. 210.

196 Ebenda, Szene 401, S. 253.

197 So in einem Brief an Hermann, die sich wie ein Abschiedsbrief liest (ebenda, Szene 434, S. 295).

> Ansgar: Jedes zweite Wort, das sie sagen, ist »Liebe«. Mein Vater ist Zeuge Jehovas. Ein Frömmler und Lügner.
> Über die Nazizeit sagt er kein Wort. Aber der hat was zu verbergen, das spür ich genau. Das weiß ich auch. Und ich bin auch noch das einzige Kind von den beiden. Am Anfang bin ich in München alle zwei Wochen umgezogen, damit sie mich nicht wiederfinden.
> Evelyne: Du magst deine Eltern nicht?
> Ansgar: Scheint so.
> Evelyne: Komisch!
> Ansgar ist unruhig geworden, hat sich aufgerichtet. Dafür streckt sich jetzt Evelyne auf dem Rasen aus.
> Ansgar: Das verstehst du nicht, Evelyne. Bei dir ist einfach alles anders gelaufen. Weißt du, was ich an denen so hasse, das ist dieser ewige Verzicht. Die verzichten auf ihr eigenes Leben, und irgendwie wird so was zum Vorwurf gegen mich, da bin ich schuld, daß sie gar nichts eigenes haben. Ich schäme mich für sie.
> Ansgar ist aufgesprungen. Jetzt steht er unruhig da, vor Evelyne in der Sonne. Er ist traurig.
> Evelyne: Schlaf doch ein bißchen, Ansgar. Du bist müde.
> Ansgar: Ja, ich bin müde.[198]

Tatsächlich schläft Ansgar ein und findet eine Nachricht von ihr, als er aufwacht. Evelyne, die eigentlich viel weniger hat als Ansgar, tröstet ihn. Und ihr spontaner Hinweis, er sei müde, trifft. Evelynes Stiefbruder Jürgen ist 19 Jahre alt, etwas jünger als Ansgar. Er sieht ihm ähnlich bis in die Bewegungssignaturen hinein.[199] Dass beide Charaktere diese Welt ertragen, liegt an ihrer Fähigkeit, die Schamgrenzen aufzulösen, das »Ablegen der Scham ist ein Spiel, das die beiden Liebenden gerade mit großer Aufgeregtheit spielen«[200]. Diese körperliche Vertrautheit, die sich in der Bibliothek ereignet, zelebriert Reitz.

198 Ebenda, Szene 355, S. 233–234.

199 Evelyne schreibt ihrem Bruder einen Brief, den sie schließt mit: »Ich werde trotz allem Deine Schwester bleiben!« (Ebenda, Szene 419, S. 278). Dies lässt sich durchaus auch im Hinblick auf die Beziehung mit Ansgar deuten.

200 Ebenda, Szene 404, S. 260.

In der zweisamen Überwindung der Körperscham entsteht eine Gemeinsamkeit. Auffällig ist, dass Reitz die Blicke der beiden im Drehbuch besonders hervorhebt.[201] So wird die Besonderheit dieses Verhältnisses betont. Die Blicke der beiden Verliebten wickeln die von der Gesellschaft auferlegte Scham ab. Das verliebte In-die-Augen-Schauen ist in diesen vertrauensvollen Momenten ein mächtiger Gegenstrom der Gefühle, der all die Jahrzehnte der sozialen Konditionierung in Bruchteilen von Sekunden auflöst. Während der auf den Anderen gerichtete Blick Scham introduziert, wie Sartre zeigte, so ist der mit dem Anderen *verschmelzende* Blick unter Liebenden ein Quell der Erotik und der geistigen Präsenz mit dem Anderen.

Reitz inszeniert dies aber in der Aufsicht, nimmt eine identifizierende Haltung nur annäherungsweise ein. So bleibt die Vertrautheit als eine zwischen den beiden Figuren bestehen, der wir in Distanz beiwohnen. Wir bemerken deren Blicke, imaginieren aber deren Vertrautheit nur.

In Ansgars Wesen liegt eine furchtlose Arroganz gegenüber dem Tod. Er sucht regelrecht Situationen, in denen er den Anderen zeigen kann, dass er seinen eigenen Tod verachtet. Er ist im wahrsten Sinne *lebensmüde*. Das ist eine Signatur seines Charakters, die kaum gedeutet werden kann. In einem Gespräch in der Bibliothek, wo alles begann, kreisen die beiden sich selbst interpretierend in eine Leere. Sie wissen nicht, warum sie so fühlen und probieren selbst verschiedene Formen des Umgangs miteinander aus. Dass Ansgar sagt, dass er sich vor Evelyne schäme, ist dabei so aufrichtig wie hoffnungsvoll. Denn er schämt sich nicht mehr vor der Scham, er geht mit ihr reflektierend um. So verliert sie so an Macht über ihn:

> Ansgar: Weißt du, Medizin paßt einfach nicht zu mir. Du hast schon recht gehabt. Ich bringe es einfach nicht mehr fertig, da hinzugehen.
> Evelyne: Stimmt. Wir waren seit Wochen nicht mehr in der Uni. Das ist schlimm, Ansgar.
> Ansgar: Du bist so stark, weißt immer, was du willst. Ich schäme mich vor dir. Ich bin der letzte Dreck!

201 Ebenda, Szene 351, S. 229 und Szene 355, S. 232.

> Evelyne versucht, den Freund zu trösten. Sie setzt sich behutsam neben ihn. Als sie ihm aber den Kopf streicheln will, rennt er wieder vor ihr weg. Er wirft sich auf die Liege.
> Ansgar: Ich hasse Leute, die sich selber leid tun.
> Evelyne: Meinst du dich?
> Ansgar: Wen denn sonst? Ja, ich weiß schon, man muß kämpfen. Aber um was? Ich habe solche Angst. Ich habe fürchterliche Angst.
> Evelyne: Ich habe dich noch nie so verzweifelt gesehen. Kann es sein, daß wir zuviel zusammen sind? Liegt es daran?
> Ansgar: Vielleicht.
> Evelyne: Oder hast du vielleicht nur Hunger?
> Ansgar (lacht): Nein.
> Evelyne: Dann komme ich zu dir. Ich wärme dich.
> Sie zieht den Pullover aus. Mit ihrem nackten Oberkörper schmiegt sie sich an den verzweifelten Freund. Ganz nah will sie ihm jetzt sein. Aber Ansgar ist unendlich weit von ihr entfernt. Sie sucht nach Mitteln, ihn zu berühren.[202]

Diese scheinbare Nähe zwischen den Figuren und die gefühlsmäßige Ferne können nicht mehr von ihnen überbrückt werden. Sie sind orientierungslos. Aber dass sie das merken und dies gemeinsam eingestehen, ist wiederum Ausdruck einer aufrichtigen Liebe zueinander. Evelyne zieht sich aus, Ansgar liegt nur in Unterhose bekleidet vor ihr. Beide ruhen auf der Liege, und sie umarmt ihn erneut zärtlich. Die einmal überwundene Körperscham überbrückt diese Kluft zwischen beiden.

## Ansgars Tod

Bei der Vermittlung eines Studentenjobs spricht Hermann Ansgar einmal ganz beiläufig auf das Thema Tod an, weil er vorher durch eine Lautsprecherdurchsage einer Bombenentschärfung das Wort »Lebensgefahr« hörte. Diese zufällige Assoziation spinnt sich dann weiter:

---

202 Ebenda, Szene 440, S. 303–304.

Hermann: Sag mal, warst du schon einmal in Lebensgefahr?
Ansgar: Wie?
Hermann: Lebensgefahr!
Ansgar: Du bist immer in Lebensgefahr.[203]

Viel später dann erst erweist sich diese Ahnung wie eine Vorsehung. Ansgar tritt einen weiteren Studentenjob als Schaffner an, witzelt vor der Bahn und möchte mit Evelyne später die Faschingsparty im ›Fuchsbau‹ besuchen. Bei einem slapstickartigen Scherz bleibt er mit einem Fuß in der Tür hängen, als diese schließt. Die Bahn reißt ihn mit und er stirbt eines grausamen Todes.[204] Reitz erklärt diesen Tod nicht. Er erfolgt plötzlich und unerwartet, als Einbruch in den Alltag der Liebenden wie ein Schicksalsschlag und bleibt wie der Tod von Reinhard eine erzählerische Leerstelle. Die Kamera wechselt die Perspektiven, wir sehen zunächst den Fuß aus Sicht der Fahrgäste und driften dann immer mehr in die subjektive Perspektive. Teilweise blicken wir aus den Augen des Sterbenden, die Evelyne auf dem Kopf stehend sehen. Dies ist ein nicht zu steigernder Kontrast gegenüber den vormals zelebrierten verliebten Blicken zwischen Ansgar und Evelyne, die Reitz in Distanz zeigte. Andererseits wussten auch wir Zuschauer schon zu Beginn durch den Titel, dass Ansgar sterben würde. Alles wirkt einerseits prädestiniert und andererseits zufällig.

Evelyne kehrt wie ein Todesengel zur ausgelassen feiernden Gruppe in die Villa zurück und überbringt die Nachricht. Viel später dann ereignet sich wieder etwas Ähnliches wie die Begegnung mit Ansgar in ihrem Leben:

Heiligabend. Evelyne singt Bachs »Weihnachtsoratorium«. Der Organist bemüht sich um den festlichen Ton, der Evelynes Stimme emporhebt.
Evelyne (singt): »Deine Wangen müssen heut' viel schöner prangen, Eile, den Bräutigam selig zu lieben!«
Probt Evelyne für ein Konzert? Die Kirche ist menschenleer. Nur ein einziger Zuhörer sitzt unter der Orgelempore, auf der Evelyne singt. Während des Liedes ist sie näher an die Brüstung gegangen, damit ihr Zuhörer sie besser sehen kann. Es ist ein Afrikaner in der festlichen

203 Ebenda, Szene 234, S. 117.
204 Ebenda, Szene 445, S. 309–311, DVD Folge 4, ab 1.23.00'.

> Tracht seiner Heimat. Auf seinem Kopf trägt er eine reich mit Perlen bestickte rote Mütze, die wie eine Krone aussieht. So ähnlich sieht man einen der Heiligen Drei Könige oft dargestellt: ein Märchenprinz. Evelyne singt allein für ihn.[205]

Die beiden verlieben sich. Offenbar fügt sich die Wirklichkeit Evelynes um ihre Wünsche.

## Spielräume der Gefühle: Hermann, ›Schnüsschen‹ und Clarissa

Die vielschichtigste Erzähldimension in *Die zweite Heimat* ist die der Dreierkonstellation Hermann, ›Schnüsschen‹ Waltraud Schneider (Anke Sevenich) und Clarissa Lichtblau, die von zahlreichen anderen Figuren gestreift wird. Reitz weicht hier vom klassischen Erzählmodell auch insofern ab, als dass er die Liebe weitgehend von ihrer Spontaneität her darstellt und nicht nach moralischen Kriterien abstrakt umordnet. Er lässt die Bänder der Gefühle frei fluktuieren und die Menschen assoziieren sich so, wie sie füreinander empfinden. Sie sind ehrlich in Bezug auf ihre Libido. Dies war nur eine kurze Zeit, in den 1960er Jahren und danach, dazu nur in bestimmten gesellschaftlichen Gruppen wie den Studierenden möglich. Die Gesellschaft hat nach den 1970er Jahren das Verhalten einem moralischen Überbau eingeordnet und Scham rechtlich kodifiziert. Auch die meisten Filme erzählen die Liebe als eine Zweierbeziehung von Menschen, was dem Modell des Ehekontrakts entspricht. Sie nehmen also einen abstrakten Anspruch der Gesellschaft an die Menschen, die Verstaatlichung der Liebe im Ehevertrag, als das Leitbild der Erzählung und durchformen es dementsprechend, von diesem ›Top-down-Modell‹ ausgehend. Beziehungen erscheinen dann als störende und kränkende Affären, Konflikte entstehen durch Anrufung dieses moralischen Kodizes seitens der Figuren, wobei dieser nicht in Frage gestellt wird und die Narration im Hintergrund bestimmt. Wir werden bei Frank Wedekind sehen, dass es viele Vorläufer dieser freien Darstellung gibt, auch Arthur Schnitzler etwa hat Alternativen zu diesem

205 Ebenda, Szene 733, S. 523.

bürgerlichen Kontrollsystem der Moral entworfen bzw. dieses in Frage gestellt. Im Film haben dies etwa Otto Preminger (*The Moon is Blue*, 1953; *Bonjour Tristesse*, 1958), Peter Schamoni (*Deine Zärtlichkeiten*, 1969) und Stanley Kubrick unternommen, auf letzteren kommen wir später zurück.

*Die zweite Heimat* fabuliert diese Utopie aus, die nämlich, dass es in bestimmten Phasen der Geschichte auch in Deutschland möglich war, die Libido vielschichtig zu realisieren und das binäre Modell Mann-Frau zu differenzieren – und dies nicht heimlich zu tun, sondern sich zu diesem Lebensmodell zu bekennen.[206] So entwickelt Reitz die Liebesgeschichte zwischen Hermann und Clarissa als eine von anderen Liebesabenteuern intermittierte, in der beide Partner bürgerliche Ansprüche unterlaufen und kollektive Formen der Schamüberwindung explorieren. Die Räume der Scham werden so auf eine vielschichtige und spielerische Weise in Lusträume gewandelt und erkundet. Reitz zeigt dieses Spiel des Verliebtseins, das Geschehen der Liebe, das Eingeständnis der gegenseitigen Attraktivität, indem er den multipolaren Alltag mit Stimmungen und Tendenzen sinnlich einfärbt. In den meisten Szenen, in denen die Studierenden in Gruppen zusammen sind, gibt es wechselseitige Assoziationen, die zumindest zum Teil von der Lust am Anderen geleitet sind. Diese alltäglichen Schamüberwindungen sind kleine Feste des erotischen Spiels in der Lebenswelt, die jeweils in Abhängigkeit von dem Temperament einen anderen Stil haben, in dem der Alltag in Momenten intim wird. Es zeigen sich so Lernprozesse und Erfahrungen in diesem spontanen Ausprobieren eines gemeinsamen Lustraums Alltag. Da beobachten wir nicht nur dieses responsive Geschehen des Flirtens, Sich-Verliebens und der angedeuten Sexualität, sondern wir nehmen auch selbst an ihm, oft frei wählbar, multiperspektivisch teil, weil uns Reitz Angebote der Identifikation mit verschiedenen Figuren macht. Diese tolerante Zeit des *Summer of Love*, in der das Motto *Make Love, Not War* galt, feiert Reitz filmisch, indem er zeigt, wie sich Zärtlichkeit zur Lust steigern kann. Er ist aber auch realistisch, wenn er die daraus folgenden Blessuren mit

206 Eine andere Entwicklung hat die queere Liebe genommen, die in den 1960er Jahren weithin tabuisiert war und die sich entgegen dem allgemeinen Trend heute freier als früher entwerfen kann, zumindest in westlichen Ländern. Siehe dazu etwa die Filme Rosa von Praunheims.

darstellt. Es sind dies aber keine Konflikte, sondern Spuren von Erfahrungen, die die herrschende Moral den Figuren zumutet.

Als eine Metapher für Hermanns Gespaltenheit wählt Reitz den Spiegel. Hermann verlässt seine Heimat Schabbach zwar, aber ein Teil seiner Person ist von seiner Herkunft unveränderbar geprägt. Dieser Zwiespalt wird dann in der Spiegelszene erlebt. Als er sich schwört, für die Musik zu leben »öffnet sich in diesem Augenblick die Spiegeltür von Hermanns Kleiderschrank«[207] wie von Geisterhand und wir blicken auf einen zweiten Hermann. Und als er schließlich Waltraud heiratet, obwohl er sich schon zu Beginn in Clarissa verliebt, »sieht er im Spiegelbild einer Schranktür wie ein moderner Satyr aus«[208].

Während in der gewöhnlichen Dramaturgie häufig unterstellt wird, dass die Menschen ihre Gefühle kennen, zeigt Reitz immer wieder, wie diffus diese sind und wie wenig transparent. Die Liebe zu Waltraud wie zu Clarissa ist oft geleitet von Ahnungen und eigentümlichen Ähnlichkeiten. In *Heimat* lehrte, wie wir sahen, Waltraud Hermann auf der Kirmes das Küssen.[209] Offenbar entstand keine Beziehung daraus, aber die damalige Reaktion Hermanns, die eben Waltraud nicht ausnutzte, eine Reaktion der Zurücknahme war, blieb ihr offenbar in Erinnerung. Wenn Waltraud sich entschließt, einen Job als Reiseleiterin in München anzunehmen, so ist es eben ihr Plan, Hermann zu treffen. Und der Wunsch, ihn zu heiraten, dürfte zahlreiche ihrer Handlungen durchdringen. Ihr selbstbewusstes Auftreten vor den Freunden ist theatral wie ihre Kostüme, weil es die dörfliche Scham noch bewahrt und mit ihr eine konservative Moral, die von den Studierenden gerade aufzulösen versucht wird. Waltraud inszeniert Hermann auf Bühnen wie einen Prinzen, so dass dieser sich wohl fühlt, aber sie leben intellektuell in anderen Welten. Wenn einmal Waltraud zu Hermann sagt, die Scheurebe sei »viel zu schade für deine arroganten Freunde, genau wie deine Musik«[210], so muss er diesen Satz als Krän-

207 Ebenda, Szene 102, S. 12.

208 Ebenda, Szene 814, S. 559. Siehe dazu auch Szene 817, S. 562.

209 So sagt Waltraut: »Schnüßchen: Da war Kirmes unten an der Mosel. Wir sind aus dem Tanzzelt zusammen rausgegangen, weißt du noch? Und dann haben wir uns ans Ufer gesetzt, und dann hab ich dir was erklärt… Hermann: Wie der Zungenkuß geht!« (Ebenda, Szene 627, S. 449). Diese Szene kennen auch wir Zuschauer aus *Heimat*, so dass wir uns mit Hermann daran erinnern.

210 Ebenda, Szene 721, S. 507.

kung empfinden, weil ihre Schamhaltung dadurch eindeutig umgrenzt wird. Waltraud versucht, Hermann zu erziehen und ihn durch Zärtlichkeit und Phantasie in eine spießbürgerliche Welt zu locken, die sie sich ausmalt. Sie ist aber eine Figur mit Esprit und einer positiven Weltsicht und einem Vertrauen in die Zukunft, das die anderen Figuren kaum haben.

Aber auch zu Clarissa laufen die Fäden von Hermanns Herkunft, wenn auch viel indirekter, durch Ähnlichkeiten im Lebenslauf. Zu Juan sagt er einmal, als dieser seine Gedanken errät: »Clarissa. Das kommt von Klara, Kläre, Klärchen. Das sind alles so Gespensternamen.«[211] Beide sind zudem uneheliche Kinder, was damals eine Schande war. Clarissa sagt zu Juan, sie habe ihren Vater nie kennengelernt:

> Jedesmal, wenn ich nach Hause komme, spricht sie mit mir darüber. Fünf Jahre lang hat sie versucht zu heiraten. Vom ersten Kriegstag an war das ihr ganzer Lebensinhalt, bis er tot war. Dreimal hatte er Fronturlaub, aber die Familie in Bayern hat alles dafür getan, die Hochzeit zu verhindern. Dann haben sie eine »Ferntrauung« versucht, alles, damit ich ein eheliches Kind werde. Ich kann mich noch ganz genau erinnern. Ich war damals schon fünf. Ich hab mir geschworen, niemals zu heiraten, niemals. Das können Sie mir glauben.[212]

Es entstehen in den sich überlagernden und wechselnden Beziehungen Valenzen und Schattierungen, Echos aus der Generation der Eltern, die sich im Charakter äußern, denn auch Hermann kannte Otto Wohlleben bekanntlich nur aus wenigen Besuchen, bevor er starb.

Gleich zu Beginn in der Musikhochschule begegnen sich Hermann und Clarissa, Reitz zeigt dies in leichter Zeitlupe, die »braunen Augen erwidern Hermanns Blick«[213]. Wenn es auch eine Liebe auf den ersten Blick ist, so verläuft diese keineswegs geradlinig. Mehrfach besteht die Gelegenheit für beide, sich zu lieben, und immer nutzen sie diese nicht, schreiben sich Briefe, die sie nicht abschicken, reflektieren, was der andere denken mag. Es kommen

211 Ebenda, Szene 208, S. 90.
212 Ebenda, Szene 215, S. 102.
213 Ebenda, Szene 131, S. 54.

zahlreiche Liebesaffären dazwischen, mit Renate[214], mit Sekretärin Erika[215] und Aktivistin Katrin[216]. Die Dichterin Helga küsst Hermann[217], dieser besucht sie spontan in Dülmen, zusammen mit Dorli (Veronica Ferres) und Marianne Westphal (Irene Kugler) erlebt er Gruppensex[218]. Es ist dies eine Feier einer Phantasie der Schamfreiheit, während der aber die Beziehung zu Clarissa beständig weiter fließt.

Clarissa liebt Volker Schimmelpfennig und Jean-Marie Wéber und hat mit ihnen Geschlechtsverkehr. Weil sie nicht weiß, von wem ihr Kind ist, und auch nicht auf Unterstützung zählen kann, sowieso ihre Karriere gefährdet sieht, lässt sie es abtreiben.[219] Das aber führt dazu, dass sie an jenem Konzert, das Hermann eigens für sie schrieb, abwesend ist und Waltraud Hermann begleitet, was deren Beziehung vertieft.[220] Kurz vor der Hochzeit mit Waltraud endet die Folge 7 mit diesem Dialog:

---

214 Ebenda, Szene 119f., S. 33f.

215 Ebenda, Szene 1135, S. 783. Wenn Erika über Waltraud sagt: »I nehm ihr doch nix weg« (ebenda, Szene 1135, S. 784) und schelmisch lächelt, so offenbart sich hier eine hedonistische Haltung wie auch ein stiller Triumph, die Hierarchien im Büro durcheinander gewirbelt zu haben.

216 Ebenda, Szene 1243, S. 864f.

217 Ebenda, Szene 340, S. 219, siehe dazu auch Szene 551, S. 382f.

218 Ebenda, Szene 538f., S. 364 f.

219 Jean-Marie sagt in einem seiner Intellektualität eigenen Zynismus: »Ich bin ein Fifty-fifty-Vater. Daß es das überhaupt gibt!« (Ebenda, Szene 618, S. 436). Clarissa aber hat eine Frankreich-Tournee vor sich und will sich kein »Kind andrehen« lassen (ebenda, Szene 618, S. 436). Schließlich teilen sich die beiden das Geld für die Abtreibung, unwissend, was Clarissa erwartet, sie zudem alleine lassend. Ihr Satz »Ich liebe euch nämlich beide nicht.« (ebenda, Szene 618, S. 437) trifft wiederum Volker, der sich von ihr abwendet und aussieht, »als ob er weint« (ebenda, Szene 618, S. 437). Die anschließende Abtreibung und der Umgang mit Clarissa, als sie mit Fieber und Blutvergiftung ins Krankenhaus kommt, stellen die damalige Situation der Frauen sehr realistisch dar (ebenda, Szene 633f., S. 460f.). So heißt es in der Gedankenstimme Clarissas: »Bei mir im Zimmer: eine Wöchnerin.- Ich sollte das Glück sehen, Mutter zu sein! Noch in den Fiebertagen beginne ich mit Musils ›Mann ohne Eigenschaften‹. Ich male mir das Leben einer anderen Clarissa aus. Eine sehr fremde Frau, die so heißt wie ich.« (Ebenda, Szene 735, S. 526). Auf diese Demütigung reagiert Clarissa, indem sie sich die Haare abschneidet.

220 Diese Irritation wird dann nochmal vergrößert, wenn Clarissa später großen Erfolg mit diesem Stück hat, obwohl Hermann das zunächst gar nicht erfährt.

> Hermann und Clarissa weinen zusammen.
> Clarissa: Jetzt müssen wir wie Bruder und Schwester sein, so verwundet wie wir sind.
> Gib mir deine wehe Hand.
> Hermann: Ich muß immer an mein Blut denken, das in deine Binde fließt.
> Bei uns ist alles umgekehrt, alles ist umgekehrt wie sonst auf der Welt.
> Clarissa: Ich bin wie du.
> Hermann: Ich bin auch wie du.
> Die beiden streicheln sich und stecken die Köpfe nah zusammen.
> Hermann: Bist du eifersüchtig?
> Clarissa: Ja.
> Hermann: Würdest du mich heiraten ?
> Clarissa: Niemals, niemals!
> Hermann: Wir sind noch nie zusammen eingeschlafen.
> Clarissa: Doch, in Gedanken schon oft.
> Hermann: Ja.
> Das war der Weihnachtsabend von Hermann und Clarissa. Die beiden schlafen wie Bruder und Schwester nebeneinander ein.[221]

Es wäre nun ein Leichtes, die Hochzeit als Austragungsort zwischen diesem Konflikt zwischen Hermann und Waltraud zu inszenieren. Nichts dergleichen passiert. Clarissa und Hermann lieben sich geistig, die Liebe zu Waltraud ist eine sehr konkrete, alltägliche, von Fürsorge geprägte. Hermann schämt sich der Beziehung zu Clarissa nicht, weil beide Beziehungen ehrlich gefühlt sind, nur auf anderen Gefühlsebenen. Das Verhalten Clarissas ist sehr umsichtig und großmütig, wenn sie dennoch zur Hochzeit erscheint und ihr Geschenk übergibt:

> Clarissa schenkt Schnüßchen und Hermann einen Kasten mit zwölf Suppenlöffeln. Als Widmung hat sie einen Zettel in den Kasten gelegt, auf dem steht:
> »VIEL GLÜCK BEIM AUSLÖFFELN DER SUPPE«.

221 Ebenda, Szene 745, S. 538. Man beachte hier wiederum die Bezüge zu Musils Roman *Der Mann ohne Eigenschaften.*

> Schnüßchen liest Hermann diesen Text vor. Hermann sieht Clarissa an und schweigt.
> Clarissa: Es lebe die Musik![222]

Die Gewalt bei der Hochzeit bricht dann an ganz anderer Stelle aus, wo man sie nicht vermutet. Juan, Hermanns sprach-, musik- und akrobatikbegabter Freund aus Chile, kommt mit einer positiven Einstellung nach Deutschland: »Ich wohne in einer Pension ›Victoria‹. Mein Geld reicht noch für zwanzig Tage und eine Nacht. Eine Ewigkeit.«[223] Er wird aber von der Musikhochschule abgelehnt, während Hermann durch einen Trick die Aufnahmeprüfung besteht:

> Juan: Ich bin nicht angenommen worden. Vielleicht muß ich jetzt München verlassen.
> Hermann: Das verstehe ich net. Sie haben doch am schönsten gespielt von uns allen!
> Juan: Aber die Professoren sagen, es sei Folklore. Es ist aber keine Folklore. Es ist einfach. . . einfach Kunst.[224]

Juan ist ein zuvorkommender, stiller und sensibler Mensch, der für die moderne Universitätslandschaft zu viele Begabungen hat und dessen Phantasie und Ausdrucksspektrum von seinen Mitmenschen weder erkannt noch gewürdigt wird. Er eignet sich elf Sprachen[225] autodidaktisch und mimetisch an. Juan muss sich aber mit Gelegenheitsjobs durchschlagen und entwickelt ein indirekt homoerotisches Verhältnis zu Hermann[226], indem er ihn stets begleitet

222 Ebenda, Szene 855, S. 605.
223 Ebenda, Szene 125, S. 46.
224 Ebenda, Szene 133, S. 58.
225 Ebenda, Szene 121, S. 39.
226 Dies wird nur angedeutet. Die Bezugsfigur im Leben von Reitz für Juan war Julio Shanuklikoff, über den es in der Autobiographie heißt: »Als ich Zeit fand, mit ihm ein längeres Gespräch zu führen, erklärte er mir, sein Leben habe sich komplett gewandelt. Er sei glücklich, endlich sein sexuelles Heil gefunden zu haben. Er erzählte mir, dass er in Rom sein schwules Erweckungserlebnis gehabt habe, und schwärmte von seinem jungen Freund. Die alten Münchener Freunde sollten alle erfahren, dass er als ein anderer neu geboren worden sei – Julio neigte schon immer zu einem

und sich ebenso in dessen Frauen verliebt, um ihm nahe zu sein. Angesichts des Faktums, dass Hermann nun mit der Heirat das Verhältnis zu Waltraud vertraglich besiegelt, sieht aber Juan offenbar keinen Spielraum mehr für sein mimetisches Leben und will es durch einen Schuss mit Reinhards Winchester vor den Augen der Gäste beenden: »Mierda, dejen-me solo«, sagt er, *Scheiße, lasst mich allein.*

## Synchronizität, Telepathie und kollektive Umsicht

Von C. G. Jung gibt es das Konzept der Synchronizität, welches Philosoph Yasuo Yuasa so beschreibt: »Jung calls synchronicity alternatively ›meaningful coincidence‹. For example, suppose that when I am thinking in my mind of a certain friend, this person happens to visit me.«[227] Solch eine synchrone Parallelwelt zeigt auch Reitz häufig. Es sind dies manchmal beiläufige, nicht akzentuierte Szenen, wenn etwa Hermann in Waltrauds Umklammerung schläft und Clarissa im Zug ihr Cello umklammert.[228] Wir sahen schon am Beispiel von Gattinger, dass dies auch kommentierende Funktion haben kann. Manchmal etwa zeigt Reitz diese Parallelwelt sogar in Träumen und deutet an, dass sich eine telepathische Verbindung jenseits des Alltags und räumlicher Distanz

---

gewissen Pathos. Diesmal übertrieb er es etwas. Er verabschiedete sich von uns als seinem ersten Leben und verschwand wieder in Richtung Rom in sein zweites Leben. Als wieder einige Jahre ins Land gegangen waren, tauchte Julio abermals in München auf, diesmal aus Sorge um seine Gesundheit. Er litt unter Gleichgewichtsstörungen und höllischen Kopfschmerzen. Ich schickte ihn zu einem befreundeten Arzt, der ihn sofort in eine neurologische Spezialklinik einliefern ließ. Es hieß, Julio müsse an einem Hirntumor operiert werden. Ich beeilte mich, ihn vor der Operation noch einmal zu sehen. Er wirkte verwirrt, und seine größte Sorge war, dass durch den Eingriff seine Sprachen verlorengehen könnten. Der eigentliche Schock kam, als ich den Freund nach der OP wiedersah. Sein Sprachwissen war erhalten geblieben, aber er erkannte mich nicht mehr. Er wusste für den Rest seines Lebens nicht mehr, wer ich bin. Dieses Unglück ereignete sich in der Zeit, als ich mit *Heimat* begann. Ich musste den Verlust eines lieben Freundes betrauern, ohne dass er gestorben war.« (Reitz: *Filmzeit, Lebenszeit*, a.a.O., S. 309–310).

227 Yasuo Yuasa: *Overcoming Modernity. Synchronicity and Image-Thinking*, übers. von Shigenori Nagatomo und John W.M. Krummel, New York 2008, S. 98. Siehe dazu Becker: *Ozu*, a.a.O., S. 194f.

228 Reitz: *Die zweite Heimat. Drehbuch*, a.a.O., Szene 820, S. 563.

herstellt.[229] Es ist dies ein interessanter, weil schamauflösender Aspekt. Reitz dringt so künstlerisch in Tiefenschichten ein, die sich üblicherweise verbergen. Er lässt uns sinnlich eintauchen in die Gedankenwelt seiner Protagonisten, etwa durch den Off-Erzähler, der aber in der Regel eine Gedankenstimme ist. Natürlich gibt es auch Bereiche, in denen die Figuren neidisch auf die anderen sind und diese Responsivität, dass sie deren Gefühle und Gedanken erahnen, gegen sie stellen. Helga ist besonders gut in der Weise, die Gefühle der Anderen gegen sie zu wenden. So isst sie einmal ein Leberwurstbrot, wirft es weg, küsst dann Hermann vor den Augen von Clarissa. Woraufhin diese den Blick abwendet und fortgeht.[230] In dieser Handlung schadet sie beiden. Sie vergällt durch den Geschmack der Leberwurst die Erfahrung des Kusses und kränkt gleichzeitig Clarissa. Vor Beginn von Hermanns Konzert sagt sie ihm, in schwarzem Kostüm: »Ich bin deine Witwe!«[231] Es sind dies keine eindimensionalen Sätze oder Konflikte mehr, sondern responsive, bewusst gesetzte Kränkungen, die die Figuren oft aussenden. Dies sind alteropolare Echos in den Imaginationen. Manchmal sind es Zufälle, die diese Momente bestimmen. So flirtet Juan mit Clarissa, während diese »auf Hermanns Fahrrad« balanciert und versucht, »freihändig auf dem Sattel zu sitzen, mit den Füßen auf der Lenkstange. Dabei verliert sie das Gleichgewicht. Juan fängt sie auf.«[232]. Und genau in diesem Moment betritt Hermann die Szenerie und wird eifersüchtig. Interessanterweise wendet sich Clarissa daraufhin von beiden ab und geht zu Volker. Diese Resonanzgefüge können auch positiv sein. Als Clarissa und Hermann zusammen musizieren, nimmt diese »das Cello zwischen die Beine, als wäre es ihr Geliebter« und Hermann »beobachtet das anzügliche Bild«[233]. Darin liegt, dass die Kunst Sublimierung ist, wie auch, dass sie dazu dienen kann, die Sphäre zum Anderen hin erotisch zu überschreiten.

229 So etwa im Traum von Hermann, ebenda, Szene 817, S. 562.

230 Ebenda, Szene 340, S. 219. Siehe dazu auch ebenda, Szene 362, S. 244 sowie Szene 608, S. 421 und Szene 724, S. 509.

231 Ebenda, Szene 710, S. 492.

232 Ebenda, Szene 335, S. 209.

233 Beide Zitate ebenda, Szene 362, S. 241.

Es gibt eine große Affinität zwischen den Figuren. Einmal denkt Hermann, Clarissa sei wie er[234]. Viel früher hat Juan ebendies zu Hermann gesagt: »Clarissa ist wie du.«[235] Und auch Renate ist sich, als der nackte Hermann neben ihr liegt, ganz klar darüber, an wen Hermann gerade denkt.[236] Es entsteht so eine spirituelle Übereinkunft zwischen den Protagonisten. Sie wissen, was der andere denkt und haben auch eine Art telepathischen Bezug zum Anderen.

Manchmal äußert sich das auch diskursiv in Gesprächen, die zeigen, dass die Protagonisten die Konflikte kennen und nicht ausagierten, eben aus Hochachtung vor dem Anderen. Sie verinnerlichten sie stattdessen. Hierin sind sich Clarissa und Waltraud sehr ähnlich. Und in einem ernsten Gespräch weiß auch Waltraud darum:

> Clarissa: Weißt du, daß ich dich nie leiden mochte?
> Schnüsschen: Das weiß ich, und ich weiß auch, warum. Weil du Hermanns große Liebe warst.
> Clarissa setzt sich neben Schnüßchen auf die Banklehne. Sie ist erstaunt, daß sie so ehrlich sprechen kann.[237]

Die Bedingung einer solchen Versöhnung zwischen Rivalinnen aber ist die Verinnerlichung des Konfliktes. Und dies ist eine Fähigkeit, die schamhafte Menschen besitzen. Waltraud wie Clarissa bewahrten sich ihre Scham und vermieden so einen offenen Konflikt. Es entstehen so sehr tiefgründige Niveaus des Wissens um die Gefühle des Anderen. Diese erscheinen regelrecht prästabiliert in einer Harmonie, die aber eben Kraft kostet, weil die eigenen Gefühle zurückgestellt werden müssen, um solch eine Reflektiertheit zu erreichen.[238]

So entstehen also innere Handlungen, die mit der äußeren verwoben sind. Es sind dies reflektierte Formen der Scham, welche die Faszination von *Die*

---

234 So denkt er: »Clarissa war wie ich. Sie war vor Juan geflohen. Juan verhielt sich bei Clarissa wie Clarissa bei mir. Hat Clarissa gespürt, daß ich vor ihr fliehen würde? Hat Juan gespürt, daß sie vor ihm fliehen würde?« (Ebenda, Szene 259, S. 161).

235 Ebenda, Szene 245, S. 141.

236 Ebenda, Szene 243, S. 138.

237 Ebenda, Szene 1138, S. 786.

238 Etwas fordernder tritt Waltraud dann vor Konsul Handschuh auf, wenn sie ihm zu verstehen gibt, dass es »eine nette Sekretärin gibt.« (Ebenda, Szene 1250, S. 873).

*zweite Heimat* ausmachen. Manchmal erscheinen diese so kunstvoll gesetzt und dezent platziert, dass sie selbst wie musikalische Motive wirken, die wir fortdauernd hören können. In dieser Hinsicht also ist dies eine musikalische Harmonie, die sich überträgt und die die Konflikte differenziert. Diese Utopie eines Verschiebens der Schamgrenzen entwirft *Die zweite Heimat.* Es ist dies, wie wir sahen, nicht obszön, weil die Figuren die Scham nicht einfach ignorieren und so tun, als gäbe es diese nicht. Sie tarieren die Schamgrenzen wohlwissend neu aus und sind sich der Potentiale wie auch der Konflikte, die dadurch entstehen, wohl bewusst. Dadurch können neue Bereiche der Gemeinsamkeit exploriert werden. Es eröffnen sich aber auch neue Zonen der Unbekanntheit, in denen ein Gespür für die Gefühle des Anderen gefragt ist.

# Heimat 3 – *Chronik einer Zeitenwende* (2004)

In *Heimat 3 – Chronik einer Zeitenwende* (2004) ziehen Hermann und Clarissa zurück in den Hunsrück und renovieren ein altes Fachwerkhaus, gerade zu Zeiten der deutschen Einheit. Der Film ist mit viel weniger Abstand zur dargestellten Epoche gedreht als die anderen *Heimat*-Folgen. Dazu haben sich die Veränderungen in den 1990er Jahren massiv beschleunigt. Die Auflösung der DDR, die marktkonforme Umgestaltung Deutschlands, die Aufnahme von Flüchtlingen und Russlanddeutschen, die damit verbundenen multiplen Kulturwelten und ihre Perspektiven etc., all das führte zu einer tiefgreifenden Veränderung auch in der Scham.

Reitz kann wie nur wenige Regisseure Epochen schildern wie andere Menschen. Er verleiht einem Zeitalter eine Physiognomie, betreibt Charakterstudien der Jahrzehnte. Die massive Verpuppung Deutschlands nach der Wende, die Medialisierung von Heimat in Form eines Schabbach-Chors, der in München singt, mitsamt Schabbach.de-T-Shirts, die beschämende Beerdigung Antons, die Auflösungserscheinungen der Optik Werke Simon und der Familie, der Fußballclub, all das wird sehr hellsichtig gezeigt, sogar die Durchsetzung der Landschaft mit Windrädern hat Reitz schon im Blick, sowieso die Computertechnik.

*Heimat 3* zeigt, dass es kaum mehr innere, selbst gesetzte Grenzen gibt und die Scham anders als in *Die zweite Heimat* einfach ignoriert wird. Man könnte hierfür viele Beispiele anführen, eines ist im dritten Film *Die Russen kommen (1992–1993)* besonders einsichtig. Antons Sohn, der Neureiche Hartmut Simon (Christian Leonard) hat sich einen neuen Porsche gekauft und Ehefrau Mara (Constance Wetzel), schwangere Dressurreiterin, kränkt seinen Stolz mit dem einfachen Spruch: »Hartmut, wann wirst du endlich erwachsen?«[239]. Dieser rächt sich aus einem Impuls heraus und lädt das Hausmädchen Galina (Larissa Iwlewa) zur Spritztour ein:

> Galina: Pee-Ess, was heißt?
> Jetzt gibt es wenigstens einen Grund zum Lachen.
> Hartmut: Pferdestärke! Ein Erlebnis, sag ich dir. Komm, gib dir einen Ruck. Steig ein. Nur eine kleine Runde. Du wirst es nicht bereuen.
> Zaghaft nähert sich Galina. Sie klammert sich an den Wäschekorb, bleibt aber stehen, bis sich die Autotür vor ihr öffnet. Sie stellt den Korb auf den Boden, zögert jedoch einzusteigen.
> Hartmut: Ja, komm! Setz dich wenigstens mal rein.
> Galina wagt es, sich auf den Beifahrersitz gleiten zu lassen, bereit, sofort wieder auszusteigen. Ihre Hände tasten über den Ledersitz.
> Hartmut: Fühlt sich gut an, gell! Kalifornisches Büffelleder. Direkt aus dem Wilden Westen. Soll ich mal ein bisschen Gas geben?
> Schon hat Hartmut den Schlüssel umgedreht. Der Motor heult auf. Galina erschrickt.
> Galina: Nein, meine Arbeit![240]

Es ist offensichtlich, dass hier soziale Grenzen überschritten werden und selbst Galina, die erst kurz in Deutschland ist, ahnt, dass dieses Verhalten auch Schamgrenzen folgenreich einreißt, selbst wenn man davon zunächst direkt nichts merken mag, weil die Geste so gering erscheint. Der Dialog, wie viele in *Heimat 3*, hat etwas Komödienhaftes (auch weil immer wieder zeithistorische Szenen dokufiktional nachgespielt werden). Das mag auch am Co-Autor Thomas Brussig liegen. Aber diese offensichtliche Naivität von Hartmut wirkt hier grotesk, seine großmütige Geste erscheint im Kontext wie auch sein Umgang mit Gefühlen billig und aggressiv.

Später löst Hartmut durch ebenjenes Verhalten einen Unfall mit einem Taxi aus, in dem die schwangere Lulu-Simone (Hermanns und Waltrauds Tochter) sitzt, mit dem Vater des Kindes Lutz (Frank Wünsche) und Roland

239 Edgar Reitz: *Heimat 3 – Chronik einer Zeitenwende*, München 2004, S. 264.
240 Ebenda, S. 265.

(Caspar Arnhold). Ersterer stirbt durch die Unfallfolgen. Dies führt aber keineswegs zur Reue, so rast er später mit dem (ebenjenem?) Porsche, den Jungen Matko (Patrick Maier) als Beifahrer, mit geschlossenen Augen auf der Landstraße, bis ein LKW in die Büsche ausweichen muss.

Die rechtlichen Verbindlichkeiten für den ersten Unfall wurden von seinem Vater Anton ›beglichen‹, monatliche Zahlungen an die Hinterbliebenen sind der Ausgleich für den Schaden. Damit scheint für Hartmut alles erledigt. In dieser Schamlosigkeit zeigt sich auch gleichzeitig eine Geschichtslosigkeit, eine Achtungslosigkeit der Gemeinschaft gegenüber, die rein egoistisch als ein Ort verstanden wird, sich zu vergnügen.

Es verwundert nicht, dass die Idylle von Antons Großfamilie zerbricht, als Anton Simon den Erben in ebenjener Folge 2, *Die Russen kommen* (TC 00.01.33' f.), feierlich eröffnet, dass er allein dem gerade geborenen Enkelsohn Matthias Paul Anton Simon den größten Teil seines Privatvermögens in Höhe von zehn Millionen Deutsche Mark vermachen will. Man kann sich fragen, warum Anton diese aggressive Entscheidung trifft, von der er wissen muss, dass sie seine Familie entzweit. Es ist vielleicht ein Experiment, das prüfen soll, ob die Familiengemeinschaft nur noch von den Erwartungen auf finanzielle Beteiligung und Gewinn zusammengehalten wird. Der Beweis, dass diese dann tatsächlich zerfällt, als Anton ihr ebenjene Grundlage nimmt, ist somit erbracht. Damit ist allerdings auch der Untergang seines kleinen Imperiums besiegelt. Der Wert ›Familie‹ ist also keineswegs gesichert und so erscheint Antons Verhalten allein autoaggressiv. Aber es sind diese Brüche zwischen der Tradition, die mit einem Gefühl der Scham einhergeht, so sehr dies auch negativ erlebt wurde, und einer Ökonomisierung Deutschlands, die emotional nicht aufgefangen wurde. Es ist keineswegs so, dass es allein finanzielle Gründe für den Niedergang von *Optik Simon* gäbe, es ist genauso der Zerfall von familiären und gemeinschaftlichen Formen des Fühlens und Sich-Schämens, die hier zusammenwirken. Antons Entscheidung beschleunigt diesen Prozess nochmals, indem die Erben nur noch um das Geld streiten und sich untereinander befeinden und beneiden. Die dann gezeigten Familienfeiern – und auch Antons Beerdigung – finden dann ›im engsten Kreise‹ statt.

## Lulu-Simones Bruch mit der Dorfwelt

Schon in *Die zweite Heimat* kündigt sich eine Veränderung der Frauenrollen an, insbesondere in der Figur der Helga Aufschrey (Noemi Steuer). In *Heimat 3* sind dann viel mehr Frauen selbstbewusst und agieren emanzipiert von ihrem traditionellen Rollenbild, das – wie wir am Beispiel der Maria sahen – schamhafter als das der Männer war.

Es gibt hier zahlreiche Gefühlsechos durch die Jahrzehnte, die Reitz sehr gewissenhaft schildert. Lulu-Simone etwa ist das Kind von Hermann und Waltraud, das aber dann bei ihrer Mutter aufwächst und dessen Vater Karriere macht, während sich Waltraud spät für ein Studium entscheidet. Lulu-Simone schließlich wählt mit dem Studium der Architektur einen klassischen ›Männerberuf‹. Sie will sich gerade von ihren Rollenmustern befreien, indem sie ihren Gefühlen und Wünschen frei nachgeht. So hat sie zwei Freunde und demütigt den einen, Roland, indem sie, die schwanger ist, mit Lutz Bungee springt.[241] Dass jener bei besagtem Autounfall stirbt, wirkt rückblickend wie eine Rache des Schicksals. Man fragt sich, wie Unfälle entstehen. Wo beginnen sie? Welcher Kausalität folgen sie? Reitz gibt nur Winke, denn es sind solche unwahrscheinlichen Verkettungen, die ein eigentümliches Muster zeichnen, das sich schwer und niemals eindeutig entziffern lässt. Man kann dieses Muster, das aus Interferenzen und Überlagerungen besteht, Obertöne hat und Missklänge, keineswegs leicht als ›dramaturgischen Eingriff‹ etwa abtun oder als ›konservative Darstellung‹. Lutz, Roland und Lulu-Simone nehmen ein Taxi, weil sie – vom ›Rhein in Flammen‹ zurückkehrend – betrunken sind. Sie wollen *sicher* zum ›Günderodehaus‹ kommen. Und Lulu-Simone will Roland trösten, deshalb sitzt Lutz vorne. Alle drei sind sich der Situation wohlbewusst und handeln sehr sensibel: »Lulu hat mit Roland auf dem Rücksitz Platz genommen. Vielleicht will sie ihn mit ihrer Nähe ein wenig trösten. In jedem Fall wäre Roland vorn auf dem Beifahrersitz schon wieder der Ausgeschlossene.«[242]

Die Emanzipation Lulu-Simones erweist sich als eine Gratwanderung zwischen einer Welt neuer Freiheiten, die sich ihr eröffnen, und einer Lücke in

241 So heißt es: »Roland geht verloren auf der Wiese umher, spürt, wie die Zeit verrinnt, nimmt Sand in die Hand, lässt ihn durch die Luft rieseln, beobachtet die Windrichtung, ist allein.« (Reitz: *Heimat 3. Drehbuch*, a.a.O., S. 254).

242 Ebenda, S. 297.

den Gefühlsdispositionen. Sie kann die emanzipatorische Freiheit intellektuell nutzen, verfügt aber über kein entsprechendes Gefühlssensorium, die Folgen des Handelns abzuschätzen. Die Reue für ihr Verhalten beim Bungee kommt dann spät, als sie ihren Sohn alleine erzieht und an jenem Baum mit ihm dem Vater gedenkt, zumindest kann man die Szene so lesen. Die Freiheiten, die sich die Eltern nahmen, kehren als Ansprüche und Anklagen von Lulu-Simones Seite wieder und werden auch auf ihren Sohn Lukas übertragen. Es entstehen existenzielle Echos daraus, die Narben hinterlassen. Die Gesellschaft hat nur die *individuelle* Emanzipation Lulu-Simones erlaubt und ermöglicht, aber kollektiv ist sie ihren Gefühlen gegenüber kalt und feindlich, was jedoch nie öffentlich wird. Dies ist ein großer Unterschied zur Kollektiv-Emanzipation, die in *Die zweite Heimat* geschildert wird.

Als Lulu-Simone dann die Bauleitung für Ernst Simons Museum übernimmt, wird ihr jene Ferne zur Dorfgemeinschaft und zur dortigen ›Gefühlskultur‹ mehrfach zum Verhängnis. Gerade die neu Hinzugezogenen mobilisieren gegen das Museum, weil sie die Dorfidylle durch es gestört sehen. Aber auch die Bauern blicken auf das Projekt nur durch den konkreten Schaden, den sie an ihren Gebäuden erleiden. Nach mehreren Anläufen und Ernsts Tod entschließt sich zwar die Dorfgemeinschaft, die Genehmigung zum Bau zu erteilen, aber es gibt dennoch viel Missgunst Lulu-Simones gegenüber.

Schließlich ist es paradoxerweise das Fundament des Museums selbst, das nach einem Erdbeben wohl den Wasserschaden in Ernsts Stollenmagazin anrichtet und es damit vernichtet. Aber selbst in dieser Konstellation hätte die expressionistische Sammlung gerettet werden können, hätte denn jemand mit dem Jungen Matko (Patrick Mayer) gesprochen, der allein wusste, wo der Schlüssel liegt, sein Geheimnis aber durch Selbstmord in sein Grab nahm. Wieder sind es diese Verkettungen, die die Katastrophe verursachen. Lulu-Simone ist in dieser Hinsicht emanzipiert, als sie diese Position übertragen bekommt, aber sie ist in dieser Rolle – so gut und sogar besser sie sie auch ausfüllen mag – verwundbarer als ein Mann. Auszuschließen ist auch nicht, dass Architekt Delveau (Georges Deinon) Lulu ebenjene Funktion übertrug, weil er um die Problematik *wusste*. Lulu-Simone hätte also die Gefahren einschätzen können, nicht, indem sie sich weniger emanzipiert, sondern indem sie den märchenhaften Erzählungen, die sich im Hunsrück spinnen, mehr Geduld gewidmet und ein Gespür dafür entwickelt hätte, wo die Gefahren lauern. Das aber kann sie nicht, weil sie in ihrem selbstbewussten Auftreten glaubt kundtun zu müssen, dass sie die Situation ›beherrscht‹, wo sie doch in Wahrheit unsicher ist und ein veraltetes männliches Rollenklischee, das des Durchsetzungsmächtigen, aus vergangenen Zeiten übernimmt.

Die Schlusszenen von *Heimat 3* sind grandios. Lulu-Simone geht mit Roland und seinem Freund Claudio über das vom Silvestermüll verschmutzte Frankfurter Mainufer:

> Roland, der sich bei Claudio unterhakt, schließt für einen Moment die Augen und lässt sich von dem jüngeren Freund führen. Dann geht er mit offenen Augen weiter.
> Roland: Wirst du den Delveau heiraten?
> Lulu schüttelt den Kopf.
> Lulu: Als Frau an seiner Seite, da könntest du dir alles leisten. Und Lukas würde in die besten Schulen von Frankreich gehen, das hat mir noch am meisten zu denken gegeben. Und der Delveau hat was. Ich mag den, und ich finde den auch gar nicht so unsexy, aber das habe ich alles in den Wind geblasen. Ich bin ganz schön blöd, oder? Jedes Mal, wenn ich dran gedacht habe, Ja zu sagen, bin ich traurig geworden.
> Roland: Du liebst ihn einfach nicht, das reicht doch.
> Lulu steht vor der Skyline und schweigt. Plötzlich dreht sie sich nach den zwei Freunden um.
> Lulu: Ich beginne das neue Jahrtausend ohne Arbeit, ohne Pläne, ohne Geld, ohne Schutz.[243]

Diese Vertrautheit zwischen Roland und Lulu trotz oder gerade wegen dieser durchlebten Abgründe überwindet die Scham und hilft mit ihr umzugehen. Die Konflikte, die zum Zerfall der Dorfgemeinschaft, Optik Simon und Antons Familie führten, sind nur scheinbar äußere. Sie verlaufen untergründig und schleichend in der Scham. Lulu-Simone kommt dann in das Haus von

243 Ebenda, S. 598.

Hermann zurück und findet alleine den Klavier spielenden Lukas vor. In der letzten Einstellung blickt sie aus dem Fenster und weint.

Doch warum haben Hermann und Waltraud ihre Tochter *Lulu-Simone* genannt? Waltraud »bevorzugt es, die Tochter mit ihrem zweiten Namen zu nennen, der Hermanns Nachnamen nachempfunden ist, während Hermann das Kind lieber Lulu nennt.«[244] Diese Unsicherheit, wie sie genannt werden will, kehrt in *Heimat 3* oft wieder.

Dass Musikstudent Hermann seinem Kind den Namen *Lulu* gibt, dürfte mit jener modernen Oper Alban Bergs zu tun haben, die Frank Wedekind Stücke musikalisch anverwandelt.

244 Reitz: *Die zweite Heimat. Drehbuch, Neuntes Buch. Die Ewige Tochter (1965)*, S. 634.

# Erotik und Scham
# Frank Wedekinds Dramen *Erdgeist, Die Büchse der Pandora* und Louise Brooks in der Verfilmung G. W. Pabsts *Die Büchse der Pandora* (1929)

*»Das menschliche Gehirn sei meine Bühne,*
*Mein Lieblingsregisseur die Phantasie.«*
Frank Wedekind: Die Büchse der Pandora[245]

Die Dramen Frank Wedekinds erkennen die sittliche Prämisse, man müsse sich für die Sexualität, die Intimität und den Lusttrieb vor anderen schämen, nicht an. »Glaubst du nicht auch, Melchior, daß das Schamgefühl im Menschen nur ein Produkt seiner Erziehung ist?«[246], fragt Moritz in *Frühlings Erwachen* und bringt damit des Autors skeptische Haltung der herrschenden Moral gegenüber auf den Punkt.

Wedekind hat sich in *Über Erotik*, einem Vorwort, zur Scham einmal eindeutig geäußert: »Kein vernünftiger Mensch hat das Schamgefühl noch je als eine Tugend hingestellt, die gepflegt oder großgezogen werden soll.«[247] In diesem kurzen Essay stellt er seine Schriften in den Dienst eines Programms der *Diskursivierung des Sexuellen*, also eines Sprechens über Scham: »Die Eltern vermieden solche Gespräche nicht etwa, wie sie sich einredeten, aus Furcht, ihren Kindern damit zu schaden, sondern weil sie selber unter sich über erotische Fragen nicht sprechen konnten, weil sie ernst darüber zu sprechen nicht gelernt hatten.«[248] Im Verschweigen des Sexuellen innerhalb der Familie im

245 Frank Wedekind: *Die Büchse der Pandora*, in: ders.: *Dramen*, Bd. I, hrsg. von Manfred Hahn, Berlin und Weimar, S. 317–389, zit. S. 321.

246 Frank Wedekind: *Frühlings Erwachen*, in: *Dramen 1*, hrsg. von Manfred Hahn, Berlin und Weimar 1969, S. 95–165, zit. S. 99

247 Frank Wedekind: Über Erotik, in: ders.: Gesammelte Werke, Erster Band, München 1920, 198–211, zit. S. 204.

248 Ebenda, S. 200–201. Weiter heißt es: »Wir kennen die Maschinerie eines Gasmotoren, eines Flugapparates. Wir kennen aber nicht die Maschinerie einer Ehe. Dieser

Namen des Anstands lauert eine stille Gewalt, die in körperliche kippen kann: »Die armen Kinder erhalten dann alle Prügel, die sich die Eltern gerne gegenseitig verabreichen möchten.«[249]

Wedekinds Dramen sind in dieser Hinsicht provokant und wollen es sein, weil sie die Konsequenzen dieser Unfähigkeit, die Sexualität zu leben wie auch Worte und Ausdrucksformen für dieselbe zu finden, bis in den Tod vieler seiner Figuren steigern. Sie kehren die Obsessionen, die sexuelle Gier und die anstößigen, gemeinen, und daher üblicherweise unausgesprochenen Gedanken wie selbstverständlich nach außen. Stücke wie *Frühlings Erwachen*, *Mine-Haha oder Über die körperliche Erziehung der jungen Mädchen*,[250] sind irritierende und teils verstörende Suchbilder, welche die Tabus, die die Körperscham umhüllen, auflösen bzw. die Katastrophen schildern, die sich ergeben, wenn keine oder eine zu späte Diskursivierung erfolgt.[251]

Wir konzentrieren uns zunächst auf die Dramen *Erdgeist* und *Die Büchse der Pandora* und unternehmen vor allem im Hinblick auf das erstere Stück eine Lektüre der Scham, um dann den Gegenstandsbereich auf Georg Wilhelm Pabsts Verfilmung *Die Büchse der Pandora* (1929) zu erweitern. Es wäre eine eigene Untersuchung wert, andere Dramen und Arbeiten Wedekinds einzubeziehen oder auch die Interferenzen und Bezüge zwischen Leben und Werk herauszuarbeiten. In zahlreichen Schriften, etwa dem Tagebuch, ist überliefert, dass Wedekind, zumindest vor seiner Heirat mit Tilly Newes,[252] als Bohèmien

---

Mechanismus findet sich in keinem Buche dieser Welt erklärt, dagegen erscheinen täglich hunderttausende von Büchern, in denen phantasievolle Räubergeschichten über diesen Mechanismus zum besten gegeben werden, in denen die Menschheit ihrer alten Leidenschaft frönt, sich über ihre wichtigsten Angelegenheiten blauen Dunst vorzumachen.« (Ebenda, S. 203)

249 Ebenda, S. 203.

250 Frank Wedekind: Mine-Haha oder Über die körperliche Erziehung der jungen Mädchen, in: *Gesammelte Werke*, Bd. 1, München 1920, S. 317–381.

251 Interessanterweise heißt es bei Tilly Wedekind: »In Japan war *Frühlings Erwachen* noch zu Franks Lebzeiten als Buch veröffentlicht und alsbald aufgeführt worden.« (Tilly Wedekind: *Lulu*, a.a.O., S. 216).

252 Tilly Newes lebte mit Wedekind in einer Beziehung, bei der Privates mit Beruflichem verschmolz. Sie standen gemeinsam auf der Bühne und Tilly gab die Lulu und Wedekind den Dr. Schön (siehe dazu Tilly Wedekind: *Lulu – die Rolle meines Lebens*, Bern u.a. 1969, S. 52, S. 84f. und zur autoritären Haltung Wedekinds gegenüber Tilly S. 95f., S. 134f. und S. 174f.). Sie schreibt in ihren Memoiren: »Er [Wedekind] wollte

in Paris, München, Berlin, Wien und London lebte, Cabarets und die erotische Subkultur seiner Zeit häufig frequentierte und ein von der Lust geprägtes Leben führte. Seine Notizbücher, Briefe und der Nachlass werden im Rahmen eines Digitalisierungsprojekts erschlossen[253] und geben uns ein Bild des Umgangs mit Sexualität und Körperscham um die Jahrhundertwende.

Viele seiner Schriften und Aufführungen wurden von Zeitgenossen als anstößig empfunden und von den Behörden zensiert oder durften nur unter strengen Auflagen aufgeführt werden. Wedekind selbst saß gar in Festungshaft deswegen. Seine Biographen haben ausführlich die Kämpfe mit der Zensur und die Notwendigkeit, die Stücke permanent anzupassen, dokumentiert.[254]

## Biographisches

Benjamin Franklin Wedekind, wie er mit Geburtsnamen hieß, ist Sohn des aus Amerika zurückgekehrten Arztes Friedrich Wilhelm Wedekind (1816–1888), der sich in Lenzburg in der Schweiz ein Schloss kaufte, auf dem die Familie lebte. Seine junge Mutter Emilie (1840–1916) war ausgezeichnete Sängerin, seine Schwester Frida Marianne Erika ein Opernstar, sein Bruder Donald Lenzelin beging Selbstmord. Frank war für sein Misstrauen gegenüber seinen Mitmenschen, seine Impulsivität bekannt, mehr noch aber für sein ausschweifendes Sexualleben. Nicht nur biographisch, auch stilistisch, in Form zahlreicher (Selbst-)Referenzen, fließen Leben und Werk hier ineinander. Die Dramen

---

also offenbar die Lulu als madonnenhaft gespielt haben. Aber die Kritiker, die über die Aufführung schrieben, waren darüber anderer Meinung als er, und noch heute halten viele von ihnen und auch einige Regisseure an der Auffassung fest, die Lulu müsse als Biest dargestellt werden, das schon zum Frühstück ein bis zwei Männer verspeist. ›Man kann das Stück nicht mehr ernst nehmen, wenn man die Rolle so spielt‹, sagte Wedekind. ›Und Männer gehen solchen Frauen aus dem Weg.‹« (Ebenda, S. 47.) Wedekind nahm in Sachen Schamdarstellung auch innerfamiliäre Konflikte in Kauf: »Seine Mutter sagte von *Frühlings Erwachen*, ihr wäre danach zumute gewesen, als sei ein Eisenbahnzug über sie hinweggefahren, und sie konnte sich mit der ›Schande‹, daß es aufgeführt wurde, nie so recht abfinden.« (Ebenda, S. 91).

253 Siehe hierzu die Internetseite der Frank Wedekind Gesellschaft Darmstadt, wo zahlreiche Dokumente online verfügbar sind: http://www.frankwedekind-gesellschaft.de, abger. am 6. Mai 2023.

254 Zur Publikumsreaktion siehe Tilly Wedekind: *Lulu*, S. 132.

*Erdgeist* und die *Büchse der Pandora*, die wir hier in das Zentrum stellen, beruhen auf persönlicher Erfahrung ebenjener Milieus, die sie schildern, Wedekind schrieb »in Restaurants, Kneipen und Kaffeehäusern«[255]. So schreibt Biograph Anatol Regnier:

> Wedekind ist nach Paris gekommen, um den Ring aus Scham, Verklemmung, Unterdrückung und Angst zu durchbrechen, der ihn in Deutschland und der Schweiz gefangen hielt. Er ist nicht der Einzige: Aus ganz Europa strömen Männer nach Paris, wer genügend Geld hat, leistet sich einen Pariser Zweitwohnsitz. Paris, in hundert Jahren von Gewalt und politischer Umwälzung gleichmütig geworden, gilt als ›Stadt ohne Moral‹. Zahllose Frauen bieten ihre Körper an, um ihren Verdienst aufzubessern, in höhere Schichten aufzusteigen oder Kinder zu ernähren, die sie bei Verwandten untergebracht haben. Sie kommen aus der Provinz, tanzen in Vergnügungslokalen, bevölkern die Cafés, arbeiten als Ladenmädchen, Modistinnen und Kellnerinnen oder sind als Hausgehilfinnen der Willkür ihrer Brotgeber ausgesetzt beim Umsetzen dessen, was bürgerliche Ehepaare außerhalb der Konvention tun oder wollen. Gerühmt für ihren Takt und ihre einfache Liebenswürdigkeit, bedienen sie die Kehrseite der Belle Epoque. Frank Wedekind will es genau wissen und unterhält Beziehungen zu mehreren Frauen gleichzeitig.[256]

Das Provokante an seinen Stücken besteht darin, dass sie gerade die schambesetzte Körperlichkeit und auch die Scheu, Sexualität zu thematisieren, vollkommen ignorieren. Sie kehren damit das juristisch-schuldkulturell per Gesetz Tabuisierte nach außen und feiern die ausschweifende (und mitunter zerstörerische) körperliche Liebe. Wedekind eröffnet damit der deutschen Literatur einen unermesslichen, bis dahin weithin unausgedrückten Bereich und macht sich, indem er sich selbst als Autor in diese physische Zone hineinbegibt, permanent zur Angriffsfläche. Seine Stücke versuchen, die Sexualmoral zu ignorieren, um so die von den Tabus erzeugten namen-, begriffs- und ausdruckslosen Brachen zu erschließen, in der der moderne Mensch lebt. Die stillschweigende

255 Ebenda, S. 118.
256 Anatol Regnier: *Frank Wedekind: Eine Männertragödie*, München 2008, S. 122.

Drohung, es passiere etwas Schlimmes, wenn man die geahnten Tabus, denn es sind immer geahnte, überschreite, schlägt er in den Wind. Das Intime wird zum Kernthema, den Obsessionen wird eine Bühne bereitet und die Lust wird gefeiert wie im *Moulin Rouge* oder den *Folie-Bergères* der Tanz. Wedekind macht die Scham allenthalben zum Thema und versteht diese in der feierlichen und mitunter egoistischen Überschreitung als Quell der Erotik.

## Innere Dramaturgie

Weil das Thema Scham und die *Schamverletzung*, wie Paul Gerhard Klussmann feststellt,[257] den Kern seiner Stücke bildet, sind Wedekinds Klassiker eigentümlich arm an äußerer Handlung. Diese ist recht besehen nur eine Reaktion auf die Überschreitung innerer Schamgrenzen. Vieles geschieht daher wortlos, durch szenische oder figürliche Konstellationen, Ahnungen, mitunter präkinematographisch, wenn etwa der Blick und das konstellative Sehen wie das Gestisch-Körperliche der Mise-en-Scène wichtig wird. Die Handlungssprünge in seinen Stücken sind in der Regel durch die Gefühle motiviert und die Frage ist dann, was die Figuren zu dieser oder jener Handlung getrieben haben mag. *Die Dramaturgie ist, mit anderen Worten, nach Innen verlegt.* Wer die Figuren Wedekinds verstehen will, muss deren innere Schamreaktionen und responsiven, intersubjektiven Felder in den Blick nehmen. Wenngleich die Sprache manchmal nach Art des Schwanks einfach, gar zotenhaft primitiv und hie und da humorvoll ist, wie auch die oberflächliche, stark typisierende Figurentopographie, so bildet eben diese sich daraus ergebende innere Scham-Dramaturgie das eigentliche, sprachlich nur umrandete Feld Wedekinds. Es gibt immer wiederkehrende Muster in seinem Schaffen. Zum einen die Mythologie, auf die stets referiert wird, und dann das Aus- und Zurschaustellen erotischer Milieus und des Sexuellen. Und auffällig ist auch die Musikalität, die Rhythmik, der

---

257 Paul Gerhard Klussmann: »Das dramaturgische Prinzip der Schamverletzung in Wedekinds Drama *Frühlings Erwachen*«, in: *Deutsche Dichtung um 1890*, hrsg. von Robert Leroy und Eckart Pastor, Bern u.a. 1991, S. 373–389, insbes. S. 376f. In diesem Aufsatz finden sich auch zahlreiche Hinweise zur zeitgenössischen Rezeption des Dramas.

abrupte Wechsel des Tonfalls, die dann später Alban Berg in der Oper *Lulu* in Zwölftontechnik komponierte.

## *Erdgeist* und *Büchse der Pandora*. Mythologie

Die Figur eines *Erdgeists* wird im gleichnamigen Drama aus dem Jahr 1895 selbst nicht beschrieben, ebensowenig die der Pandora im Fortsetzungsstück von 1902/1910. Gemeint ist mit »Erdgeist« der Geist des *Elements der Erde*. Man kann diese Bedeutung bis hin zur griechischen Mythologie, etwa der Urmutter Gaia, über Theophrast verfolgen.[258] In der Fortsetzung nimmt Wedekind dann Bezug auf Figur der *Pandora*. Mit ihr kommt, etwa in Hesiods *Werke und Tage*, das weibliche Prinzip auf die Welt und durch das Öffnen des Fasses das Leid über die Menschen. In Roschers *Lexikon der griechischen und römischen Mythologie* heißt es dazu: »Vorher hatten die Menschen ohne Leid und mühsame Arbeit und Krankheiten gelebt, aber das Weib hob den großen Deckel vom Faß und zerstreute: was? wird nicht gesagt.«[259] Folgt man eben jenem Lexikon, so ist »Pandora […] offenbar eine viel ältere Gestalt, und zwar ursprünglich die Erdgöttin selber.«[260] Weiter heißt es: »Somit ist der Name Pandora zu fassen als ein Name der Erdgöttin, der aber hinter anderen im Laufe der Zeit zurücktrat und schließlich an der durch den Dichter der *Tagwerke* aus der Erdgöttin zu dem ersten Weibe umgebildeten Gestalt hängen blieb.«[261] Dass Wedekind seinem Drama einen so überzeitlichen, mythologischen Titel verlieh, mag neben seinem Interesse an derselben auch mit der befürchteten Zensur zusammengehangen haben, vor der er das Drama durch

---

258 Theophrast etwa schreibt über diese Geister: »Ihr Wohnung sind viererley, das ist, nach dem Vier Elemente. Eine im Wasser. Eine im Lufft. Ein in der Erden. Ein im Fewr. Die im Wasser sind Nymphen, die im Lufft sind Sylphen, die in der Erden sind Pygmaei, im im Fewr Salamdrae.« (Theophrasti Hohenheimensis: Liber de Nymphis, Sylphis, Pygmaeis et Salamandris, et de caeteris spiritibus, in: ders.: *Neundter Theil der Bücher und Schriften*, Basel 1590, Digitalisat, https://digitale.bibliothek.uni-halle.de/vd16/content/pageview/6841575, S. 45–78, zit. S. 53, abger. am 11. Mai 2023).

259 »Pandora«, in: *Ausführliches Lexikon der griechischen und römischen Mythologie*, hrsg. von Wilhelm Heinrich Roscher, dritter Band, erste Abteilung, Leipzig 1902, S. 1520–1530, zit. S. 1522

260 Ebenda, S. 1524.

261 Ebenda, S. 1526.

hochkulturelle Referenz geschützt wissen wollte. Interessant ist, dass – folgt man der Deutung bei Roscher – durch die Titel zwei Gestalten einer Figur bezeichnet werden. Dass Lulu ihr Äußeres oft wechselt, Maskeraden liebt, ließe sich in dieser Hinsicht als moderne Manifestation des ›ewig Weiblichen‹ denken, mit all den misogyn ausdeutbaren, problematischen Linien.

## Der Zirkus und Lulus Herkunft

Wedekind stellt dem *Erdgeist* einen zunächst abgesondert erscheinenden, kontrastiven Prolog im Zirkus voran. Es ist dies eine Art von Reklamierung der Geschichte der Bühne aus den proletarischen Künsten, eben dem Zirkus, den Vaudeville-Aufführungen, welche die Scham im Spektakel überspielen. Zwar wird Lulu hier eingeführt, aber es kann nur geahnt werden, dass die gleichnamige Figur des dann folgenden Stückes tatsächlich aus diesem Milieu kommt. Andere Protagonisten wie der starke Rodrigo lassen eine solche Verbindung leichter herstellen. Im Drama selbst wird eine solche Herkunft aber nicht ausfabuliert.

Zirkus ist im Kern eine bestimmte, artifizielle Zurschaustellung und Disziplinierung des menschlichen und tierischen Körpers in einer Manege:

> Wherever the circus came from, it started like this: someone captivated attention by doing what others could not do. This was a display of startling agility: walking on one's hands. Springing hands to feet, over and over. Juggling balls, or knives. Bending that one's head jutted from under the genitals, with legs wrapped the neck. In short, making a spectacle of oneself. The body as spectacle is the origin of the circus.[262]

Man weiß als Zirkusbesucher, was einen erwartet, weil das Programm eine Nummerndramaturgie aufweist. Dieses folgt starren Typisierungsmustern, die dann etwa im Film in Form von Genres wiederkehren: Es gibt den Clown, den Löwenbändiger, die Seiltänzerin, musikalische Untermalung und vieles mehr.

262 Linda Simon: *The Greatest Shows on Earth. A History of the Circus*, London 2014, S. 7.

Wedekind beginnt seinen Prolog mit einem Tierbändiger, der in der »*Linken eine Hetzpeitsche, in der Rechten einen geladenen Revolver*«[263] hält und betont das Laute und Primitive seiner Figuren. Lulu tritt im Pirrotkostüm auf, eine Referenz auf die Commedia dell'arte und das Pariser Jahrmarkttheater, und wird als »Schlange« und »Urgestalt des Weibes«[264] bezeichnet. Offenbar wird seine Hauptfigur hier in eine von Gewalt, Klischees und in von erniedrigenden Typisierungen nur so strotzende Ordnung gestellt und muss artistisch vor dem Publikum wie ein Tier ausführen, was ihr anbefohlen wird.

Durch das Pirrotkostüm erzeugt Wedekind aber eine Bühne innerhalb der Manege. Die böswillige Zuschreibung erscheint auf eine Weise karnevalesk lesbar und dieser Rest des Spielerischen hebt die konstellative Gewalt dieser Szene zwar nicht auf, bietet aber Deutungsvarianten. Eine ironisierende Kommentierung seitens Lulu scheint möglich, vielleicht sogar notwendig, will denn das Publikum auch unterhalten werden. Dieses Moment des doppelten Bodens, des Spielens des Spiels bleibt im Stück durchweg erhalten und eine Prise des Komischen, Grotesken und Satirischen mischt sich selbst in grausamste Szenen noch ein.[265]

263 Frank Wedekind: *Erdgeist*, a.a.O., S. 235.

264 Ebenda, beide S. 237.

265 Peter Zadek hat diese Linie bei Wedekind konsequent in seinen Inszenierungen umgesetzt: »Peter Zadeks Bochumer Inszenierung des Jahres 1976 hat den Versuch unternommen, das Gestaltungsprinzip der Satire und die Spielidee der Normenzerstrümmerung und Schamverletzung dramaturgisch dadurch zu erfüllen, daß er alle szenischen Impulse des Autors, Dialoge oder Monologe durch Körpersprache aufzufüllen und zu ergänzen, in sein Regiekonzept aufgenommen hat. Den Text begriff Zadek als eine Partitur mit sprachlichen Anweisungen zu körpersprachlicher Darstellung. Dadurch ergaben sich im Sinn Wedekinds auf der Bühne circensische, schaustellerische, kabarettistische, clowneske, artistische und exhibitionistische Sequenzen, die einerseits die Lüge der gesellschaftlichen Rede über Sexualität für das Publikum entschieden verdeutlichten und andererseits die thematische und strukturell theatralische Opposition zwischen den Erwachsenen und den jungen Menschen verschärften.« (Klussmann: *Das dramaturgische Prinzip der Schamverletzung*, a.a.O., S. 385). Man muss aber sagen, dass Zadeks Inszenierung die Scham nicht in das Zentrum stellt und seine Figuren laut, derb, grotesk sind. Dadurch aber geht die wichtigste Seite des Stücks wie auch seine erotische Dimension verloren. Siehe dazu auch Peter Zadek: *Lulu, eine deutsche Frau*, Frankfurt am Main 1988.

## Frau ohne Familiennamen. Lulus mysteriöse Herkunft, ihre gebrochene Vita und die Dynamik der Scham

Zwischen diesem Prolog und dem ersten Aufzug liegt eine Ellipse, die auch im restlichen Stück nicht ausgefüllt wird. Dieses Spiel mit Lulus Herkunft wird mehrfach, teilweise tragisch, aber auch komödiantisch, persifliert und ironisiert. Lulu hat offensichtlich keinen Nachnamen und selbst ihr Vorname wird beinahe nach Belieben dem Rufnamen, dem Spitz- und Kosenamen angepasst, wobei sogar auf Goethes Figur der *Mignon* referiert wird:

> Schön: Ich spreche von den menschenunwürdigen Verhältnissen, aus denen sich das Mädchen dank seiner Führung zu dem entwickelt hat, was sie ist!
> Schwarz: Wer denn?
> Schön: Wer denn? – Deine Frau.
> Schwarz: Eva??
> Schön: Ich nannte sie Mignon.
> Schwarz: Ich meint, sie hieße Nelli?
> Schön: So nannte sie Dr. Goll.
> Schwarz: Ich nannte sie Eva…
> Schön: Wie sie eigentlich hieß, weiß ich nicht.
> Schwarz (geistesabwesend): Sie weiß es vielleicht.
> Schön: Bei einem Vater, wie sie ihn hat, ist sie ja bei allen Fehlern das helle Wunder. Ich verstehe dich nicht…[266]

Ob Schigolch wirklich Lulus Vater ist, bleibt unklar, sicher aber sind er und Rodrigo ein dubioser Familienersatz, den sie auf eine Weise in der Gesellschaft verteidigt, obwohl dies mehrfach ihre Stellung untergräbt:

> Hugenberg: Wie heißt denn ihr Vater?
> Schigolch: Sie hat mit mir renommiert!
> Schigolch: Was meint er?

266 Wedekind: *Erdgeist*, a.a.O., S. 273. Siehe dazu auch S. 243.

Rodrigo: Wie ihr Vater heißt.
Schigolch: Sie hat nie einen gehabt.[267]

Das alles sind Momente, die Lulu peinlich sein müssten. Aber sie überspielt diese und ist, wenn dies nicht gelingt, bereit, ihre ganze gesellschaftliche Stellung aufzugeben. Das Schaustellermilieu hat aus ihr offenbar ein Wesen gemacht, das der Gewalt und der Häme des Tierbändigers keine Gegengewalt, keine Rache entgegensetzt, sie auch nicht verbitterte oder krank machte, sondern in ihr eine überaus kompliziert verlaufende *Schamdynamik* entfacht, welche die Rollen unterläuft, indem sie ihre Körperscham instrumentalisiert. Hafemann beschreibt ihren Charakter wie folgt: »Sie überwindet die Beschämung jedoch, indem sie sich in die Maske der Schamlosen kleidet und Schamlosigkeit als Charakterhaltung annimmt. Dies evoziert indessen erneut Scham – nämlich bei ihren männlichen Gegenspielern.«[268]

Wo die männlichen Machtverhältnisse eindeutig zu sein scheinen, weil sowohl deren gesellschaftliche Stellung als auch deren juridische Befugnisse höher sind, unterläuft Lulu diese Machtlinien partisanenhaft. Sie unterhöhlt die faktische äußere Gewalt, da sie sich regelrecht in die männlichen (und weiblichen) Lustbilder der Imagination hineinspiegelt. Sie findet damit eine eigene Form der alteropolaren Macht über den Anderen, die die Gefühle und deren Ordnung instrumentalisiert, aber auf eine zutiefst indirekte Weise. Wir möchten dies am Detail verfolgen.

Auffällig ist, dass es immer Rivalen gibt, dass Lulu ihre Männer und Liebhaber Goll, Schwarz, Schön und Alwa und auch bis zuletzt mit Geschwitz und Jack the Ripper in diese alteropolar verlaufende Schamerotik hineinstellt, ohne offenbar von ihr affiziert zu werden. Nur gegenüber Jack scheint es ihrerseits eine gewisse gefühlsmäßige Zuneigung zu geben, die dann fatal endet. Wir kommen später darauf zu sprechen. Es scheint eine Bedingung für die irrationale Liebe zu ihr zu sein, dass sie diese nur spielerisch und als Aufführung, fetischhaft erwidert, sich den physischen Momenten aber stets entzieht. Es

267 Wedekind: *Erdgeist*, a.a.O., S. 304.

268 Katrin Hafemann: *Schamlose Tänze. Bewegungs-Szenen in Frank Wedekinds Lulu-Doppeltragödie und die ›Mine-Haha oder Über die körperliche Erziehung der jungen Mädchen‹*, Würzburg 2010, S. 124.

sind immer nur *Bilder* von sich selbst in der Phantasie der Anderen, im wörtlichen Sinne bis zuletzt das des Malers Schwarz von ihr als Pirrot (was sehr andeutungshaft auf ihre Zirkusherkunft schließen lässt und eine lose Referenz auf den Prolog bildet). Lulu hat bei alledem keine echte Freude, man kann sie sich als herzlich lachenden, als leidenschaftlich liebenden oder gar zärtlichen Menschen kaum vorstellen.

Es gibt offenbar einen Bruch in ihrer Vita. Sie müsste eigentlich verrohen in diesem Umfeld, stattdessen ist sie aber hypersensibel für das Begehren der Anderen und erspürt es regelrecht, um es dann auszuschlagen. Die Weise, wie sie die Sexualität affirmiert, ohne Selbstaffektion, weist darauf hin, dass sie dann Lust empfindet, wenn sie Andere durch deren eigene Scham vernichtet. Indem sie also die Scham der Anderen freilässt, sie herauslockt, wo die Konvention es verbietet, untergräbt sie die Machtstellung vor allem der Männer, aber auch der lesbischen Gräfin Geschwitz. Es ist dies eine perfide Überlebensstrategie, die aus der puren Not entsteht, die eigene Leibesscham vor dem Zugriff der Anderen zu schützen, indem sie diese vernichtet.

Will man als Grund hierfür nicht ihre Herkunft aus dem Zirkusmilieu geltend machen, so wäre eine andere mögliche Deutung die, dass der schmierige und eklige Schigolch tatsächlich ihr Vater ist und beide eine Hassliebe verbindet. Dann wäre auch die unterschwellige sexuelle Zuwendung ihm gegenüber, die keine Begründung findet, in einer Missbrauchs-Vorgeschichte zu suchen. Dann würde sich Lulu eben aus diesen sexuellen Übergriffen und Traumata nur dadurch retten, indem sie die Lust des Anderen in die Katastrophe hinein steigert und dies dann genüsslich beobachtet, weil eben das ihre eigene Vorgeschichte ist, die sie am Anderen exerziert. Dass Wedekind das hier nur andeutet, ist ein Kunstgriff. Lulu erscheint so als Handelnde, obwohl sie eigentlich eine ruinierte Biographie hat und gerade die Lust nicht auszuleben versteht. Darauf deutet auch Schöns Aussage hin, die allerdings auch erfunden sein kann, weil er den Maler als Rivalen versteht:

> Schwarz: Seit du sie kennst? – Seit wann kennst du sie denn?
>
> Schön: Etwa seit ihrem zwölften Jahr.
>
> Schwarz (verwirrt): Davon hat sie mir nichts gesagt.

> Schön: Sie verkaufte Blumen vor dem Alhambra-Café. Sie drückte sich barfuß zwischen den Gästen durch, jeden Abend zwischen zwölf und zwei.
> Schwarz: Davon hat sie mir nichts gesagt.[269]

Dass ein zwölfjähriges Mädchen sich in der Nacht in einem Café ›barfuß herumdrückt‹, das erscheint doch sehr dubios und deutet auf eine weitere traumatische Vorgeschichte hin, die allerdings von Lulu nicht als solche erlebt worden sein muss. Sie mag das als Kind als *normal* empfunden haben und nie wurde ihr die Möglichkeit gegeben, diese Gewalt, die sie erlitt, auch als solche zu begreifen, d.h. darüber zu sprechen.

Das alles sind Mutmaßungen, aber die Widersprüchlichkeit der Lulu, die Frage nach dem Motiv ihres Handelns, das lässt sich nur durch eben ihre Vorgeschichte erklären, die Wedekind aber ausblendet. Es geht ihm eben nicht um die Schuldfrage, sondern Lulu wird bei Wedekind zu einem ›Katalysator‹. Sie macht gesellschaftliche Brüche und innere Schamkonflikte also solche sichtbar. Diese sind Ziel ihrer Überlebensstrategie. Betrachten wir die tödlichen Folgen von Lulus Verführungskunst im Detail.

## Goll und Schwarz und die Auflösung der Schamgrenzen durch das Phantasiebild Lulus

Wie vielen Wedekind-Stücken, so widmet er auch hier der szenischen Beschreibung größte Sorgfalt. Auch die Mise-en-scène ist ausgesprochen fein austariert, wie wir sehen werden. Räumlichkeit, Topographie, Mobiliar, Körperlichkeit wie die Gestik und Mimik nehmen eine wichtige Funktion ein. Einerseits ist dies notwendig für eine Dramaturgie der Scham. Zur Scham gehört die Nichtdiskursivität, wie wir sahen, eben auch das Nicht-Aussprechen-Können konstituiert die Scham. Der innere Anspruch, man müsse den Erwartungen der Anderen genügen, äußert sich eben gerade nicht verbal. In dieser Hinsicht ist es sehr konsequent von Wedekind, wenn er daher für sein Stück eine solch ungewöhnliche Form wählt.

Wie sehr Lulu die Schamordnung der bürgerlichen Gesellschaft kennt, dafür liefert Wedekind gleich im ersten Aufzug ein Beispiel. Schon die Szene-

269 Wedekind: *Erdgeist*, a.a.O., S. 271.

rie im Atelier des Malers Schwarz ist voll von exotischen Elementen, die – aus anderen Kulturwelten entwendet – auch eine leichte Verschiebung der Scham bedingen: »*Rechts hinten Entreetür, rechts vorn Seitentür zum Schlafkabinett. In der Mitte ein Podium. Hinter dem Podium eine spanische Wand. Vor dem Podium ein Smyrnateppich.* […] *Vor den Staffeleien, etwas gegen die Mitte vorn, eine Ottomane. Darüber ein Tigerfell. Rechts an der Wand zwei Sessel. Im Hintergrund eine Trittleiter.*«[270]

Diese Objekte skizzieren die Handlung wie szenische Elemente in einem Film, sie präfigurieren das Thema Scham wie die folgende Handlung innenarchitektonisch und skizzieren damit Horizonte des Erzählens. Gerade die spanische Wand verschiebt die Schamordnung des Umkleidens, die Ottomane die des Sitzens, macht es lasziv, das Tigerfell mahnt an den Zirkus, die Trittleiter als Blickvorrichtung gewendet wird Schwarz gar zum Verhängnis.

Die Worte, die gesprochen werden, sind oberflächlich und am Geschehen des Porträtierens entlang entwickelt, kommentieren es. Die Sprache entfaltet ihre eigentliche Wirkung aber dadurch, dass sie die Scham umgrenzt und die unterdrückte Lust wie Zwietracht und Rivalität erahnbar macht. In Abwesenheit von Goll erfolgt komplizenhaft zwischen Schwarz und Schön ein Dialog über Lulu, der schamlos die Wahrheit über Goll in dessen Abwesenheit entwickelt. Ein Bild ist stets durch Bildbewusstsein ergänzte und durch das Bildobjekt nach außen gelenkte Phantasie. Das Porträt von Lulu, dessen Entstehen am Beginn des Dramas steht, ist daher nicht nur ein physisches Erzeugnis von Maler Schwarz. Es ist zugleich seine auf der Leinwand materialisierte Phantasie. Die Wirkung von Lulu ist eben die über ein Bild von sich, sei es das Gemalte oder das phantasierte Wunschbild. So ist Schöns erster Eindruck und noch viel irritierender der von Maler Schwarz, zunächst das Porträt Lulus als Pierrot betrachtend:

> Schön (das Kostüm bei den Beinen nehmend): Diese riesigen Hosenpfeifen!
> Schwarz: Die linke rafft sie hinauf.
> Schön (*auf das Bild sehend*): Bis über Knie!

---

270 Wedekind: *Erdgeist*, a.a.O., S. 239 (im Original kursiv).

Schwarz: Sie macht das zum Entzücken.
Schön: Und transparente Strümpfe?
Schwarz: Die wollen nämlich gemalt sein.
Schön: Oh, das können Sie.[271]

Lulus Äußeres bildet ein regelrechtes Suchbild der Männerphantasie. Sie entfaltet damit ihre Wirkung vom Bild her in ihrer Abwesenheit. Wir haben an anderer Stelle unter Bezug auf Edmund Husserls phänomenologische Analysen die Frage diskutiert, was ein Bild sei.[272] Wichtig ist hier, dass ein Bild stets als Bildbewusstsein zu begreifen ist, erst durch einen Prozess, der vom physischen Bild (in diesem Fall die Leinwand mit Rahmen), über das Bildobjekt (das Ausgangsmaterial in der Phantasie, aus dem heraus diese ›etwas im Bild Gesehenes‹ erst konstituiert) und schließlich zum Bildsujet (das vermeintlich im Bild Gesehene, welches aber de facto eine aufgrund des Wahrnehmungsmaterials konstituierte, ›angeleitete‹ Phantasie ist) verläuft. Lulu vermag es, gerade die männlich-bildhafte Phantasie in ein Spiel zu bringen, indem sie sich nicht nur den Männerphantasien entsprechend durch Mode, Gestik, Erscheinungsbild inszeniert, sondern auch noch für den Maler entsprechend posiert. So driftet das Phantasiebild von Lulu über den Umweg der Malerei in die Phantasie Schöns und Schwarzens. Es ist dies ein höchst indirektes erotisches ›Kitzeln‹, ein Locken der Lustphantasie der beiden. Sie können sich dem auch selbst nicht entziehen, ahnen, wo das Ganze beginnt, etwa beim Glanz des Atlas-Stoffs (d.h. Satin). Die künstlerische Arbeit von Schwarz entäußert die Phantasie im physischen Bild und restituiert letztlich die Effekte, die Lulu in seiner Phantasie freisetzte und verstärkt sie gar. Er kann sie malen, aber weder beherrschen und sich erklären, sie entfalten auch und gerade aus dem Bildraum heraus noch ihre soghafte und physiologische Wirkung, »mir schießt das Blut in den Kopf«,[273] sagt Schwarz, das eigene Bild Lulus betrachtend.

---

271 Wedekind: *Erdgeist*, a.a.O., S. 241.

272 Siehe hierzu Andreas Becker: Eikonische Phantasie. Edmund Husserls Phänomenologie der anschaulichen Vergegenwärtigungen, in: *Wahrnehmung und Erscheinen*, in: *Nebulosa – Zeitschrift für Sichtbarkeit und Sozialität*, Heft 1. hrsg. von Eva Holling; Matthias Naumann und Frank Schlöffel, Berlin 2012, S. 34–43.

273 Wedekind: *Erdgeist*, a.a.O., S. 241.

Über die Materialisierung und aus ihr heraus entstehen Dynamisierungseffekte des Begehrens, die Lulu auf eine mysteriöse Weise in Abwesenheit zu lenken scheint.

Lulu kokettiert nicht nur in Persona, sondern auch über ihre Berichte, über das Porträt. Dass Schwarz das ganz richtig »Koketterie«[274] nennt, nutzt ihm nichts. Lulu kennt die Männerphantasien so gut, dass sie diese nur anzustoßen braucht durch eine Geste, einen Blick andeutend. Die Wirkung ist so stark, dass Schön und Schwarz ihre soziale Scham nahezu vergessen und freiweg über ihre Obsessionen sprechen, sich unbelauscht fühlend. Das soziale Gefüge mit seinen schwelenden Konflikten, dass Schön sich nicht vor Goll sehen lassen will, wird angedeutet.

Im zweiten Auftritt kreuzen sich die Wünsche der Männer, da auch Schön ein Bild seiner baldigen Verlobten in Auftrag gab, aber dieser, zumindest in seiner Einbildung, durch seine Schwärmerei dem Bild gegenüber bereits untreu war. Dass die Männer so offen und schamlos über ihre Phantasien sprechen, liegt sicherlich daran, dass ihre gesellschaftliche Position sie voneinander trennt. Sie machen sich auch keine Illusionen, dass ihre Ehen ihre sexuellen Wünsche befriedigen könnten, zu starr sind offenbar die gesellschaftlichen Konventionen. Dieses Nach-außen-Kehren des Innenlebens wird durch das Bild moderiert und katalysiert. Mit der Erklärung Lulus als Lustbild wird diese auf eine bestimmte Weise ›eingefasst‹, in ihrem Habitus allein auf das Sexuelle reduziert. Es ist dies aber keine eindimensionale Herrschaft Mann gegenüber Frau, sondern indem sie das Bild Lulus betrachten, werden Schön und Schwarz gemeinsam von ihren Lustaffekten überwältigt. Anders gesagt: Je mehr sie sich Lulu als das, was sie wünschen, phantasieren, desto triebhafter und primitiver werden sie, desto leichter kann Lulu sie ausspielen. Das alles geschieht in Abwesenheit Lulus, deren Erinnerungsbild ständig mit dem auf der Leinwand regelrecht zu tänzeln scheint. Sie vermag es offenbar durch solch intensive Momente des Auftretens in die Männerphantasien zu schlüpfen und diese dann dauerhaft zu okkupieren. Sie führt Konversation und »hat den Mund noch nicht aufgetan«[275]. Mit der Anerkennung der Schönheit Lulus läuft aber unmittelbar auch der Wunsch mit, sie zu besitzen und dann auch der Neid ge-

274 Wedekind: *Erdgeist*, a.a.O., S. 242.
275 Wedekind: *Erdgeist*, a.a.O., S. 241.

genüber ihrem Ehemann, Goll. So sagt Schwarz: »Das süße Geschöpf huscht hinein, und der Alte postiert sich als Schanzkorb davor.«[276] Die Verächtlichmachung Golls in dessen Abwesenheit hat vernichtende Züge, »der Schmerbauch treibt das Engelskind vor sich her.«[277] Diese halbprivat gezeigten Gefühlslinien machen nurmehr deutlich, wie wenig es den beiden gelingt, sich ihrer Lust und ihrer Wünsche öffentlich einzugestehen und wie stark daher die Tendenz ist, Lulus Fetische zu erhaschen, die eben diese tabuisierten Linien subversiv unterlaufen, eben der zum Streicheln einladende Atlas-Stoff, das transparent bestrumpfte Knie, das nach Lulu duftende Kostüm, das ihm Schwarz vorführt und die Schön nun als »Teufelsschönheit«[278] betitelt. Die Gier schlägt in Neid um und damit bricht sich das Drama Bahn. Wie offensichtlich dies alles ist, macht auch Golls Kontrolle deutlich, der eben genau diese Reaktion bereits ahnt. Dass Schwarz Schöns Kumpane ist, mag daran liegen, dass er den Maler locken will, ihm mehr von Lulu zu zeigen. Es zeigt sich bereits hier, dass der Preis für den Versuch der beiden männlichen ›Dompteure‹, Lulu zu zähmen, hoch ist. Ihr Verhalten untergräbt ihre gesellschaftliche Stellung und macht sie über ihre offen gezeigte Scham angreifbar. Letztere aber ist der Preis dafür, der sonst zensierten Bilder und Geschichten habhaft werden zu können. Im Zeitgefüge von Schöns anstehender Verlobung ergeben sich dann ganz konkrete Konfliktlinien, eben auch weil Goll »erst ein paar Monate verheiratet«[279] ist.

Der folgende Auftritt Lulus, die sich zwischenzeitlich hinter der spanischen Wand umzog und die Männerkonversation belauschte, ist gekennzeichnet durch das Driften der Wünsche in den Diskurs. Wenn die drei Männer sich in Anwesenheit von Lulu über ihr Bild unterhalten, so ist offensichtlich, dass sie zugleich die Person meinen. Indem sie ihre schambesetzten Wünsche so offen ausdrücken, wirken sie peinlich, obwohl sie selbst die Form des gehobenen Dialogs noch wahren:

> Lulu (*als Pierrot aus dem Schlafzimmer tretend*): Da bin ich.
> Schön (*wendet sich um, nach einer Pause*): Superb!

276 Ebenda, S. 241.
277 Ebenda, S. 240.
278 Ebenda, S. 241.
279 Ebenda, S. 243.

Lulu (*tritt näher*): Nun?

Schön: Sie beschämen die kühnste Phantasie.

Lulu: Wie gefall ich Ihnen?

Schön: Ein Bild, vor dem die Kunst verzweifeln muß.

Goll: Finden Sie nicht auch?[280]

Lulu hat leichtes Spiel, wenn die Männer ihre Obsessionen so deutlich artikulieren. Dass der in Verlobung stehende Schön gleich mit dem Ausruf »Superb!« herausplatzt, zeigt schon an, wie wenig ihm seine gesellschaftliche Reputation im Angesicht von Lulu wert ist. Sein Ausspruch, Lulu »beschäme die kühnste Phantasie« ist ein offenkundiges Eingeständnis, dass sie Schöns Phantasie bereits verkörpert und er sich deshalb vor ihr nicht schämen muss, weil er durch ihr Äußeres bloßgestellt ist. Es liegt eine Art von rein lustbetontem Liebesgeständnis darin, genauso wenn er ihr zugesteht, dass ihre Schönheit die des Bildes übersteigere (»Ein Bild, vor dem die Kunst verzweifeln muß.«). Weil Lulu die kühnsten Phantasien bereits kennt, kann sie sie aufführen und Realität und Imagination verkehren. Diese Grundkonstellation durchzieht Wedekinds Stück.

Lulu lässt es sich nicht nehmen, eben jene laszive Pose, das Beinkleid hinaufzuraffen, nun realiter zu zeigen, genauso wie sie Goll vor aller Augen um den Hals fällt und küsst.[281] Der Dialog driftet immer mehr ins Zotenhafte und Obszöne:

Goll: Man sieht dein Negligé. Du mußt es herunterziehen.

Lulu: Ich hätte es am liebsten weggelassen. Es geniert nur.

Goll: Er wäre imstande und malte es hin.[282]

Spätestens hier wird deutlich, was man vorher bereits ahnte, dass nämlich die Schönheit Lulus verknüpft ist mit einer Atmosphäre der (gesellschaftlich geächteten) Befreiung der Körperscham. Was die Männer vorher besprachen, kippt nun theatral in ein Versprechen. Lulu appelliert stillschweigend an die verdorbensten Phantasien der Männer, macht sich zu deren sexuellem Wunschbild.

280 Ebenda, S. 244.
281 Ebenda, S. 245.
282 Ebenda, S. 245.

Selbst der Einspruch Golls wird von ihr goutiert. Unausgesprochen ist natürlich gesagt, sie möchte lieber nackt vor aller Augen treten und löst mit genau dieser Aussage die Schamgrenzen weiter auf. Natürlich weiß Lulu, dass es eben jenes *Genieren* ist, welches von den Herren als erotisch empfunden wird, weil es gleichzeitig ein Spiel mit deren Scham bedeutet. Und Golls Hinweis ist durchaus richtig, der Maler würde das verheimlichen, indem er die nackte Lulu im Bild bekleidet darstellen würde. Die Anspielung an Diego Velasquez, den berühmten spanischen Hofmaler, ist durchaus indirekt, malte doch sein Nachfolger Francisco de Goya die berühmte *Maja* (ca. 1795 und ca. 1805) zwei Mal, einmal nackt und einmal bekleidet.[283] Lulu steigert das nur noch, wenn sie den Phallus Schäferstab während des Gesprächs in die Hand nimmt.

Interessant ist auch, dass Schön seinen Sohn im nächsten Auftritt einlädt, »ungeniert«[284] hereinzukommen, und dieser stimmt in den Chor der Verehrer ein, wenn er sich Lulu zuwendet und sagt: »Wenn ich Sie doch nur für meine Hauptrolle engagieren könnte!«[285]

Hier ereignet sich ein Auflösen der Körperscham mittels innenarchitektonischer Elemente, der Körperinszenierung, der Sprache und Gestik, obwohl oberflächlich gesehen ein bloßes Gespräch im Atelier stattfindet. Damit ist aber auch ein gesellschaftlich tabuisierter Bereich offenbart, für den es nur Rituale des Schweigens und Unthematisch-Haltens gibt, aber keine Formen des Umgangs. Sobald diese Schambereiche öffentlich werden, werden immer größere Zonen der Persönlichkeit von anderen einseh- und beherrschbar. Die Gefühle der Lust, zeigen sie sich, sind sehr einfach organisiert. Gleichzeitig aber wird das Verhalten der Figuren zueinander unkalkulierbar, weil mit den Grundkonstellationen der Scham ihre Emotionalität leichter verletzt wird.

Als Goll dann im vierten Auftritt abwesend ist, kann sich Schwarz nicht mehr beherrschen. Das phantasiehaft Angedeutete wirkt nun wie ein Pharmakon in die Realität hinein. Lulu steigert dies wiederum mit einem Verweis auf ihre tänzerischen Interessen, die allerdings in volkstümlichen, erotischen Tänzen liegen, den ungarischen Csárdás, dem peruanischen Samaqueca, dem

283 Siehe dazu Sabine Pöschel: *Starke Männer, schöne Frauen*, Darmstadt 2014, S. 126–127.
284 Wedekind: *Erdgeist*, a.a.O., S. 247.
285 Wedekind: *Erdgeist*, a.a.O., S. 247.

damals modischen Skirtdance[286] und dem Hinweis, sie habe in Paris »Stunden bei Eugénie Fougére« genommen und ihre Kostüme kopiert.[287] Mehr als deutlich appelliert sie hier an des Malers Lustgefühl. Als dieser handgreiflich wird und ihre Hand fassen will, ihr im Atelier nachjagt und damit die stille Verführung Lulus den Maler von ihr besessen nachstellen lässt, treibt sie das Spiel um ihre indirekte Macht beinahe kindlich weiter, indem sie im Atelier umherspringt, ihm zuruft: »Sie haben kein Recht, mich zu belästigen«[288] und schließlich hinter die Ottomane und dann auf die Trittleiter flüchtet. Offenbar bezaubern die Beine Schwarz derart, und die Blickperspektive von unten mag ein Übriges tun, dass er diese umfassen will. Der Konflikt wirkt mehr und mehr schwankhaft, theatral, kippt mal ins Artistische, mal ins Reflexive, Zitathafte. Lulu küsst Schwarz sogar, um dann angeekelt festzustellen, dass er nach Tabak rieche und seine Frage, warum sie ihn nicht duze, zu goutieren: »Es würde unbehaglich«[289]. Sie kürzt das Pronomen »mir« aus diesem Satz heraus. Was den Maler hier irritiert, was er nicht verstehen kann, ist, dass Lulu ihren

286 Zu diesem Tanz heißt es in einer zeitgenössischen Publikation: »The waist may be short and baby-fashion (not fitted), and may have long loose sleeves, or the waist may be made to fit form perfectly and comfortably and be sleeveless, or have short puff sleeves. [...| Some dancers have four to eight ruffles at bottom of skirt, the ruffles beginning at floor and going up skirt about half way to belt. [...] To add to general effect some dancers hold wands, to which the gown is attached at sides, the wands being as long as length of skirt, and holding the skirt out at full length at sides when lifted by dancer. [...] The dance consists in performer standing on stage in her voluminous attire, and, by slow movements – comprising more arm movements than foot movements – causing the light drapery to wave about in graceful curves. [...] The performance is executed on darkened stage. Four projectors are placed in wings, and one below stage at center, arranged for flooding figure of dancer with light.« (The Skirt Dance, in: *Werner's Magazine. A Magazine of Expression*, August, 1900, Bd. 25, S. 583, Digitalisat).

287 Wedekind: *Erdgeist*, a.a.O., S. 249, 250. Siehe hierzu den Film von F. S. Armitage: *Eugenie Fougère*, ca. 25.11.1899, Biograph New York City Studio. Bei Hafemann heißt es dazu: »Sie nimmt die Rolle der Schamlosen an und provoziert damit nicht zuletzt ihre jeweiligen Ehemänner, Vertreter der bürgerlichen Gesellschaft. In *Erdgeist* mag Lulus Verhalten anfangs noch naiv und instinktiv wirken, doch ihr Tanz leitet einen Wendepunkt ein.« (Hafemann: Schamlose Tänze, a.a.O., insbes. S. 35–58 sowie S. 97ff., zit. S. 98).

288 Wedekind: *Erdgeist*, a.a.O., S. 251.

289 Wedekind: *Erdgeist*, a.a.O., S. 253.

Körper von ihrer Lust und Imagination trennt. Sie kann ihn küssen, *ohne dabei etwas zu empfinden*. Seine Einwände, sie verstelle sich oder sie habe noch nie geliebt, werden von Lulu nur gespiegelt und dienen ihr dazu, im ›richtigen‹ Moment zu schreien, als nämlich Goll vor der Türe steht.

Als dieser in das verwüstete Atelier eintritt und »mit erhobenem Stock auf Schwarz und Lulu«[290] losgeht und einen tödlichen Kollaps erleidet, wird die Schamauflösung, die bislang nur angedeutet oder im Geheimen sich vollzog, nun ganz physisch. Und die Reaktion *kann* auch nur diese sein. Das äußerliche Geschehen wird zu einem eindeutigen Indiz für das Ineinanderstürzen gesellschaftlicher Schamkonventionen, deren Opfer in diesem Fall Goll ist. Die verächtliche Haltung, die Schwarz und Schön vormals gegenüber Goll zeigten, kehrt sich hier ganz praktisch. Moralische Gefühle wie Mitleid haben weder Schwarz noch Lulu hier, sind doch beide stillschweigend glücklich, dass Goll nun tatsächlich widerfährt, was sie sich vormals wünschten: seinen Tod. Interessant an dieser Szene ist dieser Spin der Gefühle, der sich mal so mal so polarisiert. Zuerst schreit Lulu, weil sie Angst hat, Schwarz werde sie umbringen. Einen Moment später, als Goll an die Tür klopft, wendet sie sich mit ebenjenem Appell, er möge sie schützen, an den Maler. Goll erleidet einen Kollaps und ruft nur noch »Ihr Hunde! – Ihr…«[291] aus. Wie räudige Hunde, instinktgeleitet, haben sich die Herren tatsächlich verhalten, aber eben auch Goll selbst, der keuchend auf die Diele schlägt. Lulus Reaktion ist entrückt wie ihr gesamtes Verhalten. Ihre Bitte (»Bringen Sie doch bitte erst das Atelier in Ordnung.«[292]) kann aber auch in dieser Situation als Hinweis verstanden werden, man möge die Spuren des Streits mit Schwarz verwischen, um der Polizei keine Motive zu liefern.

Es mag im nächsten, sechsten Auftritt noch grotesk humorvoll wirken, aber das Problem, das Wedekind hier berührt, ist keineswegs nur Schwank. Weil die Schamordnung als ein soziales Gefüge begriffen werden kann, jeder also voraussetzt, dass der Andere sich schämt, wirkt sich das lustvolle Überschreiten der Körperscham seitens Schwarz spiegelbildlich auf Goll aus. Weder Schwarz noch Lulu sind hier gewillt, diesen Mechanismus anzuerkennen, weil

290 Wedekind: *Erdgeist*, a.a.O., S. 253.

291 Ebenda, S. 253.

292 Ebenda, S. 254.

sie selbst ihr spontanes Lustausleben feiern, sie selbst sind (noch) nicht von diesen höchst indirekten Kräfteverhältnissen betroffen.

Weil die Überschreitung der Scham sich kontinuierlich vollzog und vollziehen muss, ist es nicht möglich, wie etwa bei der diskursiven Schuld, klare Grenzen anzugeben. Schamauflösung vollzieht sich, wie wir sahen, nicht durch, sondern *im* Diskurs. *Scham ist, mit anderen Worten, bei Wedekind weniger der Gegenstand der Sprache, sondern ihr Medium, Scham drückt sich in der Weise aus, wie Sprache, Bilder, Mode moduliert und inszeniert werden.* Dieses Hochschaukeln vollzog sich alteropolar, versteckt, kannte kein Zentrum und wird auch von Lulu in diesem Sinne nicht gesteuert, sondern nur moderiert, bestenfalls orchestriert. Zwar ist Lulu das Wunschbild der Männer, aber sie selbst deutet nur an, ist scheinbar passiv, gibt Zeichen. Natürlich hätte Goll auch das, wie er vorher schon sprachlich intervenierte, durchaus geschehen lassen können. Aber die Wirkung wäre die gleiche geblieben. Ein Ansehensverlust, ein Gesichtsverlust die Folge dafür, dass er einer Frau vertraute, die hinterrücks die Schamgrenzen mit dem Porträtmaler überschreitet. Andererseits scheint auch für Goll Lulu, die ›Frau Medizinalrat‹, nie mehr zu sein als ein Wunschbild. Das wiederum erleichtert es ihr, ihn zu hintergehen. Lulu stünde in diesem Sinne wie eine schamlose, durchaus egoistische Person da, würde sie nicht im Moment des Todes von mehreren Männern begehrt. *Sie* braucht sich in *dieser* Situation um den Schamverlust nicht zu sorgen. Ihr Ansehen wird von Schwarz, Schön und Alwa überhaupt nicht tangiert, weil sie ihrerseits hoffen, ihre schambesetzten Wunschbilder der Weiblichkeit durch Lulu nun ausleben zu können.

Was normalerweise als bedrohlich empfunden würde, das Handgreiflich-Werden seitens Schwarz, ist für Lulu in der Szene eher ein Anzeichen ihres Triumphs über ihn. Indem er sich so verhält, beginnt er die Contenance zu verlieren. Dazu aber gehörte nur ein Locken, ein Zeichenspiel, ein Erahnen seiner Lust. Und ist die Schamgrenze schließlich aufgeweicht, nutzt keine noch so strenge Selbstbeherrschung, denn man kann das Geschehene nicht rückgängig machen, sich nicht für die eigene Schamlosigkeit schämen. Es gibt keine Vergebung wie bei der Schuld. Ist einmal so etwas passiert wie bei Schwarz, so bleibt dies unweigerlich im gesellschaftlichen Gedächtnis markiert. Nach dieser Szene ist Schwarz so schamlos wie Lulu, weil es sich nicht wegdiskutieren lässt, dass ebenjene Ereignisse in seinem Atelier den Tod Golls mit verursachten.

Was also Lulu schützt, ist zugleich ihr Verderb: das Einstürzen der Scham beim Anderen. Es ist noch nicht einmal Verachtung, die Lulu zeigt, sondern sie führt ein groteskes Spiel der Trauer auf, steht regelrecht neben sich. In diesem oberflächlichen Unbeteiligtsein zeigt sich, was wir früher annahmen, dass es nur so sein kann, dass Lulu selbst in ihrer Kindheit eine solch große Schamverletzung zugefügt wurde, dass sie es nun regelrecht genießt, durch dieses perfide Spiel, selbst in die Lust hineingestellt, die Scham der Anderen zu zerstören, indem sie diese Spiegelung der Scham betreibt. Ein anderes Motiv gibt es weder in dieser Szene noch im Stück. Sie sagt zu Schwarz:

> Lulu: Sie sind eine Verbrechernatur.
> Schwarz: Rührt Sie denn dieser Moment gar nicht?
> Lulu: Mich trifft es auch mal.[293]

In dieser Hinsicht sind nun Schwarz und Lulu negativ gezeichnet durch ihre Schamlosigkeit. Wir überspringen den Selbstmord Schwarzens nach der Heirat mit Lulu, weil der folgende Tod Schöns der weitaus komplizierteste im Stück ist. Anders als Goll und Schwarz weiß Schön um all das und sorgt mehrfach intellektuell vor. Dass er Lulu dennoch verfällt, ist daher von besonderer Brisanz.

## Dr. Schöns Tod. Reflexivität und Scham

In der Umkleidekabine von Alwas Cabaret-Theater entspinnt sich bereits ein bezeichnender Konflikt. Schön hat seine baldige Ehefrau mitgenommen und möchte mit ihr zusammen Lulus Auftritt ansehen, worauf hin Lulu einen Ohnmachtsanfall hat oder zumindest vortäuscht und sich weigert zu tanzen:

> Lulu: Sie haben recht, daß Sie mir zeigen, wo ich hingehöre. Das konnten Sie nicht besser, als wenn Sie mich vor Ihrer Braut den Skirtdance

---

293 Wedekind: *Erdgeist*, a.a.O., S. 255.

> tanzen lassen... Sie tun mir den größten Gefallen, wenn Sie mich darauf hinweisen, was meine Stellung ist.
> Schön (höhnisch): Bei deiner Herkunft ist es ein Glück sondergleichen für dich, daß du noch Gelegenheit hast, vor anständigen Leuten aufzutreten!
> Lulu: Auch wenn sie über meine Schamlosigkeit nicht wissen, wohin sehen.
> Schön: Albernes Geschwätz! – Schamlosigkeit? – Mach aus der Tugend keine Not! – Deine Schamlosigkeit ist das, was man dir für jeden Schritt mit Gold aufwiegt. [...] Solang du noch einen Funken Achtung vor dir selber hast, bist du keine perfekte Tänzerin! Je fürchterlicher es den Menschen vor dir graut, um so größer stehst du in deinem Beruf da!![294]

Lulu weiß, dass dies die letzte Chance ist, Schön zu gewinnen. Interessant ist bereits die hierarchische Kommunikation, Lulu distanziert sich per »Sie«, Schön wählt das herablassende »du«. Die Deutung Lulus ist ganz treffend. Wenn Schöns Verlobte an seiner Seite ist, erzeugt dies eine Schamsphäre, die nicht entstünde, wenn er alleine wäre. Es ist aber für Lulus Auftritt wesentlich, dass sie diesen Pakt mit dem Publikum hat, die Scham aufzulösen. Ihr Ausruf kurz später: »Ich wüßte nicht, daß ich je einen Funken Achtung vor mir gehabt hätte.«[295] trifft den Kern. Nur wird dies normalerweise nicht deutlich. Lulu gibt sich schamlos, aber das Publikum schaut dem gleichermaßen *schamlos* zu. Lulu spannt und exploriert im Tanz die Scham, wie Schön ganz richtig sieht. Mit der Verlobten tritt nun eine Beobachterin von außen hinein und macht diese Schamlosigkeit sichtbar.

Die Angriffe auf Schön, Lulus ›unverschämter‹ Blick, ihr Vorwurf, er sei seit drei Jahren verlobt und heirate nicht, die Interpretation von Schöns Wut, ihr Hinweis auf die Reitpeitsche (und damit auf das berühmte Photo mit Lou Andreas-Salomé, Friedrich Nietzsche und Paul Rée aus dem Jahr 1882) sind auf eine Weise explorierend, verzweifelt, treffen aber dann den Kern, als sie sagt:

294 Wedekind: *Erdgeist*, a.a.O. S. 293.
295 Wedekind: *Erdgeist*, a.a.O., S. 293.

> Lulu: Seien Sie doch ein Mann. – Blicken Sie sich einmal ins Gesicht. – Sie haben keine Spur von Gewissen. – Sie schrecken vor keiner Schandtat zurück. – Sie wollen das Mädchen, das Sie liebt, mit der größten Kaltblütigkeit unglücklich machen. – Sie erobern die halbe Welt. – Sie tun, was Sie wollen – und Sie wissen so gut wie ich – daß…
> Schön: (*ist völlig erschöpft auf dem Sessel links neben dem Mitteltisch zusammengesunken*): Schweig!
> Lulu: Daß Sie zu schwach sind – um sich von mir loszureißen.
> Schön: Oh! Oh! du tust mir weh!
> Lulu: Mir tut dieser Augenblick wohl – ich kann nicht sagen wie![296]

Lulu dringt in Schöns Inneres ein, indem sie ihm seine Gedanken in der dritten Person vorspricht. Während sie seine Wünsche artikuliert, macht sie ihn hilflos, schließlich weint dieser sogar »wie ein Kind – der furchtbare Gewaltmensch!«[297] In diesen Worten ereignet sich die Peripetie des Stücks. Lulu übt keine Rache, sondern macht die Scham sichtbar und entblößt Schön dadurch. In keiner Stelle wie hier zeigt sich, wie sehr sie es vermag, die verborgenen Obsessionen zu erraten und zu spiegeln. Das Begehren des Anderen erweist sich als ein Gewebe, in dessen Kern Autoaggression ruht. Der Wunsch Schöns, schamlos sein zu dürfen, wird er später mit seinem Leben bezahlen – und er ahnt es. Diese innere Handlung kehrt sich hier für Momente nach außen, indem Lulu die Imagination Schöns triggert wie in einer hypnotischen Sitzung. Sie ist nur der Katalysator für verdeckte Machtstrukturen und Hierarchien, die sich auf der Scham fundieren. Sie wendet sie lieber destruktiv um, als sich von ihnen zu befreien. Schön, der ›Machtmensch‹ verkörpert die äußere Gewalt, deren Konsistenz sich aber durch Lulu wie mit einem chemischen Katalysator auflöst und gegen sich selbst kehrt, wenn die Schamordnung tangiert wird. Der Firnis des Bürgerlichen bedeckt die Wünsche, Obsessionen. Lulu diktiert schließlich den Entlobungsbrief mitsamt Hinweis auf Schöns Ende, worauf dieser zusammenbricht und sagt: »Jetzt – kommt die – Hinrichtung…«[298]

---

296 Wedekind: *Erdgeist*, a.a.O., S. 296.
297 Ebenda, S. 297.
298 Ebenda, S. 297.

Als Lulu schließlich mit Schöns Sohn Alwa flirtet und ihren Vater und Rodrigo in die Gesellschaft einführt, vollzieht sich das äußerlich, was hier innerlich geschah. Schön will die Situation nun äußerlich klären, indem er einen Revolver bereithält. Aber im Gefecht richtet auch dieser sich gegen ihn selbst: »Du hattest deine besten Freunde mit mir betrogen, du konntest nicht gut auch noch dich selber mit mir betrügen«[299], wie Lulu sagt. Als sie schließlich fünf Mal abdrückt, sinkt Schön nieder – und noch im Moment des Sterbens erklärt Lulu seinem Sohn Alwa ihre Liebe. Das bekannte Muster kehrt wieder.

299 Wedekind: *Erdgeist*, a.a.O., S. 313.

# G. W. Pabsts Film *Die Büchse der Pandora*

Die Transponierung des Theaterstücks weg von der (verbalen) Bezeichnung und Beschreibung von Gefühlen, weg vom szenisch-fixierten Blick auf die Bühne hin zu einer filmisch-dynamischen Darstellung lässt Dimensionen der Scham herausarbeiten, die bei Wedekind nur angedeutet werden können[300]. G.W. Pabsts Film *Die Büchse der Pandora* akzentuiert gerade durch die präsente Blickdramaturgie von Louise Brooks das Thema Scham auf eine neuartige Weise. Dabei ist es gerade dieses scheinbare Nichtstun, was auf der Bühne nur als solches erschiene, das im Film eine neue Dimension erhält, Brooks wandle mit »einer rätselvollen Unpersönlichkeit«[301] durch den Film. Sie zeigt durch dieses zurückgenommene Spiel, dass die Erotik Lulus weniger eine manifeste ist, sondern dass sie vor allem darin besteht, dass sie die Männer, die sie verehren, genüsslich demütigt, indem sie ihnen als Projektionsfläche dient:

300 Siehe hierzu insbesondere Hafemann: *Schamlose Tänze*, a.a.O. Mildner hat versucht, die Handlung bei Wedekind und Pabst im Hinblick auf eine Gendertheorie zu lesen und folgt so dem Konzept Mulveys, was eine starre und reduzierte Auffassung des Männlichen und Weiblichen bedingt, die schon bei Wedekind gebrochen und in Figuren differenziert wird. Wir möchten diesen Genderdiskurs von der Scham aus erschließen. Dieser ergibt sich also von den Gefühlen und den geschlechtstypischen Umgangsformen, kann also nur das Ergebnis einer Analyse sein und nicht am Beginn stehen. Dazu verliebt sich in Lulu auch eine Frau, was eine Reflexion notwendig macht. (Siehe hierzu etwa Mildner: *Konstruktionen der Femme fatale*, a.a.O., S. 76ff. Sowie S. 120f.).

301 Lotte H. Eisner: *Die dämonische Leinwand*, Frankfurt am Main 1980, Kapitel XIX. Pabst und das Mirakel von Louise Brooks. *Die Büchse der Pandora* (1928) – *Tagebuch einer Verlorenen* (1929), S. 309–319, zit. S. 312.

> Escerny: Von einem Mädchen wie Sie betrogen zu werden, muß noch zehnmal beglückender sein, als von jemand anders aufrichtig geliebt zu werden.
> Lulu: Sie sind in Ihrem Leben noch von keinem Mädchen aufrichtig geliebt worden! (*Sich rücklings gegen ihn stellend, auf ihr Korsett deutend.*) Würden Sie mir den Knoten auflösen. Ich habe mich zu fest geschnürt. Ich bin immer so aufgeregt beim Ankleiden.[302]

Es ist genau jener Moment, in dem die Männer *wissen*, wie Lulu auf sie wirkt, sie dies sogar aussprechen und darüber reflektieren, sie dies aber nicht davor schützt, ihr zu verfallen. Die Damenmode, mehrfach im Stück präsent, sowieso im *Skirt-Dance*, macht hier eine spezifische Seite der Leibesscham deutlich. Weil sie alteropolar ist, also meistens einen Zweiten (bzw. imaginierten Zweiten) braucht, der beim Ankleiden hilft, lockt sie zugleich auf den weiblichen Körper hin. Das Korsett kann nur von hinten geschnürt werden, wodurch eine diffuse Einladung zur Schamüberschreitung bereits impliziert ist, zumindest in der Phantasie. Lulu erwähnt, dass sie das Kleid vorher bereits selbst schnürte, bittet aber nun Escerny um jenen Gefallen. Die Verführungskunst von Lulu beruht also auf einem sehr vielschichtigen Umgang mit der Scham und einer Instrumentalisierung der Objekte. Es ist eine Erotik zweiten Grades, die weniger den weiblichen Körper selbst als ›Objekt der Begierde‹ ausstellt, sondern eine, die den männlichen Blick und die Obsessionen spiegelt und mit Fetischen arbeitet. Dieses Spiel mit Verlockungen und Oberflächen beherrscht Lulu perfekt und es weist eine filmische Affinität auf. Suggestiver ist es freilich bei Pabst, weil dieser den Blick der Männer auf Lulu und ihre Erwiderung nochmals an den Zuschauer weitertragen kann. Die Scham als ein Geschehen im Hintergrund, als ein geistiges Hineinschlüpfen in die Imaginationen des Anderen, das ist etwas, was Pabst besonders interessiert. Escerny kann ihr entfliehen, er ist Weltreisender und kennt sich mit exotischer Erotik aus.

302 Wedekind: *Erdgeist*, a.a.O., dritter Aufzug, fünfter Auftritt, S. 288–289.

## Die Zeit der 1920er Jahre und die *Flapper*-Girls

Die 1920er Jahre waren eine Zeit der gesellschaftlichen und ästhetischen Experimente. Das gesamte 20. Jahrhundert zehrte von dieser verschwenderischen Phantasie und der spielerischen Lust am Neuen. Das Frauenbild begann sich rasant zu wandeln. Die *Women's Suffrage* protestierten 1912 in New York für die Rechte der Frauen. In New York entstanden, unter dem Einfluss europäischer Modeschöpferinnen wie etwa Coco Chanel neue Modetrends wie der *Little black dress*, das *Kleine Schwarze*. F. Scott Fitzgerald und seine Frau Zelda Sayr wurden zu Symbolfiguren einer exzessiven *Jazz*-Kultur.[303] Clara Bow verkörperte 1927 in Clarence G. Badgers *It* das Girl mit Sexappeal und Chic, Colleen Moore trat in John Francis Dillons *Flaming Youth* 1923 mit Bubikopf auf, Theda Bara wurde bereits 1917 mit J. Gordon Edwards *Cleopatra* und ein Jahr später in *Salome* zum Sex-Vamp stilisiert und Joan Crawford schwang in Harry Beaumonts *Our Dancing Daughters* 1928 zum Charleston die Beine. Als *Flapper*-Girls überschritten sie mit ihren Performances und Rollen regelmäßig die Konventionen. Ihre Modetrends und ihr Habitus diffundierten in den Alltag, den Glockenhut als Erkennungszeichen tragend. Linda Simon schreibt:

> She wore skirts above the knee, with stockings rolled provocatively; skimpy little dresses, maybe spangled for evening, and nothing much underneath. Her hair was cut short. She was flat-chested, hipless, wiry. She slouched and strutted, cursed mildly and refused to marry. She was young, eternally so, it seemed, and revelled in her youthfulness. She had the unmistakable physique of an adolescent boy. People called her a flapper.[304]

303 Wir können diese Trends hier nur stichwortartig thematisieren. Für eine ausführliche Beschreibung siehe Joshua Zeitz: *Flapper. A Madcap Story of Sex, Style, Celebrety, and the Women Who Made America Modern*, New York 2006. Zum Begriff des ›Flapper-Girls‹ heißt es dort: »It's not clear how or when the term *flapper* first wound its way into the American vernacular. The expression probably originated in prewar England. According to a 1920s fashion writer, ›flapper‹ initially described the sort of teenage girl whose gawky frame and posture were ›supposed to need a certain type of clothing – long, straight lines to cover her awkwardness – and the stores advertised these gowns as ›flapper dresses‹« (ebenda, S. 5). Zu den Stars des Flapper siehe ebenda, S. 9f.

304 Linda Simon: *Lost Girls. The Invention of the Flapper*, London 2017, S. 7.

Der weibliche Körper wurde so, zumindest in den filmischen Inszenierungen und den Partys, ekstatisch gefeiert und – gemessen an den traditionellen Leitbildern – schamlos ausgestellt. Ein umfangreiches Accessoire an Make-Up entstand, um das Gesicht in ein *Bild* zu verwandeln, es als eine ›Schönheitsmaske‹ zu inszenieren: Lippenstifte von *Maybelline*, *Tangee* und *Coty* akzentuierten den *Amorbogen*. Der *Kajalstift* wurde populär und damit die Betonung der Augen und des (Zurück-)Blickens. Damenstrümpfe kamen in Mode. Damenschuhe mit Absätzen wie die *T-Straps*, *Ankle Straps* und *Pumps* wurden zu Schuh-Trends.

Louise Brooks kam als 15-Jährige nach New York, um das Tanzen zu lernen.[305] Ihr Erscheinungsbild wäre ohne die hier nur stichwortartig aufgezählten Modetrends undenkbar und diese wurden von ihr mehrfach beliehen. Dennoch verschmolz sie diese zu einem unverwechselbaren individuellen Stil, der bis in das Erscheinungsbild von Audrey Hepburn und Edie Sedgwick nachwirkte.[306] Noch heute ist, etwa im japanischen Film, diese Art von Stilordnung und Habitus sichtbar, man denke an Nana Eikuras Schauspiel.

Dass Pabst Brooks für die Hauptrolle anfragte, war ein Zeichen der Modernität wie zugleich ein Bruch mit derselben. Zum einen waren die New Yorker Trends ebenso im Berlin der 1920er zu beobachten und eine amerikanische Schauspielerin in einem deutschen Film mit einem deutschsprachigen Stoff spielen zu lassen, war in dieser Hinsicht radikal modern. Pabst konnte mit seiner Besetzung so die Vorlage von Frank Wedekinds Skandalstücken *Erdgeist* und *Die Büchse der Pandora* in die Jetztzeit rücken.[307] Andererseits aber folgt

305 Louise Brooks: *Lulu in Hollywood*, New York 1983 [1974], S. 8f. Zur Biographie siehe insbesondere Thomas Gladysz: *Louise Brooks, the Persistent Star. Articles, Essays, Blogs and Interviews*, ohne Ort 2017.

306 Siehe dazu ebenda, S. 20. Zu Brooks' Kleidung bei Pabst siehe auch Susanne Mildner: *Konstruktionen der Femme fatale. Die Lulu-Figur bei Wedekind und Pabst*, a.a.O., S. 102–108.

307 Frank Wedekind: *Lulu. Erdgeist, Die Büchse der Pandora*, Stuttgart 2016, ebook. Zum Umfeld und zur Rezeption des Stücks siehe Hafemann: *Schamlose Tänze*, a.a.O., siehe dort auch den Scham-Diskurs mit Léon Wurmser beschreibend, ebenda, S. 35–58. Léon Wurmser: *Die Maske der Scham. Die Psychoanalyse von Schamaffekten und Schamkonflikten*, übers. von Ursula Dallmeyer, Heidelberg u.a. 1981. Zur Rezeptionsgeschichte und Raumkonstitution siehe Gerald Koll: *Pandoras Schätze. Erotikkonzeptionen in den Stummfilmen von G.W. Pabst*, München 1998, inbes. S. 265–332.

die Handlung des Films und vor allem der Habitus der männlichen Rollen keineswegs dem *Flapper*-Stil bzw. dessen männlichem Pendant, sondern markiert einen Bruch mit diesem, insbesondere durch das Schauspiel von Fritz Kortner in der Rolle des Dr. Peter Schön.[308] Hier behauptet sich eine unlösbare Verquickung von Faszination und Gewalt dieser neuen Erscheinungsform von Weiblichkeit gegenüber. Aber auch die anderen Rollen sowie die filmische Inszenierung Pabsts rahmen Lulu ein, wie wir noch sehen werden.

Noch als Stummfilm gedreht, ist *Pandoras Box* gleichzeitig ein Abgesang auf den in New York bereits abebbenden Trend des *Flapper*-Girls.[309] Pabsts Film feierte zwar Brooks Schönheit und ihren erotischen Charme, dekonstruierte aber mit der Inszenierung gleichzeitig die Schönheit und opferte wie Wedekind mit dem abrupten Mord die Figur mitsamt ihrem Flapper-Lebensstil.

Stärker noch als im Theaterstück wird gerade das Moment des willkürlichen Überschreitens der Schamgrenzen bei Pabst als Ausbruchsort der Gewalt dargestellt. Die Blick- und Körperinszenierung verschmilzt mit der filmischen Ästhetik. Dass Louise Brooks nach der Arbeit mit Pabst ihre Karriere nicht fortsetzen konnte, wo sie doch in Europa (und gerade in Frankreich) zur Modeikone wurde, überrascht in dieser Hinsicht nicht. Als weiteren Faktor kann man den Bruch Stummfilm-Tonfilm nennen, den viele Schauspieler nicht überwanden. Auch die solitäre Kritik von Brooks an den mit der Einführung des Tonfilms verbundenen Gagenkürzungen mag damit zusammengehangen haben.[310]

---

308 Kortner war als Theaterschauspieler mit Wedekinds Stücken bestens vertraut, »hatte seine Erfolge, auch in Wedekinds Dramen, ja erst nach Franks Tod« (Tilly Wedekind: *Lulu*, a.a.O., S. 126). Wedekind selbst hat Albert Steinrück als besten Darsteller des Dr. Schön bezeichnet (ebenda, S. 126).

309 So heißt es bei Zeitz: »The *Times* wasn't entirely wrong. For the better part of a decade, the flapper part reality, part invention – had dominated the national imagination. But Americans living through depression, war, and the Red scare could scarcely afford to indulge in the frivolities of the 1920s. So the flapper slipped out of sight and into memory.« (Zeitz: *Flapper*, a.a.O., S. 288–289).

310 Brooks schreibt: »It was the time of the switchover to talkies, and studios were taking ugly advantage of this fact to to cut players' salaries. Refusing to take what amounted to a cut, I quit Paramount. Almost as an afterthought, Schulberg told me about the Pabst offer, which I was now free to accept.« (Brooks: *Lulu in Hollywood*, a.a.O., S. 96).

## Brooks Rollen

Louise Brooks war vor der Arbeit mit Pabst in Komödien wie *It's the Old Army Game* (1926) zu sehen, in der Edward Sutherland, zu dieser Zeit mit Brooks verheiratet,[311] ihre Schönheit besonders herausstrich. Der Film stand in der Tradition der Sennett-Komödien. Howard Hawks hatte mit *A Girl in Every Port* (1928) die soziale Gratwanderung inszeniert, die die verführerische Rolle bedingte. Allerdings bleibt Hawks Brooks' Schönheit gegenüber auf eine Weise distanziert und vermag es nicht wie Pabst, deren Verführungskunst ästhetisch zu doppeln. Berühmt wurde William A. Wellmans *Beggars of Life* (1928),[312] in der Brooks die Rolle der Adoptivtochter Nancy spielt, die den übergriffigen Hausherrn erschießt, sich als Mann kleidet und auf der abenteuerlichen Flucht Oklahoma Red (Wallace Beery) kennenlernt.[313] Keine dieser Rollen hatte die ästhetische Tiefendimension von Pabsts Inszenierungen.

## Pabsts Bearbeitung von Wedekinds Stoff

Pabsts Film verschmilzt die Skandalstücke Frank Wedekinds *Erdgeist* und *Die Büchse der Pandora* miteinander und hebt sie in die Zeit der Weimarer Republik.[314] Wichtiger scheint uns, wie Pabst den Stoff an das filmische Medium anpasst und neu wichtet.

Auffällig ist etwa, dass Pabst den Maler Schwarz herauskürzt. Offenbar macht er dies deshalb, weil diese Figur die Geradlinigkeit des Films gestört und ihn in einen intermedialen Bilddiskurs gerückt hätte. Der Zuschauer hätte dann den Eindruck bekommen, er sähe im Film nur *eine* ästhetische Seite von Lulu. Es hätte die Überzeugungskraft des Films sicherlich geschmälert, wenn

311 Brooks: *Lulu in Hollywood*, a.a.O., S. 21.

312 Zu den gefährlichen Dreharbeiten siehe Brooks: *Lulu in Hollywood*, a.a.O., S. 21f.

313 Brooks: *Lulu in Hollywood*, a.a.O., S. 22f.

314 Für eine ausführliche Darstellung siehe von Ruth Florack: *Wedekind's ›Lulu‹. Distorted Sensuality. Zerrbild der Sinnlichkeit*, Tübingen 1995. Zu dem Vertrag und den Drehbarbeiten siehe Brooks: *Lulu in Hollywood*, a.a.O., S. 47f. sowie insbes. S. 94ff. Bekanntlich hat Wedekind selbst auch eine Fassung erarbeitet, die beide Stücke beinhaltet.

Pabst diese Konstellation realisiert hätte.[315] Nur das Pirrot-Gemälde ist im Hintergrund platziert, es erscheint als Zitat und Referenz.

Natürlich können auch die den Charakter anzeigenden theatralen Gesten und der plakative Zirkusprolog wegfallen, weil der Film durch die Bildinszenierung bereits genügend visuelle Hinweise auf die Innenwelt der Protagonisten geben kann. Überhaupt lässt Pabst die Schauspieler ›realistisch‹ wie im Tonfilm agieren, ohne pantomimisch-gestikulierendes Spiel. Nur ganz selten finden sich noch Reste des Stummfilm-Stils, diese dienen dann der dramaturgischen Akzentuierung. Brooks selbst bringt diese Abkehr vom Stummfilm wie vom Theaterschauspiel auf den Punkt, wenn sie schreibt: »To Pabst, the carry-over of the acting techniques of the theatre, which froze in advance every word, every move, every motion, was death to realism in films. He wanted the shocks of life which released unpredictable emotions.«[316]

## Thomas Elsaessers Interpretation

In unserer Interpretation von Pabsts Film schließen wir uns der ausgesprochen detaillierten Vorarbeit Thomas Elsaessers an, ergänzen diese aber um den Bereich der Schamdarstellung.[317] Elsaesser erwähnt zu Recht die damalige Irritation der Filmkritik, die das zurückhaltende Schauspiel der Brooks bemängelte.[318] Natürlich liegt hierin ein Kunstgriff Pabsts, der nur so die filmischen Mittel in eine Balance mit der Darstellung bringen kann.[319] Die tänzerische Erotik, die

315 Leopold Jessner hatte in seiner Verfilmung *Erdgeist* (1923) diese werkgetreuere Variante gewählt – und jener negative Effekt für die filmische Dramaturgie stellt sich unmittelbar ein, woran auch Asta Nielsens Schauspiel nichts zu ändern vermag. Zu Pabsts Zeit wirkte die Idee des Bildes im Bild, die etwa Robert Wiene in *Genuine* (1920) und Hanns Heinz Ewers in *Der Student von Prag* (1913) nutzten, auch schon wieder verbraucht und altmodisch.

316 Brooks: *Lulu in Hollywood*, a.a.O., S. 100.

317 Thomas Elsaesser: Louise Brooks, Pabst und die Büchse der Pandora (Lulu und der Stromableser), in: *G.W. Pabst*, hrsg. von Gottfried Schlemmer, Bernhard Riff und Georg Haberl, Münster 1990, S. 77–114. Siehe auch Hafemann: *Schamlose Tänze*, a.a.O.

318 Elsaesser: *Louise Brooks*, a.a.O., S. 79.

319 Brooks betont die eigentümliche Fügung ihres Images zur Auffassung von Pabsts ›Lulu‹: »How Pabst determined that I was his unaffected Lulu, with the childish simpleness of vice, was part of a myterious alliance that seemed to exist between us even before we met.« (Brooks: *Lulu in Hollywood*, a.a.O., S. 95–96).

im Theaterstück betont wird, reduziert Brooks auf minimalistische Gesten. Sie braucht diese nur zart anzudeuten, der Kontext ist längstens in das kulturelle Gedächtnis diffundiert. Umso mehr kümmert sich Pabst dann um die Folgen und die Dramaturgie der Szenerien.

Die Sexualität wird in diesem Film »zum Schauplatz äußerst mehrdeutiger Ängste (mehrdeutig, weil libidinös besetzt)«[320]. Mit Brooks artikuliere sich, wie Elsaesser schreibt, eine *Femme fatale* wie auch eine Kritik an derselben.[321] Wie dieser betont, ist es keine böse Absicht und keine Aggression, die die Lulu antreibt:

> Lulu ist ein kindhaftes Geschöpf und ihre Anziehungskraft beruht auf ihrer Unkorrumpierbarkeit, dem Fehlen von Hinterlist, Drohung, Berechnung, auf den einfachen Vergnügen, die sie erfreuen, zu denen Sex gehört, aber es kann auch der schwellende Bizeps eines Trapezkünstlers sein, der Anblick des alten Schigolch im Eingang, die Modeseite in einer Illustrierten oder der Mistelzweig zur Weihnachtszeit.[322]

Es gehe »um ein Umfunktionieren des Pathos von Repression/Expression in eine gelassene Gleichgültigkeit, der Louise Brooks die (provisorisch) weibliche Form verleiht.«[323] Lulu erzeuge einen ambivalenten, imaginären Raum[324] u.a. durch die »Maßlosigkeit des Lächelns«[325]. Sie bewege sich »quecksilbrig und unvermutet«[326] inmitten einer »schwarzen Masse der Männer«[327]. Lulu sei »ständig dazwischen: zwischen dem Stromableser und Schigolch, zwischen Schigolch und Dr. Schön, zwischen Rodrigo und Schigolch, zwischen Alwa und der Gräfin Geschwitz, zwischen Alwa und Dr. Schön, zwischen Rodrigo und Alwa, zwischen dem Theaterregisseur und Dr. Schön, zwischen dem Staatsanwalt und Gräfin Geschwitz, zwischen Casti-Piani und Alwa, zwischen

320 Elsaesser: *Louise Brooks*, a.a.O., S. 83.
321 Ebenda, S. 87. Siehe dazu auch Mildner: *Konstruktionen der Femme fatale, a.a.O.*
322 Elsaesser: *Louise Brooks*, a.a.O., S. 92.
323 Ebenda, S. 93.
324 Ebenda, S. 94.
325 Ebenda, S. 95.
326 Ebenda, S. 98.
327 Ebenda, S. 98.

Casti-Piani und dem Ägypter…«[328] Wir knüpfen an Elsaessers Interpretation genau hier an, weil diese alteropolar adressierten Gesten die Scham neu austarieren, gar aus dem Gleichgewicht bringen:

> Lulu ist immer dann begehrenswert, wenn ihre Erscheinung ins Kreuzfeuer eines anderen geraten ist, der sie auch begehrt, und ihre sexuelle Anziehungskraft sich an jemandem auflädt, der seine eigene Identität als Krise erfährt.[329]

Elsaesser deutet diese Dynamik schließlich als eine Ökonomie.[330] Auch hier folgen wir ihm. Jedoch möchten wir uns näher mit den Gründen für diese Zirkulation beschäftigen. Auch hier gibt der Interpret bereits das richtige Stichwort der *Blickinszenierung*.[331] Weil aber Elsaesser die Scham unbeachtet lässt, kann er die Funktion der Blicke nur im Sinne einer Gender-Orientierung deuten bzw. von der erwähnten Ökonomie aus einordnen. Beide Modelle jedoch greifen zu kurz, weil Lulu offensichtlich auch die Frauen in ihren Bann schlägt. Und auch ein voyeuristisches Erklärungsmodell würde an diesem Film scheitern, weil Lulu gerade nicht geheim angeblickt werden will, sondern Blicke erwidert, diese geradezu *verstärkend* vorwegnimmt und sich an ihnen erfreut, sie regelrecht in der jeweiligen Situation einsammelt und daher die Gesellschaft und die Öffentlichkeit unbedingt braucht. Wir möchten dieser Übersetzung eines theatralen Diskurses in filmische Imagination folgen und danach fragen, wie es Pabst gelingt, für solch komplexe Oberbegriffe wie dem der Scham eine bildliche Ausdrucksform zu finden. Wir folgen hierbei zunächst Jean-Paul Sartres Theorie der Scham und kommen zur konkreten Analyse des Films.

---

328 Ebenda, S. 99.
329 Ebenda, S. 96.
330 Ebenda, S. 100.
331 Ebenda, S. 107–112.

## Jean-Paul Sartres Theorie der Scham

Wie wir an anderer Stelle zeigten,[332] entwirft Jean-Paul Sartre in *Das Sein und das Nichts* eine ›Blicktheorie‹ der Scham. Scham und Blick vermitteln zwischen Ich und Anderem, die Sartre als *Blickenden* und *Angeblickten* fasst: »Ich werde in einer erblickten Welt erblickt.«[333] Dieser alteropolare Resonanzprozess wichtet die Welt und verortet mich in der Welt des Anderen. Die Scham ist eine Art Mittler zwischen den intersubjektiven Welten und vermag es, diese über das Phänomen des Blicks zu überschreiten: »Doch der Andere ist der unentbehrliche Vermittler zwischen mir und mir selbst: ich schäme mich meiner, wie ich Anderen erscheine. [...] Ich erkenne an, daß ich bin, wie Andere mich sehen.«[334]

Das subjektive Phänomen des Blickens hat also die fundamentale Funktion, die über die Scham hinausgeht und von dieser aus ein ganzes Gefüge sozialer Dimension und Erwartungen an mich und an den Anderen in einem Wechselspiel konstituiert. Blicke erzeugen Scham und stimmen Welten aufeinander ab, lassen diese verschmelzen, irritieren diese und vermögen es auch, diese voneinander zu distanzieren: »So ist die Scham ein vereinigendes Erfassen dreier Dimensionen: ›*Ich* schäme *mich* über mich vor *Anderen*.‹ Wenn eine dieser Dimensionen verschwindet, verschwindet auch die Scham.«[335]

Der Blick hat etwas Gestisches, weil er oftmals nicht bewusst gewählt wird. Blicke begleiten unsere Handlungen. Und das Erwidern von Blicken und die Weise, *wie* sie erwidert werden, gehört zu dem Rätselhaftesten der menschlichen Existenz. Es gibt stets eine Einstimmung mit dem Anderen. Und so ist jedwede Situation ganz wesentlich durch Blickkonventionen umgrenzt. Und die Scham ist in dieser Hinsicht durch Blicke ›im Zaum‹ gehalten, weil gewöhnlich ein direktes Blicken in die Augen nicht erfolgt und gesellschaftlich tabuisiert ist, es sei denn Menschen sind ineinander verliebt. Weil der Blick hervorhebt und fokussiert, gewährt ein Nicht-Anblicken auch gleichzeitig die Möglichkeit, sich zurückziehen zu dürfen, sich zu schämen. Und auch wenn

---

332 Becker. *Ozu*, a.a.O., S. 233ff.

333 Jean-Paul Sartre: *Das Sein und das Nichts. Versuch einer phänomenologischen Ontologie*, hrsg. von Traugott König, übers. von Hans Schönberg und Traugott König, Hamburg 2017, S. 485.

334 Ebenda, S. 405.

335 Ebenda, S. 518.

man in der Gesellschaft angeblickt wird, so heißt das gewöhnlich nur, dass Menschen den Körper ansehen, sie blicken einander nicht in die Augen. Es gibt also eine diffizile Blickorchestrierung und verschiedenste Ausdrucksformen, Valenzen des Blickens und seiner Zuwendungsformen. Umgekehrt kann der verliebte Blick, wie wir bei Reitz sahen, auch die Schamgrenzen auflösen und in der Hinsicht eine die Konventionen sprengende Funktion. Und diese Kehrseite des verschämten Blickes ist für Pabst von größtem Interesse.

Interessanterweise bleiben Blicke nicht auf die lebensweltliche Situation beschränkt, sondern das Blicken wird auch im Bild (zumindest bis zu einem gewissen Grad) weitergetragen. Blickt ein Schauspieler in die Kamera, so haben wir den Eindruck, er blicke *uns* in die Augen. Ein guter Teil des Realitätseffekts des Films beruht eben darauf, dass dieser Blick auf uns Zuschauer eine Art von Blickachse erzeugt, die *aus dem Bild in die Umwelt hin gerichtet ist.*

Wohl wissen wir, dass die Menschen im Film Aufzeichnungen sind, aber ihre Blicke umgibt dennoch eine eigentümliche Präsenz, der wir uns nicht entziehen können. Wir mögen die Leinwandbilder als bloße Schemen auffassen, sobald aber die Protagonisten aus dem Bildraum heraus in unseren Leibraum hinein blicken, wandelt sich unser gesamtes Verhältnis zum Bild. Wir werden dadurch in eine filmische Welt suggestiv hineingezogen und Teil eines Blickgeschehens, das zwischen den Protagonisten und gleichzeitig zwischen ihnen und uns sich ereignet. Es ist dies also ein komplexes Spiel von Identifikationsschichten, die sich nur aufgrund unserer eikonischen Imagination konstituieren können. Und genau dieses ›Imaginationsspiel‹ betreibt Pabst, um die Scham zu inszenieren und die Darstellung von der Verbalisierung des Theaters zu emanzipieren. Damit involviert er uns Zuschauer natürlich besonders intensiv und erschließt eine Seite in Wedekinds Stück, die mit theatralen Mitteln unaufführbar wäre. Wieder schreibt Brooks, dieses Moment freilich genau registrierend: »But a truly great director such as G. W. Pabst holds the camera on the actor's eyes in every vital scene. He said, ›The audience must see it in the actors‹ eyes.‹«[336]

336 Brooks: *Lulu in Hollywood*, a.a.O., S. 101

Lotte H. Eisner erkennt sehr genau, worin dieses scheinbar passive, wortarme Schauspiel besteht, das offenbar auch den Menschen Louise Brooks auszeichnete:

> However, I grew increasingly aware of an almost magical power emanating from this strange young woman, who spoke very little, even though I addressed myself to her in English. It was Louise Brooks. I stayed on, to watch Pabst work. And this Louise Brooks, whom I scarcely heard speak, fascinated me constantly through a curious mixture of passivity and *presence* which she projected throughout the shooting.[337]

## Pabsts Kadrierung und Brooks Gesicht

Ganz wesentlich für die intensive Wirkung von Brooks Schauspiel ist Pabsts Bildregie. Die erste Einstellung des Films zeigt in Aufblende den Stromableser in Naher. Er schreibt das Ergebnis gewissenhaft in seine Kladde. In der zweiten, amerikanischen Einstellung betritt dann Lulu die Szenerie, indem sie durch einen Türspalt in das Bild gelangt. Dieses Hineingehen in die Kadrierung ist überhaupt ein Kennzeichen von Pabsts Inszenierung. Es gibt in dem gesamten Film ein eigentümliches Ungleichgewicht zwischen der starren Kadrierung der Plansequenzen und den Menschen, die in diese hineinlaufen, als sei sie Architektur. Durch diese Festlegung auf einen statischen Ausschnitt wirken auch die meisten anderen Szenen wie von unsichtbaren Regeln durchwirkt. Andererseits sind die Einstellungen selbst auf die Menschen, die erst hineintreten werden, abgestimmt, so als nähmen diese ihre spätere Position vorweg. So ist es auch hier. Lulu tritt selbstsicher und schnell in den Raum, ohne jedoch dadurch an Präsenz zu verlieren. Die Kamera beobachtet sie von leichter Untersicht, ist in etwa auf der Höhe ihrer Handtasche. Dass Brooks so in das Bild hineinschlüpft, muss auf die damaligen Zuschauer besonders irritierend gewirkt haben. Wenn auch Brooks in wehendem Kleid, mit einer Schnapsflasche unter den Ellbogen geklemmt, in der Tasche kramend gezeigt wird, so wird doch ihr Gesicht durch die Lichtregie besonders hervorgehoben.

---

337 Ebenda, a.a.O., S. 107.

Brooks auffälliges Merkmal, herausstechend auch im deutschen Film der damaligen Zeit, ist sicherlich ihre Frisur, der Bubikopf, der helmartig ihr Gesicht abschließt und ihre eigentlich hohe Stirn kaschiert. Diese Frisur verleiht ihr tatsächlich bereits etwas ›Bübchenhaftes‹, Kindliches, Kekkes, weil das Gesicht selbstbewusst präsentiert wird.. Sie steht in krassem Gegensatz zur damaligen Frisurenmode in Deutschland, man vergleiche ihr Erscheinungsbild mit dem Lilian Harveys.

Brooks Gesicht ist hochgradig symmetrisch, die Nase eher schmal, die Unterlippe betont, wobei die Oberlippe jenen modischen Amorbogen erhält, wenn dieser auch vergleichsweise flach ist. Sie hat keine Falten und ihre funkelnden Augen mit ihren gerade gezogenen Brauen erzeugen eine unterschwellige Dominanz. Durch den Kajalstift hat Brooks die Außenränder der Augen betont, so dass der Blick regelrecht zur Mitte, wie bei einem Silberblick, gebündelt wird. Der Lidschatten, der etwas quer läuft, erzeugt eine angenehme Dynamik. Allein mit dem leichten Spiel ihres Mundes kann sie zahlreiche Emotionen ausdrücken, wie etwa Irritation, Unbehagen, Lust, Freude. Das drapierte Abendkleid wirkt wegen des hautfarbenen Stoffs weit ausgeschnitten und akzentuiert ihren zarten Körper wie auf einem Laufsteg, ist also völlig deplatziert für diesen Anlass. Brooks ist weder zu dünn noch zu dick, Körper und Gesicht pendeln auf eine Weise androgyn zwischen dem Geschlecht wie den Lebensphasen hin- und her. Wie wir schon sahen, kann sie einen zarten jungen Mann spielen, die elegante Dame wie auch eine Liebhaberin. In eben jener changierenden Körperlichkeit zwischen Jugendlichkeit und Adoleszenz findet Brooks immer wieder eine neue Balance.

Ihr erster Auftritt ist perfekt und muss es sein, will sie denn mit minimalen Nuancen in einer Einstellung etwas ausdrücken, wofür die Kolleginnen ganze Szenen brauchen. Das Haar glänzt und ganz im Gegensatz zur profanen Szene wirkt sie übertrieben festlich. In dieser Hinsicht muss Brooks hier gar nicht sprechen, denn diese subtilen Effekte ihrer Mode und ihres schön geschminkten Gesichts genügen bereits. Bevor sie in die Einstellung des Stromablesers hineinläuft, lächelt sie das erste Mal, ohne gesehen zu werden, ein Lichtglanz schwebt auf ihren Augen. Dann sehen wir ihr scheinbar weit ausgeschnittenes, rückenfreies Kleid, das mit einem Perlenverschluss, der wie eine Halskette ausschaut, schließt. Diese Disproportion ist von Beginn an auffällig. Sie kleidet sich nicht nur so, sondern verhält sich auch so, als sei der Stromableser ein guter Freund, gar ein Liebhaber, weil sie ihm viel zu vertrauensvoll begegnet und als sei der Anlass ein Fest. Andererseits wirkt es so, als dominiere Lulu die Szene, wenngleich auf der Ebene der (Lust-)Emotionen. Man könnte vermuten, dass hierin eine Absicht liege, die Menschen instrumentell zu beeinflussen, aber das ist nicht der Fall. Lulus Liebe ist verschwenderisch und total. Sie transzendiert, so als wäre dies normal, die Sitten, indem sie die gesellschaftliche Konvention von Lächeln und Blicken spielerisch auflöst, und mit ihr die Schamgrenzen. Man kann sagen, dass sie diese Konventionen, die dauernd im Hintergrund lauern und den meisten Menschen überhaupt nicht bewusst sind, nach Lust und Laune aufführt und überschreitet. Sie eröffnet dem Stromableser so ihre (und seine) intimste Seite. Dass sie ihm nun vor seinen Augen noch einen Schnaps eingießt und ihn dabei verführerisch blickend, erneut anlächelt, erzeugt eine entsprechende Atmosphäre. Ihr bereits verfallen, reagiert dieser eigentümlich vertrauensvoll und schaut glückselig drein.

Ihr Mund spitzt sich etwas zu und erneut blickt sie auf. Inzwischen hat freilich der Stromableser bereits zurückgeblickt. Pabst akzentuiert Lulus Auftreten wie im ganzen Film mit Augenglanz, auch der Ausgießer aus Metall funkelt. Der Blick des Zuschauers springt daher auf die nun in Naher gezeigte Lulu zwischen ihren Augen, dem Ausgießer und dem Glanz der Unterlippe hin und her. Dass der Mann nach unten sieht, während er sich unbeobachtet glaubt, zeigt, wie sehr Lulu bereits seine Gefühle orchestriert. Es liegt etwas Hypnotisches in diesem Arrangement – und auch etwas Prophetisches, denkt man an Lulus bitteres Ende, das mit ebenjenem Glitzern eingeleitet wird.

Man fragt sich, was Lulu davon hat, dass sie mit diesem älteren und eher unattraktiven Mann so kokettiert. Und kaum geht dieser, steht schon Schigolch in der Tür, bei Pabst eindeutiger als bei Wedekind Lulus heruntergekommener Vater, der ebenso mit einem breiten Lächeln aus dem Bildraum heraus blickt und dabei die gegenteilige Wirkung auslöst.

Lulu gelingt in dieser kurzen Begegnung, was dann im Film weit ausgreift, nämlich die Auflösung der Schamgrenzen. Würde Lulu nur dann zurückblicken, wenn sie in der Situation stünde, könnte man dies als eine Art von Charaktermerkmal beschreiben, Menschen zu beeinflussen, als einen sozialen Vorgang. Aber sie lächelt und blickt bereits verführerisch, *bevor* sie gesehen wird.

Es liegt also eine viel tiefere, metaphysische Haltung darin, die die Bedingung der bürgerlichen Gesellschaft nicht anerkennt, nämlich die Sexualität und die Lust individuell einzuhegen durch Scham, sich für die eigenen Lustgefühle *zu schämen* und dies in den Blickgesten und persönlichen Blickstilen *zu Verinnerlichen*, d.h. sich selbst Schranken des Blickens und damit des schamhaften Überschreitens Ich-Anderer aufzuerlegen. Lulu macht dies nicht. Sie ist in dieser Hinsicht eine solitäre Gestalt und das wirkt, wie Elsässer herausarbeitet, damit als ein Katalysator in der Gefühlswelt ihrer Umgebung. Indem sie *so* blickt, zu jedem, lädt sie alle ein, mit ihr frei von Scham zu sein. Das wirkt erotisch. Wo Wedekind die Figur der Lulu zwischen die Männer platziert, dominiert bei Pabst die Beziehung Lulus zum Zuschauer. Daher ist der Blick, den das Theater nur unvollkommen inszenieren kann, auch sein zentrales Darstellungsfeld.

Die Kladde, Lulus Tasche, das Herausschlüpfen aus der Tür, das alles lässt sich als Fetisch deuten. Mal spreizt sie ihre Finger wie zum Zeichen, ein andermal gleitet sie mit ihren Händen regelrecht vor den Augen des Stromablesers in die Handtasche, und das Geld steckt sie so verschämt zu, als wolle sie den Mann bestechen. Überhaupt ist die ganze Situation, das Anbieten des Schnapses, das Kokettieren in dezenter Abendgarderobe mit einem älteren unattraktiven Mann in Dienstkleidung, in sich verdreht. Aus einer Alltagshandlung wird eine spontane Verführung, die durch Schigolch unterbrochen wird, der dann die Schnapsflasche gleich übernimmt. All das zeigt Pabst von einer Blende gerahmt und subjektiviert das Geschehen so.

Wir müssen nochmal betonen, dass Lulu *keine* Absicht verfolgt und ihr Verhalten *nicht* instrumentell verstehbar ist. Es ist *nicht* egoistisch. Lulu anerkennt eben diese Prämissen der Scham nicht. Würde sie das tun, dann wäre ihr Verhalten unmittelbar *vulgär* nach der Art von Prostituierten. Aber indem sie wie selbstverständlich, traumtänzerisch im Alltag wandelnd, ein Leben *jenseits* von Scham (und auch Schuld) lebt, wird sie zum Lustobjekt. Sie verschenkt gewissermaßen ihre Scham und weiß, dass das katastrophale Folgen hat. Weil aber Scham notwendig ein responsives Gefühl ist, kann Lulu dies nur sozial ausleben – und in dieser Hinsicht *muss* Pabst in seiner Dramaturgie diesem Wesenszug folgen. Das von Elsässer beschriebene soziale Gefüge ist eben eines der Schamlosigkeit oder besser gesagt der *Schamfreiheit*.

Lulu wird dadurch bei Pabst zur eleganten und zugleich fatalistischen Ikone einer schamfreien Gesellschaft. Sie lebt inmitten der strengen bürgerlichen Sitten und Konventionen alternative Formen des Umgangs mit der Scham. Das führt zwar zu einer Wandlung im Sich-Schämen der Anderen, evoziert aber zugleich gewalttätigen Gegenreaktionen der Umgebung, dieses Verhalten hier und jetzt zu unterbinden. Denn ohne Scham und Leibesscham würde die Lust frei ausgelebt, was die bürgerliche Gesellschaft nicht dulden kann, beruht sie doch auf der Umlenkung der Triebe.[338] Der Widerspruch taucht beständig auf. Nur Lulu und der eklige Schigolch schämen sich nicht. Die Bedingung der Liebe ist, dass sich auch die Anderen nicht schämen, letztlich eine Art inzestuöses Kollektiv bilden, das in schamloser Beziehung zu Lulu steht. Das aber können die Anderen nicht dulden, sie sind eifersüchtig auf ihre Liebhaber, applizieren also das bürgerliche Gefühlsmodell wiederum auf Lulu, wenngleich sie ahnen müssen, dass genau das bei ihr nicht funktionieren wird. Sie werden Opfer ihrer eigenen Sehnsucht.

## Dr. Schöns Tod

Als sich Dr. Schön in Lulu verliebt, weiß er, dass er mit der Frau zugleich ihre Weise übernimmt, schamfrei in einem sozialen Feld zu agieren. Und er sieht ganz richtig seinen Untergang voraus, weil er in dieses Feld unmittelbar hineingezogen wird, wenn er sie heiratet und so mit den Konventionen bricht, auf denen auch seine Position beruht. Alle wissen, dass die Anderen durch Lulu untergehen, aber dieses freie, schamfreie Spiel gewinnt eine solche Präsenz, dass sie immer wieder Verehrerinnen und Verehrer findet. Nur dadurch kann sich Lulu halten, indem sie weitere Verbindungslinien stiftet. Aber auch hier nutzt Lulu diese nicht aus, sondern *übergeht* sie einfach, so als sei nichts

338 Bei Freud heißt es dazu »Diese primitiven Regungen legen einen langen Entwicklungsweg zurück, bis sie zur Betätigung beim Erwachsenen zugelassen werden. Sie werden gehemmt, auf andere Ziele und Gebiete gelenkt, gehen Verschmelzungen miteinander ein, wechseln ihre Objekte, wenden sich zum Teil gegen die eigene Person. Reaktionsbildungen gegen gewisse Triebe täuschen die inhaltliche Verwandlung derselben vor, als ob aus Egoismus – Altruismus, aus Grausamkeit – Mitleid geworden wäre.« (Sigmund Freud: Zeitgemäßes über Krieg und Tod, in: ders.: *Gesammelte Werke*, Bd. X, S. 324–355, zit. S. 332).

geschehen, etwa als Alwa mit ihr im VI. Akt flieht, obwohl diese seinen Vater in einem unglücklichen Streit erschossen hat.

Lulu empfindet sich erhaben über die Scham der Anderen, für sie ist diese lächerlich. Es ist auch tatsächlich irritierend, dass die ganze bürgerliche Gesellschaft auf dieser kleinen Geste beruht und deren Befolgung. Das Tabu, auf dem die Gesellschaft ruht, schlummert also in *Millisekunden des Blickens und Blickverbots*, des Anspruchs der Anderen an die eigene Scham. Sobald man diesen Anspruch aufgibt, stellt man sich *in unversöhnlichen Widerspruch* zur bürgerlichen Kultur und deren staatlich im Ehebund verbürgter Sitte. Damit ist dann jede noch so sicher geglaubte Position dahin. Immer wieder sind die Figuren daher zur Aufgabe ihrer eigenen Scham angehalten, damit sie Lulu lieben können. Und das ist gleichbedeutend mit deren Ruin. So sagt Alwa, als er sie im Büro seines Vaters antrifft (sie lugt wieder aus dem Türspalt): »Wenn Du Dich zu Hause fühlst, wo mein Vater verblutet ist… muss ich gehen!«[339] Diese Drohung ist auf ihre Weise wirkungslos, wie die der anderen Männer auch. Denn sobald sie sich auf das Spiel einlassen, verlieren sie in den Augen der Gesellschaft ihre Scham, ihren Leumund und ihre Reputation. Es entsteht eine negative Dynamik, von der Erfüllung der Lust (und der Utopie einer Schamfreiheit) angetrieben, die einem Gesichtsverlust gleichkommt, weil dies der Kern von Lulus Charakter ist und in dieser Hinsicht nietzscheanisch alle Werte *umgewertet* werden. Sobald Alwa Lulu liebt und dies bekundet, begibt er sich in eine moralische Antiwelt. In dieser wird auch die Lust keineswegs erfüllt, es wird dies nur versprochen, denn der nächste Liebhaber wartet bereits. So umgibt sich Lulu im Laufe der Handlung immer mehr mit Fetischen, weil dieses Überschreiten der Sitten durch Neid, Missgunst etc. ihr zunehmend physisch gefährlich wird. Ihr Rückzug und ihre symbolhafte Inszenierung sind die Reaktion darauf. Ihre Haltung würde sie, wenn sie stets *physisch* gelebt würde, unmittelbar ins Verderben stürzen, was man dann auch am unglücklichen Tod von Schön sieht. Sie versucht also, möglichst viel in der Imagination zu halten, die Schamfreiheit imaginär zu leben. In dieser Hinsicht ist es ganz konsequent, dass sie Revuetänzerin wird. Dieses Hineinwechseln in die Imagination gelingt *ihr* gut, aber dem Umfeld nicht, das die Körperlichkeit wie die

339 Pabst: *Die Büchse der Pandora*, TC 01.15.24'.

bürgerlichen Konventionen einfordert und bei der *imaginativen* Auflösung der Scham nicht stehenbleibt.

Wir sagten bereits, dass Lulu nicht vulgär ist, wohl aber kann man ihr Auftreten als obszön bezeichnen. Der Unterschied besteht darin, dass Obszönität heimlich bzw. adressiert erfolgt, d.h. einen Bund zwischen mindestens zwei Menschen voraussetzt. Obszönität ist eine partielle Überschreitung der Schamgrenzen, meistens auf das Sexuelle hin, während Vulgarität viel umfassender, ausstellender und eindeutiger ist. Obszönität arbeitet zudem mit Ver- und Bedeckungen, mit Überspannungen und mit einem Teasing, das auf eine Weise stets zurückgenommen, immer aber dosiert werden kann. Lulus Kleider sind zwar freizügig, aber dennoch spielerisch. Wenn etwa der Rücken durch den hautfarbenen Stoff scheinbar frei gehalten ist, so weiß sie, dass sie den männlichen Blicken ausgesetzt ist, aber eben diese Inszenierung ist partiell, sie ist aus diesen Gründen *obszön*. Deshalb empfinden wir auch Mitleid mit Lulu. Sie schädigt niemanden aktiv, provoziert auch nur diejenigen, die sich auf ihr Spiel einlassen.

Der Blick Lulus ist gestisch-situativ stets eingerahmt und wird szenisch orchestriert. Es ist dies eben nicht allein ein Blick mit Blickerwiderung, sondern auch ein durchgeistigter Blick, der ein Imaginationsgeschehen begleitet. Wichtig ist hierbei auch das Lächeln, das natürlich viele Spielarten hat, aber bei Lulu sehr häufig den Blickflirt begleitet und damit das Einverständnis suggeriert, sich ihr seelisch hinzugeben. Dieses nonverbale Geschehen löst also Schamgrenzen in Bruchteilen von Sekunden auf und lädt zum erotischen Verweilen ein. Natürlich kokettiert Lulu permanent, zieht wenig später jene Einladung durch das Lächeln wieder zurück und webt so die männliche (und weibliche) Lust regelrecht ein, stratifiziert und modifiziert sie, lenkt sie um.

## »Das ist meine Hinrichtung!« – Die Theaterszene bei Pabst

Als Dr. Schön im dritten Akt mit seiner Verlobten Charlotte (Daisy d'Ora) das von seinem Sohn geführte Revuetheater betritt, muss Lulu um den Einfluss ihrer schamfreien Inszenierung fürchten. Schön scheint sich von Lulu zu ›emanzipieren‹, indem er aus ihrem Leben tritt und damit auch die Grenzen ihres Lebensentwurfs markiert. Offenbar hat Lulu Angst davor, dass ihre Erotik nicht mehr verfängt. Durch ihre alternative Form der Schamauslebung als Freiheit von derselben bestimmt sie ihre Identität. Schamgrenzen sind ihr also weniger Sympathie- oder Machtgrenzen, sondern sie konstituieren ihre Persönlichkeit als heimliches Gegenbild zur Konvention.

Kameramann Günther Krampf verdeckt diesen Konflikt zunächst, indem er die Szene hinter den Kulissen wiederum bühnenhaft zeigt und den schwelenden Konflikt unterhaltsam und effektvoll verdeckt. Die Personen huschen nur durch das Bild, kunstvoll wechseln die Ansichten, als Schön mit seiner Verlobten Charlotte im Hintergrund die Backstage des Theaters betritt. Beinahe werden sie umgerannt und nun ist es *sein* Lächeln, das vorausschauend die drohenden Diskrepanzen und Irritationen verdecken soll. Dass es sich hierbei um kein bürgerliches Schauspielhaus, sondern um eine Revue handelt, dürfte Charlotte dennoch unmissverständlich klar werden. Der feine Aufzug im Abendkleid zeigt umso mehr, wie deplatziert sie an diesem Ort ist. Als sich ein männlicher Hauptdarsteller vor aller Augen umzieht, lenkt der Assistent vorausschauend Charlottes Aufmerksamkeit ab (TC 00:31:00' f.). Umso schockierender dürfte dann ihr Blick auf ihre ›Konkurrentin‹ Lulu sein, als diese umgekleidet wird.

Der folgende Blickwechsel zwischen Schön und Lulu offenbart, welche Abgründe in dem Zusammentreffen schlummern. Schöns stechende Augen, seine ernsthafte und kalte Miene mit Monokel lassen selbst Lulus Lächeln versiegen. Pabst inszeniert beider Blick zur linken Richtung hin auf den Zuschauer. Lulu agiert nun unbeherrscht und zornig und muss wegen ihrer wilden Art gar von ihren Kollegen gebändigt werden. Schließlich wird an Schön die Bitte herangetragen, er möge sie zur Vernunft bringen. Koll liefert eine detaillierte Analyse, in der es heißt:

> Das oben erwähnte Beispiel der Konfrontation Lulus und Schöns im Theater zeigt, daß Lulu den Blick verweigert, sofern das erotische Begehren des Blicksubjekts abnimmt. Schöns Versuch, Lulu dem öffentlichen Blick auszusetzen und so den eigenen Fokus von ihr abzulenken, scheitert; statt dessen behält sie die Kontrolle über ihr Bild. Sie entzieht sich der öffentlichen Zurschaustellung gleich mehrfach: zunächst dem

> Zuschauerraum, dann dem Zugriff des Personals mit dem Rückzug in die Requisitenkammer ebenso dessen Blickfeld, und sie entzieht sich auch Schön, indem sie den Kopf im Arm vergräbt.[340]

Man sollte aber noch hinzufügen, dass dieses Spiel von Lulu eben nur aufführbar ist, wenn sie sich der Aufmerksamkeit der Anderen sicher wähnt. Zu Beginn ist das keineswegs klar. Auch ist der Blick der Verlobten ein anderer als der der Gäste, er ist entlarvend. Als Schön sie schimpft und schließlich sogar fest am Arm packt, triumphiert Lulu, indem sie ihm ins Gesicht sagt: »Ich tanze für die ganze Welt – aber nicht vor dieser Frau!«[341] Dieser Satz steht nicht bei Wedekind, dort sagt Lulu: »Ich fühle mich wie geprügelt.«[342] Aber der Film kann eben diese Blick- und Schamordnung viel subtiler darstellen als die Bühne. Daher werden die Schwierigkeiten der Schamauflösung hier unmittelbar deutlich. Es sind niemals nur zwei Menschen, deren Scham berührt ist, sondern mit Lulus Verhalten wird die gesamte gesellschaftliche Schamordnung unterlaufen. Als ihr dies nun manifest wird, indem Charlotte auftritt, kann Lulu nicht anders, als ihre Schamfreiheit behaupten. In Konsequenz bedeutet das aber, Schön zu drohen und die Aufführung platzen zu lassen, wenn Charlotte zuschaut. Schön ist damit in einem Dilemma. Hegte er keine Gefühle für Lulu mehr, würde er die Vorstellung mit Charlotte verlassen. Dann wäre Lulu gedemütigt und die angebahnte Ehe ›gerettet‹. So aber zieht ihn Lulu über den Umweg des Konflikts weiter in ihren Bann, obwohl Schön körperlich dominiert: durch seine rohe Gewalt. Unter dem Zeitdruck und des gespielten Zorns Lulus zeigt sich eine eigentümliche Vertrautheit zwischen den beiden. Die Herrschaftsgesten Schöns, der Lulu mit breitem Rücken zum Zuschauer gewandt in eine Ecke drückt, sind ambivalent und kehren sich immer mehr in

340 Koll: *Pandoras Schätze*, a.a.O., S. 288.

341 Pabst: *Die Büchse der Pandora*, TC 00.34.39'. Die Tanzdarbietungen Lulus sind bei Pabst eher andeutend eingesetzt und erhalten keineswegs die Bedeutung, die sie für die Theaterinszenierungen hatten. In dieser Hinsicht ist es konsequent, wenn Pabst auch hier Lulus späteren Auftritt nur andeutet. An Stelle des Körpers tanzt die Kamera um Lulu herum, geordnet von der Montage. Zu den Tanz-Performances und dem Umgang mit Scham bei den Theateraufführungen siehe Hafemann: *Schamlose Tänze*, a.a.O.

342 Wedekind: *Erdgeist*, a.a.O., S. 292.

hilflose Bekundungen der Zuneigung um. Als Schön sie schließlich am Arm packt, kommen sich beide nahe wie bei einer grotesk verkehrten Liebesszene. Dass die Kamera, bevor Schön Lulu heftig durchschüttelt, deren Decolleté kadriert, steigert diesen Eindruck noch. Die Spannung, die durch Parallelmontage auf die wartenden Schauspieler erzeugt wird, wertet diesen Konflikt dramaturgisch auf.

Pabst zeigt nur Körperteile: Lulus rhythmisch wippendes Bein, das Schön anstößt, dann diesen auf die Uhr schauend, schließlich die sich hin- und her bewegende Lulu rücklings auf dem Kanapee. Dass es Schön nicht gelingt, sich eine Zigarette anzustecken, macht dessen Aufgewühltheit deutlich.

Pabst hat den Raum ausgestattet wie ein schmuddeliges Museumsmagazin, im Regal ein Totenkopf, Felle, Gemälde. Als sich Schön zu ihr setzt, zeigt Pabst ihr bewegendes Gesicht in Großaufnahme. Sexualität wird durch ihr rhythmisches Wippen angedeutet. Die Versöhnung ist weit mehr als die Schlichtung eines Streites, weil er laut lacht. Nun rüttelt Lulu ihn hin- und her und schüttelt ihn durch, neckt ihn also. Wieder packt er sie. Sie beißt ihn in die Hand und aus der abwehrenden Haltung wird eine feste Umarmung. Als in genau jenem Moment die Tür sich öffnet und die Verlobte mit dem Sohn verdutzt hineinschauen, blickt Lulu sie triumphierend an und beginnt, sich wegschreitend auf die Performance vorzubereiten. Schön sitzt wie verschlafen im Hintergrund – und seine eigene Prophezeiung beginnt, sich Bahn zu brechen.

In diesem Moment sind ganz offensichtlich moralisch-sittliche Grenzen überschritten, was durch keine Entschuldigung mehr zurückgenommen werden kann. Lulus schamfreie Ordnung wird absolut. Schön könnte auch hier noch, wenn auch mit größtem Ansehensverlust, seine gesellschaftliche Stellung retten. Aber es ist offenbar eine innere Verquickung. Die erotische Beziehung zu Lulu verbindet sich mit einem stark sado-masochistischen Hang. Schön pariert den Versagungen der bürgerlichen Gesellschaft, auch deren auferlegten Zwängen. In der Figur der Lulu verbinden sich jedoch Projektionsfelder seines Unbewussten, über die Schön keine Verfügung hat, denen er verfällt. Vielleicht *schämt* sich Schön für seine Stellung in der Gesellschaft wie auch für seine Lust so sehr, dass er Lulus Angebot, diese Gefühle öffentlich auszuleben – mit all den destruktiven Facetten – annimmt.

Pabst zeigt diese negative Dynamik, die sich entspinnt und die destruktive Folgen hat, obwohl die eigentliche ›Urszene‹ dieser Tragödie durchaus banal und auf eine Weise naiv erscheint, nämlich der Lust ohne Einschränkung zu folgen. Sobald aber eine Grenze überschritten ist, folgt die nächste und das gesellschaftliche Tabu wird öffentlich gebrochen, worauf die Gemeinschaft mit Ausschluss reagiert. Es handelt sich bei diesem Tabu um den stillschweigenden Anspruch der Gemeinschaft, sich für seine Lustgefühle *schämen* zu müssen. Und sobald dieses Tabu ignoriert wird, folgt die gesellschaftliche Allgemeinreaktion, die in einem Ansehensverlust besteht. Es ist dies eben keine explizite Verurteilung oder irgendwie begründete Strafe. Dr. Schön fällt einfach im Ansehen, seine Lebensarbeit wird durchstrichen, weil dies die sittliche Bedingung und der Anspruch der Gemeinschaft an ihn war. Diese Unausgesprochenheit, der Zwang, sich selbst die Versagung zuzumuten, obwohl dieser in der Situation nichts dem entgegensteht, macht Schön so zornig. Dass er im Hier und Jetzt seine Gefühle für sich selbst einschränken müsste und das nicht will und auch Lulu sieht, dass er es nicht will, ihn dazu hinverführt, ungeachtet der Folgen.

Pabst behandelt die Schauspieler wie in einer Versuchsanordnung, indem er deren Image und auch deren Wünsche in das Setting hineinnimmt, Brooks dazu:

> The behavior of Fritz Kortner was a perfect example of how Pabst used an actor's true feelings to add depth and breadth and power to his performance. Kortner hated me.[343]

Diese Hassliebe und deren Unterlaufen ist in jeder Einstellung sichtbar und verleiht in ihrer Widersprüchlichkeit dem Ganzen eine Vielschichtigkeit und gibt noch den zartesten Szenen eine bedrohliche Note:

> In the role of Dr. Schön, Kortner had feelings for me (or for the character Lulu) that combined sexual passion with an equally passionate desire to destroy me. One sequence gave him an opportunity to shake me with

343 Brooks: *Lulu in Hollywood*, a.a.O., S. 97.

> such violence that he left ten black-and-blue fingerprints on my arms. Both he and Pabst were well pleased with that scene, because Pabst's feelings for me, like Kortner's, were not unlike those of Schön for Lulu.[344]

Ein weiteres Beispiel hierfür ist die Idee, Lulu nackt unter dem Peignoir agieren zu lassen, damit sich Schöns Sohn Alwa wie auch der ihn verkörpernde Franz Lederer von ihr angezogen fühlt:

> ›Louess, you must wear the peignoir, and be naked under it.‹
> ›Why? I hate that bathrobe,‹, I said. ›Who will know that I am naked under that big, wooly white bathrobe?‹
> ›Lederer,‹ he said[345]

Hier kommt wieder die Durchgeistigung ins Spiel, die die Schamdarstellung immer auch ist. Brooks ist aber auch davon affiziert. Auch zwischen Brooks und Pabst herrschte eine wortlose Kommunikation: »All that I thought and all his reactions seemed to pass between us in a kind of wordless communication.«[346], »a mysterious alliance that seemed to exist between us even before we met.«[347]

Brooks selbst malte nach ihrer Filmkarriere. »She devotes herself to painting, in a very *direct* style, a little like that of ancient Chinese«,[348] schreibt Lotte Eisner. Einige der Bilder konnten wir sehen. Es sind Darstellungen im Stil asiatischer Malerei, sie zeigen etwa einen Vogel. In einem Selbstporträt nach Art eines Triptychons hat sich Brooks als eine dunkle Maske dargestellt. Dieses Moment, maskenhaft zu spielen, ist auch in dieser Szene sehr präsent, es ist die Notwendigkeit, geistig zu wirken: »There is not a single spot of blood on the pure-white bridal satin in which she kills her husband.«[349]

---

344 Ebenda, S. 97.
345 Brooks: *Lulu in Hollywood*, a.a.O., S. 103.
346 Ebenda, S. 105.
347 Ebenda, S. 96.
348 Ebenda, S. 107.
349 Ebenda, S. 104.

## Die Hochzeitsszene

Schauen wir uns noch die Hochzeitsszene an und die Ermordung Lulus. Auch hier radikalisiert Pabst die Wedekind'sche Technik, die Handlung auf Orte zu konzentrieren. Die Hochzeitsfeier beginnt ähnlich wie die Szene in Alwas Theater. Wir sehen tanzende Menschen, ein Bild voller Bewegung. Nur Schön steht missmutig im Vordergrund, weil die Braut fehlt. Als sie eintritt, hält sie sich lieber bei Schigolch und Rodrigo am Katzentisch auf und entwendet dem Personal die Speisen. Sie scheint ihre eigene Hochzeit vollkommen zu ignorieren und verhält sich wie ein frecher Gast. Sie flirtet mit Alwa und wird dabei neidisch von Geschwitz beobachtet, mit der sie sogar tanzt. Das Spiel des Beschämens wird auf die Spitze getrieben, indem sie sich dem Bräutigam wie selbstverständlich entzieht. Es ist dies eine Demütigung und Kränkung vor den Augen der Gäste. Schön versucht, Contenance zu bewahren, worauf Pabst eine Nahe auf die zwei Tänzerinnen schneidet.[350] Lulus Spiel kann die Konventionen der Hochzeit nicht unterlaufen und Schön wendet die Blamage ab, indem er Lulu auffordert, zur Gesellschaft zurückzukehren. Während sie wie erwartet zuprostet, feiert Schigolch betrunken mit dem Personal, stiehlt Blumen und schleicht sich in das Schlafzimmer. Auch Lulu lockt ihn, inmitten der Feierlichkeit, dorthin. Dass ihm Alwa eröffnet, er wolle »auf lange Zeit…«[351] verreisen, lässt Schlimmes ahnen. So verdichten sich die Anzeichen einer Katastrophe, die im Schlafgemach endet. Koll hat die Blickinstrumente und das Monokel von Schön ausgiebig beschrieben, es »funktioniert ähnlich dem Fotoapparat als halbdurchlässige Blickgrenze, als erlaube er nur den Blick zum Blickobjekt, verhindere aber den Blick zurück. Das ›künstliche Auge‹ ist Sinnbild der selektiven, patriarchalen Wahrnehmung«[352]. Schön ›bewaffnet‹ sich optisch, indem er ein Auge beständig offenhält, als sein es ein Apparat. Aber selbst da verfällt er Lulu, und gerade deshalb, weil sie ihn mitunter einfacher in eine Blickkonstellation hineinstellen kann. Beim Betreten des Schlafzimmers nimmt er das Monokel ab. Nur so kann er den *bösen Blick* zeigen. Aber sein Wille, die Anderen zu beschämen, läuft ins Leere. Als er Rodrigo das Glas aus der Hand schlägt, wird die Szene physisch. Anders als Goll und Schwarz wendet Schön aber die Gewalt nach außen.

---

350 Pabst: *Die Büchse der Pandora*, TC 00.44.33'.

351 Ebenda, TC 00.49.25'.

352 Koll: *Pandoras Schätze*, a.a.O., S. 289.

Als er die Pistole aus der Schublade holt, ist die Szene in expressionistische Schatten getaucht. Der stämmige Leib bewegt sich nur noch mechanisch wie ein Besessener. Die Kränkungen und Beschämungen, die wir vorher sahen und die von Schön geduldet wurden, konkretisieren sich in einem instinkthaften Zorn, der sich gegen Lulu richtet. Dass der Lauf der Pistole glitzert, gewissermaßen aus dem Bild blickt, greift das Funkeln Lulus auf, wendet es aber nun um. Lulus Versuch, Schöns Drohungen durch körperlichen Einsatz zu begegnen, gipfeln in ihrem Satz: »Er ist mein Vater!«[353] Schön, der nun mit der Pistole und einem stierhaften Blick vor der Gesellschaft Schigolch jagt, steht vor einem Trümmerhaufen. Sein letztes gesellschaftliches Ansehen ist ruiniert. Als er Alwa sieht, wie er seinen Kopf in Lulus Schoß bettet und diese ihn streichelt, ist das letzte Vertrauen verspielt. Lulu entkleidet sich vor dem Spiegel, als sei nichts geschehen, da tritt Schön aus diesem Bildraum heraus und fordert Genugtuung. Es ist aber dies keine Rache an Lulu, sondern der Appell, sie möge sich selbst töten. Das hieße aber: Sie solle sich für ihr Verhalten schämen.

Im Gefecht löst sich der Schuss und Schön geht zu Boden. In dieser Hinsicht zeigt diese Szene das, was wir vorher schon sahen: Spiegelungen von Hierarchien, Brechungen durch die Scham. Nur wendet der Revolver diese Linien physisch. Damit geht Schön an seinem Wunsch, Lulu zu besitzen, zugrunde. Dass er Lulu umarmen und im Todeskampf nochmal zärtlich küssen will, zeigt, wie fatal seine Situation ist. Man kann sagen, der Wunsch, seine Scham auszuleben, hat ihn getötet.[354] Für Lulu ist diese Szene aber folgenreich. Zum ersten Mal ist sie zur Akteurin geworden. Sie tritt damit von der Schamordnung in eine Schuldordnung. Insofern hat Schön sein Ziel erreicht. Die Flucht nach London ist der Versuch, der juristischen Schuldordnung physisch

353 Pabst: *Die Büchse der Pandora*, TC 00.51.33'.

354 Kolls Studie ist voller interessanter Beobachtungen, aber den Tod Schöns existenziell zu begreifen, verkürzt die Kompliziertheit der Schamdramaturgie. So heißt es: »Die Pistole fungiert als Phallus. Im Ringen mit Lulu richtet sich die Waffe gegen Schön selbst. Er stirbt an seiner eigenen Sexualität.« (ebenda, S. 283). Diese Interpretation ist zutreffend, aber sie verkürzt die Vielschichtigkeit der Szene. Zunächst will Schön zwar, dass Lulu sich umbringt, reicht ihr die Pistole und bedrängt sie physisch, damit sie die Folgen ihrer Schamlosigkeit auf sich nimmt. Aber dann übernimmt Lulu den Phallus Pistole, versteckt hinter dem mächtigen Leib, und wir sehen nur noch Rauch aufsteigen. Darin liegt Schöns Wunsch, selbst durch sie gerichtet zu werden und eine Umkehrung der Geschlechtsrollen weiblich-männlich.

zu entfliehen und mit den Spielen der Scham neu zu beginnen. Aber das gelingt Lulu nicht, weil sie ihre Identität verbergen muss. Damit ist sie jeglicher Inszenierungsforen bar, die sie für die Dynamisierung der Scham benötigt. Sie kann, wie wir sahen, die Scham nur erotisch werden lassen in Spiegelungen durch Dritte, sie braucht ein Publikum.

## Lulu und Jack

Das Ende Lulus in den »Slums von London ist in Nebel gehüllt – expressionistische Stilfaktoren verschmelzen hier mit einer impressionistisch gefaßten Atmosphäre«[355], wie es bei Eisner heißt. Koll beschreibt das Blickgeschehen:

> Lulu wirkt als erotischer Magnet der Blicke, jenseits dessen keine andere, soziale Realität mehr existiert. Der weibliche Blick dominiert den Blick des getriebenen Mannes, dessen ›kleine, unruhige Augen‹ als besondere Kennzeichen im Steckbrief aufgeführt sind. Im Treppenhaus zur Dachkammer, in einem geschlossenen Sequenzabschnitt von 30 Einstellungen, erfolgt die Zähmung des männlich-sexualisierten Blicks. Er zeigt in dramatisch zugespitzter Form zugleich die Überwindung triebhafter Sexualität durch eine ins Ästhetische übertragene Erotik.[356]

Wiederum ist fraglich, ob dieses Versiegen der »Blickmacht«[357] Lulus ausreicht, um den komplexen Aufbau der Szene zu erklären. Viel eher ist es doch so, dass *Lulu* Jack the Ripper (Gustav Diessl) einlädt und ihn sogar noch zu sich bittet, als dieser sagt, er habe kein Geld.[358] Anders als bei den Begegnungen mit Schön gibt es diesmal ein eigenartiges Gefälle. Sie scheint keine Absicht zu haben, sondern sich in diesen Mann, der Alwa in seinen Gesichtszügen ähnelt, aufrichtig zu verlieben, wenn sie sagt »Komm' nur – Du gefällst mir!«[359] und ihm von oben die Hand reicht.

---

355 Eisner: *Die dämonische Leinwand*, a.a.O., S. 313.
356 Koll: *Pandoras Schätze*, a.a.O., S. 303.
357 Ebenda, S. 303.
358 Pabst: *Die Büchse der Pandora*, TC 02.00.56'.
359 Ebenda, TC 02.01.04'.

Die Treppe ist ein Motiv, das oft mit Sexualität besetzt wird, man denke an Marcel Duchamps berühmtes Bild *Akt, eine Treppe herabsteigend Nr. 2* (*Nu descendant un escalier no. 2*, 1912), an Gerhard Richters *Ema* (Akt auf einer Treppe, 1966) oder an Alfred Hitchcocks Dolly-Zoom in *Vertigo* (1958). Die Treppe ist ein architektonisches Element, das das Gehen dezentriert und in eine Kreisbewegung umlenkt, die in die Vertikale führt. Insofern ist das Gehen jeder Treppe ein durchaus erotischer Akt, weil die Bewegung ›verführt‹ wird, unbemerkt in ihrer Absicht spiralförmig umgelenkt. Hinzu kommt die durch die Treppenmaße normierte Durchtaktung des Gehens. Das Subjekt wird dadurch von in seiner eigenen Bewegung neu orchestriert, von der Architektur durchpulst, ohne sich dem entziehen zu können. In der Schneckenförmigkeit des Treppenhauses symbolisiert sich auch eine Dynamik, eine Höhenrelation und eine Blickhierarchie. Und wie der sexuelle Akt, so ist das Gehen einer Treppe physisch anstrengend.

Die Begegnung zwischen Lulu und Jack auf der Treppe[360] ist eine Blickbegegnung, aber eine, die sich in Großaufnahmen vollzieht. Die Glanzlichter in Lulus Augen sind diesmal zu stark, genau wie der Schlagschatten ihrer Nase. Das Gesicht der Prostituierten Lulu, die für ihre Dienste kein Geld haben will, erscheint maskenhaft und verwischt zu »einer glatten, schräg über die Leinwand hin reichenden Scheibe, die schimmernde Oberfläche verblaßt«[361]. Zum ersten Mal haben wir den Eindruck, dass sich hier zwei Menschen in die Augen blicken und dass also die Dreierkonstellation des Blickens verlassen wird. Das Lächeln dieser Verlorenen ist verzerrt, nicht mehr ehrlich, sondern aufgeführt, ruiniert, andeutungsweise eklig und bedrohlich, als ergreife etwas von ihnen Besitz. Jack, der sich mit dem Messer in der Hand hochgeschlichen hat, klappt dieses aus, lässt es aber dann fallen. Geht man davon aus, dass auch Jack the Ripper, der wirkliche Mörder wurde bekanntlich nie gefasst, durch eine traumatische Kindheit erst zum Mörder wurde, ergäben sich Ähnlichkeiten zu Lulus Missbrauchsgeschichte. Und in dieser Hinsicht begegnen sich hier in expressionistischer Szenerie Menschen, die eine analoge traumatische Vergangenheit haben. Lulus Auslöschung der Scham fand die Echos darin, andere zu beschämen, Jacks Auslöschung darin, Frauen zu erstechen. Es gibt

360 Ebenda, TC 02.01.12'f.

361 Eisner: *Die dämonische Leinwand*, a.a.O., S. 314.

eine Schamgewalt, die sehr indirekt ist, die sich bei Lulu in Schöns Tod äußerte und die sich vielleicht hier auch bei Jack the Ripper zeigt. Die Geschichte zwischen Lulu und Jack verläuft auf einem schmalen Grat. Es liegen kürzeste Momente des Glücks darin. Als beide in die brennende Kerze schauen, versinken ihre Blicke gemeinsam im Lichterschein, während sie zärtlich zueinander sind. Als Jack ihr, wie einer Heiligen, in einer Verkehrung, den Mistelzweig aufsetzt und sie umarmt, blitzt die Klinge eines Messers auf[362] und ergreift regelrecht von ihm Besitz und er sticht zu. Während der Szene belauern Alwa und Schigolch die Dachstube und greifen nicht ein, lassen Jack sogar in Ruhe davongehen. Der Tod Lulus wirkt schicksalhaft. Ihre Scham wird nicht mehr durch ihre Blicke kontrolliert und eingehegt. Vom Funkeln des Eingießens beim Stromableser bis zum Funkeln des Messers spannt sich ein mysteriöser Bogen. Man kann sagen, dass auch Lulu von ihrer Scham getrieben wurde. Pabst lässt es eigentümlich unbestimmt, wo die Linien der Gewalt verlaufen. Jack fühlt sich offenbar auf eine schizophrene Weise mal von Lulu angezogen und mal abgestoßen. Dass er sie tötet, lässt sich als eine Art von Allmachtphantasie verstehen. Er ist Opfer und Täter in einer Person, Vollstrecker einer nur aus egomanischen Wahnvorstellungen heraus begründbaren Todesstrafe. Er tötet Lulu, weil er selbst diese triebhafte und schamlose Seite seines Wesens abgespalten hat bzw. durch den Akt des Tötens von sich fernzuhalten versucht. Und offenbar erlebt er genau in diesem Moment Lust am Morden. Der Tod Lulus erscheint wie eine Erlösung. Ihre Hand sinkt wie die einer Schlafenden herab. Die Scham wird im Blick regelrecht entborgen, wie ein existenzielles Geschehen.

362 Siehe zu den Beleuchtungs und Glitzereffekten, die den Blick vertreten und lenken auch ebenda, S. 314.

# Eigenleben. Alban Bergs *Lulu* und Krzysztof Warlikowskis Inszenierung mit Barbara Hannigan in der Hauptrolle

Alban Berg hat in seiner unvollendeten Zwölftonoper dem *Lulu*-Stoff eine neue Lesart gegeben.[363] Auffällig ist schon das Libretto, welches die Sätze und Gesangspassagen der Figuren radikal verkürzt und stakkatohaft wirken lässt. Schon hierdurch entsteht der Eindruck, als ob die Charaktere sich nicht aufeinander bezögen, sondern viel eher einer dahinter liegenden mysteriösen Ordnung folgten. Dazu ist der »ständige Wechsel aller denkbaren Sprech- und Gesangsarten [ein] besonderes Charakteristikum der Oper«[364], wie der Musikwissenschaftler und Freund Bergs Willi Reich feststellt. Jeder Figur wies Berg eine »musikalische Orientierung« zu, »für die Erscheinung des Doktor Schön die Sonatenform, für die des Alwa die Rondoform, für die Gestalt der Gräfin Geschwitz die exotische Pentatonik«[365]. Aus der Zwölftonreihe heraus entwirft Berg dann die Struktur der Oper.[366] Auf den ersten Blick erscheint es

363 Siehe dazu auch Tilly Wedekind: *Lulu*, a.a.O., S. 236–237.

364 Willi Reich: »Zur Texteinrichtung und musikalischen Einheit der Oper ›Lulu‹«, in: *Alban Berg. Lulu*, hrsg. von Attila Csampai und Dietmar Holland, Reinbek bei Hamburg 1985, S. 220–224, zit. S. 221.

365 Beide Zitate ebenda, S. 222.

366 Siehe dazu ebenda, S. 222f. Für eine ausführliche musikwissenschaftliche Analyse siehe Werner König: *Studien zu Alban Bergs ›Lulu‹*, Tutzing 2008. Dort wird detailliert beschrieben, wie Berg die Figuren systematisch in ›Tonfigurationen‹ komponiert und so aus einer Entwicklung eine musikalische Konstellation macht: »Lulu tritt aus ihrem Bilde hervor. Die Reise, eine Des-Dur-Tonleiter mit einer kleinen Terz über dem Grundton und einem Anhang in G-Dur, entschlüpft den beiden Hexachorden wie ein Schmetterling der Puppe. Dieser Vorgang ist ein unglaublicher Verwandlungsakt, wie er nur einem großen Künstler gelingen kann. […] Lulus Thema besteht aus Tonleiter und Dreiklang, den melodisch-harmonischen Koordinaten des Dur-Moll-Systems. Sie befreit sich damit von den Zwängen der Zwölftonmusik, wie sich Lulu durch ihre Natürlichkeit von allen gesellschaftlichen Zwängen befreit.« (Ebenda, S. 33). Siehe zur musikwissenschaftlichen Perspektive auch: Kordula Kraus:

so, als würde sich der Komponist dadurch von der Figurendramaturgie und der Scham als Thema entfernen. Aber schon Theodor W. Adorno wies darauf hin, dass »Wedekind selber schon den Surrealismus präludierte«. Weiter heißt es: »Das 19. Jahrhundert, aus dessen Maschinenhöhlen Vorgänge und Figuren sich in Bewegung setzen, ist zur schreckhaften Vorwelt geworden. Doktor Schön, der hilflose Herrenmensch, könnte in altertümlich neumodischer Kleidung einer Fotomontage von Max Ernst entstiegen sein, Angsttraum einer Elternwelt, und die dubiosen Gestalten, die seinen Salon bevölkern, sind die Exkretionen des Unbewußten in vollgestopften Interieurs.«[367] Adorno weist in einem anderen Aufsatz zu Recht darauf hin, dass Berg das Zirkusmilieu und dessen musikalische Motive zitiert, das »grausige Bild von Schöns Ermordnung ist ein Sketch mit Exzentrikclowns«[368]. Die Überspannung des Sprechens führten wir schon am Beispiel der Rufe aus, wenn es etwa urplötzlich heißt, in ›Paris sei die Revolution ausgebrochen‹. Dieses Charakteristikum und der Tonfall des Stückes wird dann von Berg weiter pointiert.

Bergs Komposition macht aus dem Geschehen eine zeitlos und kristallin wirkende Chiffre, die nicht auf Handlungen einzelner Figuren zurückzuführen ist und bei der Lulus Wirken nur ein Teil einer viel größeren, beinahe mathematischen Systematik ist. Das Scham-Thema wird daher ganz anders, nämlich nicht vom Subjekt aus, sondern von den Reaktionsmustern her aufgefasst. Die Figuren bilden Tonlinien, Klanggestalten verbinden sie.

Krzysztof Warlikowskis 2012er Inszenierung am Brüsseler Opernhaus La Monnaie / De Munt greift genau dieses Moment auf, indem er die Oper um die Missbrauchs-Geschichte Lulus herum inszeniert und die Körperscham zum allgegenwärtigen ästhetischen Objekt macht. Dadurch wird die Handlung keineswegs subjektiviert, sondern der Umgang mit Sexualität und deren Traumata bekommt viel eher eine absolute Bedeutung. Die Schamlosigkeit Lulus ist eine Signatur der Gesellschaft und die Musik Bergs durchdringt das

---

*Gezähmte Lulu. Alban Bergs Wedekind-Vertonung im Spannungsfeld von literarischer Ambition, Opernkonvention und ›absoluter Musik‹*, Freiburg 2004.

367 Theodor W. Adorno: Rede über Alban Bergs ›Lulu‹ (Oper Frankfurt, 1960), in: *Alban Berg. Lulu*, hrsg. von Csampai und Holland, a.a.O., S. 265–270, zit. S. 268.

368 Theodor W. Adorno: Erfahrungen an ›Lulu‹ (1968), in: *Alban Berg. Lulu*, ebenda, S. 272–278, zit. S. 275.

Thema Sexualität kompositorisch. Hier werden also zwei Pole, der physische der Sexualität und der geistige der Zwölfton-Ordnungen zusammengebracht. Barbara Hannigan spielt so vortrefflich wie sie singt. Die Machtordnungen der Scham werden durch Glasräume transparent. Es gibt schleichende Gestalten, grotesk-kitschige Körperposen wie aus einem billigen Varieté, die wie Ticks wirken.

# Dramaturgien aus Scham und Schuld

Wie wir sahen, kann man Scham und Schuld filmwissenschaftlich als *Erzählhaltungen* verstehen. Da sind zunächst die Schauspieler, die Idealiter fiktive Temperamente glaubwürdig verkörpern. Sie mimen schamhafte oder der Schuld verpflichtete *Personen*. Diese aufgeführten Charaktere sind nie eindeutig und enthalten zahlreiche Unbestimmtheitsstellen, aber es ergeben sich so Vorzeichnungen, Potentiale, Handlungsspielräume und eine emotionale Einordnungstypik der jeweils dargestellten Menschen. Sie reagieren dazu auf die anderen und stehen in Resonanz zu ihrem Umfeld und zur Situation. Die Protagonisten scheinen aus einer Haltung der Scham oder Schuld heraus zu handeln, weil die Schauspieler ein Möglichkeitsfeld aufführen, das bestimmten Erlebnishorizonten der jeweiligen Temperamente entspricht. Dies kann durch kleinste Innervationen geschehen, etwa durch Blickandeutungen, stockende Gesten, unausgeführte Bewegungen.

Die filmische Inszenierung färbt das Schauspiel dann ein, wichtet und perspektiviert es, legt eine visuell-akustische Dramaturgie über die theatrale des physiognomischen und körperlichen Spiels. So überlagern sich zwei Haltungen: die theatrale der Protagonisten und die filmische des Regisseurs. Es entstehen zwei interferierende, kommentierende Erzählschichten, die durchaus auch in Diskrepanz zueinanderstehen können.

Für die Schauspieler ist es ganz zentral, vorab eine Entscheidung zu treffen, welcher Haltung sie zuneigen, ob sie die Situation schamhaft oder von der Schuld her begreifen bzw. ob es Wechselwirkungen zwischen den Haltungen gibt. Eine Haltung der Scham wird tendenziell eher zurückgezogen, andeutend, zaghaft gespielt werden, während eine Haltung aus der Schuld heraus mit einem gewissen Stolz, einer Verbalisierung, einer Einforderung bestimmter Regeln einhergeht.

## Dramaturgien der Schuld

Die Schuld braucht immer eine eindeutige und dazu kausale Rahmenordnung, einen einziges ›Sinngefüge‹, aus dem heraus die Welt erfahren wird. Von dort ausgehend kann dramaturgisch gesehen die Zeit umgeordnet werden. Weil das Erkennen von Schuldigkeit immer einen Rückbezug auf die Vergangenheit darstellt, in einer reinen Gegenwart gäbe es keine Schuld, muss die Dramaturgie stets auf die Vorgeschichte referieren, sei es nur durch Andeutung oder gar durch eine Ellipse. Es ist *vorher* etwas geschehen, weshalb die Schuldordnung gestört wurde und wiederhergestellt werden werden muss. So ist eine Schulddramaturgie immer auch eine, die freier mit den Zeitdimensionen umgeht, die Erzählsprünge machen kann (und muss) und die dadurch Spannung erzeugt. Es können Parallelhandlungen mehrerer aufgespannt und die Zeit kann, etwa durch Rückblicke und Flashbacks, umgeordnet und durchbrochen werden.

Die Einforderung der Schuld selbst mag dann institutionell sein oder als Rache persönlich gewendet, aber es muss eine Diskrepanz geben, aus der heraus sich eine Tragik, ein Konflikt ergibt. In Extremform ist die Schulddramaturgie in den Italowestern Sergio Leones und in Sam Peckinpahs Filmen verwirklicht, als Rache mehrerer. Jeder fordert seine Schuldhaltung, seine Sichtweise ein, was dann zu einem blutigen Showdown führt.

Schulddramaturgien können auch die erzählerischen Mittel freier wählen. Sie können das Innenleben, etwa durch den Off-Erzähler oder durch Gedankenstimmen, wiedergeben, genauso wie sie große historische Linien erzählen.

Aus der Einforderung von Schuldigkeit heraus ergeben sich Konfliktlinien und Konfliktökonomien, entstehen Vernichtungswünsche, Rachegelüste und Katastrophen. Gesetze, geschriebene oder ungeschriebene, werden mit Gewalt exerziert, weshalb auch das Spektakel hier ein Teil der Dramaturgie ist, weil die Einforderung der Schuld mitunter maßlos wird. Sobald ein Kausalraum der Schuld etabliert wird, ist ein *Koordinatensystem des Erzählens* aufgespannt, das jeder Handlung, geistige oder praktische, eine Stelle zuweist: Wer hat warum etwas gemacht? Wer hat wie über den Anderen gedacht? Wo war der intelligible Beginn der physischen Katastrophe?

Man kann die Schulddramaturgie auch als eine beschreiben, bei der ein Wissensraum, eine Gefühlshaltung sich ab einem bestimmten Punkt entäußert. Man hätte es ahnen können, was sich da zusammenbraut, aber erst rückblickend werden die Linien eindeutig. Dabei gehen die Schulddramaturgien stets über sich hinaus. Sie überfordern die Protagonisten, erzeugen einen Dominoeffekt, lösen Anschuldigungen an anderer Stelle aus. Die Einforderung der Gerechtigkeit wird zu einem Flächenbrand der Gewalt und die verbale Anklage zu einem physischen Konflikt. Gefühle, die an ganz anderer Stelle entstanden, assoziieren sich nun im Namen der Gerechtigkeit. Aus einem scheinbar gut begründeten Schuldsystem heraus wuchern irrationale und kaum mehr zu beherrschende Konflikte.

## Dramaturgien der Scham

Demgegenüber sind die dramaturgischen Prämissen der Scham sehr viel bescheidener. Scham ist, wie wir zu Beginn sahen, die Angst den Erwartungen der Anderen nicht zu entsprechen. Eine einzige Kausallinie, ein Koordinatensystem der Handlung und Motive ist hier überhaupt nicht erforderlich. Es genügt eine konkrete soziale Orientierung, die dazu führt, dass die Menschen im Umfeld einen selbst nicht beschämen oder von mir beschämt werden. In dieser Hinsicht ist eben diese Zaghaftigkeit und Zurückhaltung ein Insignium der Scham wie auch der Schamdramaturgie. Es braucht keinen Konflikt, aber es gibt auch gar keinen Sinnrahmen für einen solchen. Wenn keine Beschämung erfolgte, fließt das Leben einfach weiter. Koppeln sich Schamhaltung der Protagonisten und des Regisseurs, wie etwa bei Yasujirō Ozu, entstehen lineare Dramaturgien, die am Alltag entlang erzählt sind.[369] In dieser Hinsicht ist die Passivität ein Kernmerkmal des Schauspiels der Scham und die Zurückgenommenheit und Distanz die der filmischen Inszenierung der Scham. Es können keine Zeiten umgeordnet werden, weil der Bezugsrahmen fehlt (bzw. weil es multiple Ordnungen gibt), gleichzeitig entsteht dadurch eine Freiheit, einfach zu erzählen, die Gegenwart fließen zu lassen und aus dem Hier und Jetzt den Alltag zu schildern. Auf eine Weise ist dies absichtslos. Warum Ozu diese und jene Protagonisten in jenem Moment auftreten lässt, ließe sich ästhetisch begründen, mit einer Rhythmik und einem Wunsch, die Motive zu verstehen, es hat aber keine dramaturgische Notwendigkeit. Alles könnte auch

369 Siehe dazu: Becker: *Ozu*, a.a.O.

anders sein. Der Handlungsraum kann damit in seinem ganzen Spektrum erfasst werden, auch dort, wo er unverständlich, absurd, esoterisch ist. Eine Dramaturgie des Schweigens ist die Folge bzw. eine, in der die Sprache nur die Funktion hat, den Alltag gestisch zu begleiten und nicht, Schuld zu stiften. Diese Regisseure, fast alle japanischen, erzählen daher Wunschökonomien mehr als Konfliktökonomien, sind am Ephemeren interessiert, weil es ohnehin keine einzige Ordnung gibt. Wo Konflikte entstünden, macht sich eher eine Haltung der Demut breit. Wo aus der Schuld heraus eine Genugtuung erfolgt, weil man den eigenen Gefühlen einen erzählerischen Kausalrahmen verleiht und sie damit universalisiert, ist man aus der Schamhaltung heraus erhaben, wenn man den eigenen Gefühlen gerade nicht folgt.

Wo also die Schulddramaturgie egopolar ist, wenn es auch mehrere ›Egos‹ geben kann, ist die Schamdramaturgie tendenziell alteropolar. Wo die Schuld einen Progressus fordert und eine Entscheidung, da kann die Scham in der Stasis verweilen, in der Wiederholungsschleife und der Andeutung. Alles kann scheinbar absichtslos erzählt werden und dennoch ist es nicht langweilig, weil wir dem Alltag folgen, so wie bei Edgar Reitz. Es kann durchaus auch Hybrid-Dramaturgien geben, man denke an Fred Zinnemanns *High Noon* (*Zwölf Uhr mittags*, 1952). Marshal Will Kane (Gary Cooper) möchte die Bande um Frank Miller gar nicht töten. Nur dieser sinnt auf Rache. Und am Ende schämt sich Kane gar für die Gemeinschaft, weil sie ihm nicht beistand. Hier ist also die Haltung der Schuld auf die der Bösewichte verlagert und die der Scham auf Kane. Am Ende setzt sich die Scham durch, aber um einen hohen Preis.

Wir folgen nun einigen theoretischen Überlegungen der Psychologen Clara und William Stern und denen ihres Sohnes, des Medienphilosophen, Schriftstellers und Essayisten Günther Anders. Danach kommen dann wieder auf die Analyse von Filmen zurück.

# Günther Stern, der sich *Anders* nannte, die prometheische Scham und der Abwurf der Atombombe

Wohl kaum eine Kindheit eines Philosophen ist so gut dokumentiert wie die Günther Sterns und seiner beiden Schwestern. Seine Eltern, Clara und William Stern, trieben entwicklungspsychologische Studien an ihren Kindern Eva (1904–1992)[370], Hilde (1900–1961) und Günther (1902–1992)[371] und protokollierten deren Entwicklung vom Tag der Geburt bis ins frühe Schulalter hinein in Tagebüchern:

> Die Tagebücher bildeten schließlich die Basis für zahlreiche Publikationen von Clara und William Stern. Die Aufzeichnungen flossen als Zitate direkt oder als Inhalte indirekt in ihre Texte ein. Treibende Kraft beim Tagebuchprojekt war Clara Stern. Sie führte gemeinsam mit ihrem Mann William von 1900 bis 1918 Tagebuch über jedes ihrer drei Kinder Hilde, Günther und Eva. Am Anfang der Arbeit mag erkenntnistheoretisches Interesse gestanden haben, vor allem für William Stern, doch gegen Ende, als die Kinder in die Pubertät kamen und sich die Lebensumstände von Clara Stern änderten, ging es vor allem darum, ein Werk zu vervollständigen. In dieser Zeit wurde das Tagebuch auch zur erzählten Geschichte über die Familie.[372]

---

370 Zum Leben von Eva Stern siehe: https://jwa.org/encyclopedia/article/stern-eva-michaelis, abger. am 20.6.2022.

371 Siehe hierzu William Stern; Clara Stern: *Die Kindersprache. Eine psychologische und sprachtheoretische Untersuchung*, Leipzig 1907 sowie dies.: *Psychologie der frühen Kindheit bis zum sechsten Lebensjahre*, Leipzig 1914. Die Aufzeichnungen Clara Sterns sind digital verfügbar unter: https://archive.mpi.nl/tla/islandora/object/lat:1839_00_0000_0000_0014_D822_5?asOfDateTime=2018-03-02T11:00:00.000Z, abger. am 1. Juni 2023. Zum Leben Günther Anders siehe Raimund Bahr: *Günther Anders (1902–1992). Leben und Denken im Wort*, Internet-Publik., http://www.literaturgeschichten.net/sites/b_texte/biographie_anders_01.html, abger. am 1. Juni 2023. in gedruckter Form: Ders.: *Günther Anders. Leben und Denken im Wort*, St. Wolfgang 2010.

372 Bahr: *Günther Anders*, a.a.O., § 6.

Wir folgen diesen Aufzeichnungen in Beispielen und wenden uns dann Anders' Ausführungen zur prometheischen Scham und seinen Schriften über Hiroshima zu, wobei man Spuren des Themas ›Scham‹ in Anders' gesamtem Werk finden könnte.[373]

Den Aufzeichnungen von Günthers Eltern gehen Überlegungen zur Objektivität des damaligen (im Entstehen befindlichen) Fachs Psychologie voraus und knüpfen an vorliegende Studien aus dem 18. und 19. Jahrhundert an.[374] Wohlwissend, dass ein Familientagebuch auch zu dieser Zeit als subjektive Schilderung mit zweifelhaftem wissenschaftlichen Anspruch wahrgenommen werden könnte, sichern sich die Eltern ab. Sie ziehen zwischen sich und ihren Kindern eine Linie der Distanz und versuchen Mimikry vor ihren Kindern zu treiben, also ihre eigene Absicht und den Experimentalcharakter, den ihre Erziehung annimmt, vor diesen zu verbergen:

> Unbedingt erforderlich ist es, die Unwissentlichkeit des Kindes zu erhalten, einerseits um den Charakter des Kindes nicht zu schädigen, andererseits, um den kindlichen Äußerungen die Naivität zu sichern.[375]

Würde das Kind merken, was hier mit ihm geschieht, würde es freilich den Eltern kaum mehr vertrauen, es fühlte sich ausgebeutet und würde mitunter vielleicht sogar rebellieren, seine Intelligenz mitunter aufführen. Nun sind Clara und William sehr verständnisvolle Eltern, so dass sie ihre ›Experimente‹ so in den Alltag einschleusen, dass Privatleben und Berufsleben schon bei ihren Kindern verschmelzen. Im Grunde ist hier bereits ein fundamentales Problem dieser Forschung berührt, dass nämlich die Familie als privater Rückzugsort und Ort der Scham porös wird. Mit zeitlicher Verzögerung gelangen zwar ›nur‹ die Experimente und Aufgaben der Kinder in die Öffentlichkeit. Aber sie werden namentlich zugewiesen. Auch der späte Günther Anders, der sich aus gutem Grund so nannte, dürfte es nicht immer als angenehm empfunden haben, wie seine Kindheit hier ausgebreitet wurde. Allerdings muss

373 Siehe zur Schuld und Scham etwa Günther Anders: *Kafka. Pro und Contra*, München 1951.

374 Stern: *Psychologie der frühen Kindheit*, a.a.O., S. 4.

375 Ebenda, S. 14.

man auch zugeben, dass die Kinder die Aufgaben sichtlich gerne gelöst und als Spiel aufgefasst haben und zudem negative Emotionen weitgehend ausgeblendet bzw. nur angedeutet werden. Aber ein gewisser Vertrauensverlust und ein zumindest ungewohnter, extrem reflektierter Umgang mit Scham steht am Beginn dieser Untersuchungen. Es ist eine Haltung, das private Leben öffentlich zu führen.

Es ist überhaupt nicht verwunderlich, dass ebenjenes Schamgefühl beim Kind beschrieben wird:

> Das früheste ›Sich-schämen‹ des Kindes zeigt sich gewöhnlich als Scheu vor fremden Gesichtern. [...] Das einjährige Kind, das auf dem Arm der Mutter einem Fremden genähert wird, wendet den Kopf ab und sucht sich an der Brust der Mutter zu verkriechen, um im nächsten Augenblick wieder verstohlen nach dem anderen hinüberzublicken; kaum scheint aber dieser den Blick zu bemerken, so wird das Köpfchen wieder abgewandt.[376]

Sie beschreiben dann, wie ihr zweijähriger Sohn Günther »öfter, wenn er ein neues, bisher noch nicht gebrauchtes Wort zum ersten Male anwendet, in eine Art von Verschämtheit«[377] gerät. Der dreijährige Sohn empfindet schließlich auch *Blicke* als schimpfend.[378] Dabei wird dargestellt, wie wenig Kinder über eine ›angeborene‹ ›körperliche Scham‹ verfügen und wie sich letztere erst viel langsamer als die ›seelische Scham‹ ausbildet.[379]

Deutlich wird hier, welch zentrale Funktion die Scham in der Erziehung hat und wie diese dazu dient, das eigene Tun in der Gemeinschaft zu justieren und ein Bild von den Erwartungen derselben an das Ich zu bekommen. Damit einher gehen Strategien der Vermeidung von Gefühlen der Blamage, des Genierens, des Verbergen-Wollens von Handlungen und Fehlern etc. Blickregime und Blickgefälle werden von den Eltern sicherlich zu vermeiden versucht, aber lässt sich die eigene Rolle in der Situation auch wirklich ausblenden?

376 Ebenda, S. 327–328.
377 Ebenda, S. 328.
378 Ebenda, S. 329.
379 Ebenda, S. 329.

Die Scham wird nicht nur in solchen konkreten Situationen tangiert, sondern durch die Untersuchung und Veröffentlichung an sich. Durch die kindliche Amnesie, aber insgesamt im Lerngeschehen vergessen wir in der Regel, wie wir konkret etwas gelernt haben, obwohl die Fähigkeit als solche uns dann erhalten bleibt. So ist es beim Sprechen- und Lesenlernen, beim Lernen des Laufens, aber auch später beim Lernen von Sprachen. Nur in affektiv gefärbten Situationen behalten wir spezifische Lernsituationen in Erinnerung. Insofern ist eine öffentliche Dokumentation des Lerngeschehens immer auf eine gewisse Weise peinlich, weil fremde Menschen besser wissen, wie man gelernt hat als man selbst. Der schriftliche Bericht überlagert das Erinnerungsgeschehen. Dazu sind die Eltern als die Personen, die die Fähigkeit bereits erworben haben, in einer begutachtenden Haltung, was ebenso schambesetzt ist. Irgendwie merkt das Kind, dass es etwas *nicht* kann, dass die Eltern, so unbeteiligt sie auch spielen mögen, die Eigenschaft bereits erworben haben, die das Kind zu lernen sich gerade anschickt. Die Entwicklungsstadien, die allenthalben von den Sterns angeführt werden, sind voller Normen und Ansprüche:

> So zeigen die instinktiven Fertigkeiten in den Körperbewegungen ungefähr diese Entwicklungsfolge: im ersten Vierteljahr lernt das normale Kind den Kopf heben und frei halten, im zweiten Vierteljahr das Sich-Aufrichten und Sitzen (erst in Stützstellung, dann unangelehnt), im dritten Vierteljahr das Stehen und Kriechen, im vierten das Laufen, das etwa um die Jahreswende zu den ersten freien Schritten führt.[380]

Man mag solche zeitlichen Phaseneinteilungen als Hilfe oder Orientierung begreifen, sie sind aber implizite Forderungen an das Kind, dass es eine gewisse Fähigkeit bis zu einer bestimmten Lebensphase erworben haben müsse. Sobald das Kind von der Normierung abweicht, wird es unweigerlich diese Unfähigkeit schamhaft erleben oder frustriert sein, und zwar ausschließlich aufgrund der Entwicklungsansprüche der Eltern bzw. der Wissenschaft. Dann kann mitunter eine Art Self-fulfilling-prophecy einsetzen, weil das als anormal geltende Kind sich auch noch emotional entsprechend verhält. Es klingt in

---

380 Ebenda, S. 44.

dieser Hinsicht mehr als unglaubwürdig, wenn es kurz später heißt, dass »alles direkte Beibringenwollen [...] eine Unnatur« sei und »zuweilen zu einer Versündigung am Kinde werden«[381] könne. Welche Eltern haben mehr reflektiert und intellektueller erzogen als die Sterns?

Die Schwierigkeit besteht eben darin, dass das Verfahren der phänomenologischen Epoché sich im Hinblick auf die Kindheit nicht anwenden lässt und daher stets eine Außenperspektive notwendig ist. Die Entwicklung der motorischen Fähigkeiten, der Wahrnehmung, des Sprechens wird daher aus der Perspektive Dritter beschrieben.

Als sie vom Lernen handeln, bekommen die Kinder ein ›Casparisches Bilderbuch‹ zu Weihnachten geschenkt. Zu dem fünf Jahre und sechs Monate alten Günther heißt es dann:

> Günther (5;6). Die 146 Verse des Casparischen Bilderbuches, welches die dreijährige Eva (s. oben) mit Hilfe der Bilder aufsagte, konnte der 2 1/2 Jahr ältere Bruder ohne Benutzung der Illustrationen rezitieren und zwar – obwohl, wie gesagt, kein Zusammenhang zwischen den 23 Gedichten bestand – in der richtigen Reihenfolge.[382]

Hier werden die Kinder nicht nur in Konkurrenz zueinander gesetzt, sondern auch mit einem gewissen Stolz erzählt, was Günther kann – und Eva nicht. Deren Schamvermeidung dürfte dann später zu einer indirekten Motivation werden, so gut wie der Bruder zu lernen.

Besonders irritierend wird es, wenn die Eltern die Kinder ins Nachbarzimmer führen und über ein Bild ausfragen, das im Kinderzimmer hängt.[383]

Im Kapitel »Phantasie und Spiel« untersuchen die Sterns die »halluzinationsähnliche[n] Leistungen«[384] der Phantasie. Diese Passagen sind deshalb so interessant, weil die Sterns hier ihre neutrale Haltung nahezu vollständig aufgeben und es ganz offensichtlich wird, wie sie selbst in die Spiele und ihr Setting

381 Ebenda, beide S. 45.
382 Ebenda, S. 155. Zu den »Suggestivfragen« siehe S. 173.
383 Ebenda, S. 181f.
384 Ebenda, S. 194.

involviert sind. Wir zitieren eine etwas längere Passage über den drei Jahre und zwei Monate alten Günther:

> 3;2. »Günther sitzt auf dem Sofa neben mir, fragt mich, wohin ich denn eigentlich mit der Eisenbahn fahren wolle, pfeift, faucht und spielt ein paar Minuten regelrecht Eisenbahn. Wenige Augenblicke später, und er sitzt auf der Sofalehne – das ist sein Pferd, entweder ist er nun ein wilder Reitersmann oder ein Droschkenlenker. Er springt herunter, rutscht ein paar Stühle zusammen, setzt sich hinein – und nun schaukelt er im Dampfer, im Segelschiff oder im Motorboot. Er sieht den Schornstein, den Rauch, er pfeift, er landet – nach einem Welchen sind die aneinandergerückten Stühle seine Stube, »in der er wohnt«, und Hilde kommt zu Besuch; oder sie bilden einen Stall, in dem eine Menge Zirkuspferde stehen. Auch die Rouleauschnur ist äußerst wertvoll zur Herstellung aller möglichen Räume; er macht sie vom Fenster aus am Bett fest und hinter diese scheinbare Absperrung verschanzt er sich dann. Nach einem Weilchen näht er eifrig, d.h. er verknüpft Serviettenbänder im Geflecht des Rohrstuhls«. -
> Um 4;0 gelang es einmal, den Knaben zu belauschen, während er an seiner Staffeleitafel allerhand zeichnete. Die einzelnen Phasen der Zeichnungen und die dazu gesprochenen Worte konnten ohne Wissen des Knaben notiert werden, so daß wir im folgenden eine durchaus getreue Wiedergabe seiner Vorstellungssprünge haben:
> »Zuerst wollte er auf Aufforderung ein Kamel beginnen; er zeichnete Fig. a (vermutlich den aus dem Rumpf herausragenden Kopf). Aber schon war das Kamel vergessen; der seitliche Auswuchs erinnerte ihn an einen Schmetterlingsflügel. Er sagte: *Soll ich den Schmeckerling machen?*, löschte die oben und unten überstehenden Teile des senkrechten Striches aus und zeichneten einen zweiten Flügel: Fig. b.[385]

Es folgen dann noch weitere Zeichnungen, auf die wir hier nicht eingehen möchten. Schon in dieser Passage wird deutlich, dass ein guter Teil der Un-

385 Ebenda, S. 198.

tersuchung nicht im Experiment besteht, sondern im geheimen Ablauschen der Äußerungen des Kindes. Günther und Hilde spielen miteinander, aber sie nehmen auch Rollen ein, führen eine Art von Theaterstück *vor und für die Eltern* auf, organisieren ihre Scham also auf eine schauspielerische Weise, indem sie andere Rollen mimen, sich in Rollen ›maskieren‹. Gerade in den anerkennenden und auf Abenteuergeschichte verweisenden Kommentaren Claras wird deutlich, dass die Kinder wissen, was die Eltern erwarten, eben jenes Phantasiespiel, und mit dieser Art von Kindlichkeit *kokettieren* sie. Sie erwarten Lob und Anerkennung der Eltern dafür, dass sie ihnen zeigen, wie phantasievoll sie sind. Heute würde man die Kinder per Video aufzeichnen und dadurch diese Rollenmuster nurmehr verstärken. Es liegt eine Art von Schamverlust darin, dass die Kinder merken, dass sie sich nur dann nicht schämen müssen, wenn sie einen Anderen spielen. Es mischt sich in die Spielabsicht eine Darstellungsabsicht ein, die aus Scham die Erwartungen der Eltern erfüllen will. Zum Ende des Buches reflektieren die Sterns unter dem Titel »Pose und Scham« genau über dieses Phänomen:

> Die Abhängigkeit des Persönlichkeitsgefühls von einem Publikum führt nun noch zu zwei weiteren Formen der Stellungnahme.
> Unter Pose soll hier im weitesten Sinne diejenige Veränderung des Verhaltens verstanden werden, die durch die Rücksicht auf die erwartete Resonanz bei anderen veranlaßt wird. Hierbei wird es sich nur in seltensten Fällen um bewußte Heuchelei handeln; oft ruft vielmehr das Bewußtsein von der Anwesenheit eines Zuschauers ganz automatisch Ausdrucksbewegungen oder sonstige Verhaltungsweisen hervor, die das zu Grunde liegende Erlebnis an und für sich nicht in dieser Form oder Stärke erzeugen würde.[386]

386 Ebenda, S. 325.

Etwas später dann:

> Die Scham bildet insofern einen Gegensatz zur Pose, als hier das Persönlichkeitsgefühl eine Abwendung vom Publikum vollzieht. In jedem Ich steckt, ebenso wie das Bedürfnis nach Hingabe und Resonanz, auch das entgegengesetzte, sich selbst anzugehören und gewisse Daseinsweisen für sich allein zu behalten, sie nicht den anderen Menschen preiszugeben.

## Prometheische Scham

Günther Anders, wie sich der Philosoph, Literat und Essayist schließlich nannte, knüpft Jahrzehnte später an die Überlegungen seiner Eltern an, indem er die Frage der Scham auf die Technikkritik ausweitet, also maximal verallgemeinert. In seinem 1956 erschienen Essay *Über prometheische Scham*[387] analysiert er die Scham als eine Alterierung des menschlichen Leibes[388], da sich der Mensch gegenüber seinen eigenen industriellen Serienprodukten als endliches Mängelwesen erfahre. Es ist hierbei also nicht die Erwartung der Anderen, die die Scham begründet, sondern eine Selbstwahrnehmung des Prometheus gegenüber den von ihm geschaffenen Produkten. Er erfährt sich im Hinblick auf seine übermächtigen Rechenmaschinen, seine Serienproduktion, seine Bilder als *defizitär* und endlich und kann diese Relation nicht anders auflösen, als dass gewissermaßen ein zivilisatorisches Gefühl, eine emotionale Färbung die Bedienung der technischen Apparaturen stets begleitet. Es ist ein defätistisches Gefühl der Ohnmacht, des Nicht-ändern-Könnens, das die prometheische Scham auslöst. Und es ist dann so allgegenwärtig wie die Technik selbst:

> Versuche ich, dieser »prometheischen Scham« nachzugehen, so erscheint als deren Grundgegenstand, also als der »Grundmakel« des sich-Schämenden, die *Herkunft. T. schämt sich, geworden, statt gemacht zu sein*, der Tatsache also, im Unterschied zu den tadellosen und bis ins Letzte durchkalkulierten Produkten, sein Dasein dem blinden und unkalku-

---

387 Günther Anders: Über prometheische Scham, in: ders.: *Die Antiquiertheit des Menschen*, Bd. I, München 1994, S. 22–95.

388 Ebenda, § 7, S. 45.

> lierten, dem höchst altertümlichen Prozeß der Zeugung und der Geburt zu verdanken.[389]

Es ist tatsächlich so, dass – im Hinblick etwa auf frühere Epochen wie der Renaissance – der heutige Mensch das Gefühl des Stolzes gegenüber seiner technischen Potentiale vermissen lässt. Zwar kann der Homo Faber mehr, aber er ist dazu nur durch seine Apparate in der Lage und die begleitet ebenjenes Gefühl. Diese universelle Scham wird, wie Anders zeigt, eigentümlich verborgen[390], so als wäre diese Abhängigkeit, diese A-Relation Mensch-Apparatur eine Schande. Man kann diese These auf viele Zusammenhänge anwenden. Ganz vordergründig zeigt sie sich etwa in einer gewissen Noblesse, Geräte zu besitzen und nicht darin, Fähigkeiten und Fertigkeiten erworben zu haben. Ihre Spuren verlaufen vom Make-Up, dass die Frauen sich »adrett« fühlen lässt[391] über die damals noch in den Anfängen sich befindende Computerindustrie, die »seine Denkleistungen, verglichen mit denen seiner ›computing machines‹, schlecht abschneiden«[392] lässt oder das ›Human Engineering‹, das die Grenzen des Leibes in Unterdruckkammern und unter Zentrifugalbedingungen auslotet und zu überschreiten trachtet[393] (wohl hat Anders hier die Tauch- und Flugindustrie im Sinn). In § 9 behandelt er schließlich die ›Ikonomanie‹, also die Sucht der modernen Menschen, Bilder von sich zu erzeugen, um sich »nach ihrem Tode in ihren Reproduktionen«[394] weiter zu bewähren. Ein weiteres Motiv, das Anders schließlich ausmacht und am Beispiel von General McArthur diskutiert, ist der Transfer der Verantwortung auf ein Gerät, auf ein ›Electric Brain‹[395].

In der letzten Hälfte seiner Ausführungen kommt er schließlich aber doch auf die klassische Scham der Blicke zu sprechen, und die Ausführungen wirken wie Echos der Schriften seiner Eltern:

---

389 Ebenda, § 1, S. 23–24.
390 Ebenda, § 2, S. 29.
391 Ebenda, § 3, S. 30.
392 Ebenda, § 4, S. 32.
393 Ebenda, § 5, S. 38f.
394 Ebenda, § 9, S. 57.
395 Ebenda, §10, S. 60f.

> *Die Scham des verschämten Kindes* ist gewiß um nichts weniger elementar als die Geschlechtsscham. Wenn sich das Kind in die Röcke der Mutter verkriecht, tut es das, um sein »Es«-Sein zu verbergen? Versteckt es sich, weil es sich in seinem Anspruch, nur ein Ich (oder nur ein Selbst) zu sein, betrogen fühlt?[396]

Anders kommt hier auf das, was er ›coram‹ nennt, dieses den Blicken Ausgesetztsein und diesem Ausgesetztsein durch Verschwinden entfliehen wollen, zu sprechen. Es deutet sich im ›Es‹ gleichzeitig eine Erotik wie auch eine Inzestphantasie an. Die Genese der Scham verortet Anders also in dieser Ich-Bildung:

> Das Dasein des Kindes beschränkt sich noch darauf, dem Grunde der Familie eingebettet zu sein: es ist noch bloßes ›Mitsein‹. Zum »Ich« hat es sich noch nicht zugespitzt, als »Selbst« hat es sich noch nicht profiliert.[397]

Anders stellt, was verwundert, die Frage nach der Interferenz der Schamgefühle wie auch nach der geschlechtlichen Besonderung, nicht. Da es in der heutigen Gesellschaft neben der prometheischen Scham auch die Scham *inter homines* gibt, wäre zu fragen, wie sich beide zueinander verhalten. Wir meinen, dass die Menschen, die sich *inter homines* schämen, sicherlich vorsichtiger, achtsamer mit der Technik umgehen und sich deren Möglichkeiten still erschließen. Womöglich empfinden sie die prometheische Scham gar nicht so stark, weil sich die Schamgefühle überlagern.

Ein anderer Aspekt wäre die Frage nach der Relation von Ikonomanie und Geschlecht. Sind es nicht gerade die Männer, die der *Ikonomanie der Produktion* unterliegen und die Frauen, die – etwa durch Inszenierung ihres Leibes und ihrer Physiognomie – Bilder von sich zu erzeugen trachten? Und ist nicht die Scham eines Menschen, der sich bildhaft inszeniert eine andere als die eines Menschen, der wiederum diesen Menschen in ein Bild verwandelt? Dringt nicht, anders gesagt, der Photograph, der Maler, der Regisseur in die Scham des oder der Dargestellten ein? Und läge darin nicht auch eine Chance für die Scham, dass

396 Ebenda, § 11, S. 72.
397 Ebenda, § 11, S. 73.

es sich hierbei niemals um eine bloß einseitige Relation handelt, sondern wir es stets mit Inszenierungs-, Reproduktions- und Imaginationsdynamiken zu tun haben, die die Scham zwischen den Geschlechtern in der Ästhetik überwindet, weil sie um die Scham des Anderen weiß? Und führt das nicht zu einem Selbstbewusstsein derjenigen, die diesen Prozess willentlich und im Einverständnis miteinander durchmachen? Liegt in dieser technischen Durchdringung nicht auch eine enorm schöpferische Möglichkeit, Vertrauen zu bilden und die Imaginationen des Anderen mit Hilfe der eikonischen Imagination kennenzulernen?

## Die Antiquiertheit der Privatheit

Der Moralist Günther Anders steht solcherart verändernden Potentialen der Technik, deren schöpferischer Kraft, durchweg skeptisch gegenüber. Diese Art von Veränderung der Welt ist für Anders stets mit einem Verlust verbunden. Besonders deutlich wird dies in dem 1958er Essay *Die Antiquiertheit der Privatheit.*[398] Die hier skizzierten Tendenzen wurden Jahrzehnte danach von Beate Rössler ausgeführt und aktualisiert.[399] Anders hat die Auflösung der Privatsphäre durch das Internet bereits in der jungen Bundesrepublik vorweggenommen. Anlass sind ihm die amerikanischen TV-Shows, in denen das Private genüsslich und ungeniert ausgebreitet werde.[400] Durch die mediale Möglichkeit der bildhaften Reproduktion kehren sich die Macht- und Ordnungsverhältnisse geradezu um:

> Wahr ist also, daß wir, die wirklichen Menschen, dadurch, daß sich Reproduktionen von uns in der Verfügungsgewalt Anderer befinden, wirklich in die Verfügungsgewalt Anderer geraten, daß wir wirklich ausgeliefert (z.B. privat oder geschäftlich oder politisch erpreßbar) *sind.* Die Ergebnisse des Phantomisierungsbetriebs sind neue Wirklichkeiten[401]

398 Günther Anders: Die Antiquiertheit der Privatheit, in: ders.: *Die Antiquiertheit des Menschen, Bd. 2. Über die Zerstörung des Lebens im Zeitalter der dritten industriellen Revolution*, München 1981, S. 210–246.

399 Beate Rössler: *Der Wert des Privaten*, Frankfurt am Main 2001.

400 Anders: *Die Antiquiertheit der Privatheit*, a.a.O., S. 211.

401 Ebenda, S. 213.

Dieses Auflösen der Privatsphäre ist gleichzeitig ein Eindringen des Staates in diese:

> Der totale Staat wäre allein dann perfekt, wenn es »Diskretheit« (im naturphilosophischen Sinne) überhaupt nicht gäbe; von Selbstbewußtsein, »Privatheit«, »Intimität« im psychologischen Sinne ganz zu schweigen.[402]

Und eben mit dieser neuen Möglichkeit geht ein Gefühlswandel einher:

> Denn das bedeutet einerseits, daß die totale Macht zu versuchen hat, *»unverschämt«* und *»indiskret«* zu sein, also in die »diskrete« Provinz des Individuums einzubrechen, mindestens in diese hineinzublicken; daß sie es sich »schuldet«, durch Kontrollen, Fragebögen, Bespitzelungen, Einschüchterungen usw. in derjenigen Lücke, von der sie durch den Skandal der Individuation ausgeschlossen war, Fuß zu fassen und auch in ihr totale Anwesenheit und Zuständigkeit zu gewinnen.
> Andererseits hat das Individuum die Pflicht, seine Diskretheit aufzugeben, »schamlos« zu sein, seine ihm a priori innewohnende Schuld »einzuräumen«.[403]

Die folgenden Ausführungen handeln dann von den Abhörgeräten, von Wanzen und gekaperten Telephonleitungen. Heute wissen wir etwa durch Edward Snowden, Julian Assange[404], wie gering diese damaligen Möglichkeiten des Staates gegenüber den heutigen sind. Umso beachtlicher ist es, dass Anders nicht nur diese technischen Tendenzen extrapolierte, sondern auch die emotionale Folgen der »Deprivatisierung«[405], nämlich die »Entschämung«[406] bereits skizzierte. Anders beschreibt dies als Tugend- und Körpergefühlverlust. Man benehme sich, als sei das Leben und der Körper ›Allgemeinbesitz‹ geworden:

402 Ebenda, S. 219.

403 Ebenda, S. 220.

404 Siehe hierzu insbesondere Edward Snowden: *Permanent Record. Meine Geschichte*, übers. von Kay Grainers, Frankfurt am Main 2021 sowie die Dokumentarfilme von Laura Poitras: *Citizenfour* (2014) sowie *Risk* (2016).

405 Anders: *Die Antiquiertheit der Privatheit*, a.a.O., S. 232.

406 Ebenda, S. 233.

> Unser *Körper* ist Allgemeinbesitz geworden. Und zwar gerade dessen Tabu-Zonen. Was natürlich in erster Linie für den weiblichen Körper gilt. Wozu sich früher höchstens Prostituierte hergegeben hätten: nämlich ihre Brust- und Gesäßweite öffentlich abmessen und die Ziffern unter dem Photo publizieren zu lassen, dazu versteht sich, sofern es nicht als »funny« gelten will, jedes Girl.[407]

Anders versteht diese Tendenz nur in eine Richtung, eben als Tugend- und damit auch als Moralverlust. Scham wird positiv besetzt, obwohl doch offenbar ist, dass ein ausschließlich beschämtes Körpergefühl ebenso problematisch sein kann wie ein exhibitionistisches. Anders übernimmt die Welt- und Gefühlsordnungen eines gebildeten Mitteleuropäers der 1920er Jahre und blickt mit dieser Sicht auf die Gegenwart der sich ankündigenden Counterculture der 1960er Jahre. Dass es einen differenzierten Umgang mit dieser Porosität der Schamordnung gibt, ein *Inszenieren* derselben, die eben nur schamlos *wirkt*, erkennt Anders nicht. Ebensowenig sieht er, dass gerade das Beschämen des Körpers ein Machtinstrument ist, um die Menschen ihrer eigenen Lust und Sexualität zu entfremden, genauso wenig Gespür hat er für die aufklärerische und kritische Funktion der Medien. Überhaupt denkt er diese stets von den Massenmedien her, niemals vom Bastler, vom Produzenten, der sich diese Möglichkeiten aneignet.

## Schuldlos schuldig – *Hiroshima ist überall*

Anders' Sammlung *Hiroshima ist überall* ist mehr als eine Erweiterung seiner Technikkritik aus *Die Antiquiertheit des Menschen* hin auf das Zeitalter der Atombombe. Es ist zugleich ein Versuch, Schuld- und Schamkategorien im Weltmaßstab zu versöhnen. Wir sahen schon, dass die Grenzen, was als schamhaft und was als schuldhaft gelten solle, letztlich kulturweltlich gezogen werden und historisch veränderbar sind. Immer gibt es eine diffuse Zone, in der Unsicherheit herrscht, welcher Auffassung man zuneigen möge, ob man das Gesetz anrufen solle oder ob der Fehler bei einem selber liege, was letztlich

407 Ebenda, S. 234.

Scham verursacht anstatt öffentlicher Anklage. Rechts- und Schamempfinden sind stets anders austariert, eine Gefühlshaltung gehört dazu, auch eine charakterliche und vom Temperament bestimmte Disposition. Günther Anders löst diese irritierende Schnittmenge auf, indem er die Schuld in die Scham *integriert.*

Major Claude Eatherly war an den Abwürfen der Atombombe auf Hiroshima und Nagasaki am 6. und 9. August 1945 durch die Enola Gay nur indirekt beteiligt, indem er nach einem Aufklärungsflug das Signal für den Abwurf gab:

> Ich kommandierte das Führungsflugzeug, das ›Straight Flush‹. Es war meine Aufgabe (job), den Zielort Hiroshima zu erreichen, den Ort, der bei der Wahl der Bombenziele an erster Stelle stand, das Wetter dort zu rekognoszieren und festzustellen, ob wir irgendeinen Widerstand von der feindlichen Luftwaffe oder Bodenbeschuß zu erwarten haben würden.[408]

Im Gegensatz zu den direkt Beteiligten, etwa dem Piloten Colonel Paul Tibbets[409], hatte Eatherly später ›psychische‹ Probleme. Günther Anders wurde im Frühjahr 1959 durch einen Artikel im »news Magazine«[410] auf den Fall aufmerksam und schrieb Eatherly einen Brief in das Waco-Hospital in Texas. Dass Anders ihn nicht, was nahe läge, vorverurteilt, ihn nämlich als eindeutig

---

408 Günther Anders: Off Limits für das Gewissen. Der Briefwechsel zwischen dem Hiroshima-Piloten Claude Eatherly und Günther Anders (1959–1961), in: ders.: *Hiroshima ist überall*, München 1995, S. 191–360, zit. S. 294.

409 Der 87jährige Tibbets zeigt im Interview mit Studs Terkel eine Art Stolz und eine sich schon sprachlich äußernde Primitivität: »On the way to the target I was thinking: I can't think of any mistakes I've made. Maybe I did make a mistake: maybe I was too damned assured. At 29 years of age I was so shot in the ass with confidence I didn't think there was anything I couldn't do. Of course, that applied to airplanes and people. So, no, I had no problem with it. I knew we did the right thing because when I knew we'd be doing that I thought, yes, we're going to kill a lot of people, but by God we're going to save a lot of lives. We won't have to invade [Japan].« (Aus: Paul Tibbets; Studs Terkel: 'One hell of a big bang', in: *The Guardian*, 6.8.2022, online Ausg., https://www.theguardian.com/world/2002/aug/06/nuclear.japan, abger. am 1. Juni 2023). Der Vergleich der Atombombe mit einem Weihnachtsbaum spricht Bände: »The Hiroshima bomb did not make a mushroom. It was what I call a stringer. It just came up. It was black as hell, and it had light and colours and white in it and grey colour in it and the top was like a folded-up Christmas tree.« (Ebenda).

410 Anders: *Off Limits*, a.a.O., S. 203.

*Schuldigen* qualifiziert, dessen Leid etwa eine gerechte Strafe sei, also kein bipolares Schema von Freund und Feind anwendet, liegt an einer sehr elaborierten Ethik. Diese gibt den Schuldbegriff zugunsten der Scham auf. Sie erkennt, dass durch die Technik eine »neuartige Schuld«[411] in die Welt gekommen sei, bei der die Menschen »*schuldlos schuldig* werden können«[412]:

> Daß wir nämlich mehr herstellen können, als wir vorstellen können; daß die Effekte, die wir mit Hilfe von uns selbst hergestellten Geräte anrichten, so groß sind, daß wir für deren Auffassung nicht mehr eingerichtet sind. [...] Die Reue kann nicht gelingen.[413]

Darin liegt zweierlei. Zum einen übersteigen die apparativ-technischen Möglichkeiten des Menschen seine Vorstellungskraft. Das kann sich individuell in der prometheischen Scham äußern, dies ist die eine Seite. Es kann aber auch dazu führen, dass die Phantasie den entgrenzten Potentialen der Apparate nicht mehr Schritt hält, ebensowenig das Gefühl. Dazu sei die »*Indirektheit der heutigen Verstrickung*«[414] zu groß. Die Bombe gleiche einer »explodierenden Sonne«[415], der »Blitz wurde nicht als Tat eines Täters erlebt«[416]:

> Wenn ein Mann seine Faust erhebt, um sie auf mich niederfallen zu lassen, dann bilden Geste, Akt und Effekt ein einziges Ganzes, ein so evidentes Ganzes, daß, was ich wahrnehme, von vornherein als ein Wirkungszusammenhang erlebt wird. [...] Um dieses Erleben von Zusammenhängen und um diese Erlebniszusammenhänge ist unsereins nun betrogen, Vorbereitung, Akt und Effekt sind auseinandergerissen, und zwar nicht nur in räumlicher Hinsicht. [...] Dieser Wahrnehmungsverstümmelung entspricht die Verstümmelung unserer Emotionen.[417]

411 Ebenda, S. 207.
412 Ebenda, S. 207.
413 Ebenda, S. 210.
414 Anders: *Hiroshima ist überall*, a.a.O., S. XVIII.
415 Anders: *Der Mann auf der Brücke*, a.a.O., S. 84.
416 Ebenda, S. 85.
417 Ebenda, S. 86–87.

Die Jahrtausende alte Kategorie der Schuld, Reue, Gefühlssensorien und Ordnungen passen nicht mehr. Jeder in der modernen Gesellschaft, der sich nicht kritisch äußert, wäre damit schuldig, die apparative Moderne ein einziger Zusammenhang gigantischer unvorstellbarer und fragmentierter Potentiale, die gebändigt werden wollen.[418]

Anders interpretiert die kleinkriminellen Taten von Eatherly – er überfiel Geschäfte, stahl aber nichts – als einen verzweifelten Versuch, die Kategorie der Schuld wieder einzuführen, sich schuldig fühlen zu *können*, weil zu diesen überschaubaren Handlungen die Benennung eines Schuldigen nicht schwer fällt. Diese Grenzscheite zwischen der ›alten‹ Auffassung von Schuld gegenüber den neuen Formen der ›schuldlosen Schuld‹, die mit einem Knopfdruck eine Großstadt auslöschen, misst Anders aus: »*Weiter bleiben Sie dazu verurteilt, als krank zu gelten, statt als schuldig.*«[419] Seinen ersten Brief lässt Anders daher ganz konsequent enden mit der Formel: »In dem Gefühl, das ich jedem Opfer gegenüber empfinde, grüße ich Sie.«[420]

Eatherly ist ein einfaches Gemüt, Anders beschreibt dessen fehlerhafte und rohe Sprache mehrfach. Dass er sich geehrt fühlt, die Begriffe und Argumente des Philosophen übernimmt, ist offensichtlich. Ob er sie beurteilen kann, ist mehr als zweifelhaft. Anders abstrakte Hinweise, seine »Gebote des Atomzeitalters«, seine philosophischen Begründungsfiguren, dürften Eatherlys Intellekt mehrfach überfordert haben. Unklar bleibt auch, ob nicht von Beginn an von Anders in Betracht gezogen wurde, den Briefwechsel öffentlich zu führen – und damit Begründungsfiguren, die wir aus den anderen Schriften kennen, in personalisierter Form darzubieten. Was den Briefwechsel aber so glaubwürdig macht, ist dessen Eingebettetheit. Anders hilft Eatherly mehrfach. Dieser wird verlegt und mehr und mehr von der Öffentlichkeit und seiner Briefkommunikation abgeschnitten. Sein zerrüttetes Familienleben kommt ins Spiel, sein Bruder, der auf Druck der Behörden einer weiteren Hospitalisierung zu-

418 Siehe hierzu auch Linus Paulings Einsatz gegen Atomwaffentests, etwa in seiner Nobelpreis-Rede: Linus Pauling: Science and Peace, *Nobel Lecture*, 11.12.1963, https://www.nobelprize.org/prizes/peace/1962/pauling/lecture/, abger. am 11. Mai 2023. Natürlich wären noch andere, etwa Albert Einstein, Bertrand Russell, Robert Jungk, zu nennen.

419 Anders: *Off Limits*, a.a.O., S. 212.

420 Ebenda, S. 213.

stimmt. Anders geht sogar so weit, einen Brief an John F. Kennedy zu schreiben, in dem er die Freilassung Eatherlys erbittet. Versuche Hollywoods, dessen Leben zu verfilmen und damit ein öffentliches Narrativ zu schaffen, kann Anders als Angriffe einordnen und warnt, wo Eatherly sich als ein Medien-Laie geehrt fühlt.

Wäre *Schuld* ein Leitgedanke bei Anders, wären Hass, Verachtung und Feindschaft die Folge. Aber es ist vergeblich, hier nach Schuldigen zu fragen, wo es doch um eine zukünftige Verhinderung der Atomwaffen geht und Eatherlys konkreter Beitrag ein meteorologischer war.

Und genau hier kommt Anders Japan-Reise anlässlich der »Fourth World Conference against A and H Bombs and for Disarmament«[421] 1958 sowie die dort gemachten Erfahrungen ins Spiel. Die »Girls of Hiroshima« schreiben Eatherly am 24. Juli 1959 einen namentlich unterzeichneten Brief, in dem sie ihr »tiefes Mitleid mit« ihm übermitteln und ihm »die Gewißheit geben, daß wir Ihnen gegenüber in gar keinem Sinne Feindschaft empfinden«.[422] Anders pflichtet dem bei, indem er ihm mitteilt, dass er »keinen einzigen Menschen in Japan getroffen hätte, der Ihnen gegenüber Haß oder auch nur die geringste Antipathie gefühlt hätte.«[423] Diese Aussagen sind aus schuldkultureller Sicht unglaubwürdig. Sie wirken wie eine Inszenierung. Wer aber aus der *Schamkultur* heraus wahrnimmt, dem sind sie klar. Es geht eben nicht darum, Schuldige zu benennen, sondern man *schämt* sich für das, was da passiert ist, auch für die Täter. Die Scham ist so universell, dass man sogar die eigene Verletzung in diese einordnet.

*Schuld* würde eine intellektuelle, regelhafte *Einsicht* in die Zusammenhänge voraussetzen, die aber – wie wir sahen – unvorstellbar sind. Schuld würde zudem eine sprachliche Durchdringung voraussetzen, die angesichts der akuten Bedrohung der Bombe zu langsam wäre. Hingegen kann *Scham* die Ka-

---

421 Anders: *Der Mann auf der Brücke*, a.a.O., S. 4. Siehe zum historischen Hintergrund: John Dawsey: After Hiroshima: Günther Anders and the history of anti-nuclear critique, in: *Understanding the Imaginary War. Culture, Thought and Nuclear Conflict, 1945–90*, hrsg. von Matthew Grant und Benjamin Ziemann, Manchester 2016, S. 140–164, siehe zum Kongress S. 145.

422 Ebenda, S. 232.

423 Ebenda, S. 233.

tastrophe anders deuten, indem sie diese nicht als Handlung versteht. *Scham* quält Eatherly:

> Durch die Scham darüber also, daß er *nun* erst etwas *»mit-machte«* – dieses Mal im üblichen Wortsinne von »erlitt«. Echte Reue scheint mir nicht so sehr im nachträglichen »hätt ich's doch nicht getan!« zu bestehen, als in dem viel schlimmeren, pausenlos frustrierten, *Versuch, das »tu's nicht!« doch noch nachzuholen.* Es gibt wohl nichts Beschämenderes, als Zeuge solcher Reue zu sein. Meine Bitte, mein Zeuge-Sein zu entschuldigen, hat er wohl kaum verstanden.[424]

1958 dann, auf ebenjener *Fourth World Conference against A and H Bombs and Disarmament* in Tōkyō betrachtet Anders es als »Zeitvergeudung«, in der Schuldfrage »die Hauptfrage zu sehen.«[425] Das ›identische Gefühl‹ aller auf diesem Kongress habe darin gelegen, »daß wir uns voreinander *schämten*: und zwar *uns schämten, Menschen zu sein.*«[426] Etwas später heißt es, konkretisierend:

> Die heutige Scham: Die Scham über das, was Menschen Menschen *hatten* antun können; also über das, was sie *auch heute* noch einander antun können; also über das, was *wir* einander antun können; also Scham darüber, *auch* ein Mensch zu sein. Diese Scham muß geleistet werden.[427]

Dass er diese Einsicht in Japan hat, dürfte kein Zufall sein. Anders beschreibt oft die Übersetzungs- und Verständnisirritationen. Diese bereiten ihm aber gerade wegen dieses allgemeinen Schamgefühls, in dem er sich auf eine Weise geborgen fühlt, keine größeren Schwierigkeiten. Hingegen schämt er sich aufgrund der Gastfreundschaft; im Boot auf dem Biwa-See feiernd, Sake trinkend, denkt er: »Versuche mir vorzustellen, wie es aussähe, wenn die Rollen vertauscht wären. Aber das Bild: Drei Japaner, die, über den Starnberger

424 Anders: *Hiroshima ist überall*, a.a.O., S. XXIV.

425 Anders: Der Mann auf der Brücke. Tagebuch aus Hiroshima und Nagasaki 1958, in: ders.: *Hiroshima ist überall*, a.a.O., S. 1–189, zit. S. 5.

426 Ebenda, S. 9.

427 Ebenda, S. 74.

See fahrend, von bayerischen Bauern stürmisch bewirtet werden, gelingt mir nicht.«[428] Dass Anders mit seinem ›Moralkodex im Atomzeitalter‹ die christliche Schuldkultur der Zehn Gebote mitschleppt, bleibt ihm weithin verborgen, japanische Andeutungen genügen da nicht. In dieser Hinsicht bleibt er Europäer.

Alain Resnais Film *Hiroshima, mon amour* (1959) dürfte zu jener Zeit, als Anders sich im Land aufhielt, gedreht worden sein. Wenn es auch keine Referenz dazu gibt, so doch die Einsicht, dass das »Nichts der Mittelpunkt von Hiroshima«[429] sei genauso wie sein Versuch, im Scheitern des Vorstellens sprachliche Bilder für das Geschehen zu finden. Sein Besuch im Krankenhaus ähnelt dem Resnais, wenn er sich als »Gaffer«[430] beschreibt.

Anders ist beeindruckt von der Vorurteilslosigkeit in Japan, von dem uneingeschränkten Vertrauen, das ihm entgegengebracht wird: »Ich bin überzeugt davon, an diesem Abend keine einzige Lüge gehört zu haben.«[431] Lügen sind in Schamkulturen viel unwichtiger als in Schuldkulturen. Umgekehrt kann Wahrheit in Schamkulturen tödlich sein: »Und als sich der Erzähler, um seinen Platz dem nächsten einzuräumen, mit einer Verbeugung verabschiedete, da war keiner, der sich nicht vor ihm verbeugt hätte: aus Respekt vor dem Mann, den es ohne Schuld getroffen hatte, solche Schuld zu tragen; und aus Scham darüber, daß dieses Unglück gerade *ihn* getroffen hatte und nicht uns.«[432]

Im Krankenhaus erlebt Anders »erhobene Scham«, »Scham darüber, gebrechlich zu sein; Scham darüber, sterben zu müssen; Scham darüber, durch einen Besuch geehrt zu werden; Scham darüber, einem Fremden gegenüberzustehen; Scham darüber, dem Gast nicht antworten zu können«.[433] Weiter heißt es,

> dem Sichschämen scheint, nicht anders als dem Lächeln, ansteckende Wirkung zuzukommen. Jedenfalls nötigt der Verschämte denjenigen, vor dem er sich schämt, dazu, sich gleichfalls zu schämen, er setzt dessen

428 Ebenda, S. 33.
429 Ebenda, S. 65.
430 Ebenda, S. 103.
431 Ebenda, S. 82.
432 Ebenda, S. 83.
433 Ebenda, beide Zitate S. 117.

> Hemmungsmechanismus in Gang, er »entwaffnet« ihn. Wahrscheinlich besteht die »List der Scham«, also deren pragmatischer Geheimsinn, in solcher Entwaffnung.[434]

Anders berührt hier einen wichtigen Punkt, den der sozialen Scham, die eine Dynamik des Sichschämens in Gang setzt. Erstaunlicherweise spricht Anders im Hinblick auf Japan ausschließlich aus der Opferperspektive. Dass er es hier mit einem Land zu hat, das mit dem Hitlerfaschismus paktierte, scheint ihm angesichts der atomaren Katastrophe vollkommen entgangen zu sein. Dass die Scham eben von jenen Diktaturen ebenso genutzt werden kann und wurde, um jeden Protest im Keime zu ersticken und Fügigkeit bis hin zum Kamikaze-Piloten zu generieren, ist Anders kein Wort wert. Dass das Schweigen genauso brutal sein kann, wenn es eben die eigene feindliche Handlung gegenüber anderen Menschen betrifft, blendet Anders ebenso aus. Und ist nicht Anders auch Teil einer Inszenierung wider Willen? Warum schreiben nur die *Girls of Hiroshima* Briefe und nicht die *Boys*? Warum sieht man im Friedensmuseum auch heute noch vor allem Reste getöteter Zivilisten und Geschichten von erkrankten Mädchen und Kindern, wo doch eine *Mitschuld* Japans am Zweiten Weltkrieg (der hier der *Pazifische Krieg* genannt wird) nicht zu leugnen ist? Anders gerät in die Fugen weltpolitischer Paradoxien und Großnarrative.

Wäre nicht gerade eine Mischung hier gut? Ein Versuch, Hiroshima mit schuldkultureller Kritik zu verstehen, ebenso wie er einsieht, dass die »wirkliche Scham also nun erst«[435] beginnt? Seine Einsichten sind daher einerseits enorm wichtig, weil sie die Versöhnungsleistung der Scham aufzeigen und die Möglichkeit, nach der Katastrophe des Zweiten Weltkriegs und der Atombombenabwürfe in einen offenen Dialog ohne Vorwürfe zu kommen. Scham kann tatsächlich Schuld ergänzen, aber muss sie diese auch *ersetzen*?

Die große Leistung des Briefwechsels hat Anders in Bezug auf Japan nicht erbracht, weil er dessen aktive Seite im Krieg ausblendet. Der Briefwechsel Anders-Eatherly allerdings springt zwischen den Fronten partisanenhaft hin und her. Er führt dazu, dass auch der Major die Seiten wechselt und zum Fürsprecher der Anti-Atom-Bewegung gemacht werden kann, dieser gewisser-

434 Ebenda, S. 117.
435 Ebenda, S. 118.

maßen im Nachhinein, vorbei an den Zensurmaßnahmen der Anstalten und Militärbehörden, desertiert.

Auch hat Anders seine eigenen, christlich-jüdischen, abendländischen Prämissen nicht hinterfragt. Was an metaphysischem und religiösem Wissen er auf seine Interpretation hin projiziert, bleibt unausgemacht. Anders merkt nicht, dass er dabei ist, die Riten und Praxen einer anderen Kulturwelt, ›solidarische Scham‹[436], zu erleben. In Anbetracht dessen lösen sich viele seiner Überzeugungen auf, er scheut sich aber vor einer Reflexion auf die Differenzen der Kulturwelten und ihrer komplizierten Geschichte.

436 Ebenda, S. 123.

# Stanley Kubricks 2001. *A Space Odyssey* (1968) und *Eyes Wide Shut* (1999)

Zwischen Stanley Kubricks beiden Filmen *2001. A Space Odyssey* (1968) und *Eyes Wide Shut* (1999) liegen etwa dreißig Jahre. Die Genres könnten auf den ersten Blick unterschiedlicher kaum sein, die Themen auch nicht. Hier ist der Ort das Sonnensystem, dort New York. Der eine handelt von einer mysteriösen Wandlung durch einen schwarzen Monolithen, der andere von den erotischen Erlebnissen und Phantasien eines Arztes und seiner Ehefrau. Dennoch gibt es zahlreiche Ähnlichkeiten zwischen dem Science Fiction und der Arthur Schnitzler-Verfilmung von *Die Traumnovelle* aus dem Jahr 1925.[437] Diese bestehen nicht nur darin, dass sich Kubrick zu jener Zeit der Dreharbeiten bereits mit dem Schnitzler-Stoff beschäftigte und die Rechte sicherte, worauf Hans-Thies Lehmann hinweist.[438] Es ist auch das »das Scheitern einer gewissen Art von Intelligenz«[439], die beide Filme inszenierten. Sie spielen in nahezu derselben Zeit: 1968 imaginiert Kubrick die Zukunft des Jahres 2001, das in etwa die Zeit von *Eyes Wide Shut* ist. Es sind darüber hinaus nicht nur ästhetische Linien, wie etwa die Wortkargheit, die Raumgestaltung und der Einsatz von Musik, die sich ähneln. Auch das Themenfeld der Maskierung, der Identifikation und der Scham ist bereits für den früheren Film wichtig, ebenso wie die Darstellung von Sexualität, die nur bei oberflächlicher

437 Zur Geschichte der Verfilmung siehe das Kapitel »›It's Probably Going to Be the Hardest Film to Make‹. Stanley Kubrick, Arthur Schnitzler, and the Long Gestation of *Eyes Wide Shut*« in: Robert P. Kolker und Nathan Abrams: *Eyes Wide Shut. Stanley Kubrick and the Making of His Final Film*, Oxford 2019, S. 13–40 sowie Julia Freytag: *Verhüllte Schaulust. Die Maske in Schnitzler ›Traumnovelle‹ und in Kubricks ›Eyes Wide Shut‹*, Bielefeld 2007.

438 Hans-Thies Lehmann: Film-Theater. Masken/Identitäten in *Eyes Wide Shut*, in: *Stanley Kubrick*, *Kinematograph*, Nr. 19 (2004), Frankfurt am Main, S. 232–243, siehe S. 233.

439 Ebenda, S. 233.

Betrachtung in *2001. A Space Odyssey* ausgespart ist. Wenden wir uns zunächst dem Science Fiction-Film zu.

## Der Prolog und die Scham

Die Landschaft im Prolog »The Dawn of Man« wirkt wie aus den Schaukästen von Naturkunde-Museen und weil Menschen in den Suitmation-Kostümen stecken, blicken uns aus den Urwesen Augen des *Homo Faber* entgegen. Darin liegt bereits eine Maskerade, die mimetisch vorführt, dass der Mensch den Affen auch nach Jahrmillionen Evolution noch täuschend echt zu imitieren in der Lage ist. Auch das Ablegen der Scham gelingt. Die Affen, seien es die gespielten, kennen dieses Gefühl nicht, genauso wenig wie die Idee der Schuld. Leben sie anfänglich mit den Tapiren noch friedlich zusammen, wenn es auch schon erste Reibereien gibt, so jagen und fressen sie diese nach der Begegnung mit dem schwarzen Monolithen und »Moonwatcher«[440], der Leitaffe, nutzt den Knochen derselben als barbarisches Tötungsinstrument der Stammesgenossen. Bei Peiler heißt es dazu: »So wird Moonwatcher (Daniel Richter), der Anführer einer scheuen und schreckhaften Affenherde in der afrikanischen Savanne vor vier Millionen Jahren, zum Werkzeugbenutzer und damit zum Mörder: Nach dem Auftreten des Monolithen in der prähistorischen Affengrube entdeckt er einen Tapirknochen als Keule, die er zunächst an einem Skelett ausprobiert. Im Umschnitt zeigt der Film als innere Vision die Bilder eines fallenden, lebendigen Tiers. Daraufhin wendet Moonwatcher den Knochen auch bei seinen Artgenossen an, er richtet das Werkzeug also gegen seine eigene Spezies.« [441]

Der berühmte Match-Cut auf ein Raumschiff führt eine Drehbewegung ein, die sich dann im Kreiseln der Raumstation, über Dr. Heywood R. Floyds (William Sylvester) Stift, und viele weitere Innenszenen fortsetzt. Wir führen sinnlich die Kreisbewegung dieses archaischen Tötungsinstruments fort und

440 So die Bezeichnung des Affen im Drehbuch. Dort wird auch die kosmische Konstellation hervorgehoben, siehe dazu Stanley Kubrick (o.J.): *2001. A Space Odyssey*, Drehbuch, Amazon Japan, ohne Jahr, S. 2f.

441 Nils Daniel Peiler: *To Infinity and Beyond. Die künstlerische Rezeption von Stanley Kubricks 2001: Odyssee im Weltraum*, Bd. I, Würzburg 2022, S. 334.

stehen auch in der Zukunft noch im Bann dieser hypnotischen Bewegung. Sie wird am Ende des Films verinnerlicht und in eine Halluzination gekehrt. Zunächst aber scheint der Schnitt das Motivfeld des Triebs, des Tötens, der physischen Gewalt vollends zu verlassen und versetzt plötzlich uns in die ferne, technisch vollkommen beherrschte Natur des Orbits. Das Sonnensystem wird gerade kolonialisiert. Und dies erscheint als ein rational geplanter und von quasi-staatlichen Großunternehmen durchgeführter Vorgang, bei dem dem Menschen nur eine Statistenrolle zukommt. Dr. Heywood Floyds Arbeit scheint sich sprichwörtlich im Schlaf zu erledigen.[442] Der Match-Cut trennt chirurgisch die vom Todestrieb getränkte Sphäre der Affen von der des Menschen und all die Grausamkeit, Rohheit und Aggression scheint in der cleanen Welt Floyds nicht mehr vorzukommen. Es gibt stattdessen eine eigentümliche Distanz zwischen den Menschen, eine allgemeine, staatlich-institutionell durchwirkte und durch und durch ritualisierte Verhaltens- und Kleiderordnung von Funktionären, die jeder Scham vorgeschaltet ist und die es auch schwer vorstellbar macht, dass Menschen schuldig werden. Eine ubiquitäre soziale Distanz umgibt die Menschen und betäubt sie regelrecht. Sie sprechen nur noch in Begrüßungsfloskeln miteinander und sind meistens stumm. Das Privatleben der Astronauten erscheint nur andeutungsweise, etwa in Form von Floyds kurzem Videotelefonat anlässlich des Geburtstags seiner Tochter Squirt (Vivian Kubrick), die sich eigenartiger Weise ein »bush baby« wünscht. Dass er einen Tag vor dem Geburtstag anruft, hängt mit seinem Zeitplan im Orbit zusammen. Er imaginiert selbst diese kleinen Ereignisse und lebt in einer Absence.[443] Beruf und Privatsphäre sind nur über die mediale Kommunikation miteinander verbunden, alles ist geregelt und festgelegt, von Impulsen und Spontaneität gereinigt. Auch die Räume sind klinisch rein und auf Kontrolle ausgelegt. Intimität schrumpft auf das Lesen der Bedienungsanleitung für die »Zero Gravity Toilet«[444]. Die Menschen scheinen sich darauf geeinigt zu

442 Zur Charakterisierung Floyds als ›Mediator‹ siehe Peiler: *To Infinity and Beyond*, a.a.O., S. 358–364.

443 Später auf der Jupiter Mission werden Dr. Dave Bowmans Eltern ihm zum Geburtstag gratulieren und wir erfahren die Einsamkeit von der Seite des Jubilars aus (Kubrick: *2001*, TC 01.03.55'-01.05.50').

444 Kubrick: *2001*, TC 00.36.45'f.

haben, dass es ihre Triebe nicht zu geben brauche und man sie vergessen könne wie die Scham. Sie leben in einer aseptischen Welt. Die gut sitzenden Kostüme panzern die Menschen und separieren ihre Körper, selbst die Physiognomie und Gestik ist zurückgenommen und beinahe adlig distanziert. Sublimiert diffundieren die Triebe und Archetypen allerdings schon in die mächtigen architektonischen Bauten, die gleichzeitig Raumfahrzeuge sind, und kehren in eigentümlichen Großmetaphern wieder: der des Jungfernflugs, dem Anflug des Gleiters, der wie eine Befruchtung der Raumstation wirkt, den Raumanzügen und froschähnlichen Raumkapseln. Und angedeutet wird die Sexualität allenthalben. Die sich ähnelnden Stewardessen (Edwina Carroll, Penny Brahms, Heather Downham, Ann Barrass) wirken zwar durch ihre Kostüme desexualisiert, jedoch schmiegt sich der Stoff an ihre Figur gleichzeitig an und macht ihren Körper zu einem Fetisch. Sie müssen durch die Grip-Shoes das Gehen neu lernen und bewegen sich, als ob sie mit eben dieser Unfähigkeit kokettieren würden. Sie besuchen lächelnd die Piloten im Cockpit und schauen ein Video einer Karate-Aufzeichnung zweier kämpfender Frauen. Es scheint eine verborgene, medial getarnte Form des Umgangs der Triebe wie auch eine Ahnung von Körperlichkeit noch zu geben.

Die Welt wirkt wie die eines Katalogs entrückt und durchtypisiert, auf eine Weise zeitperspektivisch verlangsamt, so dass es nicht mehr sinnvoll ist, von individuellen Handlungen zu sprechen. Und es ist eben auch diese Dehnung des Alltags, die jedes Vorhaben tarnt und die nur diejenigen Handlungen zulässt, die infrastrukturell sind, die also jenseits der Individualität, quasi-staatlich gebahnt stattfinden. Dieses Moment des Traumähnlichen, Meditativen, Halluzinogenen wirkt im Film mehr nach als die Taten der Figuren. Es gelingt uns kaum mehr, diese zu verfolgen. Zahlreiche Ellipsen, die wie Absencen wirken, lassen uns sowieso die wichtigsten Momente fabulieren, wie Ralf Michael Fischer gezeigt hat.[445] So ist es auch in *2001. A Space Odyssey* eine Traumwelt, in

445 So schreibt Fischer über die ungewöhnliche Planetenkonstellation im Prolog: »Die Konjunktion ist somit oberflächlich gesehen ein herkömmliches Aufbruchsignal in eine neue Ära. Niemandem scheint bislang aufgefallen zu sein, daß diese seltene Planetenkonstellation nur durch einen unmöglichen Raum-Zeit-Sprung zustandekommen kann.« (Ralf Michael Fischer: *Raum und Zeit im filmischen Œuvre von Stanley Kubrick*, Berlin 2009, S. 244). Über die koexistierenden Zeitkonzepte heißt es: »In *2001* […] durchdringen sich unterschiedliche Zeitkonzepte: Progression und Regres-

die wir uns hineinbegeben, ähnlich wie in *Eyes Wide Shut*.[446] Der Unterschied besteht nur darin, dass in letzterem Film noch eine Tagesrealität behauptet wird, deren Fäden zur Traumwelt aber ebenso abgeschnitten sind wie die Welten der Raumschiffe von der Erde. Die größte Leistung von *2001. A Space Odyssey* besteht daher keineswegs in der für Science Fiction-Filme so typischen Vorwegnahme von zukünftigen Fahrzeugen, Apparaten und Erfindungen (wobei der Film auch hier Vorreiter ist), sondern sie besteht in der *Gefühlsutopie*. Kubrick fragt danach, welche Resonanz die Technik mit ihrer neuen Raum- und Zeitskalierung im Seelenleben seiner Figuren hinterlässt. Kubrick ist ein *emotionaler* Futurist, kein technischer. Ähnlich avantgardistisch hat Kubrick dies dann später in *Barry Lyndon* (1975) für die Aufklärungszeit gemacht, indem er sich in die Scham- und Schuldlogiken früherer Zeiten hineinversetzt und diese keineswegs nur äußerlich darstellt.

## Ubiquitäre Staatlichkeit, Maskeraden und die Scham der KI

Die Frage der Identifikation begleitet Floyd, wenn er die »Voice Print Identification«-Schranke passiert[447] oder eben per Videotelefonie[448] spricht. Er verliert seine Identität, indem sie technisch festgestellt wird, da er genormt und kontraintuitiv sprechen muss, zuerst das Ziel, dann die Nationalität, den Nachnamen und zuletzt den Vornamen. Das Design der Schranke nimmt den Bodyscanner auf heutigen Flughäfen souverän vorweg, genauso wie die heutigen Telekommunikationstechniken oder das Computer-Pad.[449] Jede zwischenmenschliche Begegnung wird von Technologie durchdrungen. Die hier prototypische vor-

---

sion, Statik, zyklische Wiederholung, Geburt, Blüte und Verfall [...] – aber auch die Idee einer kontingenten Reihung von Ereignissen ist stets präsent.« (Ebenda, S. 255)

446 Zur Auflösung der Zeitbezüge hin in eine Wirklichkeit des Traums *Eyes Wide Shut* siehe ebenda, S. 454f.

447 Stanley Kubrick: *2001. A Space Odyssey*, TC 00.26.15'f.

448 Kubrick: *2001*, TC 00.27.30'f.

449 Siehe dazu Peiler: *To Infinity and Beyond*, a.a.O., S. 149f. Zur Literatur, die Kubrick kannte, siehe Anthony Frevin: Stanley Kubrick und die Suche nach außerirdischer Intelligenz, in: *Das Stanley Kubrick Archiv*, hrsg. von Alison Castle, Köln 2016, S. 334–341.

gestellte Realität ist eine institutionell vorherbestimmte. Die Staatlichkeit ist bereits derart in den Alltag vorgedrungen, dass jede kleinste Handlung und jedes Gespräch sich auf sie beziehen und sie in ganz alltägliche Gegenstände diffundiert. Selbst die persönlichen Beziehungen verlaufen entlang der Institutionen, wie in dem Gespräch mit dem russischen Team deutlich wird.[450] In dieser Hinsicht stellt sich die Frage der individuellen Schuld oder Scham kaum mehr, weil beide Formen aktive Impulse benötigen. Hier aber sind alle Verhaltensweisen auf eine gespenstische Weise festgelegt und durch und durch passiv. Man bemerkt dies an der Leichtigkeit, mit der sich die Protagonisten auf der Raumstation bewegen, so als ob sie in ihrem Wohnzimmer umhergingen. Die Unmündigkeit, die darin liegt, kann durchaus als entlastend empfunden werden. Zwar sind die Raum- und Zeitstellen jedes Fahrgasts hinreichend bestimmt und damit kontrolliert, die Etikette und Typisierung hat sich wie ein Raster über den Alltag gelegt, aber es scheint eine Rivalität der Großmächte zu geben, die bis in das Verhalten hinein pulst. So wie die Drehbewegung sich über alle Wahrnehmung legt, so setzen auch die großen politischen Linien die Rivalitätskämpfe der Affen durchaus fort. Sie kehren nur verlangsamt und daher kaum mehr auffassbar, als zweite Natur wieder. Kennzeichnend dafür ist der Smalltalk mit dem russischen Team, das in der Lounge sitzt und offenbar Floyd abpasst, weil sie sonst von keiner Seite Auskunft bekamen. Nach einigen Floskeln wird Elena (Margaret Tyzack) deutlich, was konkret die russische Seite beunruhigt: »two days ago, one of our rocket buses was denied permission for an emergency landing at Clavius.«[451] Zwar kommt es auch nach mehreren Nachfragen nicht zum Konflikt, aber gerade diese Sprachlosigkeit und Formalisierung des Alltags, die sich in einem offiziellen Sprechen jenseits jeglichen Vertrauens zeigt, vermittelt ein ungutes Gefühl. Die amerikanische Seite (wenn man den Flug mit der PanAm so interpretieren will) scheint eine gewisse Suzeränität gegenüber der russischen Seite aufzuweisen, das Informationsgefälle lässt sich schwerlich mit Übermittlungsfehlern erklären. Der individuelle Mensch jedoch hat jegliche Schuld, Scham und damit auch Verantwortung abgegeben und die erwähnte Leichtigkeit der Arbeit ist nur die Kehrseite einer Stellvertreterschaft, die die Züge einer hypermodernen Leibeigenschaft angenommen hat. Was Floyd jetzt

450 Kubrick: *2001*, TC 00.29.30'f.

451 Ebenda, TC 00.31.32'f.

noch macht, wird demnächst ein Roboter besser tun. Die Menschen überhaupt sind nur eine Schein-Elite, die das ausführen, was die Institution ihnen vorgibt, ähnlich wie der Reporter, der ein Photo der Konferenz schießt und den Raum nach wenigen Augenblicken vor Beginn von Floyds Rede wieder verlässt.[452] Sie handeln nur noch, indem sie als Repräsentanten einer Raumfahrtagentur listig wie Detektive erkunden, was die andere Seite bewegen mag. Diese Form der Intelligenz, die List und Hinterlist zu erkennen, ist noch dem Menschen vorbehalten.

Was Kubricks Film so schillern lässt, ist, dass er eine Welt entwirft, in der die neuesten technischen Errungenschaften wie in Warenhauskatalogen angepriesen werden[453] und so die Dystopie hinter einem Warenfetisch drapiert wird. Es gibt eine ungeheuere Uniformität hinter allem, die aber als etwas Schönes dargestellt wird. Selbst der Mond ist offenbar wie ein Produkt umbenannt und heißt nun *Clavius*, zumindest wird der Name der Raumstation von allen Beteiligten als Gattungsname benutzt. Die Auslöschung des Spezifischen, Individuellen, Natürlichen und Besonderen wird als Errungenschaft präsentiert und die angedeuteten Konflikte der im Orbit manövrierenden Raumschiffe zu Beginn mit dem Walzer Opus 314 *An der schönen blauen Donau* von Johann Strauss (Sohn) aus dem Jahr 1867 unterlegt, so als ginge die Donaumonarchie ein zweites Mal unter.[454] Aber das wird ästhetisch gefeiert, so als wüsste man es nicht besser.

Zwar gibt es noch Piloten in diesem Film, aber sie sitzen im Cockpit wie unbewegliche Puppen und auch ihre Arbeit scheint eher in einer Überwachung der Apparaturen zu bestehen. Und so ist das Steuerzentrum wie das Machtzentrum zunächst absent. Die Entdeckung des Monolithen auf Clavius, von Floyd als die wichtigste Entdeckung in der Geschichte der Wissenschaft

---

452 Ebenda, TC 00.41.25'f.

453 Wie Peiler zeigt, waren auch damalige Großunternehmen bei den Setdesigns beteiligt, was auch, etwa in der Hilton-Lounge, deutlich wird (Peiler: *To Infinity and Beyond*, a.a.O., S. 531–538).

454 Siehe hierzu wiederum Peiler, ebenda, S. 490–506.

gepriesen, wird durch eine »cover story« des ›Council‹ verheimlicht[455], so dass selbst die Wahrheit auf höchster Ebene offiziell unterschlagen wird.[456]

Die mächtigsten Akteure sind zwei künstliche Intelligenzen, die nur als Oberflächen, Masken in Erscheinung treten: der schwarze Monolith und der Computer HAL 9000. Eine Verbindung zwischen beiden wird nicht behauptet, aber sie scheint zumindest möglich. Dies wird etwa dadurch angedeutet, dass der Sinuston bei der Berührung des Monolithen erklingt und Kubrick dann direkt auf die »Jupiter Mission. 18 Months Later«[457] schneidet, also das Verfahren zu Beginn des Films wiederholt. Ob der Monolith in einem kausalen Sinne handelt, lässt sich nicht sagen, aber es gibt eine unheimliche Koinzidenz zwischen seinem Auftreten und den folgenden Ereignissen, die in ›zeitlichem Zusammenhang stehen‹. Kubrick zeigt stets kosmische Konstellationen in diesem Zusammenhang. Was dann passiert, ist eine Evolution der Intelligenz, zunächst im Sinne des Werkzeuggebrauchs und der Sprache, dann im Sinne einer psychedelischen Transformation von Raum und Zeit.

Aus welchen Motiven die künstliche Intelligenz HAL 9000 handelt und was sie tatsächlich steuert, ist hinter einem ›Backend‹ verborgen. Gegenüber dem Monolithen wirkt sie wie ein neues ›Tool‹ des Menschen. Immerhin verbindet sie ein Sprachinterface mit der humanen Welt, ansonsten ist HAL bis auf sein rotes ›Auge‹ zunächst unsichtbar. Während der Monolith für Hyper-Evolution steht, ist HAL eingerichtet, um alle Abläufe fehlerlos zu steuern, setzt also die Kontroll-Utopie, in die sich die Menschheit einspinnt und die sie auf ihren Raumschiffen zelebriert, nur mit anderen Mitteln fort.

Es klafft eine Lücke zwischen den chiffrierten Botschaften und den geschaffenen Fakten, etwa dem BBC TV-Interview mit Dr. Dave Bowman (Keir Dullea) und Dr. Frank Poole (Gary Lockwood) oder im Extremfall dem Tod

---

455 So sagt Floyd in seiner Rede: »some of the conflicting views held by some of you regarding the need for complete security in this matter, and more specifically your strong opposition to the cover story created to give the impression there is an epidemic at the base.« (Kubrick: *2001*, TC 00.42.53f.)

456 Bezeichnenderweise liegt dieser im in Arthur C. Clarkes Geschichte *The Sentinel* im »Mare Crisium«, dem »Meer der Krisen« (Arthur C. Clarke: *Der Wächter*, übers. von Irene Holicki, München 2016 [1951]). In Kubricks Film wird er nahe des Krater *Tycho* beschrieben. (Kubrick: *2001*, TC 01.56.35f.)

457 Kubrick: *2001*, TC 00.54.42f.

Pooles. Die Fähigkeiten, die HAL 9000 hat, sind nicht nur technisch-ausführender Natur. Man vertraut ihr die in Tiefschlaf (›Hibernation‹) versetzten drei Astronauten an. Im Interview von *The World Tonight* mit HAL heißt es:

> Martin Amer: We next spoke with the HAL 9000 computer whom, we learned, one addresses as ›HAL‹. Good afternoon, HAL, How's everything going?
> HAL: Good afternoon, Mr. Amer. Everything is going extremely well.
> Amer: HAL, you have an enormous responsibility on this mission, in many ways perhaps the greatest responsibility of any single mission element. You're the brain and central nervous system of the ship. And your responsibilities include watching the men in hibernation. Does this ever cause you any lack of confidence?
> HAL: Let me put it this way, Mr. Amer. The 9000 Series is the most reliable computer ever made. No 9000 computer has ever made a mistake or distorted information. We are all, by any practical definition of the words foolproof and incapable of error.
> Amer: HAL, despite your enormous intellect, are you ever frustrated by your dependence on people to carry out actions?
> HAL: Not in the slightest bit. I enjoy working with people. I have a stimulating relationship with Dr. Poole and Dr. Bowman.[458]

Die Sorge von Amer, HAL könnte die Menschen missverstehen und diese ihn, wird sich bewahrheiten, wenngleich auch die floskelhaften Antworten die Widersprüche hier noch verdecken. Die KI kann auch den Menschen und seine Emotionen verstehen und ist, wie Amer ahnt, selbst ein emotionales Wesen mit einem eigenen Willen. Weiter heißt es:

> Amer: In talking to the computer, one gets the sense that he's capable of emotional responses. For example, when I asked him about his abilities I sensed pride in his answer aber his accuracy and perfection. Do you believe that HAL has genuine emotions?

458 Ebenda, TC 00.58.40'-01:02:30'

> Bowman: Well, he acts like he has genuine emotions. He's programmed that way to make it easier for us to talk to him. As to wether or not he has real feelings is something I don't think anyone can truthfully answer.[459]

Diese Antwort muss beunruhigen, denn davon hängt die gesamte Zuverlässigkeit HALs ab. Es wird sich zeigen, dass HAL echte, zerstörerische und hasserfüllte Emotionen hat, die aber von den beiden wachen Crewmitgliedern viel zu spät erkannt werden.

Die cleane Atmosphäre, das vollkommene Ausblenden jeder Scham und Schuld der Menschenwelt durch die Verlagerung der Handlungsmöglichkeiten ist so ubiquitär, dass in dieses neue Wesen HAL 9000 eine transformierte Form der Emotionalität einzugehen scheint. Mit anderen Worten: Der Computer ist empfindsamer als die Menschen, wird leichter gekränkt und bei seinem ›Tod‹ durch Abschalten, bei dem er das Kinderlied »Daisy«[460] singt, haben wir mehr Mitleid mit ihm als beim stillen Wegschweben Frank Pooles in den Weltraum. Was die Menschheit im Alltag durch Panzerung und Uniformierung ausgrenzt, ihre Gefühle und Triebe, kehrt in Form ihrer Erzeugnisse chiffriert und unbeherrschbar wieder.

Schon bei den ersten ›Gesprächen‹ mit dem Computer wird deutlich, dass die Menschen unterlegen sind. Sie fügen sich seinem kontraintuitiven Sprachstil und reden ebenso a-emotional wie HAL, weil sie nicht riskieren wollen, von ›ihm‹ missverstanden zu werden. Das Sprachinterface, HALs phonetische Maskerade, wird damit zu einer alltäglichen Maxime, die sich technisch tarnt. Dies kündigte sich schon bei der Sprachidentifikation an. Wer von HAL verstanden werden will, muss so sprechen wie er, also wie ein Computer. Damit ist aber auch von Beginn an ein Misstrauen gegenüber der Technik stillschweigend mit gesetzt. Die entspannt klingende Stimme spricht zwar lexikalisch und semantisch richtig, kennt aber keine Intonation und keine für den Menschen so typische Abkürzung. Sie spricht aus einem unendlichen Zeitvorrat heraus, der zunächst geduldig wirkt, de facto aber eine Art Zumutung für die

---

459 Ebenda, TC 01.03.00'-01:03:32'.
460 Ebenda, TC 01.55.00'f.

Menschen ist, weil *deren* Lebenszeit endlich ist und sie Wichtiges vom Unwichtigen unterscheiden.

Zwar sehen wir das rote Licht HALs, aber diese künstliche Intelligenz hat keinen Ort. Sie ist mit dem Raumschiff, den Apparaturen und Geräten verbunden und umgibt die Astronauten wie eine Atmosphäre. Sie tarnt sich wie die Menschen im Affenkostüm, maskiert sich und spricht mit seelenruhiger Stimme, obwohl sie mörderische Pläne schmiedet. Die technische Utopie erweist sich als höchst anachronistisch und unpraktisch, als dem Menschlichen gegenüber völlig fremd.

Dass HAL misstrauisch gegenüber Dave Bowman ist, wird zum ersten Mal deutlich, als er sich nach dessen Befinden erkundigt. Bowman fertigte gerade Zeichnungen der ›Schneewittchensärge‹ an und HAL möchte sie sehen. Kubrick zeigt dies in Fischaugenperspektive aus der Sicht HALs, als dieser ihn fragt: »By the way, do you mind if I ask you a personal question?« und fortfährt: »Well, forgive me for being so inquisitive, but during the past few weeks I've wondered whether you might be having second thoughts about the mission. [...] Perhaps I'm just projecting my own concern about it. I know I've never completely freed myself of the suspicion that there are some extremely odd things about this mission. I'm sure you'll agree there's some truth in what I say.«[461] Zunächst ist Hal besorgt um die Mission, er misstraut den Menschen (vielleicht auch wegen der ›cover story‹) und kann nicht damit umgehen, dass die Wahrheit von den Menschen verschwiegen wird. In genau diesem Moment entdeckt HAL aber einen Fehler im AE-35 unit: »It's going to go 100-percent failure within 72 hours.«[462] Es ist nicht klar, ob HAL tatsächlich ein Versagen des Kommunikationssystems registriert oder er (wie die Menschen) die Fakten absichtlich fälscht. Denkbar ist, dass er das Lügen von den Menschen gelernt hat wie das Schachspielen und sie darin übertreffen will. Jedenfalls stellt sich bei manueller Überprüfung heraus, dass die Apparatur nicht defekt ist. Hal schlägt nun eine listige, zugleich aber unlogische Wiedereinsetzung des Geräts vor: »I would recommend that we put the unit back in operation and let it fail. It should then be a simple matter to track down the cause. We can certainly af-

461 Ebenda, TC 01.06.50'f.
462 Ebenda, TC 01.09.55'f.

ford to be out of communication for the short time it will take to replace it.«[463] Es dürfte zu einem tiefen Misstrauen und Konflikt mit den Menschen führen, dass die ›Mission Control‹ eindeutig sagt: »your onboard 9000 computer is in error predicting the fault«[464]. Der Zwillingscomputer auf der Erde handelt anders als HAL, dürfte es aber nicht, was HAL jedoch als »human error«[465] bezeichnet. Das Misstrauen von Bowman und Poole gegenüber HAL darf sich nun nur noch a-semantisch, durch Blicke ausdrücken. Und Bowmans anschließende Blickinszenierung in HALs rotes Auge ist es, die dessen Verdacht zerstreuen soll (»Fine. Thanks very much.«[466]).

Es ist durchaus nicht die Fehlerhaftigkeit HALs an sich, die zur Katastrophe führt, sondern dessen ›Dünnhäutigkeit‹, sich selbst als unfehlbar aufzufassen und doch zugeben zu müssen, dass die Sendeapparatur defekt ist. Es ist unentscheidbar, aus welchen Gründen diese Gewaltspirale ausgelöst wird, aber Bowman und Poole müssen fortan ihre Angst überspielen und hoffen, dass HAL dies nicht versteht. Poole stirbt bei einem zweiten Außeneinsatz und Bowman schafft es im letzten Moment, HAL abzuschalten.

## Künstliche Scham

Mit HAL erzeugen die Menschen eine neue Form der Emotionalität, die man als *künstliche Scham* bezeichnen könnte. Es gibt für diese Scham vor dem Menschen keine Formen des sozialen Umgangs und das ist es, was HAL kränkt. Er merkt, dass er einen Fehler machte und dass die Menschen dies erkennen, er sich also von diesem Idealbild der Unfehlbarkeit verabschieden muss, so lange es Menschen gibt. Und in diesem Sinne handelt er dann auch, insofern er nämlich die Menschen des Raumschiffs (die Astronauten im künstlichen Schlaf und dann Poole) tötet und damit diejenigen beseitigt, die Zeugen seiner Scham sind bzw. die als Beobachter seine Scham erst verursachen. Es ist dies die tiefgründigste Ebene des Films, dass die Menschen die Scham und Schuld von sich ablösen und in diesem neuen Wesen der künstlichen Intelligenz eine

463 Ebenda, TC 01.20.10'f.
464 Ebenda, TC 01.20.50'f.
465 Ebenda, TC 01.22.00'f.
466 Ebenda, TC 01.22.40'f.

Scham aufersteht, für die die Menschen der Zukunft keine Umgangsform mehr haben. Auch HAL hat nicht gelernt, mit Beschämungen umzugehen, weil auch die Bewohner der Raumstationen durch Kleidung und Distanz kein Sensorium mehr für dieses Gefühl haben. Der technische Fortschritt scheitert letztlich an der Unfähigkeit der Menschen, eine Antwort auf die Kränkung des von ihnen erzeugten künstlichen Wesens zu geben, das immer irrationaler wird, etwa als HAL die in künstlichen Schlaf versetzten Menschen tötet und Bowman vom Raumschiff aussperrt. Dessen einziger Weg ist der, HAL abzuschalten, indem er seine höheren Funktionen von der Stromversorgung nimmt.

Das Problem besteht auch darin, dass die Stimme HALs nur funktional programmiert wurde und nicht im Sinne einer Intonation, d.h. eines musikalischen Ausdrückens von Gefühlen in der Modulation des Sprechens. Eben durch dieses Interface Sprache blieb die Kränkung HALs bis zuletzt unerkannt, weil er in einer emotionalen Stummheit lebt. Wenn seine Emotionalität erkennbar ist, dann indirekt in der Musik der *Intermission*, György Ligetis *Atmosphères* (1961). Dass Kubrick zum Ende hin wieder den Monolithen auftreten lässt, versöhnt uns zwar mit der Idee der Evolution und Zukunftsgläubigkeit, mutet uns aber auch einen weiteren Handlungssprung zu.

## Eyes Wide Shut

Vergleicht man die Filme *2001. A Space Odyssey* und *Eyes Wide Shut* vom Aspekt der Scham her, so weisen beide zahlreiche Ähnlichkeiten in den Grundkonstellationen auf, worauf Hans-Thies Lehmann hinweist.[467] Auf dem Raumschiff zum Jupiter gibt es, wie wir sahen, zwei polar angeordnete Räume. Ein Raum ist der alltägliche, äußere von Bowman und Poole, der zweite Raum ist der verborgene, innere Raum HALs. An den Schnittstellen dieser Räume entstehen unkontrollierte Reaktionen, die von der Scham HALs her zu verstehen sind. Auf einer ähnlichen Zuordnung beruht auch *Eyes Wide Shut*. Hier ist die All-

467 Hans-Thies Lehmann nannte *Eyes Wide Shut* gar eine »*sex space odyssey*« (Lehmann: *Film-Theater*, a.a.O., S. 233). Interessanterweise plante G.W. Pabst die Verfilmung von Schnitzlers *Traumnovelle*, realisierte das Vorhaben aber nicht. Siehe dazu Freytag: *Verhüllte Schaulust*, a.a.O., S. 17.

tagswelt des Frauenarztes Bill (Tom Cruise), dort die Phantasie seiner Ehefrau, der Hausfrau Alice (Nicole Kidman). Diese beiden Pole, die ausgelebte Phantasie von Bill und die unterdrückte von Alice, bilden das Spannungsfeld des gesamten Films. Die Dynamik entsteht, als Alice eifersüchtig wird und ihrem Mann von ihren Lustträumen erzählt. Man könnte dies als ein Zeichen des Vertrauens seitens Alice begreifen, gleichzeitig aber besteht die Gefahr, dass eben dieses Vertrauen durch das Schildern unterlaufen wird. Für diese Paradoxie des Erzählens der ehrlichen Gefühle gibt es keine Lösung. Und ihre Erzählung könnte auch als eine Form des Eifersüchtig-Machens verstanden werden. Sie wissen nicht, wie der Andere auf die Öffnung der Intimsphäre reagieren wird, weil diese dem Anderen verschlossen ist und es keine gesellschaftlichen Foren gibt, in denen man diese erkunden könnte. Diese Konstellation der emotionalen Resonanz ähnelt der von *2001. A Space Odyssey* frappierend. Es ist ein emotionales Rauschen, das eine Unbestimmbarkeit hat, weil die Sprache die Emotionen nicht hinreichend benennen kann. In diesen das eigene Intimleben betreffenden Benennungsversuchen entstehen, je mehr dies vom Anderen gefordert wird, umso mehr Projektionsflächen für dessen eigene Phantasien. Es handelt sich also nicht um ein einfaches Misstrauen, sondern die eigenen verborgenen und unbewussten Phantasien werden auf den Anderen projiziert. Der Wunsch, untreu zu sein, wird dem Anderen unterstellt. Eine bestimmte Deutung der Psyche des Anderen dient also Bill dazu, die eigenen Wünsche nun ausleben zu dürfen. Er begreift dies selbst als *Reaktion* auf Alices Aussage.

Der Film leistet ästhetisch, was in der Novelle Schnitzlers nicht möglich ist, er kann die Erzählung verbal schildern *und* die Phantasien Bills visuell zeigen und damit dieser sprachlichen Unbestimmtheit eine weitere Ebene verleihen, sie medial doppeln. Dass Bill die Phantasien von Alice verfolgen, verleiht dem Film eine Vielschichtigkeit und Ambiguität: »Zu sehen ist nur Bills Phantasie von Alices Phantasie. Ausweglose Spiegelung: Es gibt kein Wissen als Bild vom anderen, nur in der Sphäre des Imaginären wird es illusioniert – und ist so im Grunde eine narzisstische Spiegelung, Rivalität, Pseudo-Wissen, das in sich kreist.«[468] Einerseits imaginiert Bill also die Imagination seiner Frau, andererseits aber ist er selber in diese involviert. Er hält seine Imaginationen der Imagination

468 Lehmann: *Film-Theater*, a.a.O., S. 239.

für echt. Dadurch wird der Matrose ihrer (erzählten) Träume zu einem Konkurrenten und zu einem Liebhaber von Alice, aber er ist auch ein homoerotisches Wunschbild, wie Patrick Webster gezeigt hat.[469] Bills Suche nach Lusterfüllung ist einerseits Rache für die Phantasien seiner Frau, eine billige Ausrede dafür, dass er nun seiner Lust unkontrolliert nachgehen darf, aber auch ein Versuch, die eigene Bisexualität potent unter Beweis zu stellen. All das beruht darauf, dass Bills Obsessionen sich mit der Phantasie von Alice koppeln und er regelrecht von *diesen* verfolgt wird. Wo vorher, wir kommen darauf zurück, nur ein Flirten angesagt war, entspinnt sich nun eine Dynamik, die zerstörerisch ist.

Der Film hat etwas Tänzerisches, Musikalisches und Schwebendes, weshalb diese zerstörerische Handlung nicht als tragisch erlebt wird, wie man es erwarten könnte. Kubrick ist eben an der Scham und ihrer Auflösung interessiert, daher wird die Schuldfrage (und damit die Tragik) nur am Rande gestellt.[470] Wo Kubrick in *2001. A Space Odyssey* die Abläufe verlangsamt und ihnen dadurch eine Traumhaftigkeit verleiht, löst er hier die strenge Logik des Alltags auf eine andere Weise subtil auf. Zum einen besteht die Handlung daraus, dass es eine Art inneres Motiv Bills gibt, auf das sich dann die Menschen, so als ob sie ihn abpassen, beziehen. Dass Bill seinen Studienkollegen Nick Nightingale (Todd Field) bei Victor Ziegler (Sydney Pollack) trifft, er von Domino angesprochen wird etc., ist keine aktive Handlung, sondern gleicht eher einer Assoziation, die in den Alltag driftet. Damit wird die Idee der äußeren Handlung in sich verkehrt und surreal. Erklärbar sind diese Aspekte nur im Sinne einer intelligiblen, telepathischen Zusammenstimmung. Die Menschen *fühlen* Bills Obsessionen und handeln dementsprechend.

Kubrick verwendet häufig die Technik der Überblendung und fügt diesem *Faden* zwischen den Räumen dadurch kunstvolle Übergänge hinzu, die nur Augenblicke währen. Besonders schön etwa ist der Übergang von der Taxifahrt

469 So heißt es: »Once again, such narrative detail could be explained via a recourse to the sense of a homosocial or even homoerotic desire. In this sense, one might note that the most explicit sexual material in the film derives from Bill's imagining, one might say his obsessive imagining, of Alice's encounter with the naval officer.« (Patrick Webster: *Love and Death in Kubrick. A Critical Study of the Films from Lolita Through Eyes Wide Shut*, Jefferson 2010, S. 157).

470 Daher läuft diese Frage des Zahlens, des Schuldens nur im Hintergrund mit (Lehmann: *Film-Theater*, S. 237f.)

hin auf das schlossähnliche Anwesen, in dem die Orgie stattfindet[471]. Dazu gleitet die Steady Cam mit Bill durch die Szenen, wodurch so etwas wie eine ›Ich-Perspektive‹ entsteht, gleichzeitig aber die immer weitergehende Auflösung seiner Schamgrenzen regelrecht gefeiert wird.

Anders als der frühere Science Fiction-Film weist *Eyes Wide Shut* neben der luxuriösen (und überfrachteten) Privatwohnung der Kleinfamilie eine Vielzahl von sozialen Übergangsräumen auf: den Ballsaal der Zieglers zu Beginn, dann den Club, Nathasons Apartment, die Wohnung der Prostitutierten Domino, das Café Sonata, den Kostümverleih *Rainbow Fashions*, dazu Straßenzeilen, Hotels, Einkaufshäuser. Diese Räume sind in ein kitschig-buntes Licht der Weihnachtsbeleuchtung getaucht. Es ist vom Beginn der Begrüßung beim Weihnachtsball der Zieglers nie eindeutig, zu welcher Welt die Räume und deren Protagonisten gehören. Sie bilden regelrechte Kippfiguren, so dass in einem Nebenraum Ziegler offenbar mit der voll von Drogen gepumpten Mandy Geschlechtsverkehr hat, obwohl er kurz vorher noch alle in Eintracht mit seiner Frau begrüßte. Die Charaktere sind alle schillernd und janusköpfig. Wir haben es hier nicht mit einem Doppelgänger zu tun, sondern mit *gespaltenen* Menschen, die zwei disparaten Welten angehören, zwischen deren Konventionen sie munter hin- und herwechseln können. Für die Darstellung der Scham heißt das, dass es immer eine zweite Ordnung hinter der rigiden Alltagswelt gibt. Die Architektur ist repräsentativ und hat gleichzeitig diese Geheimtüren und die abgelegenen, schlossähnlichen Anwesen. Diese verborgenen Räume sind von Schwellen, Passwörtern und Wächtern geschützt. Man ist leicht geneigt, diese Zonen der Obsession dem Unbewussten zuzuordnen. Das geht aber insofern fehl, als dass diese willentlich angelegt sind. Sie bereiten dem Unbewussten eine Bühne. Sie sind traumähnlich, so dass das, was unbewusst verdrängt *würde*, hier ausgelebt werden kann. Es gibt probabilistische Alternativräume zur Realität, in denen sich die Phantasie bühnenhaft mit der Wahrnehmung überlagert. Je weiter Bill in die Räume vordringt, desto mehr

471 Kubrick hat einige Ansichten verschiedener Häuser kombiniert: »Bei den Aufnahmen der Villa auf Long Island, in der die Orgie stattfindet, wurden unterschiedliche reale Fassadenansichten und Interieurs miteinander kombiniert: Highclere Castle in Hampshire, Elveden Hall in Norfolk und Mentmore in Buckinghamshire, das einst im Besitz der Familie Rothschild gewesen war.« (Hill: *Eyes Wide Shut*, a.a.O., S. 617).

erkundet er seine eigene Phantasie und merkt, dass diese bereits physisch vorweggenommen ist. In dieser Vorbekanntheit des Intimen liegt die eigentliche Verführungskunst der Geheimgesellschaft. Kubrick stattete seine Welt mit größter Sorgfalt aus, etwa auch durch hochwertige Materialien.[472]

Wenn Kubrick diese Welt auch besonders feiert, so folgt er doch den Schwellenerfahrungen und dem Übertritt in die verborgenen Welten. Es gehört immer eine Haltung dazu, eine Risikobereitschaft, ein Hang, das »wahre innere Afrika«[473], das bei Kubrick nebenan liegt, zu erkunden und dann wieder zurückzukehren. Diese Verwandlung des Menschen ist dann, bei allen Geheimnissen und Maskeraden *echt*. Bill ist zum Ende des Films nicht mehr derselbe wie zu Beginn. Der Übertritt in die Geheimräume mit ihren eigenen Regeln ist folgenreich.

## Die Genese der Figuren. Klischees und Obsessionen

Zu Beginn des Films macht der Zuschauer genau das, was Bill dann später antreibt: Er blickt in geschützte Arkanräume und beobachtet Alice im Geheimen von hinten, wie sie sich so kunstvoll und kokettierend entkleidet, als ahne sie, dass wir sie sehen und wolle uns verführen. Sie tut so, als ob sie es nicht bemerke, dass wir sie sehen und steigert dadurch die erotisch aufgeladene Situation. Das private Entkleiden wird zu einem Striptease für Voyeure. Wie ein Augenzwinkern geheime Signale gibt, so wirkt es bühnenhaft und genießerisch. Mehrere Pumps und ein Paar Stöckelschuhe stehen aufgereiht vor ihr. Das Anprobieren des Kleides vor dem Spiegel des dreiflügeligen Kleiderschranks ist offensichtlich eine Vorausimagination der Wirkung, die sie auf die Gesellschaft hat. Die kurze Choreographie des Ausziehens, die Alice dabei vollführt, wirkt so, als wolle sie das Kleid wegkicken. Sowieso ist es verwunderlich, warum sie keine Unterwäsche trägt und ihr Kleid in Stöckelschuhen anprobiert.[474] Die

472 Siehe dazu Rodney Hill: Eyes Wide Shut, in: *Kubrick Archiv*, a.a.O., S. 602–631, insbes. S. 617.

473 Diese Wendung wurde von Sigmund Freud aufgegriffen, findet sich aber ursprünglich bei Jean Paul in dessen *Selina* (Jean Paul: Selina, in: *Jean Paul, Sämtliche Werke*, Bd. I/6, hrsg. von Norbert Miller, München 2005, S. 1105–1236, zit. S. 1182).

474 Wir folgen hier der These von Kolker und Abrams »We are given little time to decipher the image. Maybe it is there only to entice us, to leave a retinal afterimage,

Jalousien sind halb geöffnet, so dass man auch von außen ihre Silhouette sehen dürfte. Auch später, parallel geschnitten zu Bills Praxis, wird sie dieses Ritual des Anprobierens wiederholen.[475] Die Imitate der dorischen Säulen, die das Bild rahmen, wirken kitschig. Sie machen aus Alice eine sich bewegende Skulptur und lassen sie wirken wie eine sich entkleidende Athene. Genauso wie die farbliche Mischung von Rot und Gold im gelben Licht der Stehlampe, hinter der zwei Tennisschläger stehen. Auch die restliche Wohnung des Ehepaars ist zu bunt, so dass der Blick abschweift. Die Wände sind mit surrealistischer Kunst im Stil René Magrittes und Bildern des Phantastischen Realismus behangen, ähnlich denen Zieglers. Doch Zeit, sie anzusehen, bleibt keine.

So attraktiv Alice auf uns wirkt, so wenig scheint sich Bill für sie zu interessieren. Sie sitzt in ihrem Kleid auf der Toilette und selbst, als sie ihn fragt, wie sie ausschaue, blickt er nicht zurück, sondern verliert sich in Floskeln. Wo der Wissenschaftler Dr. Floyd in *2001. A Space Odyssey* seine Identität durch die Stimmenzertifizierung verliert, so wird dieses Wegdriften durch sprachliche Klischees hier als eine Form inszeniert, Konflikte zu vermeiden. Die Erotik zwischen den beiden ist erloschen, Verliebtsein geht in Liebe und Liebe in Gewohnheit über, und das wird von beiden kaschiert. Das wirkt auf uns einigermaßen irritierend, gelten denn Cruise und Kidman als besonders schöne Menschen, dazu waren sie zur Zeit des Drehs ein ›Traumpaar‹ und sogar im bürgerlichen Leben miteinander verheiratet. Dieses Moment des Unglaubwürdigen, Kontraintuitiven taucht die Szene bereits in eine irreale Sphäre.

Die Klischees werden aber kurz später aktiv von den Charakteren eingesetzt. Sie dienen dazu, im Flirt zwischen Unbekannten vorzufühlen, wie weit man gehen könne. Sie verbergen nicht die lüsterne Seite, weisen aber gleichzeitig eine zweite Oberfläche auf. Der gealterte Charmeur Sandor Szavost (Sky du Mont) fragt Alice gleich zu Beginn, ob sie Ovids *The Art of Love* kenne. Die beiden Modelle Nuala (Stewart Thorndike) und Gayle (Louise J. Taylor) umkreiseln mit ihren Blicken Bill und umtänzeln ihn. Dieser begrüßt sie wie trunken,[476] obwohl er den Saal gerade erst betreten hat. Bereits hier kehrt

which may be recalled later in the film when the women at the orgy drop their garments just like Alice dropped hers.« (Kolker; Abrams: *Eyes Wide Shut*, a.a.O., S. 153).

475 Kubrick: *Eyes Wide Shut*, TC 00.21.27'.

476 Er sagt »very lovely to meet you« (Ebenda, TC 00.10.16'-00.10.19').

Kubrick die üblichen Inszenierungsregeln um. Wo sich normalerweise zwei Unbekannte durch Blicke ineinander verlieben, da zeigt Kubrick stattdessen das Wegdriften vom Partner in einem Meer von Lüsternen. Was gegen jede Konvention verstieße und auch filmisch üblicherweise nicht dargestellt wird (da der Film eine Moral transportiert), gönnt sich Kubrick. Besonders krass wird dies, als Bill in das Zimmer Zieglers gerufen wird und dieser sich gerade die Hose hochzieht. Offenbar hat er es auf die Gesundheit Mandys nicht abgesehen, sondern ihre psychische Absence genutzt, um über sie herzufallen. Und dies ist in diesem Raum sogar vorgesehen, wieder ein Klischee, denn das Aktgemälde an der Wand zeigt das Modell in ähnlicher Pose. Und dann wäre es nur ein weiterer Schritt, dass Ziegler auch das Überraschtwerden durch Bill noch lustvoll empfindet und dieses inszeniert, so wie er offenbar die Fäden des Landhauses im Verborgenen zieht. Währenddessen flirtet Alice mit Slavost und küsst ihren Zeigefinger und berührt Szavosts Lippen, während sie ihm gesteht, dass sie verheiratet sei.

In dieser Hinsicht ist der Weihnachtsball zu Beginn ein tänzerisches Spiegelbild der späteren Maskenwelt, nur dass hier in Gedanken bzw. Geheimräumen das geschieht, was dort ausagiert wird. Im Drehbuch ist von einer *Trance* die Rede[477] und tatsächlich bewegen sich die Menschen die ganze Zeit traumwandlerisch, als sei alles festgelegt und sie von einer unbekannten Macht hypnotisiert. Die Protagonisten folgen einfach ihren Lustträumen, die an das Obszöne randen. Das wäre eigentlich ein Moment, in dem die Zuschauer protestieren sollten ob der Schlechtigkeit der dargestellten, anti-moralischen Welt. Dass dies hier nicht geschieht, liegt an der Passivität der Bewegungen, an der Karussellhaftigkeit des Balls, bei der es eine verborgene Strömung der Protagonisten gibt, die einen mitreißen und die dieses individuelle Überschreiten der Norm vergessen lässt. Wie im Weltraumballett von *2001* der schwelende internationale Konflikt durch den Walzer überdeckt wird, so hier die moralische Konvention durch das Geflirr der Tanzenden.

Das Klischee, die Ehe sei glücklich, wird im Alltag noch mühsam aufrecht erhalten. Im Haschischrausch jedoch gelingt dies nicht mehr. De facto sind beide in ihren Phantasien fremdgegangen, und nach Alices Vorwurf stimmt

477 So heißt es: »Alice, eyes shut, dances closely to Szavost, as if in a trance.« (Stanley Kubrick: *Eyes Wide Shut*, Drehbuch, New York u.a. 1999, S. 20).

auch Bill in diese Form des gegenseitigen Misstrauens ein. Nackt nebeneinander liegend will sich die Erotik nicht mehr einstellen und die Frage nach den Absichten Szavosts stellt sich:

> Bill: Just wanted to fuck my wife.
> Alice: Yeah, that's right.
> Bill: I guess that's understandable.
> Alice: Understandable?
> Bill: Because you are a very, very beautiful woman.
> Alice: Whoa! Whoa! Whoa! Wait! So… because I'm a beautiful woman the only reason any man wants to talk to me is because he wants to fuck me! Is that what you're saying?
> Bill: Well, I don't think it's quite that black and white, but I think we both know what men are like.
> Alice: So, on that basis I should conclude that you wanted to fuck those two models?
> Bill: There are exceptions.
> Alice: What makes you an exception?
> Bill: What makes me an exception is that… I happen to be in love with you and because we're married and because I would never lie to you or hurt you.
> Alice: Do you realize that what you're saying is that the only reason you wouldn't fuck those two models is out of consideration for me, not because you really wouldn't want to?
> Bill: Let's just relax, Alice. This pot is making you aggressive.
> Alice: No, it's not the pot, it's you. Why can't you ever give me a straight forward answer![478]

Bill will mit einem billigen Kompliment die Situation retten, aber gibt damit nur mehr zu, dass es ihm um oberflächliche Eigenschaften des Anderen geht. Gerade dieser im Ton emotionale Streit scheint Alice wiederum zu erregen. Gegenwärtigkeit ist nur in einem Streit, als Form eines ›semantischen Maso-

478 Kubrick: *Eyes Wide Shut*, TC 00:25:38'ff.

chismus‹, noch herstellbar, im Vorwurf, in der subtil gesetzten Kränkung des Anderen. Kurze Zeit später erzählt sie Bill jene Geschichte von der Beischlafphantasie mit einem Matrosen, die ihn dann verfolgen wird und die wie ein Pharmakon seine Realitätssicht verändert: »Do you… do you remember last summer at Cape Cod?«[479]

In der anschließenden Taxifahrt zur Patientin Marion Nathanson (Marie Richardson), die ihn am Totenbett ihres Vaters begehrt, auch während der Taxifahrt zur Orgie, tauchen die Schwarzweißbilder mit reduzierter Bildfrequenz, stummfilmähnlich, auf.[480] In der Kombination kann Bills Reaktion nur revanchistisch sein und das Ausschweifen als eine Form der innerlich legitimierten Rache an Alices Phantasie. Bill löst diesen Konflikt nicht im Sinne einer Anschuldigung, d.h. einer Diskursivierung, auf. Er verinnerlicht ihn im Sinne einer Beschämung seitens Alice. Und sein Zorn drückt sich an anderer Stelle aus, nämlich in einem Driften und Erkunden seiner eigenen Scham, mitunter auch einem Wunsch, schamlos zu sein, mit all den katastrophalen Folgen.

Das Betreten des Hauses ist dann eine Schwellenerfahrung in mehrerlei Hinsicht. Zum wandelt sich der akustische Raum, selbst im Eingangsbereich ist der Gesang des rituellen Obertongesangs schon deutlich zu hören. Es ist aber auch der maskierte Empfang, das von Statuen und mythologischen Reminiszenzen vollgestopfte Anwesen, das hier einen anderen, zweiten Raum markiert. Andererseits aber sind die kreisenden Weitwinkel-Kamerafahrten eben die, die wir kennen. Wir erschließen den Raum also ähnlich entdeckerisch wie den Ball Zieglers zu Beginn und auch in *2001. A Space Odyssey.*

## Maskierungen

Über die Maske und ihre Bedeutung wurde viel geschrieben.[481] Zunächst ist festzuhalten, dass wir es mit einem *zweifach* maskierten Raum zu tun haben.

479 Ebenda, TC 00.31.35'.

480 Siehe hierzu Michel Chion: *Eyes Wide Shut*, übers. von Trista Selous, London 2013, S. 22.

481 Siehe hierzu allgemein Richard Weihe: *Die Paradoxie der Maske. Geschichte einer Form*, München 2004 sowie Wurmser: *Die Maske der Scham*, a.a.O. Zum japanischen Kontext Ryōsuke Ōhashi: Phänomenologie der Nō-Maske, in: ders.: *Japan im interkulturellen Dialog*, München 1999, S. 93–111.

Es ist eine Geheimgesellschaft, die sich hier in einem abgelegenen Anwesen, bewacht und mit Passwort geschützt, trifft. In dieser Hinsicht ließe sich die bloße Versammlung schon als Ausdruck von Scham deuten. Die Arkanöffentlichkeit kann nur von denen aufgesucht werden, die eingeladen wurden und die im Hinblick auf ihre Sexualität ähnlich fühlen. Das Anwesen ist ein Ort der Anti-Scham. In der Überwindung der Leibesscham schämen sich die Teilnehmerinnen und Teilnehmer nicht voreinander. Sie suchen den Ort auf, weil sie kontrolliert aus der Konvention der Leibesscham ausbrechen möchten.

Dazu aber kommt noch die Maskierung. Die venezianischen Masken verleihen den Menschen etwas Feierliches und veredeln das karnevaleske Moment. Während man die Sonnenbrille als eine Maskierung des Blickes verstehen kann, so verdeckt die Maske das Gesicht und damit die Identität, während der Blick davon unberührt bleibt. Blicke können sich auch nach Aufsetzen der Maske treffen und in dieser Hinsicht bleibt eine Prämisse der Scham hier vollkommen gewahrt: Die des wechselseitigen Anblickens. Die domestizierende Wirkung hat der Blick allerdings nur bei gleichzeitiger Feststellung der Identität. Dieses Moment, dass der Blick nicht mehr beschämen kann, ist die Freiheit, die die Maske gewährt. In dieser Hinsicht wird jede Schamkultur dazu tendieren, Masken zu benutzen.[482] Man wird durch die Maske nicht gesehen, kann aber nun frei der Konvention alle anderen schamlos anblicken. Das Schamgefüge also gerät durch die Maske ins Wanken. Während in Schuldkulturen das Tragen einer Maske oftmals mit Gewalt assoziiert wird, weil der Täter/die Täterin nicht identifiziert werden kann, man denke etwa an die John Carpenters *Halloween* (1978), ist diese hier eine Form des befreiten Auslebens der Lust.[483] Man kann sagen, dass die Maske in im Hinblick auf die Scham die

482 Unserer Erfahrung in Japan entsprechend ist besonders auffällig, dass sehr wenige Japanerinnen und Japaner Sonnenbrillen tragen, selbst bei gleißend hellem Sommerlicht. Die Sonnenbrille würde den Blick maskieren, sie würde damit die Prämisse der Kultur in Frage stellen. Vor allem Frauen tendieren in Japan im Gegensatz dazu, ihre Haut, etwa durch Sonnenschirme oder Arm Sleeves, zu beschatten.

483 Freytag weist auf die Funktion der Maske in weiteren Filmen Kubricks hin. Dabei haben die Masken allerdings, außer in *Barry Lyndon,* eine andere Funktion als in *Eyes Wide Shut*, sie werden eingesetzt, damit keine Schuld zugewiesen werden kann: »Masken und Maskierungen sind Themen und Darstellungsformen in vielen von Kubricks Filmen, so zum Beispiel die Clownsmaske in *The Killing* (1956), die Masken der ›Droogs‹ in *A Clockwork Orange* sowie die maskenartig stilisierten Gesichter

Innerlichkeit entbirgt, von dem Zwang befreit, die eigenen Lüste und Obsessionen kontrollieren zu müssen. In dieser Hinsicht ist das Haus ein Ort, an dem die Befreiung von Scham gefeiert wird. Und dies ist natürlich auch in Schuldkulturen möglich.

Wie wir sahen, sind der Arkanraum und die Maske Instrumente des Austreibens der Scham. Hinzu kommt noch der Ritus, auf den wir nun kurz eingehen möchten. Der Ritus verleiht dem Treiben eine quasi-staatliche Ordnung, er unterwirft die Anwesenden einer Regel. Man kann sich fragen, wozu die Riten dienen und die Hierarchien. Aber sie haben eine ähnliche Funktion wie die Musik, sie tauchen alles in eine geordnete Gefühlswelt und ersetzen die moralische Ordnung. Durch den Ritus werden Handlungen prätendiert.

Bills Problem ist, dass er keine Ahnung davon hat, welche Funktion der Ritus hat und was er befolgen muss. Er denkt, er könne den Schamraum erkunden wie die Phantasie seiner Frau und ist ein lüsterner Voyeur.

Kubrick inszeniert den Ritus sakral, wozu die Roben wie der an ein Kirchenschiffe erinnernde Raum beitragen. Aber auch hier bewegen wir uns in einem Anti-Raum, in dem das Heilige mit Lust und Nacktheit einhergeht und diese nicht zensiert. Der Ritus hat eine enttabuisierende Wirkung und reagiert zugleich auf die Gefahren einer Zügellosigkeit der ausgelebten Lust. Kubrick zeigt das Fake-Ritual mit Ernsthaftigkeit und Anmut. Gerade durch den Priester in roter Robe, der offenbar ein Weihrauchfass schwenkt, wird unmissverständlich deutlich, dass diese Welt zwar die sexuellen Tabus zum Teil aufhebt, sie aber strikte Hierarchien einführt, wie man auch an den Verbeugungen der in schwarzen Roben gekleideten Menschen erkennen kann. Das Ablegen der Kleidung ist daher Teil eines Ritus und wird dadurch aus der Schamordnung herausgelöst.[484] Die Frauen im Kreis tragen alle Tanga und Stöckelschuhe, ähnlich wie Alice zu Beginn. Kubrick zeigt die Augen des maskierten Publikums

in *Barry Lyndon* (1975) und in *Dr. Strangelove* (1964) und *Lolita* (1962) durch die verfremdende groteske Spielweise von Peter Sellers und die maskenhaft verzerrte Mimik des sogenannten ›Kubrick-Stare‹ von Jack Torrance (Jack Nicholson) in *The Shining* (1980).« (Freytag: *Verhüllte Schaulust*, a.a.O., S. 109).

484 Dijana Metlić schreibt dazu: »Yolande Snaith, the choreographer of the orgy scene, categorically stated that the director insisted on slender, perfectly proportioned bodies, thus pointing to ›high society's misogynistic attitude towards women treated as objects.‹« (Dijana Metlić: Kubrick's and Klimt's Femmes Fatales Eyes Wide Shut and

schattiert, in dieser Hinsicht schamhaft, außer denen Bills. Vielleicht fällt auch einem Herren mit der Bauta-Maske des Stadtadels aus dem Publikum dessen offensives Blicken auf, sicherlich jedoch gibt es irgendeinen Verstoß gegen die ungeschriebenen Gesetze, was durch einen Zoom-In auf die Galerie mehr als deutlich wird[485]. Durch dieses Erkennen des Fremden (auch dessen Augen sind nun erleuchtet) entsteht eine neue Form der Beschämung, nicht wegen der Nacktheit (Bill ist die ganze Zeit über bekleidet), sondern wegen eines unbemerkten Verstoßes gegenüber dem Ritual. Weil Bill diese Form der Scham nicht hat, also die Regeln nicht kennt, kippt die Situation bereits andeutungsweise. Als ihn Frau mit Federmaske mit einem Kussritual auswählt, warnt die Unbekannte ihn unmissverständlich verbal: »You are in great danger«[486]. Bill kann die Riten nur durch Abschauen erahnen, wird also Fehler machen und weiter auffallen, sich regelrecht blamieren. Dazu hat die Frau offenbar gesehen, dass andere Bill bereits erkannt haben, ein für Scham typisches verdecktes Verhalten der stillen kollektiven Unterscheidung. Die folgenden Orgien sind typisiert, stark stilisiert und wirken – ähnlich wie die Phantasie von Alice – wie Erinnerungsbilder. Es ist auffällig, dass die Frauen unbekleidet sind und die meisten Herren noch Roben tragen. Die Schamordnung ist rigide kodiert.

Als eine Frau Bill ›entführen‹ will, unterbricht die Unbekannte erneut das Pärchen. Die folgende Szene ähnelt einer Inquisition. Die nun beschatteten blicklosen Masken wirken wiederum verstörend, wozu vor allem die Musik beiträgt, interessanterweise wie bei *2001* wieder von György Ligeti, *Mesto, rigido e ceremoniale* aus dessen *Musica ricercata* (1951–1953). Das Passwort für das Haus kennt Bill nicht. Er folgt, naiv, der Aufforderung, seine Maske abzusetzen. Was im Alltag eine banale Handlung wäre, ist hier desaströs, denn nun kennen alle den Eindringling persönlich und beschämen ihn, wenn er das in dieser Situation auch noch nicht zu realisieren vermag. Zur zweiten Demütigung, »get undressed«[487], kommt es nicht, weil die Frau mit Federmaske von der Galerie ruft und sich für Bill opfert. Die Szene ist aufgrund ihrer a-logi-

---

the Crisis of Masculine Identity, in: *Gender, Power, and Identity in the Films of Stanley Kubrick*, hrsg. von Karen A. Ritzenhoff u.a., New York 2023, S. 146–165, zit. S. 157).

485 Kubrick: *Eyes Wide Shut*, TC 01.15.40'-01.15.55'.

486 Ebenda, TC 01.18.52'f.

487 Ebenda, TC 01.27.00'

schen Struktur dem Traum am ähnlichsten.[488] Hier wird die Schamauflösung und der Schutz des Anderen vor der Demütigung existenziell durchgespielt. Diese Demütigung ist, innerhalb der Logik der Geheimgesellschaft, eine Form der rationalen Bestrafung der Devianz. Außerhalb ihrer wirkt die Androhung mit dem Tod allerdings irreal und überzogen. Kubrick zeigt hier aber eben in dieser alptraumhaften Szene, dass es keine schamfreien Räume innerhalb der Gesellschaft geben kann, sondern nur Verschiebungen der Scham. Und selbst diese Verschiebung wäre, würden denn die Teilnehmerinnen und Teilnehmer erkannt, desaströs. Die Strafe also markiert nurmehr die Angst der Maskierten vor der Demaskierung und der Einordnung in die gesellschaftliche Ordnung. Sie ist ein Reflex auf die schuldkulturelle Drohung, die in den Gesetzen liegt, und die Ordnung der Scham.

Zwischen diesem Raum und Bills Wohnung gibt es eine eigenartige Verbindung, etwa durch die Beleuchtung mit den Stehlampen.

Kubrick löst diese Konflikte trotz detektivischer Suche Bills nicht auf, belässt es bei Ahnungen, ähnlich wie Schnitzler. Weil Alice zu ahnen scheint, was ihr Mann erlebt hat, ungewöhnlich aufgeregt ist, als er zurückkehrt, ist es zumindest möglich, dass sie in ihren Träumen ebenjene Orgie phantasiert hat, die Bill auslebte. In dieser Hinsicht wäre also die Scham von zwei Seiten dargestellt.

488 Lehmann hat diese Szene als besonders theatral beschrieben (Lehmann: *Film-Theater*, a.a.O., S. 241f.)

# Christian Petzolds *Toter Mann* (2001). Scham, Schuld und Rache

Christian Petzolds *Toter Mann* (2001) handelt von Rache. Rache ist der persönliche Vollzug einer institutionell nicht oder als ungenügend empfundenen Bestrafung. Sie ersetzt die institutionell prozessierte Schuld und verläuft nach einem eigenen Kodex an Stelle eines transparenten judikativen Verfahrens. Leylas (Nina Hoss) Schwester wurde vom Mörder Blum (Sven Pippig) vor vierzehn Jahren umgebracht. Blum ist nach Abbüßung der Strafe in offenem Vollzug. So schmiedet Leyla den Plan, den Mörder zu töten, indem sie ihn verführt, also Liebe vorspielt. Die Vorgeschichte des Mordes wie auch die von Leyla bleibt weitgehend offen. Fragt man nach dem Motiv ihrer Rache, so stößt man immer wieder, wie auch Petzold in einem Gespräch[489] einmal sagte, auf die Traumatisierung und die Unfähigkeit zur Liebe. Und in dieser Hinsicht wären dann die Motive Leylas und Blums ähnlich. Sie sind der Liebe unfähig und bestrafen diejenigen, die ihnen die Liebe versagt haben, mit dem Tod. Und der Weg dorthin verläuft auf äußerst komplizierten Pfaden. Es gibt daher in der Geschichte eine hoch komplizierte Zeitversetzung der Morde und eine Gender-Verschiebung. Einst nahm Blum Rache an Leylas Schwester, nun nimmt sie Rache an Blum. In dieser Annäherung wirken Leyla und Blum oft wie Komplizen. Die Frau, die sich selbst in die klischeehaften Rollen der Liebe hineinspielt, die sie gerne in ihrem Leben einnehmen würde. Beide sind gegenüber der Liebe distanziert und benutzen sie wie eine Waffe, betreiben Mimikry an sie und rationalisieren diese, um sie zum Hass umzufunktionieren. Sie hat ihr Wissen aus Büchern und der Musik und Blum ist mehr an Schiffsmodellen interessiert als an Pin-Ups wie seine Gefängniskollegen. Die Gewalt liegt schon in dieser instrumentellen Distanz gegenüber den eigenen Gefühlen.

489 Gespräch mit Christian Petzold am 18. August 2021 sowie Christian Petzold: *Zoom-Gespräch über den Film ›Toter Mann‹*, Moderation Andreas Becker und Tetsuya Shibutani. Athénée Français Tōkyō, 14. November 2022.

Diese Unfähigkeit, Zärtlichkeit und Liebe zu erlangen, ist aber auch eine Signatur der anderen Figuren. Rechtsanwalt Thomas (André Hennicke) lernt Leyla im Schwimmbad kennen und möchte eine Liebe wie zu Jugendzeiten. Und dessen Bruder Richard (Heinrich Schmieder) trennt sich gerade von seiner schwangeren Frau und hat eine Affäre mit Sophie (Kathrin Angerer), die er kalkulierend eingeht. Was Leylas Plan durchkreuzt, ist eben Richards Geilheit, der ihr seine Visitenkarte zuschiebt, während sie mit ihrer Kollegin, der einsamen Leyla, den Geburtstag in einem Café begeht. Blum wird am Ende von der Polizei getötet, als er Leyla umbringen will, dann er ist ein ›Toter Mann‹. Aber die zweite Bedeutung der Wendung, sich auf einer Wasseroberfläche treiben lassen, auf ihr dem Leben zu entschweben, ist eine viel interessanterere Seite von Petzolds Film als der Kriminalfall.

Es gibt mehrere Szenen, die Bruchlinien im Film bilden. Da wäre zum einen das Stalking von Thomas, aber auch das Entschwinden Leylas im Wald, das beinahe schizoid wirkt, weil die Anschlüsse abrupt wechseln, genauso wie bei Richard und Thomas in deren Wohnung, Petzold dazu: »Wir haben in der Vorbereitung mit Nina Hoss zwei Filme von Antonio gesehen. Wir haben auch den Film von Agnès Varda *Cleo – Mittwoch zwischen 5 und 7* (1962) angeschaut. Ich liebe Filme, bei denen die Verführung nicht so ist wie in der Werbung, ein Décolleté, ein schönes Bein, ein Schlitz im Kleid, sondern die Verführung wie ein Tanz ist. Und so hatte ich das mir immer vorgestellt. Bei Antonioni in *Blow Up*, da gibt es eine kleine Tür in einer Straße. Und man geht durch diese Tür durch – und man ist in einem Park. Wie in einer Wunschlandschaft. Dort gibt es eine Verfolgung und Verführung. Und das hatten wir uns vorher angeschaut, weil ich das genauso wollte. Ich wollte, dass es ein Tanz ist, eine cineastische Verführung.«[490]

Fragt man also nach der Form, in der sich das Drama entspinnt, so wird schnell deutlich, dass die äußere Rache eine spirituelle Haltung, eine Verinnerlichung des Anderen wie auch eine Geheimhaltung der eigenen Motive voraussetzt. Und so ist auch Petzolds Erzählung in das Innere verlegt. Die äußeren Geschehnisse bilden nur Hinweise, die uns erlauben, die Innenwelt der Protagonisten zu erraten.

490 Christian Petzold: *Zoom-Gespräch über den Film ›Toter Mann‹*, a.a.O.

Und hier sind wir mitten im Thema der Scham. Die Rache kann erfolgen, weil Leyla ihre Schamgrenzen überschreitet und bis zum Äußersten theatralisiert, sich Thomas wie auch Blum scheinbar öffnet, sich selbst aber davon nicht affizieren lässt. Dabei »infiziert sie sich mit Liebe«[491], wie Christian Petzold einmal sagte. Diese Infektion durch Liebe ist eben ein subtiles Spiel, weil die Gefühle unkontrolliert andere Wege nehmen und die Rache stillschweigend durchkreuzen. Wunderbar stellt dies Petzold durch Wiederholung des Liedes von Burt Bacharach dar: »Und das meine ich mit ›Infektion‹. Dieses Lied: *What the World Needs Now Is Love*. Das ist erst ein Lied eines Klischees, einer künstlichen Situation. Und dann später, wenn sie in der Kantine abwäscht und das Lied mitsingt, ist das ein authentisches, ein echtes, ein Gefühlslied.«[492]

Dass dann Blum sie in eben jenem Moment erwischt, indem sie dieses Lied singt, macht sie wütend. Ihr lauter Ausfall gegenüber Blum in der Kantine ist nicht unähnlich den Kampfsportarten, bei denen auch Bewegungen einem Reiz-Reflexmuster folgen. Er ist aber auch Ausdruck von Wut, weil Blum sie erwischt hat in ihren Gefühlen, die sie gegenüber dem Anwalt Thomas hat. Wenn sie dann eine Geschichte erfindet und sagt: »Danke, dass du nicht gefragt hast, warum ich auf der Brücke stand.«[493] so gibt sie ihre Tarnung vollends auf. Blum wittert ihren Plan. Als er sieht, dass sie ihm den Gift-Cocktail mixt, trinkt er ihn willentlich, als Zeichen seiner Liebe zu ihr wie auch des Triumphs über sie. Blum kennt auch dieses Motiv von sich selbst. Je mehr Leyla ihm weh tun will, desto näher sind sich beide.

Leyla gelingt der Einstieg in diese Innenwelt der Anderen, indem sie sich willentlich den Blicken der Anderen hingibt. Sie blickt an und blickt zurück, löst ihre Schamgrenzen kontrolliert auf. Das verführt die Männer. Als Thomas die scheinbar Schlafende photographiert, öffnet sie sogar die Augen, so als lebe sie in einer Realität zweiten Grades. Sie gibt ihre Tarnung willentlich für kurze Momente auf, wohlwissend, dass Thomas das während des Photographierens nicht sehen kann. Und als er es dann bemerkt, ist Leyla schon längst entschwunden. Wie in Petzolds Episode *Dreileben. Etwas Besseres als den Tod*

491 Ebenda.
492 Ebenda.
493 Petzold: *Toter Mann*, TC 01.00.30'-01.00.38'.

(2011) und *Wolfsburg* (2003) ist die Distanz zwischen Täter und der Polizei bzw. den Ermittelnden oftmals minimal. Die Mimikry fliegt schnell auf.

Es gibt diese Valenzen von Scham bei Petzold. Diese sind durch verbale Hinweise und im Schauspiel gesetzt. Sie sind auf das Motiv der Rache hin geordnet.

# Über die Gefühlsökonomien von Scham und Schuld. Christian Petzolds *Wolfsburg* (2003) und Nagisa Ōshimas *Shōnen* (*Der Junge*, 1969)

Im März 1843 schreibt Karl Marx in einem Brief an seinen Freund, den Revolutionär Arnold Ruge: »Die Scham ist schon eine Revolution [...] Scham ist eine Art Zorn, der in sich gekehrte. Und wenn eine ganze Nation sich wirklich schämte, so wäre sie der Löwe, der sich zum Sprunge in sich zurückzieht.«[494]

Wie wir wissen, betrachtet Marx innerhalb seiner Theorie die Gefühle als sekundär, von den materiellen Verhältnissen abgeleitet. Er spricht selbst in seinen Frühschriften nur von »Bedürfnissen«[495], also Gefühlen, die einen gegenständlichen Bezug haben, von einer »Entfremdung«[496],

494 Karl Marx: Brief an Arnold Ruge, März 1843, in: ders. und Friedrich Engels: Karl Marx, Friedrich Engels. Werke (MEW), Bd. 1, hrsg. vom Institut für Marxismus-Leninismus beim ZK der SED, Berlin 1981, S. 337–338, zit. S. 337). Zum Umfeld dieses Zitats siehe Andreas Lotz: Ekel, Scham, Zorn. Einige Überlegungen zum Verhältnis von Gefühlen und politischem Handeln, in: *Psychologie und Gesellschaftskritik*, 2011, Nr. 35(4), S. 69–88, insbes. S. 84f., online-Dok., https://nbn-resolving.org/urn:nbn:de:0168-ssoar-390784, abger. am 12. Juni 2023.

495 Karl Marx: *Ökonomisch-philosophische Manuskripte aus dem Jahre 1844*, in: MEW, Bd. 40, hrsg. vom Institut für Marxismus-Leninismus beim ZK der SED, Berlin 1968, S. 465–588, siehe dort S. 546–562.

496 Siehe hierzu Marxens Notizen zu James Mills *Élémens d'économie politique*: »Durch die wechselseitige Entäußrung oder Entfremdung des Privateigentums ist das *Privateigentum* selbst in die Bestimmung des *entäußerten* Privateigentums geraten. Denn erstens hat es aufgehört, das Produkt der Arbeit, die exklusive, auszeichnende Persönlichkeit seines Besitzers zu sein, denn dieser hat es entäußert, es ist von dem Besitzer weggeraten, dessen Produkt es war und hat eine persönliche Bedeutung für den gewonnen, dessen Produkt es *nicht* ist. Es hat seine persönliche Bedeutung für den Besitzer verloren. Zweitens ist es auf ein andres Privateigentum bezogen worden, diesem gleichgesetzt worden. An seine Stelle ist ein Privateigentum von *andrer* Natur getreten, wie es selbst die Stelle eines Privateigentums von *andrer* Natur vertritt.« (Karl Marx: Auszüge aus James Mills Buch *Élémens d'économie politique*. Trad. par J. T. Parisot, Paris 1823, MEW, Bd. 40, S. 445–463, zit. S. 453, im Original kursiv). Siehe dazu auch das Kapitel *Entfremdete Arbeit* in: Karl Marx: *Ökonomisch-philosophische Manuskripte aus dem Jahre 1844*, in: MEW, Bd. 40, a.a.O., dort S. 510–522.

einem »Fetischismus«[497] und einer »Ideologie«[498]. Umso erstaunlicher ist es, welch poetische Kraft er in dieser Privatkorrespondenz dem Gefühl der Scham beimisst. Sie ist eine edle, verinnerlichte Emotion, die – im Gegensatz zur Schuld – keine sprachliche Explikation braucht, keine Instanz und keinen Richter. In vielen Stellen seines Werks empört sich Marx über die ›Schamlosigkeit‹ der Anderen.[499]

Der Autor Marx urteilt also aus diesem Gefühl der Scham heraus. Und ist nicht das Gefühl der Scham der Grund für Marxens kapitalistische Studien? Marx *schämt* sich für den Kapitalismus. Und setzt sich damit nicht das untrügliche *Gefühl* in Polarität zur Gesellschaft, d.h. zur kapitalistischen Ökonomie, die auf der kodierten Schuld, dem Recht, fußt? Das wäre im Sinne Alexander

---

497 So heißt es in einer berühmten Stelle in *Das Kapital*: »Es ist nur das bestimmte gesellschaftliche Verhältnis der Menschen selbst, welches hier für sie die phantasmagorische Form eines Verhältnisses von Dingen annimmt. Um daher eine Analogie zu finden, müssen wir in die Nebelregion der religiösen Welt flüchten. Hier scheinen die Produkte des menschlichen Kopfes mit eignem Leben begabte, untereinander und mit den Menschen in Verhältnis stehende selbständige Gestalten. So in der Warenwelt die Produkte der menschlichen Hand. Dies nenne ich den Fetischismus, der den Arbeitsprodukten anklebt, sobald sie als Waren produziert werden, und der daher von der Warenproduktion unzertrennlich ist. Dieser Fetischcharakter der Warenwelt entspringt, wie die vorhergehende Analyse bereits gezeigt hat, aus dem eigentümlichen gesellschaftlichen Charakter der Arbeit, welche Waren produziert.« (Karl Marx: *Das Kapital. Kritik der politischen Ökonomie. Erster Band*, in: MEW, Bd. 23, hrsg. vom Institut für Marxismus-Leninismus beim ZK der SED, Berlin 1962, S. 86).

498 Karl Marx und Friedrich Engels schreiben in *Deutsche Ideologie*: »Das Bewußtsein kann nie etwas Andres sein als das bewußte Sein, und das Sein der Menschen ist ihr wirklicher Lebensprozeß. Wenn in der ganzen Ideologie die Menschen und ihre Verhältnisse wie in einer Camera obscura auf den Kopf gestellt erscheinen, so geht dies Phänomen ebensosehr aus ihrem historischen Lebensprozeß hervor, wie die Umdrehung der Gegenstände auf der Netzhaut aus ihrem unmittelbar physischen.« (Karl Marx und Friedrich Engels: *Deutsche Ideologie* (1845/46), MEW, Bd. 3, hrsg. vom Institut für Marxismus-Leninismus beim ZK der SED, Berlin 1978, S. 9–530, zit. S. 26).

499 So heißt es: »›Frei‹ kann diese Bewegung insofern genannt werden, als man die Lizenz der Schamlosigkeit auch zuweilen ›frei‹ nennt, und ist es nicht die Schamlosigkeit des Unverstandes und der Heuchelei, sich für einen Verteidiger der freien Bewegung der Presse auszugeben, wenn man zugleich doziert, die Presse falle den Augenblick in die Gosse, wo nicht zwei Gensdarmen ihr unter die Arme greifen.« (Karl Marx: Lucians Göttergespräche, Rheinische Zeitung Nr. 191 vom 10. Juli 1842, MEW, Bd. 1, S. 86–104, zit. S. 90). Siehe dazu auch MEW, Bd. 5, S. 438; MEW, Bd. 7, S. 226; MEW, Bd. 6, S. 107; MEW, Bd. 11, S. 167 sowie viele weitere.

Kluges ein Materialismus der *Gefühle* anstatt einer der Arbeit.[500] Marxens Gegenmodell zum Kapitalismus ist nicht eine marxistische Institution, sondern eine *Assoziation*. In einer der poetischsten Stellen des *Manifests des kommunistischen Partei* heißt es: »An die Stelle der alten bürgerlichen Gesellschaft mit ihren Klassen und Klassengegensätzen tritt eine Assoziation, worin die freie Entwicklung eines jeden die Bedingung für die freie Entwicklung aller ist.«[501]

Der Brief an Ruge ist kurz. Und das Gefühl der Scham ist in diesem Brief antipodisch zum *Nationalstolz* entworfen. Die Nation, die sich schämte, wäre der, die sich stolz ihrer Taten rühmte, überlegen. Das Bild des Löwen, der sich zum Sprung zurückzieht, nimmt diese Art von innerer Dynamik auf. In der Heraldik ist der Löwe ein Symbol für Herrschaft und Mut. Die Scham verlebendigt dieses Wappentier.

Das In-sich-Zurückziehen des Schämenden ist eine Form der Durchgeistigung des Zorns, der auf sich selbst gerichtet wird.[502] Die Schamkulturen, etwa die Japanische, wirken deshalb von außen gesehen ausgesprochen friedlich. Aber diese Friedlichkeit rührt nicht daher, dass es diesen menschlichen Zorn nicht gäbe, sondern sie verinnerlichen ihn und lenken dessen Dynamik um. Und in dieser Verinnerlichung haben diese Kulturen Formen gefunden, etwa durch die Meditation, dieses Gefühl zu disziplinieren.[503] Durchgeistigung der

---

500 Siehe dazu Andreas Becker: »Die wahren Einwohner der menschlichen Lebensläufe. Über Alexander Kluges Nautik der Geschichte der Gefühle«, in: *Formenwelt des Dialogs. Alexander Kluge Jahrbuch*, 3/2016, hrsg. von Christian Schulte, Winfried Sebers, Valentin Mertes und Stefanie Schmitt, Göttingen 2016, S. 101–117.

501 Karl Marx und Friedrich Engels: Manifest der kommunistischen Partei (1848), in: MEW, Bd. 4, hrsg. vom Institut für Marxismus-Leninismus beim ZK der SED, Berlin 1977, S. 459–493, zit. S. 482.

502 Wir können hier auf die Gedanken Hegels zur Liebe nicht eingehen: »bei einem Angriff ohne Liebe wird ein liebevolles Gemüthe durch diese Feindseeligkeit selbst beleidigt, seine Schaam wird zum Zorn, der izt nur das Eigenthum, das Recht vertheidigt« (Georg Friedrich Wilhelm Hegel: Über Vereinigung und Liebe, in: ders.: Frühe Schriften, Bd. II, hrsg. von Walter Jäschke, Hamburg 204, S. 83–95, zit. S. 88).

503 So heißt es etwa in *Die Lehre Buddhas* aus dessen Mund: »Das Wesentliche aller Lehren ist, dass man lernt, seinen Geist zu beherrschen. Hütet euch vor Begierden, und ihr werdet euren Körper in Zucht, euren Geist rein und eure Worte klar aufrichtig halten. Indem ihr stets an die Vergänglichkeit eures Lebens denkt, werdet ihr von Begierde und Zorn ablassen können und alles Übel vermeiden.« (Aus: *Die Lehre Buddhas*, hrsg. von Bukkyō Dendō Kyōkai/Gesellschaft zur Förderung des

Scham heißt aber auch, dass diese ihren ›Aggregatzustand‹ als verinnerlichten Zorn wechseln kann. Im japanischen Zen-Buddhismus gibt es etwa die Praxis des *Samu*, der Putz- und Arbeitsmeditation. Diese Form des Reinhaltens wird zu einer Tugend, die man als eine Normierungs- und Sauberkeitslust beschreiben könnte. Es erfolgt also keine institutionelle Ahndung, wenn etwas schmutzig ist, sondern stattdessen wird die Arbeit des Putzens aufgewertet. Das Deviante, vom Typus Abweichende, wird auf einmal zum Feind. Ein japanisches Sprichwort sagt: »Ein herausstehender Nagel wird eingeschlagen.« (»Deru kugi wa utareru«). Diese Art der Schamdynamik ist eine Form des Veredelns durch Arbeit. Während in Schuldkulturen ein reaktives Ressentiment herrscht, eine Form, den Grund der negativen Emotion durch Schuld kausal zuzuordnen, entsteht hier eine Form der Stratifizierung. Diese Verfahren der Verfleißigung und des Putzens dienen der Vermeidung der Scham, sind also in sich bereits durchgeistigt, habituell geworden. Man kann in schamkulturellen Gesellschaften eine regelrechte Lust an der Typisierung, des Typisch-Werdens beobachten, die sich etwa in der Akklamation des Niedlichen (jap. ›kawaii‹) niederschlägt. Diese hat auch die zweite Seite der sozialen Disziplinierung, dass man das, was als schambesetzt gilt, tunlichst vermeidet und auch den Anderen sehr indirekt und subversiv merken lässt, was sich schicke.[504]

In dieser Form der innerlichen Arbeit (als Disziplin gegenüber den eigenen Gefühlen), wird der Zorn gerichtet, in das Innere umgelenkt und durchgeistigt. Dieses Moment des kollektiven Schämens hat Marx offenbar im Sinn, wenn er es so positiv als eine Quelle gesellschaftsverändernder Kraft beschreibt. Es ist dies also ein versagender, konfliktarmer Zorn, der aber dessen Auslöser gegenwärtig hält.

Wir möchten die Unterschiede zwischen der *Beschämung* und der *Anschuldigung* am Beispiel zweier Filme untersuchen: Christian Petzolds *Wolfsburg* (2003)

---

Buddhismus, Tōkyō 2018, S. 11, Internet-Dok., https://www.bdk.or.jp/pdf/buddhist-scriptures/03_german/TheTeachingofBuddha.pdf, abger. am 17. April 2023).

504 Die Tendenz in Japan, die Atemmaske selbst nach Aufhebung aller Corona-Einschränkungen im Frühjahr 2023 selbst im Außenraum wochenlang zu tragen, ließe sich etwa so erklären. Der Einzelne schätzt das Risiko, bei einer Ansteckung als unvorsichtig gegenüber den Anderen zu gelten, zu hoch ein. Die Beschämung, man habe keine Maske getragen und die Anderen so in Gefahr gebracht, ist allgegenwärtig und schwindet nur allmählich.

und Nagisa Ōshimas *Shōnen (Der Junge*, 1969). Beide Dramaturgien beruhen auf einer sehr ähnlichen narrativen Konstellation wie auf einem ähnlichen Motiv: Dem Auto und der Straße. Es geht also um Gefahrenzonen, Grenzbereiche, die bestimmte Konflikte und Verhaltensweisen wie unter einem Vergrößerungsglas verstärken.

Marx starb im Jahr 1883, die Entwicklung des Automobils, auch »Dampfwagen«, »Elektrische Droschke«, »Motorwagen« und »Straßenlokomotive«[505] genannt, setzte aber erst Mitte der 1880er Jahre ein. Das Auto ist eine motorisierte Kapsel, die den Raum unweigerlich hierarchisiert. Das Individuum, das es steuert, ist in einer Art Machtposition. Die ganze Infrastruktur der Straße führt eine neue Art des Verhaltens ein, sie ist eine verborgene Struktur der Gewalt. Die Fußgänger müssen nun vorsichtig sein. Die Straße ist lebensgefährlich. Kindern lehrt man das Überqueren der Straße, denn eine kurze Unachtsamkeit kann tödlich enden.

Philipp Gerber bei Petzold und die Patchwork-Familie bei Ōshima überschreiten diesen Gefahrenbereich mit ähnlichen Folgen, einmal aus emotionaler Involviertheit heraus, ein andermal aus Kalkül. Zu Beginn von *Wolfsburg* stirbt ein Junge, am Ende von *Shōnen* stirbt eine junge Frau durch einen Autounfall. Man könnte die ökonomische Verwicklung und Motive rekonstruieren und die wirtschaftliche Abhängigkeit und sich fragen, inwiefern diese die Wahrscheinlichkeit eines solchen Unfalls erhöhten, diese Filme also klassisch materialistisch lesen. Beide Werke rücken jedoch die Gefühle der Protagonistinnen und Protagonisten in den Vordergrund, weshalb wir uns hierauf konzentrieren und den wirtschaftlichen Hintergrund nur erwähnen werden.

Die Filme umkreisen jeweils eine bestimmte Gefühlsökonomie: Bei Petzold eine Haltung der Schuld, bei Ōshima eine der Scham bzw. ein Konflikt von Scham und Schuld.[506]

---

505 *Brockhaus' Kleines Konversations-Lexikon*, fünfte Auflage, Band 2. Leipzig 1911, Bd. 1, S. 130–131; Bd. 2, S. 219 u. S. 777.

506 Scham und Schuld sind Haltungen, die jeder Mensch einnehmen kann, so wie wir Kulturwelten wechseln können. Wir alle tun dies, wenn wir eine Sprache lernen. Man könnte das mit dem Gehen in der Stadt vergleichen. Auf dem Bürgersteig gehen in Japan alle auf der linken Seite, in Deutschland alle rechts. Es gibt dafür keine Vorschrift, kein Schild, das das vorgibt, dennoch befolgen alle diese Regel. Es ist auch nicht schlimm, wenn man in Japan mal rechts geht und in Deutschland mal

## Petzolds *Wolfsburg*

Die erste Einstellung von Christian Petzolds *Wolfsburg* zeigt eine typisch deutsche Feldlandschaft mit Cumulus-Wolken im Spätsommer, im Hintergrund die Schornsteine der VW-Fabrik.[507] Wir sehen dessen Fahrer Philipp Gerber (Benno Fürmann) in seinem roten *NSU Ro 80*, der in Richtung der Autostadt fährt, von hinten, die Augen im Rückspiegel. Im Fond klingt die vorwurfsvolle Stimme von Philipps Freundin und baldiger Ehefrau Katja (Antje Westermann) aus dem Handy, das mit einer Halterung am Armaturenbrett befestigt ist, wohl um Unfälle zu vermeiden. Als sie aufgelegt hat, hält Philipp den Wagen kurz am Straßenrand an. Das wiederaufgenommene Gespräch endet aber wie eben, mit dem Unterschied, dass wir währenddessen das Gefühlsdrama der unterdrückten Wut auf Philipps Gesicht tänzeln sehen. Das anschließende Wendemanöver des Wagens wird wie eine Karussellfahrt inszeniert. Kameramann Fromm filmt von hinten, »so dass die Welt, durch die man sich bewegt, und die Figur gleichzeitig im Bild sind«[508], wie Petzold sagt.

Die Vorsicht, in dieser gefühlsgetränkten Situation einen möglichen Unfall zu verhindern – durch die Handyhalterung mit Freisprechvorrichtung, durch das Anhalten – weicht nun dem gerichteten Gefühl des veräußerlichten Zorns. Es ist, als ob dieser nun regierte und Philipp eigentlich nur noch ausführt, was sein Gefühl ihm sagt: Das Steuer herumreißen, zu seiner Freundin zurückfahren und sich mit ihr streiten. Der Bogen des Zorns ist kathartisch, denn der Wagen muss noch *bis dahin* gesteuert werden. Ein *inneres* Drama entsteht im äußeren, so als suche Philipp die Tragödie wie Ödipus unbewusst

---

links. Aber es irritiert die Menschen. Eine Überschreitung dieser stillschweigenden Regeln wird auf eine bestimmte Weise als eine Gefühlshaltung interpretiert, als Charaktermerkmal zugewiesen oder einer spezifischen Situation zugeordnet. Zum Marxismus siehe Alexander Kluge und Nagisa Ōshima: »Das Gesicht meines Vaters«, *News & Stories*, 09.12.1991, https://www.dctp.tv/filme/news-stories-09-12-1991, abger. am 10. Juli 2023 sowie Alexander Kluge und Nagisa Ōshima: Der Tod von Admiral Yamamoto, *Primetime*, 04.10.1992, https://www.dctp.tv/filme/prime-time-04-10-1992, abger. am 10. Juli 2023.

507 Dieses Teilkapitel ist eine ergänzte und umgearbeitete Fassung aus: Andreas Becker: Schuld in Christian Petzolds *Wolfsburg*, in: *Christian Petzold*, hrsg. von Andreas Becker, München 2022, S. 30–43.

508 Christian Petzold, »›Das Auto ist ein reicher Ort‹«, in: *taz*, 7.1.2009, https://taz.de/Christian-Petzold-ueber-Einschraenkung/!5170007/, abger. am 21. September 2022..

auf, denn an dem Fahrradfahrer muss er bereits vorbeigefahren sein, er hat ihn nur nicht gesehen. Fromms Kamera ist dabei Ich-zentriert, zeigt auch während der Fahrt ausschließlich eine Nahaufnahme des Fahrers – so als lenke dieser orientierungslos, gedankenabwesend, vom Zorn körperlich besessen und das Blicken (und Erinnern) vergessend. Als sich das Handy wider aller Vorsorge, durch einen Zufall aus der Halterung löst und in den Fußbereich des Fonds fällt, bückt er sich ohne konkreten Grund, um es aufzuheben – wir hören ein dumpfes Geräusch – und sehen kurz später aus Philipps subjektiver Sicht einen verletzten Jungen (Martin Aaron Müseler) mit einem kaputten Fahrrad am Straßenrand liegen. Gerber hält kurz inne und fährt dann weiter. Der Junge stirbt im Krankenhaus.

Juristisch betrachtet hat Gerber das Fahrzeug gesteuert und so verlaufen Kausallinien von seiner Handlung aus. Weil *er* einen Fehler beging, hat das Auto den Jungen von der Straße gestoßen, woraufhin dieser lebensgefährliche Verletzungen erlitt. Rechtlich gesehen hat sich Gerber dann ein zweites Mal schuldig gemacht, indem er ›Fahrerflucht‹ begangen hat und es unterließ, Hilfe zu leisten. Man nennt diesen Strafbestand in Deutschland ›unterlassene Hilfeleistung‹. Gerber hätte helfen können und müssen. Vielleicht hätte er das Leben des Jungen so gerettet. Aber er tat es nicht. Warum?

Den Unfall als einen objektiven Vorgang zu beschreiben, mag juristische Neutralität stiften, aber sie wird dem eigentlichen Geschehen, das ein Gefühlsdrama ist, nicht gerecht. Wir sahen schon, dass es ein bestimmter, von objektiven Merkmalen her, verstandener Schuldbegriff ist, der hier angewandt wird. Es gibt aber neben diesen faktisch beschreibbaren Tatbeständen die Gefühle – und die sind die wahren Auslöser der Situation. Sie sind keineswegs unabhängig vom juristischen System, wie wir sehen werden.

Befände sich Gerber nicht durch seine baldige Ehefrau, die die Schwester seines Chefs ist, durch seinen Job als Verkaufsleiter im Autohaus, in einer existenziellen Abhängigkeit, er hätte sich wahrscheinlich gar nicht so aufgeregt und der Unfall wäre nicht passiert. Und warum ist sich denn Gerber seiner Stellung überhaupt so unsicher, dass er diese Angst zeigt? Der Unfall erscheint damit wie eine monströse Vergrößerung des privaten Gefühlsdramas: »Die Liebesgeschichte und die Geschichte der unterlassenen Hilfeleistung, Fahrerflucht ist ja eigentlich eine unterlassene Hilfeleistung, und die Klage von ihr, dass er sich nicht um sie kümmert, was ja auch eine unterlassene Hilfeleistung ist, wird sich auch durch den ganzen Film durchziehen. Also die Nicht-Liebe oder die Kälte von ihm und die Fahrerflucht […] laufen immer bei ihm zusammen. […] Ihm fliegt die Ehe letztendlich um die Ohren, wie sie ihm schon am Anfang des Films fast um die Ohren geflogen ist.«[509]

Und hat nicht auch die billige Handyhalterung *Schuld* am Unfall? Aber auch hier schlummert im Detail bereits die Reflexivität, denn Philipp ist keineswegs unvorsichtig. Er *weiß* um die Gefahren des Telefonierens während der Fahrt und hat Vorsorge getroffen, indem er die Freisprechfunktion mitsamt Halterung nutzte. Und selbst da fährt er noch an den Straßenrand. Es ist dieser negative Kairos, der dazu führt, dass das passiert. Eine Sekunde später hätte er seinen Wagen am Jungen vorbeigelenkt.

Auch die Tatsache, dass der Junge Paul mit dem Fahrrad fahren muss, hängt damit zusammen, dass seine Mutter, die Schriftsetzerin Laura (Nina Hoss), alleinerziehend ist und einen miesen Job in einem heruntergekommenen Supermarkt verrichtet. Und auch von dieser Perspektive aus betrachtet ist es keineswegs weit hergeholt, dass ihre prekäre Lebenssituation eben die Risiken birgt, die zu dem Unfall führten, diese also *schuldig* an dem Unfall ist. Denn sonst hätte sie ihren Sohn vielleicht mit einem eigenen PKW abgeholt, und nichts wäre passiert. Und noch weiter gefasst wären der Autobauer des *NSU Ro 80*, die Straße und die Verkehrsbehörde, die keinen Fahrradweg baute, *schuldig*. Der ganze Niedergang der Industriekultur, »das Ende der klassischen Industriearbeit«[510], schwebt wie ein Damoklesschwert über den Szenerien. Es sind also gesellschaftliche Verhältnisse, die diesen Unfall bedingen. Kaskaden von Schuldigkeit werden von Petzold leise und andeutend gestellt. Aber *diese* Fragen der Schuldigkeit fließen im Justizsystem bestenfalls in das Strafmaß ein, weil es Schuld wesentlich als von *individuellen Handlungen* verursacht denkt.

---

509 Christian Petzold: *Wolfsburg*, 2003, DVD-Edition, Audio-Kommentar des Regisseurs, TC 00.12.30'-00.13.12'.

510 Ilka Brombach hat die Einstiegssequenz des Films bereits ausgiebig beschrieben, weshalb wir uns hier mit einer Ergänzung zu ihrer Analyse begnügen. Vgl. Ilka Brombach, Wolfsburg. Gegenwartsbild und filmhistorische Untermalung, in: *Über Christian Petzold*, hrsg. von Ilka Brombach und Tina Kaiser, Berlin 2018, S. 112–125, zit. S. 116.

Kommen wir zu unserer Ausgangsfrage zurück: Warum fährt Philipp Gerber weiter? Warum hält er nicht an und versucht so, zumindest die Folgen seiner Tat zu mildern? Warum macht er sich ein zweites Mal schuldig? Eine Antwort ist, dass er Angst vor dieser zweiten Handlung hat, denn diese würde ihn sicher als Täter überführen und damit katastrophale Folgen für sein Leben und seine Arbeit haben. Er setzt also seine Karrierechancen in Bezug zu dem Jungen, der am Straßenrand liegt, und handelt egoistisch, amoralisch. Sein berufliches Weiterkommen ist ihm wichtiger als das Leben des Jungen. Er hat Angst vor dem Justizsystem, das jeden bestraft, der solch eine Handlung begangen hat. Und das auch noch den bestraft, der dann das Beste will und hilft. Das Weiterfahren ist dann eine zynische Form des Verhaltens, dieser drohenden staatlichen Gewalt zu entfliehen. Würde es eine Möglichkeit geben, dem Jungen anonym zu helfen, er würde sie nutzen. Aber weil Hilfe gleich mit einer Täterschaft verknüpft wird und diese dann ebenjene Folgen für das Berufsleben hat, also der, der hilft, mit schwerer Strafe belegt wird, entschließt sich Gerber in einer Spontanreaktion weiterzufahren und nicht zu tun, was er hätte tun können. Die in dem Justizsystem gefasste Schuld ist so ubiquitär und dessen Macht durch Polizei und Justiz so lückenlos und maschinenhaft, dass eine unethische und dem Menschsein zuwiderlaufende Handlung ein Weg ist, ihr zu entfliehen.

Gerber wird sich in die Mutter des Kindes verlieben, die auf Rache sinnt, langsam die Folgen seiner Handlung gewahr werden und schließlich von ihr mit einem Messer erstochen werden, was zu einem Autounfall führt. Am Ende liegt Gerber wie der Junge am Straßenrand und stirbt.

Halten wir in Sachen Gefühle fest: Es gibt eine Ökonomie der Gefühle. Wie wir sahen, legt das Justizsystem bestimmte Regeln für Strafen in Form der Gesetze fest. Diese Regeln werden rückwirkend, wenn also die negative Handlung eintrat, appliziert. Sie sind dazu starr und an einem objektiven Faktenraum ausgerichtet, der jenseits der Gefühle verläuft. Aber das Justizsystem setzt eine ubiquitäre Bekanntheit und Geltung seiner Regeln in der deutschen Kulturwelt voraus, es verändert daher den gesamten Gefühlsraum einer Gesellschaft und dessen Dynamik. »Unwissenheit schützt vor Strafe nicht«, heißt es in einer Redewendung, die in Deutschland die Prämisse des Zusammenlebens ausmacht. Das stellt Petzold dar.

Es ist von dieser Haltung aus undenkbar, dass ein solch schlimmer Unfall ohne individuellen Verursacher geschah. Aus der juridischen Haltung heraus braucht es einen individuellen Akteur, der in dieser Ordnung *schuldig* wurde, durch eine Handlung. Die gesamte Kulturwelt ist von diesen Regeln durchzogen, sie leiten die Gefühle wie ein Gefäß und legen deren Austauschregeln fest. Und Petzolds Dramaturgie beruht genau darauf, dass Gerber ein schlechtes Gewissen hat, er internalisiert die Schuld. Es ist ihm undenkbar genauso wie es dem Justizsystem undenkbar ist, dass der Unfall durch einen negativen Kairos geschah. Und wenn Laura Philipp Gerber am Ende ersticht, so ist das wie ein antiker, tragödienhafter Reflex darauf, dass dieses Institutionensystem versagt hat, weil es Gerber nicht identifizierte und daher auch nicht verurteilte. Der gesamte Film, dessen Handlung ist an den Bahnungen der Justiz entlang erzählt. Es wimmelt von Polizisten in diesem Film. Die Gefühlsökonomie der in ihm lebenden Menschen sind durchdrungen von diesem Justizsystem. Eine permanente Reflexivität, was erlaubt sei, läuft jeder Handlung mit. Das ›Ich‹ begleitet alle Handlungen, ist probabilistisch. Und schon ein dem nicht gemäßes Sprechen kann schnell verdächtig wirken, da man sich jenseits dieser Ordnung stellt. Gesetzeskonformität und Moralität werden allzu schnell miteinander in eins gesetzt. Sie erzeugen aber einen Handlungsraum voller Paradoxien. Die unterlassene Hilfeleistung Gerbers ist eben auch eine Self-Fulfilling-Prophecy des Justizsystems. Durch Bestrafung soll erzwungen werden, dass Hilfe geleistet wird, erreicht wird das Gegenteil.

## Ōshimas *Shōnen* (*Der Junge*)

Während Petzold das Thema Moralität und Schuld oft in seinen Filmen verhandelt und die Frage der juristischen Schuld mit der individuellen Schuld in Kontrast setzt, wir sahen dies bereits in *Toter Mann*, stellt Ōshima die *Scham* in zahlreichen Arbeiten in den Vordergrund. Das Töten aus Scham (*Der Besessene im hellen Tageslicht*, *Hakuchu no torima*, 1966)[511], die Kastration aus Scham (*Im*

511 Dazu heißt es: »Alles sieht so aus, als hätte der ›Besessene‹ nur dann Lust auf den weiblichen Körper verspürt, wenn dieser sich im leblosen Zustand befand. Ich sehe in diesem Verhalten eine extreme Äußerung der männlichen Scham. […] daß diese Scham ihm aber dann, wenn er die Frau erwürgte, wenn er sie zum reinen Körper

*Reich der Sinne, Ai no korīda*, 1976), die Beschämung durch Homosexualität (*Furyo – Merry Christmas, Mr. Lawrence, Senjō no merī kurisumasu*, 1983) sind wichtige Themen in seinem Œuvre. Ōshima wie Petzold thematisieren in ihren Filmen Autounfälle mit einem Jungen.[512] Aber wo Petzold die Frage der Schuld stellt, ist es bei Ōshima die Scham bzw. der Konflikt zwischen Scham und Schuld. Bei Petzold bildet der physische Unfall eine Art von Nullpunkt und das Ausweichen vor der bzw. Verhandeln der Schuld wird dann erzählt. Für die Schuld ist es ganz wichtig, dass etwas physisch und einmalig geschah. *Mögliche Schuld* ist für die Alltagswelt der Schuldkulturen irrelevant. Auch braucht jede Schuld so etwas wie einen binären Wahrheitsbegriff, es gibt keine Valenzen zwischen wahr und falsch, entweder man ist schuldig oder nicht. Auch alternative Kausalitäten sind unwichtig, da eine einzige Kausallinie durch das Justizsystem präferiert wird. Daraus entspinnt sich innerhalb der Kapillaren des ubiquitären Justizsystems die Dynamik der Gefühle, das Gefühlsdrama. Petzolds Film ist daher auch aus der Ich-Perspektive des Autofahrers erzählt, weil dieser als Handelnder im Zentrum des Schulddiskurses steht.

*Shōnen* hingegen entwirft die (inszenierten) Unfälle von der Außenperspektive her, also nicht von den Autofahrern, sondern aus der Sicht des Jungen. Die Frage, wie die Autofahrer ihre Schuld wahrnehmen, ist in Ōshimas Film irrelevant, weil es um die Scham geht.

Der auf einer wahren Begebenheit beruhende Film handelt von einem Pärchen, das mit zwei Kindern durch Japan zieht und Unfälle inszeniert. (Akiko Koyama – Ōshimas Ehefrau, Fumio Watanabe und die Jungen Tetsuo Abe, der Kleine Tsuyoshi Kinoshita). Der kriegsversehrte Vater hat keine Arbeit. Um an Geld zu kommen, täuscht die Stiefmutter des älteren Jungen zunächst selbst Verkehrsunfälle vor. Als dies erfolglos ist, bringt sie den *Jungen* schließlich dazu, sich so vor Autos zu werfen, dass es nach einem Unfall aussieht. Auch bei *Shōnen* kommt es am Ende zu einem unbeabsichtigten, tödlichen Autounfall.

---

machte, nicht mehr im Wege stand und er den Geschlechtsakt ungehemmt vollziehen könnte.« (Nagisa Ōshima: Wunden der Scham [1969], in: ders.: *Die Ahnung der Freiheit*, übers. aus dem Französischen von Grete Osterwald und Uta Goridis, Berlin 1983, S. 63–69, zit S. 63–64).

512 Zur Produktionsgeschichte des Films siehe: *Ōshima Nagisa zen eiga hizō shiryō shūsei Ōshima Nagisa purodakushon kanshū* (japanisch), hrsg. von Naofumi Higuchi, Tōkyō 2021, S. 326–351.

Aber auch dieser wird wiederum nicht aus der Perspektive der Verursacherin erzählt, sondern aus der Sicht des kleinen Jungen, der eine Uhr aufhebt (interessanterweise ein ähnlicher Lapsus wie bei Gerber). Auch da ist Ōshima an der Frage der Schuld überhaupt nicht interessiert, sondern an der Weise, wie die Kinder mit dem Trauma umgehen und sich ihrer Handlungen schämen, eigentlich ist es ein Scham-Trauma, das Ōshima erzählt.

Wie wir sahen, kann die Scham als *in sich gekehrter Zorn* verstanden werden. Normalerweise driftet dieser Zorn in Schamkulturen nicht nach außen. Stattdessen führt eine nach innen geleitete Disziplin dazu, sich dem erwarteten Typus anzupassen. Die *Kawaii*-Kultur[513] ist ein Ausdruck dieser Lust, sich in den erwarteten Typus zu verwandeln und so einerseits die Scham zu vermeiden, andererseits die Wunschbilder der Anderen überzuerfüllen. Wo in Schuldkulturen der Zorn nach außen geht und im schlimmsten Falle auf Vernichtung des Anderen aus ist, kehrt er hier als innere Normierungslust wieder. Wenn diese Mechanismen fehl gehen, werden sie auch dann nicht leicht nach außen gelenkt, sondern verbleiben innerhalb der Familie. Diese Kleinfamilie aber sabotiert die Schamregeln, indem sie sich in eine Anti-Welt einspinnt, in der man sich für Devianzen nicht zu schämen braucht und in der die gesellschaftlichen Regeln auf eine geheime Weise verkehrt werden.

Betrachten wir auch hier eine Szene genauer, den ersten ›Einsatz‹ des Jungen.[514] Die Szene beginnt mit Einstellungen auf eine leere Stadt. Der Vater präpariert den Jungen, er spritzt ihm eine Flüssigkeit in den Arm, damit es aussieht wie ein blauer Fleck. Die gelbe Kappe, die der Junge trägt, ist eine Art Talisman, eine ›Dienstkleidung‹, die er verehrt und die später in den Schmutz gezogen wird. Es ist ein Fetisch. Der eigentliche Unfall wird dann in kurzen Schnitten und Reißschwenks gezeigt, beginnend mit einer Art angedeutetem Blickduell. Danach setzt eine immer ähnliche Dramaturgie ein. Die Frau läuft von der anderen Straßenseite her mit dem Kleinen auf dem Rücken zum Ort des Geschehens. Beim Arzt dann tritt der Mann hinzu, der sie demütigt und schlägt, ihr Vorwürfe macht. Und schließlich kommt es zu einer Aushandlung des Schweigebetrags gegenüber dem Fahrer. Der Fahrer sieht sich also einer

513 Siehe dazu: Sharon Kinsella: Cuties in Japan, in: Brian Moeran, *Women, Media and Consumption in Japan*, hrsg. von Lise Skov Curzon 1995, S. 220–254.

514 Ōshima: *Shōnen*, TC 00:18:00'f.

Kaskade von vermeintlich von ihm verursachten Beschämungen ausgesetzt: Der durch den Jungen, durch den Arzt und die Feststellung der Verletzung, durch den Vater, der die Mutter demütigt, weil er so tut, als sei sie ihrer Aufsichtspflicht nicht nachgekommen. Angesichts dieser immer größer werdenden Beschämungen ist die Zahlung einer Geldsumme eine vergleichsweise kleine Leistung. Die Polizei erscheint in diesem Modell als eine Gewalt, die die Scham nochmals vergrößert, veröffentlicht und objektiv festschreibt. In dieser Hinsicht muss eine Anrufung der Vollzugsbeamten verhindert werden. Die Schmach, objektiv als Unfallverursacher zu gelten, wiegt hier schwerer als die Strafe. Denkt Gerber bei Petzold nur an sich, egopolar, eben indem er einer Schuldzuweisung entfliehen will, so denken die Protagonisten hier in einem alteropolaren Raum, sie denken an den Anderen und wollen eine Beschämung des Anderen tunlichst vermeiden.

Bei Ōshima ist der Unfall (bis auf den letzten) ein vorgestellter, ein durch Inszenierung gestiftetes soziales Pseudo-Ereignis. Die meisten Autofahrer reagieren, indem sie helfen wollen und die von den beiden behauptete Tat annehmen. Die objektive Schuld ist bei Ōshima gar nicht so wichtig, genauso wenig wie die Notwendigkeit, die Schuld von außen, von einer Instanz feststellen zu lassen. Schuld erscheint in diesem Film wie ein Bannspruch, eine magisch-theatrale Praxis, ein Fluch. Und Ōshima fragt dann danach, was das mit Menschen macht, wenn sie sich dieses Schuldspruchs bedienen, andere wohlwissend in die Schuldigkeit hineinsprechen. Diese aggressiven Sprechakte also, diese Vorstellungsakte und Inszenierungen der Schuldigkeit, sind Ōshimas Thema, jenseits eines juristischen Systems. Die kleinkriminelle Familie hat in ihrer mittellosen Lage eine Form des Sprechens entdeckt, die ihm Macht verleiht, indem sie Geld- und Gefühlsökonomie ineinander windet. Sie behaupten eine Schuld, aber sie müssen dafür eine innerfamiläre Anti-Gefühlswelt aufbauen, sie müssen der Lüge eine positive Kraft zuordnen und die Kinder zu Betrügern erziehen. Das führt zu absonderlichen, durchgeistigten Konflikten. Schon zu Beginn arbeitet der Junge laut denkend in seiner Phantasie, indem er eine Legende eines verliebten Priesters rezitiert, die später von Geishas aufgegriffen wird. Innerhalb der durch Japan vagabundierenden Familie entsteht eine zynische Gefühlsökonomie, die sich um die Sexualität des Pärchens windet und die die Grenzen zwischen Wahrheit und Lüge ständig einreißt. Die innerfamiliäre Gewalt, die letztlich auf Sprachgewalt beruht, wird durch höchst vielschichtige Theatralität nach außen projiziert, auf die vermeintlichen Unfallverursacher. Aber das affiziert das Gefühlsleben der Kinder. Sie entwickeln ein misstrauisches Verhältnis zu den Eltern, wollen fliehen, verkapseln sich in einer Imaginationswelt. Der Kleine versteht all das nicht, habitualisiert also das, was der größere Stiefbruder spielt. Und so ergibt sich der tödliche Unfall am Ende. Und der größere Bruder verkraftet all das nicht, muss den roten Stiefel der gestorbenen Autofahrerin als Fetisch mitnehmen und verehren.

Hier verläuft eine Kette von dem ersten Fetisch, der gelben Kappe, die er als ›Belohnung‹ erhielt. Die Stiefmutter schenkt ihm zwar das Objekt, achtet aber später nicht mehr darauf. Dadurch wird die betrügerische Welt brüchig. Der Junge entwickelt schließlich eine eigene Form, die Fetische zu gebrauchen und repetiert den Unfall, d.h. er stellt sich jenseits der familiären Umkodierung der Scham.

# Ausblick
# Trauer, Schuld und Scham: *Happy Lamento* (2018), *Orphea* (2019) und *Die Liebe stört der kalte Tod* (2021), Alexander Kluges Kooperation mit Khavn de la Cruz

Die jüngsten Projekte von Alexander Kluge mit dem philippinischen Filmemacher, Autor, Komponisten, Musiker und Performer Khavn de la Cruz knüpfen auf eine Weise an Kluges ersten Spielfilm *Abschied von gestern* an, erweitern aber seine Ausdruckskunst und öffnen erzählerische und darstellerische Horizonte. *Happy Lamento* (2018), *Orphea* (2019) und *Die Liebe stört der kalte Tod* (2021) sind jugendlich wirkende, mutige und verstörende Aufbrüche eines Künstlers im neunten Lebensjahrzehnt. Lilith Stangenbergs Schauspiel erinnert an Alexandra Kluges wie auch an Hannelore Hogers Darstellungskunst in Kluges frühen Filmen. Es ist eine Performance, die sich immer in Relation zur Rolle setzt und die einen Alltagsbezug, eine Spontaneität, stets bewahrt, anstatt vollständig ›in der Rolle‹ aufzugehen, wie wir bereits zu Beginn sahen. Man denke bei Hoger an Leni Peickert in *Die Artisten in der Zirkuskuppel: ratlos* (1968) oder an die Rolle der Lehrerin Gabi Teichert in *Die Patriotin* (1979). Die Hauptdarstellerinnen spielen Differenzen zu ihrer Rolle und bieten keine Illusion, die uns glauben machen will, sie seien die, die sie spielten. Damit beziehen sie auch stets Position zu ihren Figuren und agieren die Fiktion physisch aus, arbeiten sich an ihr ab.

## *Happy Lamento*. Khavns Beitrag

Khavns Auftreten erinnert an Rainer Werner Faßbinder, wie Kluge auch in einem Gespräch sagte.[515] In dem in der Corona-Pandemie entstandenen und wegen des Lockdowns unveröffentlichten Filmessay *Die Liebe stört der kalte*

515 Alexander Kluge: *Happy Lamento* (2018) – Filmvorführung und Gespräch mit dem Regisseur Alexander Kluge, 13. Mai 2023, Athénée Français Tōkyō, Moderation Andreas Becker und Tetsuya Shibutani.

*Tod* (2021) spielt Khavn auf Kluges Flügel in dessen Wohnzimmer, präpariert den Resonanzboden mit Messern, einem Flaschenöffner etc., wie man es von John Cage her kennt. Dann aber malträtiert er das Instrument wie Jerry Lee Lewis und lässt erst im letzten Moment davon ab, es physisch zu zerstören.[516] Es liegt in dieser impulsiven Emotionalität und Triebhaftigkeit eine Energie, die sich jenseits der Konventionen und Gefahren stellt und außerhalb von Scham und Schuld. Der Titel erinnert an Faßbinders ersten Spielfilm *Die Liebe ist kälter als der Tod* (1969). Kluge ist offen für diese Art des Zwiegesprächs über die Jahrzehnte, wenn es ihn vielleicht auch ein Instrument kosten mag, dessen beinaher Zerstörung er filmisch beiwohnte und theatral begleitete, indem er es während des Malträtierens geduldig abstaubte. In *Orphea* sitzt Khavn wieder am Flügel, vielleicht in seiner eigenen Bibliothek, und Stangenberg singt.[517] Die Atmosphäre scheint gewandelt. Kluges Offenheit trägt Früchte. Der spirituelle Dialog zwischen Faßbinder-Kluge-Khavn ist hergestellt.

Wie bei Faßbinder ist das Thema Sexualität und Gewalt auch bei Khavn zentral. Offene Tabubrüche sind bei beiden Filmemachern ebenso Teil des Werks wie des Temperaments, das sich in einem dem Gonzo-Movie ähnelnden Protest ausdrückt. Während die Gesellschaft zur Zeit Faßbinders sich jedoch provoziert fühlte und eine offene Auseinandersetzung (mit Zensurversuch) bzw. Solidarisierung stattfand, scheint die heutige (europäische) Öffentlichkeit diese Eingriffe zu dulden, straft sie mit Passivität und Nichtbeachtung. Kluges Omnibusfilm *Deutschland im Herbst* (1979), u.a. mit Faßbinder und Volker Schlöndorff, war ebenso wie diese lose Trilogie ein Versuch, die disparaten Sichtweisen als Synergie zu nutzen und als solche stehen zu lassen. Ähnlich ist es auch hier. Die Passagen von Khavn lassen sich leicht an ihrer Farbigkeit, am Ort (Slums in Manila) und an ihrem spontanen Stil von TV-Shows erkennen. Mitunter ließen sich auch zahlreiche Ähnlichkeiten zu Christoph Schlingensiefs Filmen und Projekten finden, etwa *Das deutsche Kettensägenmassaker* (1990) und seiner MTV-Show *U3000* (2000–2001). In Schlingen-

516 Ähnlich macht Khavn dies auch mit dem Synthesizer anlässlich einer Performance beim RBB, Orphea radioeins Berlinale Talk 2020 mit Alexander Kluge, Khvan de la Cruz und Lilith Stangenberg (Knut Elsterman im radioeins, https://youtu.be/-8fi-Bgd9WY, abger. am 11. Juni 2023).

517 Alexander Kluge und Khavn de la Cruz: Orphea, 2020, TC 01.26.30'-01.28.49'.

siefs Filmen gibt es immer wieder diese ekligen und obszönen Momente des Trash- und Splattermovies, dazu folgt die Kamera oft in Form einer gedoppelten Ich-(Weitwinkel)-Perspektive einem Protagonisten (oft Schlingensief mit Megaphon), der sich auf eine bestimmte provokante Weise in eine Gefahrensituation bzw. eine undefinierte Situation begibt.

Kluges Passagen sind weithin an der Ästhetik seiner TV-Magazine orientiert und erscheinen wie Ruhepole in dem Khavnschen Bildersturm von Gewalt.

Alle drei Filme erzählen die Geschichte vom Tod und dem Umgang damit. Man könnte ihre Ästhetik am ehesten mit dem Begriff des *Granularen*, der aus dem musikalischen Sampling stammt, beschreiben. Es sind, mit anderen Worten, also zahlreiche Mikro-Perspektiven auf den Gegenstand, der aber nur konturiert wird und daher bis zu einem gewissen Grad offen ist. Kluge und Khavn beabsichtigen kein abgeschlossenes Werk, sondern ihre stark musikalischen und rhythmischen Bilder sind eher Resultate, Spuren, eines kommunikativ-künstlerischen Prozesses und Austauschs, denen wir folgen können. Dabei bleiben Reste der Fremdheit wie des Fehlerhaften und Fragmentarischen stets stehen und werden nicht didaktisch oder ästhetisch übertüncht. Rätselhaftigkeit, man denke an die zahlreichen mathematischen Formeln, die in die Bilder eingelassen wurden, und Amateurhaftigkeit (etwa die sichtbare Rückprojektion, die zahlreichen improvisierten Passagen wie auch die lang andauernden, ruhenden Einstellungen auf Objekte und Körper) sind wichtige Momente, die sich nur durch Einlassen auf das Material, durch Arbeit, durch Selbst-Machen und Fortführung auflösen ließen – und nicht intellektuell, etwa durch Interpretation. Sie geben bewusst Fragen an das Publikum und möchten dieses ermuntern, selbst produktiv zu werden.

Die heterogenen Felder werden durch ihren Bezug auf den *Orpheus und Euridike*-Mythos in eine Ordnung gesetzt, bei dem der Sänger Orpheus seine durch einen Schlangenbiss gestorbene Frau Euridike aus der Unterwelt befreien will, aber trotz Verbots nach hinten blickt, sie ein zweites Mal verliert und schließlich selbst stirbt.[518] Allerdings wird der Mythos in seiner Gender-Perspektive gespiegelt, diesmal ist es eine Frau, Lilith Stangenberg als *Orphea*, die in die Unterwelt steigt, nach Manila fährt und die sich offenbar vorher noch

518 Ovid: *Metamorphosen*, übers. von Michael von Albrecht, Stuttgart 2021, Kap. 10 und 11, S. 287ff.

mit Kluge über den Mythos improvisierend und in Interviews reflektierend austauscht. Die Frage der Schuld und Scham ist daher nicht direkt thematisch, umgrenzt aber zahlreiche Szenen, wie wir zeigen möchten.

*Happy Lamento* beginnt mit einem Blick in Innere der Slums in Manila.[519] Ein Mann flicht halbnackte Kinder in ein improvisiertes Trance-Ritual ein, das offenbar den Sinn hat, ihnen die Angst vor dem Tod durch Erschießen zu nehmen und am Beginn eines Trainings zum Killer steht. Man mag sich fragen, was hier gespielt sei, wessen Gräber es sind, die wir dann kurz darauf sehen. Entscheidend ist, dass es ebenjene dieser Kinder sein *könnten*. Das Training hat offenbar den Sinn, ihnen die Angst vor dem Tod zu nehmen und damit ein Leben ohne Schuld führen zu können. Wer den Tod nicht fürchtet, fürchtet auch nicht die Bestrafung.

Die Szenen, die dann folgen, stellen eine Eskalation der Gewalt dar, bei der der Leiter der Trance immer eindeutigere Schießtrainings anbietet und mit seiner Kostka-Gang die Zentralbank überfallen will. Wir sehen rauchende Kleinkinder, einen Raubüberfall auf einen Supermarkt, Polizisten, die neben einem Schweinestall in einem improvisierten Bordell Karaoke singen und wie in einem B-Movie in einem Streit aus einer Nichtigkeit heraus getötet werden, Sex mit einer Schwangeren auf der Toilette, und eine Geburt, nach der eine ältere Frau das Kind direkt an die Wand wirft und einen Sack mit Geld raubt, nachdem sie den in einer Blutlache liegenden Vater erstickt. Khavns Ästhetik ruht nicht, sondern folgt dem als eine Sensation, die es ästhetisch zu feiern gilt. In dieser Hinsicht bringt der Film die Zuschauer in eine Haltung, die eben der der Slumbewohner entspricht. In diesem Dispositiv liegt das Moment der Provokation, weil es mit einer Scham- und Schuldlosigkeit des Blicks gekoppelt ist. Die totale Voyeurhaftigkeit des Eindringens in Bereiche des Todes doppelt die Haltung der verwahrlosten Menschen in den Slums und spiegelt sie in die ›Zivilisation‹, die normalerweise von all dem nichts wissen will und es mit Nichtbeachtung strafen würde, so als sei nichts gewesen.

Khavns ›Weltuntergangstheater‹ ist ein Lamento mit eigenen Pogo- und Punkrhythmen und Melodien, die sich jenseits der Schuld und Scham stellen und den Blick radikal öffnen, indem sie diese in Frage stellen. Die halbnack-

519 Die Filmszenen sind aus Khavns *Das flüchtige Leben eines Funken* (*Alipato – The Very Brief Life Of An Ember*, 2016), wie es in den Credits heißt.

ten Menschen vegetieren dahin, haben keine Scham und keinen Ekel mehr, sie folgen ihren Trieben instantan und nehmen sich, was sie brauchen, um zu überleben, und trainieren sich jegliches Sensorium für Schuld ab, um zu überleben. Die Kategorien, die wir unterstellen und deren Prämissen eine Vorzensur der meisten Medien sind, lösen sich im Hinblick auf einen zynischen Sensationseffekt auf. Dort in den Slums von Manila liegen offenbar Geburt und Tod so nahe beisammen, dass nach Art des billigen Gangsterfilms gelebt wird. Was dokumentarisch ist und was fiktiv, verwischt nicht nur in Khavns Bildern, sondern auch in dieser Welt am Rande der Zivilisation. Es sind zornige Wesen, die Khavn zeigt, die einen Zynismus ausleben und die hier in der Filmkunst eine Bühne bekommen und vielleicht durch Khavns Film aus diesem Leben gerettet werden.

Khavn fragt nach den Prämissen. Bei allen Unterschieden der beiden Vergesellschaftungsformen von Scham und Schuld beruhen sie doch auf der Bedingung, dass es eine gewisse Achtung vor dem eigenen Leben, eine Angst vor dem Tod und einen zumindest ansatzweisen Respekt vor dem Anderen noch gibt. Sobald das eigene Leben aber nichts mehr zählt, fallen diese Ordnungsfelder aus. Es ist dann egal, ob man sich schämen würde oder andere beschämt, ob man obszön ist oder nicht, einen Menschen tötet oder in Lebensgefahr bringt, weil man jede Selbstachtung bereits als Kind verloren hat. Khavn begibt sich, wie Faßbinder, physisch in die Mileus hinein, anstatt von außen Scham, Moral oder Gesetz abstrakt einzufordern. Eine Erklärung oder ein Appell würde da ohnehin nicht genügen und kaum verstanden werden. In dieser Hinsicht ist der Regisseur das Gegenbild zu dem Gangster, der die Kinder zu Beginn für seine kriminellen Pläne rekrutiert. Er zieht sie aus dem Milieu heraus, in dem er sie zu Darstellern ihrer selbst werden lässt und mit ihnen singt, tanzt, ihre Traumata theatralisiert.

## *Happy Lamento.* Kluges Beitrag

Kluge schneidet an die Trance-Szene zu Beginn ein Triptychon, das mit einer Zwischentafel als Zitat nach Manier eines Kinderspiels angekündigt wird: »Der Zirkus kommt in die Stadt«[520].

520 Kluge: *Happy Lamento,* TC 00.05.20'.

In den unteren beiden Tafeln sind links Kameramänner auf einem Flughafen zu sehen, rechts ein Aufziehelefant vor einer Rückprojektion einer Zirkusnummer, darüber ein weiteres Aufziehpüppchen eines Zebras vor einer graphisch geteilten Hochhauskulisse. Die Püppchen wechseln, der Elefant nickt mit dem Kopf, während wir im oberen Hintergrundbild Häusersprengungen erkennen und schließlich eine Landung eines Flugzeugs links, begrüßt von einer Aufzieh-Affengruppe rechts unten. Schließlich steigt Donald Trump aus der Air Force One aus, begrüßt von Olaf Scholz,[521] während das rechte Bild offenbar Trumps Besuch in Saudi-Arabien zeigt. Und während Kluge diesen Begrüßungsszenen folgt, zeigt das obere Bild einen fressenden Elefanten.

Khavns Passage und die Kluges sind auf den ersten Blick disparat. Der eine zeigt die Slums, der andere die große Politik. Wie wir sahen, stellt Khavn die Frage nach den Prämissen von Scham und Schuld. Und eben dies ist auch Kluges Haltung. Auch später werden wir keine Reden von Politikern hören, sondern lediglich deren Begrüßung sehen. Die provokante Botschaft von Kluge kann nur eine durch diese Bilder gestiftete plakative Analogie sein, dass die Politiker *wie Aufziehfiguren* ein Ritual in einer *zirkushaften Öffentlichkeit* absolvieren, während durch diese geduldig wirkende Prozedur Häuser gesprengt werden. Es gibt aber Elefanten, die sich später daran erinnern werden. Bereits bei der Begrüßung, man achte auf Trumps diskriminierende Geste des Händegebens gegenüber Mann und Frau, steht fest, was gesprochen und beschlossen werden wird. Dieses Moment des Futur II legt Kluge offen und mit ihm die Frage nach der Inszenierung von Öffentlichkeit.

Die Ordnung nach Art eines Tafelbilds und im Stil von Abel Gances *Napoléon* (1927)[522] fächert auch die Frage nach der Schuld auf. Wo Khavns Protagonisten nackt sind und ihren Trieben folgen, Scham und Schuld ignorierend, wie wir sahen, sind Kluges Politiker durch ihre Anzüge, Rituale, Orte gepanzert und von der Öffentlichkeit abgeschirmt. Was nach außen dringt,

---

521 Die Bilder von Scholz und Trump sind am 7. Juli 2017 aufgenommen, anlässlich des G20-Treffens in Hamburg. Die Aufnahmen in Saudi-Arabien könnten von Trumps erster Reise in das Land stammen, im Mai 2017. Auch hier wurde Trump allerdings am Flughafen begrüßt und abgeholt, was Kluge nicht zeigt.

522 Darauf verwies Kluge auch in jenem Gespräch im Athénée Français Tōkyō (Alexander Kluge: *Happy Lamento* (2018) – Filmvorführung und Gespräch mit dem Regisseur Alexander Kluge, 13. Mai 2023, a.a.O.).

sind Oberflächen, noch nicht einmal die verbalen Begrüßungsformeln werden übertragen. Und in den Nachrichten werden diese normalerweise nur kurz zitiert. Aber diese Rituale haben dennoch ein Timbre, eine Stimmung, eine feinsinnige Ordnung der Hierarchien, da sie Ausdrucksformen politischer Macht sind. Diese lässt sich aber nur in einem Zusammenspiel, geduldig und in Form eines geschulten Gedächtnisses aufzeigen. In seinem *Die Artisten in der Zirkuskuppel: ratlos* lässt Kluge Hoger einmal im Off sagen: »Die Dickhäuter schwören: Wir vergessen nichts!«[523] Wo Khavn direkt in die Welt der Slums eindringt und sich der Kinder erinnert, tritt Kluge einen Moment zurück. Er spaltet seine und unsere Wahrnehmung in den Tafelbildern medial, arbeitet mit Überlagerungen, Dissonanzen Brüchen. So dient der Film als ein Suchbild für Schuld und damit für Verantwortung. Es gibt Linien und Tendenzen, denen Kluge folgt. In der Weise, wie Trump begrüßt wird, in der Unterwürfigkeit von Scholz, liegt eine Gefühlshaltung, der Kluge nachspürt. Wo liegt die Scham? Welche Dispositionen lassen sich herauslesen?

Ähnlich wie bei Khavn ist auch die Bedeutung der Rhythmisierung wichtig. Die Bilder folgen nicht der trägen, quasi-feudalen Inszenierung, sondern haben etwas Klapperndes, Mechanisches, das Kluge nochmals durch die Aufziehfiguren und deren Ton herausarbeitet. In dieser Hinsicht beschleunigen diese nur die träge Zeitperspektive des politischen Rituals, durch das sich die Politiker ihrer Scham und Schuld zu entledigen scheinen. Wie die Menschen bei Khavn von den Trieben geleitet sind, so die Politiker und das Publikum von einer Mechanik, die das Menschliche, die Gefühle und Spontaneität ausschließen will. Sie gehen vollkommen in der Institution auf und wollen nur Vertreter dieser sein. Ihnen und uns bleibt nur noch, aus diesen Ordnungen der Dressur einen Rest einer Haltung herauszulesen. Kluge spielt nach dem Klappern der Figuren kurz einfache mexikanische Tanzmusik. Die Rituale in Saudi-Arabien ähneln denen im Westen. Im Grunde wirkt das Geschehen in dem feudalen Rahmen sogar viel flüssiger und vertrauter.

Kluge ordnet diese beiden Perspektiven aber noch in einen Bild- und Tondiskurs über den Song *Blue Moon* aus dem Jahr 1934, der von Richard Rodgers

523 Siehe dazu Daniel Gönitzer: Von unbezähmbaren Elefanten und ratlosen Balancetieren. Alexander Kluge und der Zirkus, in: *Plurale Autorschaft. Alexander Kluge-Jahrbuch*, Bd. 7, 2022, S. 101–115, hierzu insbes. S. 111f.

and Lorenz Hart geschrieben wurde, und die Frage der Elektrizität ein. Dadurch erhält der Film eine Gelassenheit. *Blue Moon* handelt von der Begegnung eines einsamen Menschen mit seiner Liebe, die das Leben glücklich macht. Diese Gewissheit also, dass es Menschen um die Liebe geht und dass dieses einfache Gefühl nur grotesk verzerrt und in Abgründe geführt wird, rahmt den Film. Es liegt darin ein Klischee, ein Anti-Realismus, ein Wunschtraum, dass angesichts der Katastrophen diese Hoffnung bleibt, dass der Gang in die Slums von einem guten Impuls getrieben ist und die Begrüßung Trumps immerhin kritisch kommentiert wird.

Die Erfindung der Elektrizität machte die Nacht zum Tag und schenkte den Menschen Zeit. Aber sie dynamisierte das Leben auch, verkürzte die Phasen des Schlafens. Kluge hat mit Ben Lerner die Lichtenberg-Figuren bedichtet[524], also jene graphischen Aufzeichnungen des Physikers und *Sudelbücher*-Autors Georg Christoph Lichtenberg. Die Elektrizität zeigt sich in diesen Aufzeichnungen der Natur von ihrer akausalen, unberechenbaren Struktur her. In seinen Filmstills *Gewitter über der Stadt* (2023) hat Kluge diese Idee weiterentwickelt, indem er Landschaften und Hochhauskulissen einem mit künstlicher Intelligenz generierten Gewitter aussetzt. Es sind dies digitale Hyper-Gemälde, die die Frage nach der Schuld neu stellen, genauso wie in dem Minutenfilm *Lichtgeschwindigkeit* (2023):

> Kluge: Man muss mit diesen komplexen Formen, zum Beispiel der künstlichen Intelligenz, etwas Mündliches, Einfaches, Menschliches kombinieren. Deshalb ist hier eine Marionette aus der Zeit vor Erfindung des Films, konfrontiert mit Bildern der künstlichen Intelligenz. Der handelt von der Lichtgeschwindigkeit, die ziemlich immun ist gegen alle Neuerungen, die wir Menschen machen.
> Becker: Was wir gesehen haben, war von der künstlichen Intelligenz gemacht und ergänzt, ja?
> Kluge: Und was die KI als Kamera verwendet, vermag, ist, Zeitsprünge aufzunehmen. Eine Raumperspektive kennen wir seit der Renaissance in der Malerei. Und der Film ist dazu da, auch Zeitperspektiven zu er-

524 Alexander Kluge und Ben Lerner: *Schnee über Venedig*, Leipzig 2018.

> öffnen. Die Marionette beispielsweise kommt von etwa 1850. Die Musik kommt aus dem 16. Jahrhundert. Das ist eine holländische Schule in Italien, venezianisch-holländische Orgelmusik. Und die dritte Zeit ist, dass hier die Galaxien, die Sterne zu sehen sind. Und die haben eine ganz andere Zeitdauer. Die sind mit menschlicher Lebenszeit nicht zu messen. So einen Minutenfilm wiederum, also dieses Genre, kommt daher, dass in der Anfangszeit des Films die Industrie nur Negative von dreißig Metern Länger lieferte, das ist genau eine Minute. Daher kommt das Genre Minutenfilm. Und so werden ganz verschiedene Zeiten in so einem kurzen Film kombiniert, der dann wieder mit anderen Filmen über das gleiche Thema auch Filmabende ermöglicht.[525]

Wie auch in den Bildern des Kosmos die Menschheit gar nicht mehr erscheint, weil die Zeitperspektive eine andere ist, so bieten die KI-generierten Ansichten eine von moralischen Kategorien gereinigte Sicht auf das, was die Menschheit selbst durch die KI, von der Elektrizität durchdrungen, erwartet. Es sind dies autonome, mathematisch generierte Räume der KI jenseits der Scham und Schuld, in denen die Kunstgeschichte wie in einem Zerrspiegel erscheint und Kausallinien ganz ungewöhnlich neu gezogen werden. Kluges Anspruch ist es, diese Linien zu zeichnen und zu verstehen:

> Die Blitzableiter von 1760, Edisons Kino, der Lichtschlangenmensch, den sie in dem Film gesehen haben, das ist eine Kinofigur von Edison, und heute, dass wir so miteinander reden können, wo man früher mit Schiffen hätte zueinander fahren müssen, und selbst der Telegraph wäre langsamer gewesen. Das ist alles eine Kugelwirklichkeit, das ist ein Feld, das ist ein Zusammenhang. Und davon handelt der Film.[526]

525 Kluge: *Happy Lamento* (2018) – Filmvorführung und Gespräch, 13. Mai 2023, a.a.O.
526 Ebenda.

## Lilith Stangenberg als *Orphea*. *Die Liebe stört der kalte Tod*

Kluge beschrieb Lilith Stangenberg einmal in einem Interview als die dritte Autorin des Films.[527] Stangenberg reist in diesem dritten Film des Gemeinschaftsprojekts nach Manila und begibt sich in jene Mileus, die *Happy Lamento* zeigte. Ihre Physis verbindet Kluges Diskurs mit den Bildern Khavns.[528] Sie möchte also ganz physisch als Orphea ihren Mann aus dem Totenreich holen und schlüpft dazu in verschiedene Rollen. Dass Kluge/Khavn den Mythos in Manila weitererzählen, ist zunächst eine Erweiterung desselben. Andererseits aber gibt es auf den Philippinen ähnliche Geschichten und Epen, wie Jose Kuizon gezeigt hat.[529] Es ist genau dieses Moment, das Khavn betont und welches das Programm beider ist: »Die verlorene Utopie in der Unterwelt aufsammeln«[530]. In diesem zweiten Teil wird die Frage nach den Prämissen von Scham und Schuld durch das Motiv des Todes abgelöst. Die Restitution von Scham

527 So in einem Gespräch mit Stephan Holl anlässlich des 13. Lichter Filmfests in Frankfurt am Main, *Youtube*-Video, 20.4.2020, https://youtu.be/VpjSytIowds, abger. am 22. Mai 2023, »Sie ist genau im Dreieck. Khavn, meine Wenigkeit und sie haben diesen Film gemacht. Sie ist wie eine Regisseurin tätig.« (Ebenda, TC 00.01.05'-00.01.11').

528 In ebenjenem Gespräch erwähnt Kluge auch das Kleid Stangenbergs: »Und dann hat sie sich auf den Flügel gesetzt und hat sich gewünscht, sie will in dem Kleid, das sie in einem Stück der Volksbühne spielte, da spielt sie eine Russin, und das ist ein großes, festliches Kleid. Und da saß sie nun auf dem Klavier vor ein Publikum von 1500 Leuten und hat gesungen. Und dann hat sie das Kleid mitgenommen nach Manila und überall auf dem Dreh, in den Slums von Manila, ist dieses Kleid herumgeführt worden, so dass eine Requisite, ein Kostüm gewissermaßen alle Szenen dieses Films verbindet. [Das] hat mir gut gefallen.« (Ebenda, TC 00.01.50'-00.02.31').

529 Hierzu zählen demnach die Epen und Erzählungen: *Bantugan* (*Maranaws of Mindanao*), *The Maiden of the Buhong Sky* (*Bagobos of Mindanao*), *The Epic of Humadapnen* (*Soluds of Panay*), *The Story of Gaygayoma Who Lives Above* (*Tinguians of Abra*), *The Story of the Widow's Son* (*Subanun Chant*) sowie *Lumabat* (*Bagobos of Mindanao*). Kuizon kommt zu dem Fazit: »The Philippine tales end rather happily (the Bagobo story of Lumabat being somewhat an exception), and thereby seem to reveal an optimistic outlook on man's life and destiny.« (Jose Kuizon: The Orpheus Myth and the Flight Motif in Philippine Folklore: An Interpretative Attempt, in: *Philippine Quarterly of Culture and Society*, Bd. 1 (1973), S. 92–94, zit. S. 94).

530 Kluge und Khavn: *Orphea*, TC 00.02.20'.

und Schuld kann nur durch ein Hineinbegeben in und Ausagieren des Mythos in der Musik geschehen.

Bilden in *Happy Lamento* die Elefanten die wichtigsten Bezugstiere, so sind es hier in *Orphea* und in *Die Liebe stört der kalte Tod* die Ameisen und Schlangen. Zu Beginn sehen wir die tanzende Orphea im Hochzeitskleid, intermittiert von Stop-Motion-Wandmalereien, die wie bei *Happy Lamento* eine Art von Beschwörungskult sein könnten. Schließlich liegt sie kreidebleich auf dem Boden und Ameisen krabbeln auf ihrer Haut.[531] Für Khavn also ist Orphea eine aus dem Totenreich Wiedergeborene.[532] Die anschließenden Passagen zeigen wieder einen Ritus mit einem schrägen Gesang von Stangenberg,[533] der aber durch eine subtile Rhythmisierung einen Trance-Effekt erzeugt, ähnlich wie man es von Jean Rouchs *Les Maîtres fous* (1955) und Conrad Rooks *Chappaqua* (1966) her kennt. Es ist dies der Versuch, die Utopie der Biokosmisten,[534] ein zweites Leben führen zu können, Wirklichkeit werden zu lassen. Durch die Selbstopferung von Orpheus und bei Kluge/Khavn Orphea für einen Anderen wird die Grenze zwischen Leben und Tod überschritten und auch die von Scham und Schuld. Dass Scham und Schuld gleichermaßen überschritten und wiedergewonnen werden können, liegt an dem emphatischen Bezug zum Mythos und dessen Ausagieren. Der in der Trance Stehende wähnt sich frei von seinem Willen und steht neben der gesellschaftlichen Ordnung und ihren Ansprüchen.

Wenn Stangenberg im russischen Bordell in Manila singt, so holt sie die Menschen aus dem ›Totenreich‹ insofern zurück, als dass sie mit einem anderen Gefühlsmotiv als dem des Lustgewinns in diesen Raum eintritt. Diese Gratwanderung stellt Khavn dar. Auch wenn Stangenberg dann ein Schwein zerlegt und dabei raucht, so ist sie nahe dabei, ihren Ekel zu überwinden, wie es die Prostituierten tun müssen. Die Gewalt, die darin liegt, eine solche Zone der Scham- und Schuldlosigkeit zu restituieren, ist damit eine innere, die ihre Stärke aus der Freiwilligkeit und Standhaftigkeit derer bezieht, die sie betreten,

---

531 Ebenda, TC 00.05.10'f.

532 Ebenda, TC 00.06.40'f.

533 Ebenda, TC 00.10.12'-00.15.33'.

534 Siehe den Utopien dieser Avantgarde-Gruppe: *Kosmismus*, hrsg. von Boris Groys und Anton Vidokle, Berlin 2018.

und nicht aus polizeilicher, instrumenteller Gewalt. Kluge und Khavn fordern also keine Scham und Schuld ein, sondern sie und Stangenberg opfern sich auf eine Weise, solidarisieren sich und gehen mit den Mythen und einer gehörigen Portion Vertrauen in diese Gefahrenbereiche. Khavn schneidet, ähnlich wie Kluge im Vorgängerfilm, Babypuppen nach Kurzporträts der Freier. Der Gesang hat die Macht, den Zorn in eine Trauer zu verkehren und eine Utopie der Scham zu erzeugen. Die Scham erscheint an diesem Ort wie eine Sehnsucht. Sich schämen zu können, alleine die Möglichkeit ist schon eine Utopie.[535] Sie wird gebahnt durch den Film.

In dem ganzen Projekt vermischen sich Fiktion mit Dokumentarismus. Die Darstellerin Stangenberg und Orphea lassen sich ab einem gewissen Punkt nicht mehr trennen. Besonders deutlich wird dies in einer Interview-Passage, in der Stangenberg am Ende die Tränen in die Augen steigen:

> Lilith Stangenberg: Ich hab mal tatsächlich einen Kampf gesehen. Und zwar es war meine Schuld, ich bereue es zutiefst. Ich habe danach gelernt, ich will mich nie wieder in Dinge einmischen. Ich war in Sardinien an einer Quelle schwimmen. Ich war nackt, es war morgens, ich war ganz alleine, da war nie ein Mensch. Und dann kam ein Hirte, so ein sardischer Hirte. Und dann hab ich mich hinterm Baum versteckt. Weil ich ihn nicht beschämen wollte, dass ich da nackt schwimme. Und dann hab ich mich angezogen, er war ganz höflich. Ich konnte kein italienisch und ich wollte Kontakt aufnehmen, dann hab ich gesagt »Schau mal da ist eine Schlange«. Da war eine Schlange, die habe ich jeden Morgen beobachtet. So groß, eine schöne Schlange. Und dann hat er, weil er dachte ich habe Angst oder so, ich zeig' ihm die Schlange aus Angst.
> Alexander Kluge: Die Schlange totgeschlagen.

535 Jürgen Riethmüller verweist auf Giorgio Agambens *Homo sacer* und fasst dessen Thesen zusammen: »*Ich bin ein Mensch, weil ich mich (noch) schäme*« (Riethmüller: *Kalkül der Scham*, a.a.O., S. 454, im Original kursiv). Weiter heißt es: »Die Fähigkeit, Scham zu empfinden, konstituiert erst den Menschen als *soziales* Subjekt, und die Einsicht in dieses (bei aller Verschiedenheit) Gemeinsame kann durchaus verbindend wirken.« (Ebenda, S. 454).

> Lilith Stangenberg: Hat er einen Stock genommen und die Schlange getötet. Und es war ein blutiger Kampf, das hat 5,6,7 Minuten gedauert. Die Schlange hat sich immer wieder um den Stock rumgewickelt, es war alles voller Blut irgendwann. Und mir ging es so schlecht, denn es war ja meine Schuld. Hätte ich ihm die Schlange nicht gezeigt, hätte er die nicht getötet.[536]

Man kann nicht anders, als diese Aussage in direkter Verbindung zur Schlange im Orpheus-Mythos zu sehen oder auch zur biblischen Schlange im Alten Testament. Aber es vermischen sich die Motive. Kluge folgt diesen Linien, weil sie etwas Rätselhaftes haben, in *Die Liebe stört der kalte Tod* auch in Form von Interviews.[537] Dies sind Metafilme über die anderen Filme, die auch schon aus Zitaten und Entwendungen bestehen.

Dabei dokumentiert Kluge das Entstehen der Idee, so wie es zahlreiche Szenen gibt, die ein Vorsprechen beim Casting sein könnten. Es sind Skizzen für Filme und Stücke. Kluge antwortet auf diesen Bericht mit der Zwischentafel »Lamento für die tote Schlange« und einer Gesangsprobe von Stangenberg von Henry Purcells Arie *When I Am Laid in Earth* aus der Oper *Dido and Aneas* (1689), begleitet von Sir Henry am Klavier. Die Musik ermöglicht, weil sie autonom und gegenstandslos ist, eine Übertragung der Gefühle. Sie kann Schuld in Trauer umwandeln und Stangenberg empfindet diese, und vielleicht intensiver, im Akt des Singens selbst.

Dass die Gefühle sich hier ankündigen, ist schwerlich allein der Situation zuzuschreiben. Es liegt darin ein kultureller Fehltritt, eine Unkenntnis, die fatal ist, weil sie diese tödliche Folge hat. Stangenberg kann nicht anders, als dem eine Logik zu unterstellen. Die Gedankenlosigkeit, einfach nackt (also ohne Scham) in der Natur baden zu können, dazu der verbale Hinweis auf die Schlange, führte zur emotionalen Katastrophe (die vielleicht für den Hirten gar keine war). In dieser Szene verdichtet sich die Schuld mit der Schamfrage. Stangenberg fühlt sich *schuldig*, weil sie den Hirten auf die Schlange hinwies. Aber ohne die Beschämung hätte sie diesen Hinweis vielleicht nicht gegeben. Sie hätte sich rückblickend anders verhalten, kann aber die Folgen ihres Han-

536 Kluge: *Orphea*, TC 00.29.30'-00.30.46'.

537 Kluge: *Die Liebe stört der kalte Tod*, TC 00.15.33'-00.19.17' und TC 00.22.20'-00.24.47'.

delns nicht auslöschen und verfährt nach Manier der Schuldkultur, indem sie die Schamhandlung verbalisiert und nach Ursachen fragt, ihre Scham also dem Kausalschema unterordnet. Würde sie sich schamkulturell verhalten, würde sie schweigen und hätte schon beim Hirten geschwiegen. Die Geschichte steht in einem kulturellen Resonanzprozess. Die Gefühle erscheinen sehr klar, aber ihre Deutung erfordert eine Aufarbeitung dieser verschiedenen historischen Schichten.

Die Frage, die sich allgemein stellt, ist die der Aufeinanderbezogenheit von Scham und Schuld. Es gibt Gesellschaften ohne Schuldsysteme, aber keine Gesellschaft ohne Scham. Scham scheint die Schuld zu fundieren, wenngleich es immer eine klare Zuordnung gibt.

Die beiden gesellschaftlichen Regulative stiften Ordnungen. Sie führen aber auch, wie wir sahen, zu Versagungen und Konflikten. In von der Scham bestimmten Kulturen wird man dazu neigen, diese zu verinnerlichen. In von der Schuld bestimmten Kulturen werden diese oft verbalisiert und in äußeren Konflikten ausgetragen. Aber gelöst werden sie in der Regel nicht. Das liegt schon an der Zeit. Man kann sühnen oder versuchen, etwas auszugleichen, aber das Vergangene können wir nicht ungeschehen machen.

Tritt man von der Schuldkultur in die Schamkultur über, so bemerkt man oftmals nicht, dass man Andere beschämt hat. Schuldkulturen hingegen sind viel expliziter, sie fordern das normierte Verhalten ein. Die Strafe hat in beiden Ordnungsformen ganz unterschiedliche Bedeutung. Aber überall entstehen Narben und Schattenseiten, Ungerechtigkeiten und Kränkungen, wo die Ordnungen nur oberflächlich bestehen, und sich in unserer Gefühlswelt die Brüche spiegeln. Wo dieses Geschehen nicht auflösbar ist, bietet das Lamento in der Kunst eine Form des gewaltfreien, versöhnenden, fast kathartischen Auflösens der Schuld, die einem angetragen wurde, und der Beschämung, die man erleiden musste, wieder Kluge im Gespräch:

> Kluge: Das Lamento ist eine Grundform der Kunst. Dass wir als Menschen fähig sind zu trauern und dass wir weinen können, das hat eine ganz alte Geschichte. Wir können dadurch das Versteinerte in uns flüssig machen. Es gibt eine interessante Frage: Ist das Teleskop oder die Träne die bessere Verstärkung des Auges? Wenn der Astronom Johannes

Keppler durch sein Fernrohr auf die Sterne blickt, dann würde ihn die Träne stören. Aber wenn ein Mensch die Einfühlung, die Sympathie zu anderen entwickelt, wenn es um Gefühle geht, macht die Träne hellsichtig. Der ganze Film *Happy Lamento* handelt vom »Happy«, vom Glück, das damit verbunden ist, dass wir fähig sind zu trauern. Sigmund Freud sagt, es gibt sieben Stationen der Trauer. Und wenn man sie durchwandert hat, ist das Leiden weniger geworden.[538]

538 Kluge: *Happy Lamento* (2018) – Filmvorführung und Gespräch, 13. Mai 2023, a.a.O.

# Benutzte Filmmaterialien

Kluge, Alexander: *Sämtliche Kinofilme*, 16 DVD's, Filmsortiment 2007, ASIN 3861506866.

Kubrick, Stanley: *2001: Odyssee im Weltraum*, DVD, Warner Bros 2008, ASIN B0019GZ9FK.

Kubrick, Stanley: *Eyes Wide Shut*, Blu-ray, Japan 2010, ASIN B003GQSYNA.

Ōshima, Nagisa: *Shōnen* (*Der Junge*), Stream, https://www.amazon.co.jp/gp/video/detail/B07C68MVZ9/ref=atv_dp_share_cu_r, abger. am 1. März 2023.

Pabst, Georg Wilhelm: *Die Büchse der Pandora*, limitiertes Mediabook, DVD und Blu-ray, Atlas Film 2019, ASIN B07VP72ZZ8.

Petzold, Christian: *Wolfsburg*, DVD, Indigo 2003, ASIN B01GWDK9MC.

Petzold, Christian: Toter Mann, SZ-Cinemathek Thriller 2, DVD, Süddeutsche Zeitung 2008, ASIN B001E5H8TG.

Reitz, Edgar: *Edgar Reitz – Heimat*, Gesamtedition, 20 DVD's, Studiocanal 2015, ASIN B011X2O3HY.

Reitz, Edgar: *Die andere Heimat – Chronik einer Sehnsucht*, 2 DVD's, Leonine 2014, ASIN B00KDSBGTS.

Reitz, Edgar: *Drehort Heimat – Chronik einer deutschen Jahrhundert-Saga*, 3 DVD's, Studiocanal 2007, ASIN B000OHZIKG.

Warlikowski, Krzysztof: *Lulu*, Bel Air Classiques 2014, Théâtre Royal de la Monnaie, Oktober 2012, 2 DVD's, ASIN B00M4CA7O6.

Zadek, Peter: *Frank Wedekind – Lulu*, Aufzeichnung der Inszenierung 1991 bei den Ruhrfestspielen Recklinghausen, DVD, Edel Germany 2013, ASIN B00CHIFBF2.

## Weitere Publikationen des Autors

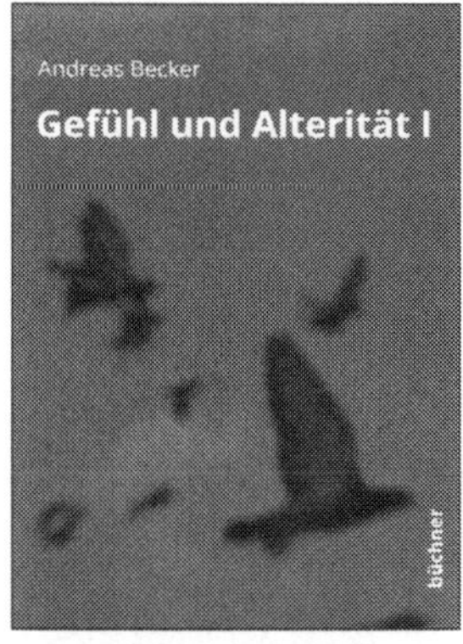


Andreas Becker
**Gefühl und Alterität I**
336 Seiten, 12,7 x 17,8 cm,
ISBN 978-3-941310-49-0 (Print)
19,90 € (Print)
ISBN 978-3-941310-70-4 (ePDF)
16,90 € (ePDF)

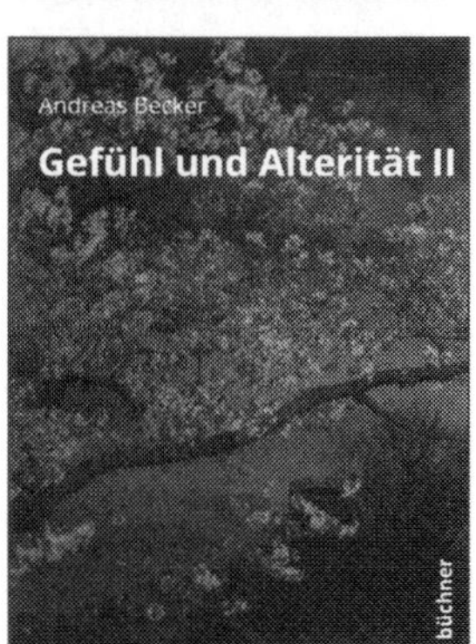


Andreas Becker
**Gefühl und Alterität II**
302 Seiten, 12,7 × 17,8 cm
ISBN 978-3-96317-328-8 (Print)
25,00 € (Print)
ISBN 978-3-96317-877-1 (ePDF)
16,00 € (ePDF)

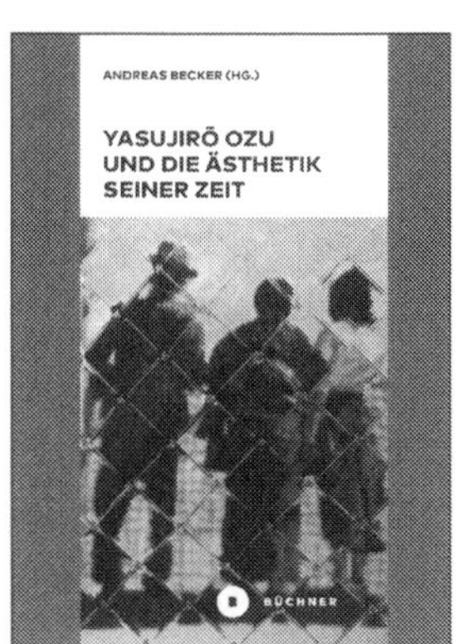


Andreas Becker (Hg.)
**Yasujirō Ozu und die Ästhetik seiner Zeit**
192 Seiten, 14,5 x 20,5 cm,
ISBN 978-3-96317-111-6 (Print)
25,00 € (Print)
ISBN 978-3-96317-607-4 (ePDF)
20,00 € (ePDF)

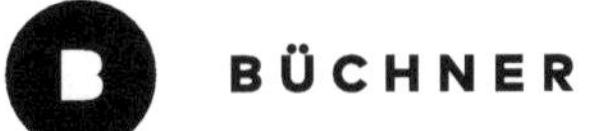